JOSTEIN GAARDER

Sofies verden

Roman om filosofiens historie

ASCHEHOUG

Jostein Gaarder

•

Diagnosen og andre noveller 1986
Barna fra Sukhavati 1987
Froskeslottet 1988
Kabalmysteriet 1990
Julemysteriet 1992
I et speil, i en gåte 1993

15. opplag, 1995 hft.
18. opplag 1995 innb.
Utgitt med støtte fra
Norsk Faglitterært Forfatterforbund
© 1991 H. Aschehoug & Co. (W. Nygaard), Oslo
Satt med 11/13 Berkley Old Style hos
Heien Fotosats A.s, Spydeberg 1991
Papir: 90 gr Naturbok Ekstra 1,5, miljøvennlig bokpapir
Printed in Norway
Norbok a.s, Oslo/Gjøvik 1995
ISBN 82-03-24025-9 hft.
ISBN 82-03-16841-8 innb.

Denne boken ville ikke blitt til uten støtte og oppmuntring fra Siri Dannevig. Takk også til Maiken Ims som leste igjennom manuskriptet og gav verdifulle kommentarer. Ikke minst går takken til Trond Berg Eriksen for lune bemerkninger og solid faglig støtte gjennom mange år.

INNHOLD

Den som ikke kan føre sitt regnskap over
3000 år, lever bare fra hånd til munn.

Goethe

. . . til syvende og sist måtte et eller annet en gang ha blitt til av null og niks . . .

Sofie Amundsen var på vei hjem fra skolen. Det første stykket hadde hun gått sammen med Jorunn. De hadde snakket om roboter. Jorunn hadde ment at menneskets hjerne var som en komplisert datamaskin. Sofie var ikke helt sikker på om hun var enig. Et menneske måtte da være noe mer enn en maskin?

Ved det store matsenteret hadde de skilt lag. Sofie bodde i enden av en vidstrakt villabebyggelse og hadde nesten dobbelt så lang skolevei som Jorunn. Det var som om huset lå ved verdens ende, for bak hagen hennes var ingen andre hus. Her begynte den dype skogen.

Nå svingte hun inn i Kløverveien. Helt innerst gjorde den en brå sving som gjerne ble kalt «Kapteinsvingen». Det var nesten bare på lørdager og søndager at det gikk mennesker her.

Det var en av de første dagene i mai. I noen av hagene stod tette kranser av påskeliljer under frukttrærne. Bjørketrærne hadde fått en tynn kappe av grønt flor.

Var det ikke rart hvordan alt bare begynte å vokse og gro på denne tiden av året? Hva var det som gjorde at kilo på kilo av det grønne plantestoffet kunne velte opp av den livløse jorda straks det ble varmt i været og de siste restene av snø var borte?

Sofie kikket i postkassen idet hun åpnet porten til sin egen hage. Som regel var det masse reklamegreier pluss noen store konvolutter til moren. Hun pleide å legge en tjukk bunke på kjøkkenbordet før hun gikk opp på rommet sitt og begynte på leksene.

Til faren kom det bare noen bankbrev en gang iblant, men så var han ikke noen alminnelig far heller. Sofies far var kaptein på en stor oljetanker og var borte det meste av året. Når han var hjemme noen uker av gangen, tøflet han omkring i huset og gjorde det hyggelig for Sofie og moren. Men når han var ute og seilte, kunne han bli temmelig fjern.

I dag lå det bare et lite brev i postkassen – og det var til Sofie.

«Sofie Amundsen» stod det på den vesle konvolutten. «Kløverveien 3». Det var alt, det stod ikke hvem brevet var fra. Det hadde ikke engang noe frimerke.

Straks Sofie hadde lukket porten bak seg, åpnet hun konvolutten. Det eneste hun fant, var en ganske liten seddel, ikke større enn konvolutten den lå i. På seddelen stod det: *Hvem er du?*

Det stod ikke noe mer. Lappen hadde ingen hilsen eller avsender, bare de tre ordene som var skrevet for hånd med et stort spørsmålstegn etter.

Hun så på konvolutten igjen. Joda – brevet var til henne. Men hvem hadde lagt det i postkassen?

Sofie skyndte seg å låse seg inn i det røde huset. Som vanlig rakk katten Sherekan å snike seg fram mellom buskene, hoppe opp på trappeavsatsen og smette inn gjennom døren før hun hadde lukket den bak seg.

– Pus, pus, pus!

Når Sofies mor var sur for et eller annet, hendte det at hun kalte huset de bodde i for et menasjeri. Et menasjeri var en samling av forskjellige dyr, og riktignok – Sofie var ganske godt fornøyd med sin egen samling. Først hadde hun fått en bolle med gullfiskene Gulltopp, Rødhette og Svartepetter. Så fikk hun undulatene Smitt og Smule, skilpadden Govinda og til slutt den gulbrune tigerkatten Sherekan. Alle dyrene hadde hun fått som en slags erstatning for at moren kom sent hjem fra jobben og pappa var så mye ute i verden og seilte.

Sofie slengte fra seg skolesekken og satte fram en skål med kattemat til Sherekan. Så sank hun ned på en kjøkkenkrakk med det mystiske brevet i den ene hånden.

Hvem er du?

Neimen om hun visste. Hun var Sofie Amundsen naturligvis, men hvem var det? Det hadde hun ikke riktig funnet ut av ennå.

Hva om hun hadde hett noe ganske annet? Anne Knutsen for eksempel. Ville hun *vært* en annen da?

Med ett kom hun på at pappa først hadde villet at hun skulle hete Synnøve. Sofie prøvde å forestille seg at hun strakte fram hånden og presenterte seg som Synnøve Amundsen, men nei, det gikk ikke. Det var hele tiden en helt annen jente som presenterte seg.

Nå spratt hun ut på gulvet og gikk inn på badet med det underlige brevet i hånden. Hun stilte seg opp foran speilet og stirret seg selv inn i øynene.

– Jeg er Sofie Amundsen, sa hun.

Jenta i speilet svarte ikke med så mye som en liten grimase. Uansett hva Sofie gjorde, gjorde hun akkurat det samme. Sofie prøvde å komme speilbildet i forkjøpet med en lynrask bevegelse, men den andre var like kjapp.

– Hvem er du? spurte hun.

Hun fikk ikke noe svar nå heller, men i et lite øyeblikk klarte hun å bli i villrede om det var hun selv eller speilbildet som hadde stilt spørsmålet.

Sofie trykket pekefingeren mot nesen i speilet og sa:

– Du er meg.

Da hun ikke fikk noe svar, snudde hun setningen på hodet og sa:

– Jeg er deg.

Sofie Amundsen hadde ikke alltid vært så fornøyd med hvordan hun så ut. Hun fikk ofte høre at hun hadde vakre mandeløyne, men det var sikkert bare noe de sa fordi nesen var for liten og munnen litt for stor. Ørene var dessuten altfor nær øynene. Verst av alt var det glatte håret som var helt umulig å stelle. Det hendte at faren strøk henne over håret og kalte henne «piken med linhåret» etter et musikkstykke av Claude Debussy. Det kunne han si, som slapp å være dømt til å ha det svarte håret hengende rett ned gjennom hele livet. På Sofies hår bet verken spray eller gelé.

Noen ganger syntes hun at hun hadde fått et så merkelig utseende at hun lurte på om hun var vanskapt. Moren hadde nå iallfall snakket om en vanskelig fødsel. Men var det virkelig selve fødselen som bestemte hvordan man så ut?

Var det ikke pussig at hun ikke visste hvem hun var? Var det ikke også urimelig at hun ikke kunne bestemme sitt eget utseende? Det hadde bare kommet rekende på en fjøl. Kanskje kunne hun velge sine venner, men hun hadde ikke valgt seg selv. Hun hadde ikke engang valgt å være et menneske.

Hva var et menneske?

Sofie så opp på jenta i speilet igjen.

– Jeg tror jeg går opp og gjør naturfagleksen, sa hun liksom for å unnskylde seg. I neste øyeblikk var hun ute i gangen.

Nei, jeg går heller ut i hagen, tenkte hun der.

– Pus, pus, pus, pus!

Sofie skyflet katten ut på trappen og lukket døren etter seg.

Da hun stod ute på singelgangen med det mystiske brevet i den ene hånden, fikk hun med ett en underlig fornemmelse. Det kjentes omtrent som om hun var en dokke som ved et trylleslag var blitt aldeles levende.

Var det ikke rart at hun var i verden nå, at hun kunne tusle omkring i et forunderlig eventyr?

Sherekan hoppet lett over singelen og smatt inn mellom noen tette rips-busker. En levende katt, lys levende fra de hvite værhårene til den dei-sende halen helt bakerst på den glatte kroppen. Den var også i hagen, men den var neppe klar over det på samme måte som Sofie.

Etter hvert som Sofie tenkte over at hun var til, kom hun også til å tenke på at hun ikke skulle være her bestandig.

Jeg er i verden nå, tenkte hun. Men en dag er jeg borte vekk.

Var det noe liv etter døden? Også dette spørsmålet var nok katten helt uvitende om.

Det var ikke så lenge siden Sofies farmor døde. Nesten hver dag i over et halvt år hadde hun tenkt på hvor dypt hun savnet henne. Var det ikke urettferdig at livet en gang tok slutt?

Sofie ble stående på singelgangen og fundere. Hun prøvde å tenke eks-tra hardt på at hun var til for på den måten å glemme at hun ikke skulle være her bestandig. Men det var helt umulig. Straks hun konsentrerte seg om at hun var til, spratt det også fram en tanke på livets slutt. Slik var det den omvendte veien også: Først når hun hadde en sterk følelse av at hun en dag skulle være helt borte, gikk det ordentlig opp for henne hvor uen-delig verdifullt livet er. Det var som forsiden og baksiden på en mynt, en mynt hun stadig vendte på. Og jo større og tydeligere den ene siden av mynten var, jo større og tydeligere ble den andre siden også. Liv og død var som to sider av samme sak.

Det går ikke an å oppleve at man er til uten også å oppleve at man skal dø, tenkte hun. Slik er det like umulig å tenke over at man skal dø uten samtidig å tenke på hvor fantastisk rart det er å leve.

Sofie kom på at farmor hadde sagt noe lignende den dagen hun fikk beskjed fra legen om at hun var syk. «Først nå forstår jeg hvor rikt livet er,» hadde hun sagt.

Var det ikke trist at folk flest måtte bli syke før de innså hvor fint det er å leve? De måtte visst iallfall få et mystisk brev i postkassen!

Kanskje burde hun se etter om det lå noe mer der? Sofie sprang mot porten og løftet på det grønne lokket. Hun skvatt til da hun oppdaget en helt maken konvolutt i kassen. Hadde hun ikke forsikret seg om at postkassen var tom da hun tok den første konvolutten?

Også på denne konvolutten stod navnet hennes. Hun rev den opp og fisket fram en hvit lapp helt maken til den første.

Hvor kommer verden fra? stod det.

Jeg har ikke peiling, tenkte Sofie. Det er vel ingen som *vet* sånt? Og likevel – Sofie syntes det var et berettiget spørsmål. For første gang i livet tenkte hun at det nesten ikke gikk an å leve i en verden uten iallfall å *spørre* hvor den kom fra.

De mystiske brevene hadde gjort Sofie så svimmel i hodet at hun bestemte seg for å sette seg i Smuget.

Smuget var Sofies superhemmelige gjemmested. Hit gikk hun bare når hun var veldig sint, veldig lei seg eller veldig glad. I dag var hun bare forvirret.

Det røde huset lå i en stor hage. Her var mange blomsterbed, bærbusker, forskjellige frukttrær, en stor plen med hagegynge på, og til og med et lite lysthus som farfar hadde bygget til farmor da hun mistet det første barnet bare noen uker etter at det var født. Det stakkars pikebarnet het Marie. På gravsteinen stod det: «Lille Marie til oss kom, hun hilste blott og vendte om.»

Nede i det ene hjørnet av hagen, bak alle bringebærbuskene, stod et tett kratt som det verken vokste blomster eller bær på. Egentlig var det en gammel hekk som dannet grensen mot den store skogen, men fordi ingen hadde stelt den de siste tjue årene, hadde den vokst til et ugjennomtrengelig kratt. Farmor hadde fortalt at hekken hadde gjort det litt vanskeligere for revene å komme på hønsejakt under krigen da det gikk høner fritt omkring i hagen.

For alle andre enn Sofie var den gamle hekken like unyttig som kanin-

15

burene lenger oppe i hagen. Men det var bare fordi de ikke kjente til Sofies hemmelighet.

Så lenge Sofie kunne huske tilbake, hadde hun visst om en smal port i hekken. Når hun krøp gjennom den, kom hun snart til et stort hulrom mellom buskene. Det var som en liten hytte. Hun kunne være helt sikker på at ingen ville finne henne her.

Med de to konvoluttene i hånden sprang Sofie gjennom hagen, la seg ned på alle fire og ålte seg inn gjennom hekken. Smuget var så stort at hun nesten kunne stå oppreist, men nå satte hun seg ned på noen tykke røtter. Herfra kunne hun kikke ut gjennom et par ørsmå hull mellom alle kvistene og bladene. Selv om ingen av hullene var større enn en femkrone, hadde hun en slags oversikt over hele hagen. Da hun var liten, hadde hun likt å studere hvordan moren eller faren gikk omkring mellom trærne og lette etter henne.

Sofie hadde alltid synes at hagen var som en hel verden for seg. Hver gang hun hadde hørt om Edens hage i skapelsesberetningen, hadde hun liksom sittet her i Smuget og sett ut over sitt eget lille paradis.

«Hvor kommer verden fra?»

Neimen om hun visste det. Sofie var klar over at Jorden bare var en liten planet i det veldige verdensrommet. Men hvor kom selve verdensrommet fra?

Det kunne selvfølgelig tenkes at verdensrommet hadde vært til bestandig, og da var det ikke nødvendig å finne noe svar på hvor det kom fra heller. Men *kunne* noe være bestandig? Det var noe inni henne selv som protesterte mot det. Alt som er, måtte vel ha en begynnelse? Altså måtte verdensrommet en eller annen gang ha blitt til av noe annet.

Men hvis verdensrommet plutselig var blitt til av noe annet, da måtte dette andre en gang ha blitt til av noe annet igjen. Sofie skjønte at hun bare hadde utsatt hele problemet. Til syvende og sist måtte et eller annet en gang ha blitt til av null og niks. Men gikk det an? Var ikke det like umulig å tenke seg som at verden hadde vært bestandig?

På skolen lærte de at Gud hadde skapt verden, og nå prøvde Sofie å slå seg til ro med at det tross alt var den beste løsningen på hele problemet. Men så begynte hun å tenke igjen. Hun kunne gjerne gå med på at Gud hadde skapt verdensrommet, men hva med Gud selv? Hadde han skapt seg selv av null og niks? Igjen var det noe inni henne som protesterte. Selv om Gud sikkert kunne klare å skape både det ene og det andre, ville han neppe klare å skape seg selv *før* han hadde noe «seg selv» å skape med. Da var det bare én mulighet som stod igjen: Gud hadde vært bestandig. Men den muligheten hadde hun jo allerede forkastet! Alt som er måtte ha en begynnelse.

– Fillern!

Hun åpnet begge de to konvoluttene igjen.

«Hvem er du?»

«Hvor kommer verden fra?»

Sjofle spørsmål, altså! Og hvor kom de to brevene fra? Det var nesten like mystisk.

Hvem hadde revet Sofie ut av hverdagen og med ett stilt henne overfor universets store gåter?

For tredje gang gikk Sofie til postkassen.

Først nå hadde postbudet vært der med dagens post. Sofie fisket opp en feit bunke med reklame, aviser og et par brev til moren. Der lå et prospektkort også – med bilde av en sydlig strand. Hun snudde kortet rundt. Det hadde norske frimerker og var stemplet «FN-bataljonen». Kunne det være fra pappa? Men var ikke han et helt annet sted på kloden? Det var dessuten ikke hans håndskrift.

Sofie kjente at pulsen slo litt fortere da hun leste hvem kortet var adressert til. «Hilde Møller Knag, c/o Sofie Amundsen, Kløverveien 3 . . .» Resten av adressen stemte. På kortet stod det:

Kjære Hilde. Jeg gratulerer deg hjertelig med 15-årsdagen. Som du skjønner, vil jeg gi deg en gave som du kan vokse på. Tilgi meg at jeg sender kortet til Sofie. Det var lettest slik. Kjærlig hilsen pappa.

Sofie sprang tilbake til huset og inn på kjøkkenet. Hun kjente at det raste en storm i henne.

Hvem var denne «Hilde» som fylte 15 år bare en drøy måned før hennes egen 15-årsdag?

Sofie hentet telefonkatalogen på gangen. Her var det mange som het Møller, noen het Knag også. Men ingen i hele den tjukke telefonkatalogen het Møller Knag.

Hun undersøkte det mystiske kortet igjen. Joda – det var ekte nok, med både frimerke og stempel.

Hvorfor skulle en far sende et fødselsdagskort til Sofies adresse når det helt åpenbart skulle et ganske annet sted? Hvilken far ville snyte sin egen datter for å motta et bursdagskort ved å sende det på ville veier? Hvordan kunne det vel være «lettest slik»? Og fremfor alt: Hvordan skulle hun klare å oppspore Hilde?

Slik fikk Sofie nok et problem å gruble over. Hun prøvde å ordne tankene sine igjen:

I løpet av et par ettermiddagstimer var hun stilt overfor tre gåter. Den ene gåten var hvem som hadde lagt de to hvite konvoluttene i postkassen hennes. Den andre var de vanskelige spørsmålene som disse brevene stilte. Den tredje gåten var hvem Hilde Møller Knag var, og hvorfor Sofie mottok et fødselsdagskort til den fremmede piken.

Hun følte seg sikker på at alle de tre gåtene måtte henge sammen på en måte, for til denne dag hadde hun levd et ganske alminnelig liv.

. . . det eneste vi trenger for å bli gode filosofer, er evnen til å undre oss . . .

Sofie tok det for gitt at den som hadde skrevet de anonyme brevene, ville ta kontakt med henne igjen. Inntil videre bestemte hun seg for ikke å fortelle om brevene til noen andre.

På skolen ble det vanskelig å konsentrere seg om det læreren sa. Sofie syntes at han bare snakket om uvesentlige ting. Hvorfor kunne han ikke heller snakke om hva et menneske er – eller om hva verden er og hvordan den er blitt til?

Hun fikk en følelse hun aldri hadde hatt før: Både på skolen og overalt ellers var folk opptatt av mer eller mindre tilfeldige ting. Men det fantes også noen store og vanskelige spørsmål som var viktigere å finne ut av enn de vanlige skolefagene.

Var det noen som visste svar på sånne spørsmål? Sofie syntes iallfall at det var viktigere å tenke over dem enn å pugge sterke verb.

Da det ringte ut etter siste time, var hun så rask ut av skolegården at Jorunn måtte løpe for å ta henne igjen.

Etter en stund, sa Jorunn:

– Skal vi spille kort i kveld?

Sofie trakk på skuldrene.

– Jeg tror ikke jeg er så interessert i kortspill lenger.

Jorunn så ut som om hun hadde falt ned fra månen.

– Næh? Skal vi spille badminton, da?

Sofie stirret ned i asfalten – og opp på venninnen.

– Jeg tror ikke jeg er så interessert i badminton heller.

– Neivel!

Sofie merket et snev av bitterhet i Jorunns stemme.

– Da kan du kanskje fortelle meg hva det er som plutselig er blitt så mye viktigere?

Sofie ristet så vidt på hodet.

– Det . . . det er en hemmelighet.

– Pøh! Du er sikkert forelsket! ·

Jentene ble gående en lang stund sammen uten å si noe. Da de kom til fotballbanen, sa Jorunn:

– Jeg går over banen.

«Over banen». Det var den raskeste veien til Jorunn, men den veien gikk hun bare når hun måtte skynde seg hjem for å rekke et besøk eller en tannlegetime.

Sofie kjente at hun var lei seg fordi hun hadde såret henne. Men hva skulle hun ha svart? At hun med ett var blitt så opptatt av hvem hun var og hvor verden kommer fra at hun ikke hadde tid til å spille badminton? Ville venninnen forstått det?

Hvorfor skulle det være så vanskelig å være opptatt av de aller viktigste og på en måte mest alminnelige av alle spørsmål?

Hun kjente at hjertet slo fortere i brystet da hun åpnet postkassen. I første omgang fant hun bare et bankbrev og noen store gule konvolutter til moren. Æsj, Sofie hadde så inderlig håpet på et nytt brev fra den ukjente avsenderen.

Idet hun lukket porten etter seg, oppdaget sitt eget navn på en av de store konvoluttene. På baksiden, der hun skulle åpne konvolutten, stod det: *Filosofikurs. Må behandles med stor varsomhet.*

Sofie sprang over singelgangen og satte skolesekken fra seg på trappen. Hun stakk de andre brevene inn under matten, løp ut i hagen bak huset og søkte tilflukt i Smuget. Det store brevet måtte åpnes der.

Sherekan kom springende etter henne, men det fikk heller være. Sofie følte seg sikker på at katten ikke kom til å sladre.

I konvolutten lå tre store maskinskrevne ark heftet sammen med en binders. Sofie begynte å lese.

Hva er filosofi?

Kjære Sofie. Mange mennesker har forskjellige hobbyer. Noen samler på gamle mynter eller frimerker, noen er opptatt av håndarbeid, andre bruker det meste av fritiden på en bestemt idrettsgren.

Mange liker også å lese. Men det er store forskjeller på hva vi leser. Noen leser bare aviser eller tegneserier, noen liker å lese romaner, mens andre foretrekker bøker om forskjellige emner som astronomi, dyreliv eller tekniske oppfinnelser.

Hvis jeg er opptatt av hester eller smykkesteiner, kan jeg ikke forlange at alle andre skal være like opptatt av det samme. Hvis jeg følger spent med på alle sportssendingene i TV, må jeg tåle at andre synes at sport er kjedelig.

Er det likevel noe som burde interessere alle? Finnes det noe som angår alle mennesker – uansett hvem de er eller hvor i verden de bor? Ja, kjære Sofie, det finnes noen spørsmål som burde oppta alle mennesker. Det er slike spørsmål dette kurset handler om.

Hva er viktigst i livet? Hvis vi spør en som lever på sultegrensen, er svaret mat. Hvis vi retter det samme spørsmålet til en som fryser, er svaret varme. Og hvis vi spør et menneske som føler seg ensom og alene, da vil nok svaret være fellesskap med andre mennesker.

Men når alle slike behov er dekket – er det fortsatt noe som alle mennesker har behov for? Det mener filosofene. De mener at et menneske ikke kan leve av brød alene. Alle mennesker trenger selvfølgelig mat. Alle trenger kjærlighet og omsorg også. Men enda er det noe som alle mennesker trenger. Vi har behov for å finne et svar på hvem vi er og hvorfor vi lever.

Å interessere seg for hvorfor vi lever er altså ikke en like «tilfeldig» interesse som å samle på frimerker. Den som interesserer seg for slike spørsmål, er opptatt av noe som mennesker har diskutert så lenge vi har levd på denne planeten. Hvordan verdensrommet, jordkloden og livet her er blitt til, er et større og viktigere spørsmål enn hvem som vant flest gullmedaljer i fjorårets olympiade.

Den beste måten å nærme seg filosofien på, er å stille noen filosofiske spørsmål:

Hvordan er verden skapt? Finnes det noen vilje eller mening bak det som skjer? Er det noe liv etter døden? Hvordan skal vi i det hele tatt finne ut av sånne spørsmål? Og fremfor alt: Hvordan bør vi leve?

Spørsmål som disse har vært stilt av mennesker til alle tider. Vi kjenner ikke til noen kultur som ikke har vært opptatt av hvem menneskene er eller hvor verden kommer fra.

I grunnen er det ikke så mange forskjellige filosofiske spørsmål vi kan stille. Vi har allerede stilt noen av de viktigste. Men historien viser oss mange forskjellige *svar* på hvert eneste spørsmål vi har stilt.

Det er altså lettere å stille filosofiske spørsmål enn det er å svare på dem.

Også i dag må den enkelte finne fram til *sine* svar på de samme spørsmålene. Det går ikke an å slå opp i et leksikon for å finne ut om det finnes en Gud eller om det er noe liv etter døden. Leksikonet gir oss ikke noe svar på hvordan vi bør leve heller. Å lese hva andre mennesker har tenkt, kan likevel være til hjelp når vi skal forme vårt eget syn på livet.

Filosofenes jakt på sannheten kan kanskje sammenlignes med en detektiv-historie. Noen tror at Andersen er morderen, andre tror det er Nielsen eller Jepsen. Når det dreier seg om en virkelig kriminalgåte, kan det hende at politiet plutselig en dag klarer å løse den. Det kan naturligvis også tenkes at de aldri klarer å løse mysteriet. Men mysteriet *har* en løsning likevel.

Selv om det er vanskelig å svare på et spørsmål, kan det altså tenkes at spørsmålet har et – og bare ett – riktig svar. Enten *er* det en slags tilværelse også etter døden – eller ikke.

Mange gamle gåter er etter hvert blitt løst av vitenskapen. En gang var det en stor gåte hvordan det så ut på månens bakside. Denslags var ikke noe man kunne diskutere seg fram til, her var svaret overlatt til den enkeltes fantasi. Men i dag vet vi nøyaktig hvordan månens bakside ser ut. Det går ikke lenger an å «tro» at det bor en mann i månen eller at månen er en ost.

En av de gamle greske filosofene som levde for mer enn to tusen år siden, mente at filosofien oppstod på grunn av menneskets undring. Mennesket synes det er så rart å være til at de filosofiske spørsmålene oppstår ganske av seg selv, mente han.

Det er som når vi ser en tryllekunst: Vi kan ikke begripe hvordan det vi ser har gått til. Så spør vi nettopp om det: Hvordan kunne tryllekunstneren forvandle et par hvite silkeskjerf til en levende kanin?

Mange mennesker opplever at verden er like ufattelig som når en tryllekunstner plutselig trekker en kanin opp av en flosshatt som bare for et øyeblikk siden var fullstendig tom.

Når det gjelder kaninen, skjønner vi at tryllekunstneren må ha lurt oss. Det er nettopp hvordan han har klart det, vi gjerne vil avsløre. Når vi snakker om verden, er det litt annerledes. Vi vet at verden ikke er juks og fanteri, for vi går omkring på Jorden og er en del av verden selv. I grunnen er det vi som er den hvite kaninen som blir trukket opp av flosshatten. Forskjellen på oss og den hvite kaninen er bare at kaninen ikke har noen opplevelse av å være med på en tryllekunst. Da er det annerledes med oss. Vi synes at vi er med på noe gåtefullt og vil gjerne avsløre hvordan alt kan henge sammen.

PS. Når det gjelder den hvite kaninen, er det kanskje bedre å sammenligne den med hele universet. Vi som bor her, er noen bittesmå kryp som lever dypt nede i pelsen på kaninen. Men filosofene forsøker å klatre opp på et av de tynne hårene så de kan stirre den store tryllekunstneren like inn i øynene.

Henger du med, Sofie? Fortsettelse følger.

Sofie var helt matt. Om hun hang med? Hun kunne ikke huske om hun hadde rukket å trekke pusten mens hun leste.

Hvem hadde kommet med brevet? Hvem, hvem?

Det kunne umulig være den samme som hadde sendt et bursdagskort til Hilde Møller Knag, for kortet hadde både frimerke og stempel. Den gule konvolutten var lagt direkte i postkassen akkurat som de to hvite konvoluttene.

Sofie så på klokken. Den var bare kvart på tre. Da var det nesten to timer til moren kom hjem fra jobben.

Sofie krøp ut i hagen igjen og løp mot postkassen. Kunne det tenkes at det lå noe mer der?

Hun fant en ny gul konvolutt med hennes eget navn på. Nå kikket hun rundt seg, men hun så ingen. Sofie sprang mot skogkanten og speidet inn over stien.

Ikke en levende sjel der heller.

23

Så med ett syntes hun at det knakk i noen kvister langt inne i skogen. Hun var ikke helt sikker, uansett ville det være nytteløst å springe etter hvis en eller annen forsøkte å komme seg vekk.

Sofie låste seg inn i huset og la fra seg skolesekken og posten til moren. Hun løp opp på rommet sitt, hentet fram den store kakeboksen med alle de fine steinene, helte steinene ut på gulvet og la begge de store konvoluttene i boksen. Så sprang hun ut i hagen igjen med boksen i armene. Før hun gikk, satte hun ut kattemat til Sherekan.

– Pus, pus, pus!

Da hun var tilbake i Smuget, åpnet hun konvolutten og trakk fram flere nye maskinskrevne ark. Hun begynte å lese.

Et forunderlig vesen

Der er vi igjen, ja. Som du skjønner, vil det lille filosofikurset komme i passelige porsjoner. Her følger noen flere innledende bemerkninger.

Sa jeg at det eneste vi trenger for å bli gode filosofer, er evnen til å undre oss? Hvis ikke sier jeg det nå: DET ENESTE VI TRENGER FOR Å BLI GODE FILOSOFER, ER EVNEN TIL Å UNDRE OSS.

Alle små barn har denne evnen. Det skulle også bare mangle. Etter noen få måneder smetter de ut i en flunkende ny virkelighet. Men etter hvert som de vokser opp, synes evnen til undring å avta. Hva kan det komme av? Vet Sofie Amundsen svar på det?

Altså: Hvis et spebarn hadde kunnet snakke, ville det sikkert sagt noe om hvilken forunderlig verden det hadde kommet til. For selv om barnet ikke kan snakke, ser vi hvordan det peker omkring seg og griper nysgjerrig etter tingene i rommet.

Etter hvert som de første ordene kommer, stanser barnet opp og roper «vov-vov» hver eneste gang det ser en hund. Vi ser hvordan barnet hopper opp og ned i sportsvognen og flakser med armene: «Vov-vov! Vov-vov!» Vi som har rukket å få noen år på baken, føler oss kanskje litt overrent av barnets iver. «Jada, det er en vov-vov,» sier vi verdensvant, «men nå må du sitte stille i vognen.» Vi er ikke like begeistret. Vi har sett bikkjer før.

Kanskje gjentas det elleville opptrinnet noen hundre ganger før barnet klarer å passere en hund uten å miste besinnelsen. Eller en elefant, eller en flodhest. Men lenge før barnet lærer å snakke ordentlig – og lenge før det lærer å tenke filosofisk – har verden blitt en vane.

Synd, spør du meg!

Mitt anliggende er at du ikke må være blant dem som tar verden for gitt, kjære Sofie. For sikkerhets skyld skal vi derfor gjøre et par tankeeksperiment før vi begynner selve filosofikurset.

Tenk deg at du en dag er ute på tur i skogen. Plutselig får du øye på et lite romskip på stien foran deg. Ut av romskipet klatrer en liten marsboer som blir stående på bakken og stirre opp på deg . . .

Hva ville du tenkt da? Nåja, det kan forresten være det samme. Men har det noen ganger slått deg at du *er* en sånn marsboer selv?

Nå er det ikke særlig sannsynlig at du noen gang vil komme til å snuble over en skapning fra en annen planet. Vi vet ikke engang om det finnes liv på andre planeter. Men det kan tenkes at du snubler over deg selv. Det kan hende at du plutselig en dag stanser opp og opplever deg selv på en helt ny måte. Kanskje skjer det nettopp på en tur i skogen.

Jeg er et forunderlig vesen, tenker du. – Jeg er et mystisk dyr . . .

Det er som om du våkner fra en årelang tornerosesøvn. Hvem er jeg? spør du. Du vet at du krabber omkring på en klode i universet. Men hva *er* universet?

Hvis du oppdager deg selv på denne måten, har du oppdaget noe som er like mystisk som marsboeren vi nevnte til å begynne med. Du har ikke bare sett et vesen fra verdensrommet. Du kjenner innenfra at du er et slikt forunderlig vesen selv.

Henger du med, Sofie? Vi skal gjøre et tankeeksperiment til:

En morgen sitter mamma og pappa og lille Thomas på 2–3 år på kjøkkenet og spiser frokost. Snart reiser mamma seg fra bordet og snur seg mot kjøkkenbenken, og nå – ja, nå begynner pappa med ett å sveve oppunder taket mens Thomas sitter og ser på.

Hva tror du Thomas sier da? Kanskje peker han opp på pappaen sin og sier: – Pappa flyr!

Ganske visst ville Thomas være forundret, men det er han rett som det er. Pappa gjør så mye rart likevel at dette med en liten flytur over frokostbordet ikke forandrer noe særlig i hans øyne. Hver dag barberer han seg med en morsom maskin, noen ganger klatrer han opp på taket og vrir på TV-antennen – eller han stikker hodet ned i en bilmotor og kommer opp igjen svart som en neger.

Så er det mammas tur. Hun har hørt hva Thomas sa og snur seg resolutt. Hvordan tror du hun ville reagere på synet av pappa i fritt svev over kjøkkenbordet?

Hun mister straks syltetøyglasset i gulvet og hyler av bare forskrekkelse. Kanskje vil hun trenge legebehandling etter at pappa omsider har kommet seg ned på stolen igjen. (Han burde for lengst ha lært seg å sitte pent ved bordet!)

Hvorfor tror du Thomas og mamma reagerer så forskjellig?

Det har med *vane* å gjøre. (Noter deg det!) Mamma har lært at mennesker ikke kan fly. Det har ikke Thomas. Han er fortsatt usikker på hva som går an og hva som ikke går an i denne verden.

Men hva med verden selv, Sofie? Synes du at *den* går an? Også den er på fritt svev!

Det triste er at det ikke bare er tyngdeloven vi venner oss til etter hvert som vi vokser opp. Vi venner oss i samme slengen til hele verden som sådan.

Det kan se ut som om vi i løpet av oppveksten mister evnen til å være forundret over verden. Men da mister vi noe vesentlig – noe filosofene prøver å vekke til live igjen. For et sted inni oss er det noe som sier at livet er en stor gåte. Det er noe vi en gang opplevde lenge før vi hadde lært å tenke det.

Jeg presiserer: Selv om de filosofiske spørsmålene angår alle mennesker, blir ikke alle filosofer. Av forskjellige grunner blir de fleste så fanget av hverdagen at selve undringen over livet blir skjøvet helt i bakgrunnen. (De kryper dypt ned i kaninpelsen, legger seg godt til rette og blir der nede hele livet ut.)

For barna er verden – og alt som finnes her – noe *nytt*, noe som vekker forbauselse. Sånn er det ikke for alle voksne. De fleste voksne opplever verden som noe ganske alminnelig.

Nettopp her er filosofene et hederlig unntak. En filosof har aldri riktig klart å venne seg til verden. For ham eller henne er verden fortsatt noe urimelig – ja, noe gåtefullt og mystisk. Filosofer og småbarn har altså en viktig egenskap til felles. Du kan godt si at en filosof forblir like tynnhudet som et lite barn hele livet.

Så nå får du velge, kjære Sofie. Er du et barn som ennå ikke har rukket å bli «verdensvant»? Eller er du en filosof som kan sverge på at du aldri kommer til å bli det?

Hvis du bare rister på hodet og ikke kjenner deg igjen verken som barn eller som filosof, er det fordi også du har blitt så husvarm i verden at den ikke forbauser deg lenger. I så fall er det fare på ferde. Og det er derfor du mottar dette filosofikurset, altså for sikkerhets skyld. Jeg vil ikke at nettopp du skal være blant de sløve og likegyldige. Jeg vil at du skal leve et våkent liv.

Du får kurset helt gratis. Derfor får du ingen penger igjen dersom kurset ikke gjennomføres. Hvis du skulle ønske å avbryte kurset, har du allikevel full anledning til det. Da må du eventuelt legge en beskjed til meg i postkassen. En levende frosk kunne passe ganske bra. Det må iallfall være noe grønt, hvis ikke kunne postmannen komme til å bli grådig skremt.

Kort oppsummering: En hvit kanin trekkes opp av en tom flosshatt. Fordi det er en svært stor kanin, tar dette trikset mange milliarder år. Ytterst ute på de tynne hårene blir alle menneskebarna født. Slik er de i stand til å undre seg over den umulige tryllekunsten. Men etter hvert som de blir eldre, kryper de stadig dypere ned i pelsen på kaninen. Og der blir de. Nå har de det så behagelig at de aldri våger å krype opp på de tynne hårene i pelsen igjen. Bare filosofene legger ut på den farefulle ferden til språkets og tilværelsens yttergrense. Noen av dem detter av lasset, men noen klamrer seg fast til hårene i kaninpelsen og roper ned til alle menneskene som sitter dypt nede i det myke kaninstoffet og mesker seg med god mat og drikke.

– Mine damer og herrer, sier de. – Vi svever i det tomme rom!

Men ingen av menneskene nede i pelsen bryr seg om det filosofene roper.

– Æsj for noen bråkmakere, sier de.

Så fortsetter de praten sammen som før: Kan du sende meg smø-

ret? Hvor høyt står bankaksjene i dag? Hvor mye er det for tomatene? Har du hørt at Lady Di skal ha barn igjen?

Da Sofies mor kom hjem senere på ettermiddagen, var Sofie i sjokktilstand. Boksen med brevene fra den mystiske filosofen lå trygt forvart i Smuget. Sofie hadde forsøkt å begynne på leksene, men hun ble bare sittende og fundere på det hun hadde lest.

Så mye hun ikke hadde tenkt på før! Hun var ikke lenger noe barn – men hun var ikke riktig voksen heller. Sofie forstod at hun allerede hadde begynt å krype ned i den tette pelsen på kaninen som ble trukket opp av universets svarte flosshatt. Men så hadde filosofen stanset henne. Han – eller var det en hun? – hadde tatt et godt tak i nakken hennes og trukket henne opp igjen på det pelshåret der hun en gang hadde lekt som barn. Og der ute, ytterst ute på det tynne håret hadde hun igjen sett verden som om det var for aller først gang.

Filosofen hadde reddet henne. Ingen tvil om det. Den ukjente brevsenderen hadde reddet henne fra hverdagslivets likegyldighet.

Da moren kom hjem ved fem-tiden, drog Sofie henne inn i stuen og skjøv henne ned i en stol.

– Mamma – synes du ikke at det er rart å leve? begynte hun.

Moren ble så forfjamset at hun ikke visste hva hun skulle svare. Som regel satt Sofie og gjorde lekser når hun kom hjem.

– Tja, sa hun. – Iblant så.

– Iblant? Jeg mener – synes du ikke det er rart at det i det hele tatt *finnes* en verden?

– Neimen Sofie da, du må ikke snakke sånn.

– Hvorfor ikke? Du synes kanskje at verden er helt normal, du?

– Jamen det er den da. Stort sett iallfall.

Sofie forstod at filosofen hadde rett. De voksne tok verden for gitt. En gang for alle hadde de lullet seg inn i hverdagslivets tornerosesøvn.

– Pøh! Det er bare du som er blitt så husvarm i verden at den ikke forbauser deg lenger, sa hun.

– Hva *er* det du sier?

– Jeg sier at du er blitt altfor verdensvant. Helt korka med andre ord.

– Nei, sånn får du ikke lov å snakke til meg, Sofie.

– Da skal jeg si det på en annen måte. Du har funnet deg godt til rette dypt nede i pelsen på en hvit kanin som akkurat i dette øyeblikk blir truk-ket opp av universets svarte flosshatt. Og nå skal du snart sette på potete-ne. Så skal du lese avisen, og etter en halv times middagshvil skal du se på Dagsrevyen.

Det gled et bekymret uttrykk over morens ansikt. Hun gikk ganske rik-tig ut på kjøkkenet og satte over potetene. Litt senere var hun tilbake i stu-en igjen, og nå var det hun som skjøv Sofie ned i en stol.

– Det er noe jeg må snakke med deg om, begynte hun. Sofie hørte på stemmen at det var noe alvorlig.

– Det har vel aldri hendt at du har vært borte i noe narkotika, vennen min?

Sofie begynte bare å le, men hun skjønte hvorfor dette spørsmålet ble brakt på bane akkurat nå.

– Er du sprø? sa hun. – Da blir man jo bare *enda* sløvere.

Mer ble det ikke sagt verken om narkotika eller om hvite kaniner den ettermiddagen.

... en prekær maktbalanse mellom gode og onde krefter ...

Det lå ikke noe brev til Sofie i postkassen neste morgen. Sofie kjedet seg gjennom en lang skoledag. Hun passet på å være litt ekstra hyggelig mot Jorunn i friminuttene. På veien hjem begynte de å planlegge en telttur straks det ble tørt i skogen.

Så stod hun foran postkassen igjen. Først åpnet hun et lite brev som var stemplet i Mexico. Det var et kort fra pappa. Han lengtet hjem og hadde for første gang klart å slå førstestyrmannen i sjakk. Ellers var han nesten ferdig med de tyve kiloene med bøker som han hadde hatt med seg da han reiste ut igjen etter vinterferien.

Og der, der lå dessuten en gul konvolutt med navnet hennes på! Sofie låste skolesekken og posten inn i huset og løp til Smuget. Hun trakk fram flere nye maskinskrevne ark og begynte å lese:

Det mytiske verdensbildet

Heisann, Sofie! Vi har mye å ta fatt på, så da bare setter vi i gang.

Med filosofi mener vi en helt ny tenkemåte som oppstod i Hellas omkring 600 år før Kristus. Før dette var det de forskjellige religionene som hadde gitt menneskene svar på alle spørsmålene de stilte. Slike religiøse forklaringer ble fortalt fra slektsledd til slektsledd gjennom *mytene*. En myte er en gudefortelling som vil forklare hvorfor livet er som det er.

Over hele verden har det gjennom årtusener vokst fram en vill flora av mytiske forklaringer på de filosofiske spørsmålene. De greske filosofene prøvde å vise at menneskene ikke kunne stole på dem.

For å forstå de første filosofenes tankegang, må vi altså skjønne hva det vil si å ha et mytisk verdensbilde. Vi skal bruke noen mytiske forestillinger fra Norden som eksempel. Det er ikke nødvendig å gå over bekken etter vann.

Du har sikkert hørt om *Tor* med hammeren. Før kristendommen kom til Norge, trodde menneskene i Norden at Tor reiste over himmelen i en vogn som ble trukket av to geitebukker. Når han svingte med hammeren sin, ble det lyn og torden. Ordet «torden» betyr nettopp «Tor-dønn» eller Tors skrall. På svensk heter torden «åska» – egentlig «ås-aka» – som betyr «gudens ferd» over himmelen.

Når det lyner og tordner, blir det regn også. Dette kunne være livsviktig for bøndene i vikingtiden. Tor ble derfor dyrket som fruktbarhetsgud.

Det mytiske svaret på hvorfor det regner, var altså at Tor svingte med hammeren sin. Og når det kom regn, spirte det og grodde fint på åkeren.

Det var i seg selv uforståelig hvordan vekstene på marken kunne vokse og bære frukt. Men at det hadde noe med regnet å gjøre, det var iallfall bøndene klar over. Alle trodde dessuten at regnet hadde med Tor å gjøre. Dette gjorde ham til en av de viktigste gudene i Norden.

Tor var viktig av en annen grunn også, og det hadde med hele verdensordningen å gjøre.

Vikingene tenkte seg at den bebodde verden var en øy som stadig var truet av ytre farer. Denne delen av verden kalte de *Midgard*. Det betyr riket som ligger i midten. I Midgard lå dessuten *Åsgard*, som var gudenes hjem. Utenfor Midgard lå *Utgard*, altså det riket som ligger utenfor. Her bodde de farlige trollene (jotnene) som stadig forsøkte å ødelegge verden ved utspekulerte knep. Vi kaller gjerne sånne ondskapsfulle monstre for «kaoskrefter». Både i norrøn religion og i de fleste andre kulturer opplevde menneskene at det var en prekær maktbalanse mellom gode og onde krefter.

En måte trollene kunne ødelegge Midgard på, var å røve fruktbarhetsgudinnen *Frøya*. Hvis de klarte det, ville ingenting gro på marken, og kvinnene ville ikke føde barn. Derfor var det så viktig at de gode gudene klarte å holde dem i sjakk.

Også her spilte Tor en viktig rolle. Hammeren hans gav ikke bare

regn, den var dessuten et viktig våpen i kampen mot de farlige kaos-
kreftene. Hammeren gav ham nesten uendelig makt. Han kunne for
eksempel kaste den etter trollene og drepe dem. Han behøvde ikke
være redd for å miste den heller, for den virket som en bumerang som
alltid vendte tilbake til ham.

Dette var den *mytiske forklaringen* på hvordan naturen oppretthol-
des og hvorfor det stadig foregår en kamp mellom godt og vondt. Og
det var nettopp sånne mytiske forklaringer filosofene ville ha seg fra-
bedt.

Men det dreide seg ikke bare om forklaringer.

Menneskene kunne ikke sitte med hendene i fanget og vente på at
gudene skulle gripe inn når ulykker – som tørke eller smittsomme
sykdommer – truet dem. Menneskene måtte selv ta del i kampen mot
det onde. Dette skjedde gjennom forskjellige religiøse handlinger
eller *riter*.

Den viktigste religiøse handlingen i norrøn tid var *blotet*. Å blote
en gud vil si å øke gudens makt. Menneskene måtte for eksempel
blote gudene for at de skulle få styrke til å vinne over kaoskreftene.
Dette kunne skje ved at man ofret et dyr til guden. Til Tor var det
kanskje vanlig å ofre geitebukker. Til *Odin* hendte det at man ofret
mennesker også.

Den myten som er best kjent i Norge, kjenner vi fra diktet *Tryms-
kvida*. Her hører vi at Tor lå og sov, og da han våknet, var hammeren
hans borte. Da ble Tor så sint at hendene skalv og skjegget hans ris-
tet. Sammen med følgesvennen *Loke* gikk han til Frøya og spurte
henne om å få låne vingene hennes så Loke kunne fly til Jotunheimen
for å finne ut om det var trollene der som hadde stjålet Tors hammer.
Her treffer Loke jotunkongen *Trym*, som ganske riktig gir seg til å
skryte av at han har gjemt hammeren åtte mil under jorda. Og han
legger til: Æsene får ikke hammeren tilbake før han får gifte seg med
Frøya.

Er du med, Sofie? De gode gudene står med ett overfor et uhyrlig
gisseldrama. Trollene har nå makt over gudenes viktigste forsvars-
våpen, og dette er en helt umulig situasjon. Så lenge trollene har
hånd om Torshammeren, har de all makt over gudenes og menneske-
nes verden. I bytte for hammeren forlanger de Frøya. Men et slikt

bytte er like umulig: Hvis gudene må gi fra seg fruktbarhetsgudinnen
– som verner om alt liv – da vil gresset på marken visne, og guder og
mennesker vil dø. Situasjonen er altså fullstendig fastlåst. Hvis du
tenker deg en terroristgruppe som truer med å sprenge en atom-
bombe midt i London eller Paris dersom de ikke får innfridd sine
livsfarlige krav, da forstår du sikkert hva jeg mener.

Myten forteller videre at Loke vendte hjem til Åsgard. Her ber han
Frøya kle på seg brudestasen, for nå må hun giftes bort til trollene.
(Dessverre, dessverre!) Frøya blir sint og sier at folk vil tro at hun er
gal etter menn hvis hun går med på å gifte seg med et troll.

Nå er det at guden *Heimdal* får en lys idé. Han foreslår at de isteden
skal kle ut Tor som brud. De kan binde opp håret hans og sette stei-
ner på brystet hans så han ligner på en kvinne. Tor er naturlig nok
ikke særlig begeistret for forslaget, men han forstår til slutt at den
eneste muligheten gudene har til å få igjen hammeren, er å følge
Heimdals råd.

Det ender med at Tor kles opp som brud, og Loke skal følge med
som brudepike. «Så reiser vi to kvinner til Jotunheimen,» sier Loke.

Skal vi bruke et mer moderne språk, kan vi si at Tor og Loke er
gudenes «antiterror-politi». Forkledd som kvinner skal de ta seg inn
i trollenes høyborg og befri Tors hammer.

Straks de er framme i Jotunheimen, begynner trollene å stelle i
stand til bryllupsfest. Men under festen spiser bruden – altså Tor –
en hel okse og åtte laks. Han drikker tre kagger med øl også. Dette
forundrer Trym, det er like før de forkledte «kommando-soldatene»
blir avslørt. Men Loke klarer å lure seg unna den farlige situasjonen
som er oppstått. Han sier at Frøya ikke har spist på åtte netter fordi
hun gledet seg så voldsomt til å komme til Jotunheimen.

Nå letter Trym på brudesløret for å kysse bruden, men han skvet-
ter tilbake straks han ser inn i de kvasse øynene til Tor. Også denne
gangen blir situasjonen reddet av Loke. Han forteller at bruden ikke
har sovet på åtte netter fordi hun gledet seg sånn til bryllupet. Der-
med befaler Trym at hammeren skal bæres fram og legges i fanget på
bruden under vielsen.

Da Tor fikk hammeren i fanget, lo han godt, fortelles det. Først
drepte han Trym med den, siden drepte han hele resten av jotun-

ætten. Og slik fikk det nifse terrordramaet en lykkelig slutt. Igjen hadde Tor – gudenes «Batman» eller «James Bond» – vunnet over de onde maktene.

Så langt selve myten, Sofie. Men hva vil den egentlig si? Den er neppe diktet opp bare for moro skyld. Også denne myten har noe den vil *forklare*. En mulig tolkning er denne:

Når det oppstod tørke i landet, trengte menneskene en forklaring på hvorfor det ikke regnet. Kunne det være at trollene hadde stjålet Tors hammer?

Det kan også tenkes at myten prøver å forstå hvorfor årstidene veksler: Om vinteren dør naturen fordi Tors hammer er i Jotunheimen. Men om våren klarer han å erobre den tilbake. Slik søker myten å gi menneskene svar på noe de ikke forstod.

Men myten skulle ikke bare forklare. Ofte gjennomførte menneskene forskjellige religiøse handlinger som var knyttet til myten. Vi kan tenke oss at menneskenes svar på tørke eller uår var å fremføre et drama om det myten fortalte. Kanskje ble en mann i landsbyen kledd opp som brud – med steiner til bryster – for å røve hammeren tilbake fra trollene. Slik kunne menneskene gjøre noe aktivt for at det skulle komme regn så kornet spirte på åkeren.

Sikkert er det at vi kjenner mange eksempler fra andre deler av verden på at menneskene kunne dramatisere en «årtidsmyte» for å påskynde naturprosessene.

Vi har bare så vidt gløttet inn i den nordiske myteverdenen. Det fantes utallige andre myter om Tor og Odin, *Frøy* og Frøya, *Hod* og *Balder* – og mange, mange andre guder. Slike mytiske forestillinger florerte over den ganske verden før filosofene begynte å pirke i dem. For også grekerne hadde et mytisk verdensbilde da den første filosofien oppstod. I århundrer hadde de fortalt om gudene fra slektsledd til slektsledd. I Hellas het gudene *Zevs* og *Apollon*, *Hera* og *Athene*, *Dionysos* og *Asklepios*, *Herakles* og *Hefaistos*. Jeg nevner bare noen ganske få.

Omkring år 700 før Kristus ble mye av det greske mytestoffet skrevet ned av *Homer* og *Hesiod*. Dette skapte en helt ny situasjon. Straks mytene var skrevet ned, ble det nemlig mulig å diskutere dem.

De første greske filosofene kritiserte Homers gudelære både fordi gudene lignet så mye på mennesker og fordi de var like egoistiske og upålitelige som oss. For første gang ble det sagt at mytene kanskje ikke var noe annet enn menneskelige forestillinger.

Et eksempel på denne mytekritikken finner vi hos filosofen *Xenofanes*, som levde fra ca. 570 f. Kr. «Menneskene har skapt seg guder i sitt eget bilde,» sa han. «De tror at gudene er født og har kropp og drakt og språk som vi. Negrene mener at gudene er svarte og stumpneset, trakerne tenker seg at de er blåøyde og blonde. Ja, hvis okser og hester og løver hadde kunnet male, da ville de fremstille guder som så ut som okser og hester og løver!»

Nettopp på denne tiden grunnla grekerne mange bystater både i Hellas og i de greske koloniene i Sør-Italia og i Lille-Asia. Her gjorde slavene alt kroppsarbeidet, og de frie borgerne kunne bruke tid på politikk og kulturliv.

I disse bymiljøene skjedde et sprang i folks tenkemåte. Et enkelt individ kunne helt for egen regning stille spørsmål om hvordan samfunnet skulle organiseres. Slik kunne enkeltindividet også stille filosofiske spørsmål uten å ty til de overleverte mytene.

Vi sier at det skjedde en utvikling fra en mytisk tenkemåte til en tankegang som var bygget på erfaring og fornuft. Målet for de første greske filosofene var å finne *naturlige forklaringer* på naturprosessene.

Sofie ble gående omkring i den store hagen. Hun prøvde å glemme alt hun hadde lært på skolen. Spesielt viktig var det å glemme det hun hadde lest i naturfagbøkene.

Hvis hun hadde vokst opp i denne hagen uten å vite noe som helst om naturen, hvordan ville hun opplevd våren da?

Ville hun prøvd å dikte opp en slags forklaring på hvorfor det en dag plutselig begynte å regne? Ville hun fantasert seg fram til en slags forståelse av hvorfor snøen forsvant og solen steg på himmelen?

Jo, det var hun helt sikker på, og dermed begynte hun å dikte:

Vinteren hadde ligget som et frossent grep om landet fordi den onde Muriat hadde fanget den vakre prinsessen Sikita i et kaldt fengsel. Men en morgen kom den tapre prinsen Bravato og befridde henne. Da ble Sikita så glad at hun begynte å danse over engene mens hun sang en sang hun hadde diktet i det kalde fengselet. Nå ble både jorda og trærne så rørt at all snøen forvandlet seg til tårer. Men også solen kom fram på himmelen og tørket alle tårene. Fuglene tok etter Sikitas sang, og da den vakre prinsessen slo ut det gule håret, drysset noen lokker ned på jorda, og der ble de til liljene på marken . . .

Sofie syntes hun hadde diktet en vakker historie. Hvis hun ikke hadde hatt kjennskap til noen annen forklaring på hvorfor årstidene vekslet, følte hun seg sikker på at hun til slutt ville trodd på det hun hadde diktet.

Hun forstod at menneskene alltid hadde hatt et behov for å finne forklaringer på naturprosessene. Kanskje kunne ikke menneskene leve uten slike forklaringer. Så hadde de diktet opp alle mytene den gangen det ikke fantes noen vitenskap.

NATURFILOSOFENE

. . . ingenting kan bli til av ingenting . . .

Da moren kom hjem fra jobben den ettermiddagen, satt Sofie i hagegyngen og funderte på hvilken sammenheng det kunne være mellom filosofikurset og Hilde Møller Knag, som altså ikke ville få noe bursdagskort fra faren sin.

– Sofie! ropte moren fra lang avstand. – Det har kommet et brev til deg!

Det stokk i henne. Hun hadde jo tatt inn posten selv, altså måtte brevet være fra filosofen. Hva skulle hun si til moren?

Hun reiste seg langsomt fra hagegyngen og gikk mot henne.

– Det har ikke noe frimerke. Du skal se det er et kjærlighetsbrev.

Sofie tok brevet.

– Skal du ikke åpne det?

Hva skulle hun si?

– Har du hørt om noen som åpner et kjærlighetsbrev med moren sin hengende over skulderen?

Så fikk hun heller tro at det var noe sånt. Det kjentes fryktelig flaut, for hun var vel i yngste laget til å få kjærlighetsbrev, men det ville liksom vært enda flauere om det skulle komme for en dag at hun mottok et helt korrespondansekurs fra en komplett fremmed filosof, som dessuten lekte katt og mus med henne.

Det var en av de små hvite konvoluttene. Da Sofie kom opp på rommet sitt, leste hun tre nye spørsmål på lappen som lå inni.

Finnes det et urstoff som alt annet er laget av?
Kan vann bli til vin?
Hvordan kan jord og vann bli til en levende frosk?

Sofie syntes at spørsmålene var passe sprø, men de fortsatte å surre rundt i hodet hennes hele kvelden. Også på skolen dagen etter tok hun de tre spørsmålene opp til ettertanke i tur og orden.

Om det fantes et «urstoff» som alt annet var laget av? Men hvis det fantes et eller annet «stoff» som alt i hele verden var laget av, hvordan kunne så dette ene stoffet plutselig forvandles til en smørblomst eller for den saks skyld til en hel elefant?

Den samme innvendingen gjaldt også for spørsmålet om vann kunne bli til vin. Sofie hadde hørt fortellingen om Jesus som gjorde vann til vin, men hun hadde aldri tatt den helt bokstavelig. Og hvis Jesus virkelig hadde gjort vann til vin, da var det nettopp et under og altså noe som egentlig ikke gikk an. Sofie var klar over at det var mye vann både i vin og nesten overalt i naturen. Men selv om det var 95 % vann i en agurk, måtte det være noe annet også for at en agurk skulle være en agurk og ikke bare vann.

Så var det dette med frosken. Filosofilæreren hennes var i det hele tatt påfallende opptatt av frosker. Sofie kunne kanskje gå med på at en frosk er laget av jord og vann, men da kunne ikke jorda bestå av bare ett enkelt stoff. Hvis jorda bestod av mange forskjellige stoffer, kunne det selvfølgelig tenkes at jord og vann til sammen kunne bli til en frosk. Vel å merke hvis jorda og vannet gikk veien om froskeegg og rumpetroll. For en frosk kunne ikke vokse rett opp av en kjøkkenhage selv om man var svært påpasselig med vanningen.

Da hun kom hjem fra skolen den ettermiddagen, lå det en tykk konvolutt til henne i postkassen. Sofie gikk til Smuget som hun hadde gjort de andre dagene.

Filosofenes prosjekt

Der var du igjen! Vi går like gjerne rett på dagens leksjon uten å gå veien om hvite kaniner og slikt.

Jeg skal i grove trekk fortelle deg hvordan menneskene har tenkt omkring filosofiske spørsmål helt fra den greske oldtiden til i dag. Men alt skal komme i tur og orden.

Fordi filosofene levde i en annen tid – og kanskje i en helt annen

kultur enn vår egen – er det ofte lurt å lete seg fram til hva som er den enkelte filosofs *prosjekt*. Med det mener jeg at vi må prøve å gripe fatt i hva akkurat denne filosofen er spesielt opptatt av å finne ut av. En filosof kan være opptatt av hvordan planter og dyr er blitt til. En annen kan være opptatt av om det finnes en gud eller om mennesket har en udødelig sjel.

Når vi først klarer å trekke ut hva som er en bestemt filosofs «prosjekt», blir det lettere å følge tankegangen hans også. For én filosof er ikke opptatt av alle de filosofiske spørsmålene.

Nå sa jeg «tankegangen hans» – altså om filosofen. For også filosofiens historie er preget av menn. Det er fordi kvinnen har vært undertrykket både som kjønn og som tenkende vesen. Det er synd, for på denne måten har mange viktige erfaringer gått tapt. Først i vårt århundre kommer kvinnene ordentlig inn i filosofiens historie.

Jeg kommer ikke til å gi lekser – iallfall ikke vanskelige matematikkstykker. Uansett ligger bøying av engelske verb helt utenfor min interesse. Men av og til vil jeg pålegge deg en aldri så liten elevøvelse.

Hvis du aksepterer disse betingelsene, går vi i gang.

Naturfilosofene

De første filosofene i Hellas kalles gjerne «naturfilosofene» fordi de først og fremst var opptatt av naturen og naturprosessene.

Vi har allerede spurt oss hvor alt kommer fra. Mange mennesker i dag tenker seg nærmest at noe en gang må ha oppstått av ingenting. Denne tanken var ikke like utbredt blant grekerne. Av en eller annen grunn tok de det for gitt at «noe» hadde vært bestandig.

Hvordan alt kunne bli til av ingenting, var altså ikke det store spørsmålet. Til gjengjeld undret grekerne seg over hvordan vann kunne bli til levende fisk og livløs jord kunne bli til høye trær eller fargesprakende blomster. For ikke å snakke om hvordan et lite barn kan bli til i sin mors liv!

Filosofene så for sine egne øyne hvordan det stadig foregår *forandringer* i naturen. Men hvordan kunne slike forandringer være mulige?

Hvordan kunne noe gå over fra å være et stoff til å bli noe ganske annet – for eksempel levende liv.

Felles for de første filosofene var at de mente det måtte være et bestemt *urstoff* som står bak alle forandringene. Hvordan de kom på denne tanken, er ikke så godt å si. Vi vet bare at det vokste fram en forestilling om at det måtte være ett urstoff som nærmest lå på lur bak alle forandringene i naturen. Det måtte være «noe» som alt sprang ut fra og vendte tilbake til.

Det mest interessante for oss er ikke hvilke svar disse første filosofene kom fram til. Det interessante er hvilke spørsmål de stilte og hva slags type svar de lette etter. Vi er mer opptatt av *hvordan* de tenkte enn av akkurat *hva* de tenkte.

Vi kan slå fast at de stilte spørsmål om synlige forandringer i naturen. De prøvde å finne fram til noen evige naturlover. De ville forstå hendelsene i naturen uten å gripe til de overleverte mytene. Fremfor alt prøvde de å forstå naturprosessene ved å studere naturen selv. Det er noe ganske annet enn å forklare lyn og torden, vinter og vår ved å vise til hendelser i gudeverdenen!

På denne måten frigjorde filosofien seg fra religionen. Vi kan si at naturfilosofene tok det første skritt i retning av en *vitenskapelig* tenkemåte. Dermed gav de støtet til all senere naturvitenskap.

Det aller meste av det naturfilosofene sa og skrev, er gått tapt for ettertiden. Det lille vi kjenner til, finnes i skriftene til *Aristoteles*, som levde et par hundre år etter de første filosofene. Aristoteles refererer bare de resultatene filosofene før ham hadde kommet fram til. Det betyr at vi ikke alltid kan vite hvordan de kom fram til konklusjonene sine. Men vi vet nok til at vi kan slå fast at de første greske filosofenes «prosjekt» var spørsmål omkring urstoffet og forandringene i naturen.

Tre filosofer fra Milet

Den første filosofen vi hører om, er *Thales* fra den greske kolonien Milet i Lille-Asia. Han reiste mye omkring i verden. Det fortelles blant annet at han målte høyden på en pyramide i Egypt ved å måle pyramidens skygge akkurat når hans egen skygge var like lang som ham selv. Han skal også ha klart å beregne en solformørkelse i år 585 f.Kr.

Thales mente at *vann* var opphavet til alle ting. Nøyaktig hva han mente med det, vet vi ikke. Kanskje mente han at alt liv oppstår i vann – og at alt liv blir til vann igjen når det går i oppløsning.

Da han var i Egypt, så han sikkert hvordan det spirte på marken straks Nilen trakk seg tilbake fra landområdene i Nil-deltaet. Kanskje har han også sett hvordan frosker og mark viste seg etter at det hadde regnet.

Det er dessuten sannsynlig at Thales har tenkt på hvordan vann kan bli til is og damp – for så å vende tilbake til vann igjen.

Thales skal dessuten ha sagt at «alt er fylt av guder». Også her kan vi bare gjette hva han mente. Kanskje opplevde han hvordan den svarte jorda kunne være opphav til alt fra blomster og korn til insekter og kakerlakker. Så tenkte han seg at jorda var propp full av små, usynlige «livsspirer». Sikkert er det iallfall at han ikke tenkte på Homers guder.

Den neste filosofen vi hører om, er *Anaximander*, som også levde i Milet. Han mente at vår verden bare er en av mange verdener som oppstår og forgår i noe som han kalte «det ubestemte». Det er ikke så godt å si hva han mente med «det ubestemte», men det synes klart at han ikke tenkte seg et kjent stoff som Thales. Kanskje mente han at det som alt er skapt av, nettopp måtte være forskjellig fra alt det skapte. Da kunne ikke urstoffet være ganske alminnelig vann, men altså noe «ubestemt».

En tredje filosof fra Milet var *Anaximenes* (ca. 570–526 f.Kr.). Han mente at alle tings urstoff måtte være *luft* eller *tåke*.

Anaximenes har selvfølgelig kjent til Thales' lære om vannet. Men hvor kommer vannet fra? Anaximenes mente at vann måtte være fortettet luft. Vi ser jo at vannet presses ut av luften når det regner. Når vannet blir presset enda mer sammen, blir det til jord, mente han. Kanskje hadde han sett hvordan jord og sand ble presset ut av is som smeltet. Slik mente han også at ild måtte være fortynnet luft. Ifølge Anaximenes oppstod altså både jord, vann og ild av luften.

Veien fra jord og vann til vekstene på marken er ikke så lang. Kanskje tenkte Anaximenes at både jord, luft, ild og vann måtte til for at liv kunne oppstå. Men selve utgangspunktet var «luften» eller «tåken». Han delte altså Thales' oppfatning om at det må være ett urstoff som ligger til grunn for alle forandringene i naturen.

Ingenting kan bli til av ingenting

Alle de tre filosofene i Milet tenkte seg at det måtte finnes et – og bare ett – urstoff som alt annet var laget av. Men hvordan kunne et stoff plutselig forandre seg og bli til noe helt annet? Dette problemet kan vi kalle *forandringsproblemet*.

Fra ca. 500 f.Kr. levde noen filosofer i den greske kolonien Elea i Sør-Italia, og disse «eleatene» tumlet med sånne spørsmål. Den mest kjente var *Parmenides* (ca. 540-480 f.Kr).

Parmenides mente at alt som er, har vært bestandig. Dette var en vanlig tanke blant grekerne. De tok det nærmest for gitt at alt som finnes i verden, er evig. Ingenting kan bli til av ingenting, mente Parmenides. Og ikke noe som er, kan bli til ingenting heller.

Men Parmenides gikk lenger enn de fleste. Han mente at ingen virkelig forandring var mulig. Ingenting kan bli til noe annet enn akkurat det det er.

Parmenides var selvfølgelig klar over at naturen nettopp viser stadige forandringer. Med *sansene* registrerte han hvordan tingene forandret seg. Men han fikk ikke dette til å stemme med hva *fornuften* fortalte ham. Når han så ble tvunget til å velge om han ville stole på sansene eller på fornuften, da valgte han fornuften.

Vi kjenner uttrykket: «Jeg tror det ikke før jeg ser det.» Men Parmenides trodde det ikke da heller. Han mente at sansene gir oss et galt bilde av verden, et bilde som ikke stemmer med menneskets fornuft. Som filosof så han det som sin oppgave å avsløre alle former for «sansebedrag».

Denne sterke troen på menneskets fornuft kalles *rasjonalisme*. En rasjonalist er en som har stor tro på menneskets fornuft som kilde til kunnskap om verden.

Alt flyter

Samtidig med Parmenides levde *Heraklit* (ca. 540–480 f.Kr.) fra Efesos i Lille-Asia. Han mente at nettopp de stadige forandringene er det mest grunnleggende trekk ved naturen. Vi kan kanskje si at Heraklit hadde mer tiltro til det sansene fortalte ham enn Parmenides.

«Alt flyter,» sa Heraklit. Alt er i bevegelse, og ingenting varer evig. Derfor kan vi ikke «to ganger stige ned i samme elv». For når jeg stiger ned i elven for andre gang, er både jeg og elven en annen.

Heraklit pekte også på at verden er preget av stadige motsetninger. Hvis vi aldri var syke, ville vi ikke skjønne hva det er å være frisk. Hvis vi aldri var sultne, ville vi ikke ha noen glede av å være mette. Hvis det aldri var krig, ville vi ikke sette pris på freden, og hvis det aldri var vinter, ville vi ikke se at det ble vår.

Både det gode og det onde har en nødvendig plass i helheten, mente Heraklit. Hvis det ikke var et stadig spill mellom motsetninger, ville verden opphøre.

«Gud er dag og natt, vinter og sommer, krig og fred, sult og metthet,» sa han. Her bruker han ordet «Gud», men det er opplagt at han mener noe helt annet enn de gudene som mytene fortalte om. For Heraklit er Gud – eller det guddommelige – noe som omfatter hele verden. Ja, Gud viser seg nettopp i den stadig skiftende og motsetningsfylte naturen.

Istedenfor ordet «Gud» bruker han ofte det greske ordet «logos». Det betyr fornuft. Selv om vi mennesker ikke alltid tenker likt eller har den samme fornuften, mente Heraklit at det må finnes en slags «verdensfornuft» som styrer alt som skjer i naturen. Denne «verdensfornuften» – eller «naturloven» – er noe som er felles for alle og som alle mennesker må rette seg etter. Likevel lever de fleste etter sin egen private fornuft, mente Heraklit. Han hadde i det hele tatt ikke så høye tanker om sine medmennesker. «Meningene til folk flest kan sammenlignes med lekene til småbarn,» sa han.

Midt i alle forandringene og motsetningene i naturen så Heraklit altså en enhet eller helhet. Dette «noe» som ligger til grunn for alt, kalte han «Gud» eller «logos».

Fire grunnstoff

Parmenides og Heraklit var på en måte rake motsetninger. *Fornuften* til Parmenides gjorde det klart at ingenting kunne forandre seg. Men *sanseerfaringene* til Heraklit gjorde det like klart at det stadig foregår forandringer i naturen. Hvem av dem hadde rett? Skal vi stole på det *fornuften* forteller oss eller skal vi stole på *sansene*?

Både Parmenides og Heraklit sier to ting. Parmenides sier:

a) at ingenting kan forandre seg

og *b)* at sanseinnntrykkene derfor må være upålitelige

Heraklit sier derimot:

a) at alt forandrer seg («alt flyter»)

og *b)* at sanseinntrykkene er pålitelige

Stort mer uenige kan filosofer vanskelig bli! Men hvem av dem hadde rett? Det ble *Empedokles* (ca. 494–434 f. Kr.) fra Sicilia som klarte å vise vei ut av de flokene som filosofien hadde viklet seg inn i. Han mente at både Parmenides og Heraklit hadde rett i én av påstandene. Men på ett punkt tok også begge feil.

Empedokles mente at den store uenigheten skyldtes at filosofene nærmest hadde tatt det for gitt at det fantes bare *ett* grunnstoff. Hvis det var sant, ville kløften mellom hva fornuften sier og det vi «ser for våre egne øyne» være uoverkommelig.

Vann kan naturligvis ikke bli til en fisk eller en sommerfugl. Vannet kan i det hele tatt ikke forandre seg. Rent vann forblir rent vann i all evighet. Altså hadde Parmenides rett i at «ingenting forandrer seg».

Samtidig var Empedokles enig med Heraklit i at vi må stole på det sansene forteller oss. Vi må tro det vi ser, og vi ser nettopp stadige forandringer i naturen.

Empedokles kom til at det var forestillingen om at det bare fantes ett urstoff som måtte forkastes. Verken vann eller luft kan *alene* klare å forandre seg til en rosebusk eller til en sommerfugl. Naturen kan altså umulig ha bare ett «grunnstoff».

Empedokles mente at naturen til sammen har fire slike urstoff eller «røtter», som han kalte dem. De fire røttene kalte han *jord*, *luft*, *ild* og *vann*.

Alle forandringene i naturen skyldes at de fire stoffene blandes sammen og oppløses igjen. For alt består av både jord, luft, ild og vann, men i forskjellige blandingsforhold. Når en blomst eller et dyr dør, skilles de fire stoffene fra hverandre igjen. Denne forandringen kan vi registrere med det blotte øyet. Men både jorda og luften, ilden og vannet forblir helt uforandret eller «uberørt» av alle blandingene de inngår i. Det er altså ikke riktig at «alt» forandrer seg. I grunnen er det ingenting som forandrer seg. Det som skjer er bare at fire forskjellige stoffer blandes sammen og oppløses – for så å blandes sammen igjen.

Vi kan kanskje sammenligne med en kunstmaler. Hvis han har bare én farge – for eksempel rødt – kan han ikke male grønne trær. Men hvis han har både gul, rød, blå og svart farge – da kan han male mange hundre forskjellige farger fordi han blander fargene i forskjellige forhold.

Et eksempel fra kjøkkenet viser det samme. Hvis jeg bare har mel, måtte jeg være en trollmann om jeg klarte å bake en kake. Men hvis jeg har både egg og mel, melk og sukker – da kan jeg lage mange forskjellige kaker av de fire råstoffene.

Det var ikke tilfeldig at Empedokles mente at naturens «røtter» måtte være nettopp jord, luft, ild og vann. Før ham hadde andre filosofer prøvd å vise hvorfor urstoffet måtte være enten vann, luft eller ild. At både vannet og luften er viktige elementer i naturen, hadde Thales og Anaximenes pekt på. Grekerne trodde at også ilden var viktig. De så for eksempel solens betydning for alt liv i naturen, og de kjente naturligvis til menneskers og dyrs kroppsvarme.

Kanskje har Empedokles sett hvordan et trestykke brenner. Det som skjer da, er nettopp at noe går i oppløsning. Vi hører det knitre og surkle i veden. Det er «vannet». Noe går opp i røyk. Det er «luften». «Ilden» ser vi jo. Så blir noe liggende igjen når bålet sloker. Det er asken – eller «jorda».

Når Empedokles har pekt på at forandringene i naturen skyldes at de fire røttene blandes sammen og oppløses igjen, blir fortsatt noe stående igjen å forklare. Hva er selve årsaken til at stoffene føyes sammen så nytt liv oppstår? Og hva er det som gjør at «blandingen», for eksempel en blomst, oppløses igjen?

Empedokles mente at det måtte være to forskjellige *krefter* som virker i naturen. Disse kalte han «kjærlighet» og «hat». Det som binder tingene sammen, er «kjærligheten», og det som løser opp, er «hatet». Han skiller her mellom «stoff» og «kraft». Dette er verdt å notere seg. Den dag i dag skiller vitenskapen mellom «grunnstoffer» og «naturkrefter». Moderne vitenskap mener at alle naturprosessene kan forklares som et samspill mellom de forskjellige *grunnstoffene* og noen ganske få *naturkrefter*.

Empedokles tok også opp spørsmålet om hva som skjer når vi sanser noe. Hvordan kan jeg «se» en blomst for eksempel? Hva er det som foregår da? Har du tenkt på det, Sofie? Hvis ikke har du sjansen nå!

Empedokles mente at øynene våre består av jord, luft, ild og vann som alt annet i naturen. Så oppfatter «jorda» i øyet mitt det som er av jord i det jeg ser, «luften» oppfatter det som er av luft, «ilden» i øynene oppfatter det som er av ild, og «vannet» det som er av vann. Hadde øyet manglet et av de fire stoffene, ville jeg ikke sett hele naturen heller.

Noe av alt i alt

En annen filosof som ikke kunne slå seg til ro med at et bestemt urstoff – for eksempel vann – kunne omdannes til alt vi ser i naturen, var *Anaxagoras* (500–428 f.Kr.). Han godtok heller ikke tanken om at jord, luft, ild eller vann kunne omdannes til blod og bein.

Anaxagoras mente at naturen er bygget opp av mange bittesmå deler, som ikke er synlige for øyet. Alt kan deles opp i noe enda mindre, men selv i de minste delene er det noe av alt. Når hud og hår ikke kan bli til av noe annet, må det være hud og hår også i melken vi drikker og i maten vi spiser, mente han.

Et par moderne eksempler kan kanskje peke mot hva Anaxagoras tenkte seg. Med dagens laserteknikk er det mulig å lage såkalte «hologram». Hvis et hologram forestiller en bil for eksempel, og dette hologrammet knuses, vil vi se et bilde av hele bilen selv om vi bare beholder den delen av hologrammet som viste støtfangeren. Det er fordi hele motivet er til stede i hver minste lille del.

Sånn er på en måte kroppen vår bygget også. Hvis jeg løsner en hudcelle fra en finger, inneholder cellekjernen ikke bare oppskriften på hvordan huden min ser ut. I den samme cellen finnes også oppskriften på hva slags øyne jeg har, hvilken farge jeg har på håret, hvor mange og hva slags fingre jeg har og så videre. I hver eneste celle av kroppen finnes en detaljert beskrivelse av hvordan alle andre celler i kroppen er bygget opp. Det er altså «noe av alt» i hver eneste celle. Helheten finnes i hver minste del.

Anaxagoras kalte disse «minstedelene» som har «noe av alt» i seg, for «frø» eller «spirer».

Vi husker at Empedokles mente at det var «kjærligheten» som føyde delene sammen til hele legemer. Også Anaxagoras tenkte seg en slags kraft som «ordner opp» og skaper dyr og mennesker, blomster og trær. Denne kraften kalte han «ånden» eller «fornuften» (nous).

Anaxagoras er interessant også fordi han var den første filosofen vi hører om i Athen. Han kom fra Lille-Asia, men flyttet til Athen i 40-årsalderen. Her ble han anklaget for gudløshet og måtte til slutt reise fra byen igjen. Han hadde blant annet sagt at solen ikke var en gud, men en glødende masse som var større enn halvøya Peloponnes.

Anaxagoras var i det hele tatt opptatt av astronomi. Han mente at alle himmellegemer var laget av samme stoff som Jorden. Dette kom han fram til etter å ha undersøkt en meteorstein. Det kunne derfor tenkes at det bodde mennesker på andre kloder, mente han. Videre pekte han på at månen ikke lyser av seg selv, men at den får sitt lys fra Jorden. Han forklarte dessuten hvorfor det oppstår solformørkelser.

PS. Takk for oppmerksomheten, Sofie. Det kan tenkes at du må lese dette kapitlet både to og tre ganger før du forstår alt sammen. Men forståelse må koste litt egeninnsats. Du ville neppe beundre en venninne som forstod seg på både det ene og det andre hvis det ikke hadde kostet henne noe.

Den aller beste løsningen på spørsmålet om urstoffet og forandringene i naturen får vente til i morgen. Da skal du møte Demokrit. Jeg sier ikke mer!

Sofie satt i Smuget og tittet ut i hagen gjennom en liten åpning i det tette krattet. Hun måtte prøve å ordne tankene sine etter alt hun hadde lest.

Det var selvfølgelig klinkende klart at alminnelig vann ikke kunne bli til noe annet enn is og damp. Vann kunne ikke engang bli til en vannmelon, for selv en vannmelon bestod av noe mer enn bare vann. Men når hun kunne være så sikker på dette, skyldtes det vel bare at hun hadde lært det. Hadde hun for eksempel kunnet være så skråsikker på at is bare bestod av vann hvis hun ikke hadde lært det? Hun måtte iallfall ha studert hvordan vannet frøs og isen smeltet ganske nøye.

Igjen prøvde Sofie å tenke med sin egen fornuft uten å bruke det hun hadde lært av andre.

Parmenides hadde nektet å godta alle former for forandring. Og jo mer hun tenkte over det, jo mer overbevist ble hun om at han på en måte hadde hatt rett. Fornuften hans kunne ikke godta at «noe» plutselig kunne slå over til å bli «noe helt annet». Da hadde han vært skikkelig modig som sa ifra, for han ble jo samtidig nødt til å benekte alle de forandringene i naturen som ethvert menneske kunne studere. Det var sikkert mange som hadde ledd av ham.

Også Empedokles hadde vært litt av en kløpper til å bruke fornuften sin da han slo fast at verden nødvendigvis måtte bestå av flere enn bare ett urstoff. På den måten ble alle vekslingene i naturen mulige uten at noe egentlig forandret seg.

Dette hadde den gamle greske filosofen funnet ut bare ved å bruke fornuften. Han hadde selvfølgelig studert naturen, men han hadde ikke hatt muligheter til å drive med kjemiske analyser som vitenskapen i dag.

Sofie visste ikke om hun hadde noen særlig tro på at det var akkurat jord, luft, ild og vann som alt var laget av. Men hvilken rolle spilte vel det? I prinsippet måtte Empedokles ha rett. Den eneste muligheten vi har for å godta alle forandringene som øynene våre ser uten samtidig å gå fra forstanden, er å innføre flere enn bare ett urstoff.

Sofie syntes at filosofien var ekstra spennende fordi hun kunne følge med på alle tankene med sin egen fornuft – uten at hun behøvde å huske alt hun hadde lært på skolen. Hun kom til at filosofi egentlig ikke er noe man kan lære, men kanskje man kunne lære seg å *tenke* filosofisk.

DEMOKRIT

. . . verdens mest geniale leketøy . . .

Sofie lukket igjen kakeboksen med alle de maskinskrevne arkene fra den ukjente filosofilæreren. Hun snek seg ut av Smuget og ble stående en stund og se ut over hagen. Med ett kom hun på hva som hadde skjedd dagen før. Moren hadde tøyset med henne om dette «kjærlighetsbrevet» ved frokostbordet også. Nå skyndte hun seg til postkassen for å forhindre at det samme skjedde igjen. Å få et kjærlighetsbrev to dager på rad var nøyaktig dobbelt så flaut som å få bare ett.

Der lå en liten hvit konvolutt igjen! Sofie begynte å øyne et system i leveransene nå: Hver ettermiddag hadde hun funnet en stor gul konvolutt i postkassen. Mens hun leste det store brevet, pleide filosofen å snike seg til postkassen med en liten hvit konvolutt også.

Dette betydde at Sofie med letthet kunne avsløre ham. Eller var det en hun? Hvis hun bare stilte seg i vinduet på rommet sitt, hadde hun god utkikk ned til postkassen. Da ville hun sikkert få øye på den mystiske filosofen. For hvite konvolutter kunne umulig oppstå av seg selv.

Sofie bestemte seg for å følge nøye med i morgen. Da var det fredag, og hun hadde hele helgen foran seg.

Nå gikk hun opp på rommet sitt og åpnet konvolutten der. I dag stod det bare ett spørsmål på lappen, men det spørsmålet var til gjengjeld enda sprøere enn de tre spørsmålene som hadde kommet i «kjærlighetsbrevet»:

Hvorfor er legoklosser verdens mest geniale leketøy?

Sofie var for det første ikke så sikker på om hun var enig i at legoklosser var verdens mest geniale leketøy, hun hadde nå iallfall sluttet å leke med legoklosser for mange år siden. Hun kunne dessuten ikke begripe hva legoklosser hadde med filosofi å gjøre.

Men hun var en lydig elev. Hun begynte å rote i den øverste hyllen i skapet sitt, og der fant hun riktig nok en plastpose full av legoklosser i alle størrelser og fasonger.

For første gang på svært lenge gav hun seg til å bygge med de små plastklossene. Mens hun gjorde det, kom snart noen tanker om legoklossene også.

Legoklosser er lette å bygge med, tenkte hun. Selv om de har forskjellig størrelse og form, kan alle legoklosser settes sammen med andre. De er dessuten helt uslitelige. Sofie kunne ikke huske at hun noen gang hadde sett en ødelagt legokloss. Faktisk så alle legoklossene like nye og friske ut som de hadde vært da hun fikk dem for mange år siden. Og fremfor alt: Med legoklosser kunne hun bygge alt mulig. Så kunne hun ta klossene fra hverandre igjen og bygge noe helt annet.

Hva mer kunne man forlange? Sofie kom til at legoklosser faktisk godt kunne kalles verdens mest geniale leketøy. Men hva de hadde med filosofi å gjøre, var fortsatt like uforståelig.

Snart hadde Sofie bygget et stort dukkehus. Det var så vidt hun torde å innrømme for seg selv at hun ikke hadde hatt det så gøy på lenge. Hvorfor sluttet mennesker å leke?

Da moren kom hjem og så hva hun hadde laget, glapp det ut av henne:

– Så hyggelig å se at du fortsatt kan leke som et barn.

– Pøh! Jeg jobber med noen kompliserte filosofiske undersøkelser.

Moren slapp et dypt sukk. Hun tenkte vel på den store kaninen og flosshatten.

Da Sofie kom hjem fra skolen neste dag, fikk hun flere nye ark i en stor gul konvolutt. Hun tok konvolutten med seg opp på rommet sitt. Hun skulle straks lese det som stod på arkene, men i dag ville hun dessuten holde et øye med postkassen.

Atomteorien

Her er jeg igjen, Sofie. I dag skal du få høre om den siste store naturfilosofen. Han het *Demokrit* (ca 460–370 f.Kr.) og var fra kystbyen Abdera nord i Egeerhavet. Hvis du bare har klart å svare på dette med

legoklossene, vil du nok ikke ha så store problemer med å skjønne hva som var denne filosofens prosjekt.

Demokrit var enig med sine forgjengere i at forandringene i naturen ikke kunne skyldes at noe virkelig «forandret» seg. Han antok derfor at alt måtte være bygget opp av noen små, usynlige byggesteiner som hver og en var evige og uforanderlige. Demokrit kalte disse minste delene for *atomer*.

Ordet «atom» betyr «udelelig». For Demokrit var det viktig å slå fast at det som alt er bygget opp av, ikke kunne deles opp i stadig mindre deler. Hvis det hadde vært slik, ville de ikke kunnet tjene som byggesteiner. Ja, hvis atomene stadig kunne slipes ned og deles opp i stadig mindre deler, ville naturen etter hvert begynt å flyte som en stadig tynnere suppe.

Naturens byggesteiner måtte dessuten være evige – for ingenting kan bli til av null og niks. Her var Demokrit enig med Parmenides og eleatene. Videre mente han at alle atomene måtte være faste og massive. Men de kunne ikke være like. Hvis atomene var like, ville vi stått uten noen skikkelig forklaring på hvordan de kunne settes sammen til alt fra valmuer og oliventrær til geiteskinn og menneskehår.

Det finnes uendelig mange forskjellige atomer i naturen, mente Demokrit. Noen er runde og glatte, andre er uregelmessige og krokete. Nettopp fordi de har ulik form, kan de settes sammen til vidt forskjellige legemer. Men om de er aldri så mange og aldri så forskjellige, er alle evige, uforanderlige og udelelige.

Når et legeme – for eksempel et tre eller et dyr – dør og går i oppløsning, spres atomene igjen og kan brukes på nytt i nye legemer. For atomene beveger seg i rommet, men fordi de har forskjellige «haker» og «kroker» kneppes de stadig sammen til tingene vi ser omkring oss.

Og nå skjønner du vel hva jeg mente med legoklossene? De har omtrent alle de egenskapene som Demokrit tilla atomene, og nettopp derfor er de så fine å bygge med. Først og fremst er de udelelige. De er forskjellige i form og størrelse, de er massive og ugjennomtrengelige. Legoklossene har dessuten «haker» og «kroker» som gjør at de kan kneppes sammen til alle tenkelige figurer. Denne bindingen kan senere løses opp igjen så det kan bygges nye gjenstander av de samme klossene.

Det som har gjort legoklossene så populære, er nettopp at de kan brukes igjen og igjen. En enkelt legokloss kan inngå i en bil den ene dagen, i et slott den neste. Vi kan dessuten si at legoklossene er «evige». Barn som lever i dag, kan sitte og leke med de samme legoklossene som mor eller far lekte med da de var små.

Vi kan forme ting av blåleire også. Men leiren kan ikke brukes igjen og igjen nettopp fordi den kan brekkes opp i stadig mindre biter, og slike ørsmå leirklumper kan ikke «kneppes» sammen igjen til nye gjenstander.

I dag kan vi nærmest slå fast at Demokrits atomlære var riktig. Naturen *er* virkelig bygget opp av forskjellige «atomer» som binder seg til hverandre og så skilles fra hverandre igjen. Et hydrogenatom som sitter i en celle ytterst ute på nesetippen min, tilhørte en gang snabelen på en elefant. Et karbonatom i hjertemuskelen min satt en gang i halen på en dinosaur.

I våre dager har vitenskapen funnet ut at atomene kan deles opp i noen enda mindre «elementærpartikler». Vi kaller slike elementærpartikler for protoner, nøytroner og elektroner. Og kanskje kan disse deles opp i noen enda mindre deler. Men fysikerne er enige om at det et sted må finnes en grense. Det må være noen *minste deler* som naturen er bygget opp av.

Demokrit hadde ikke tilgang til vår tids elektroniske apparater. Hans eneste virkelige redskap var fornuften. Men fornuften gav ham ikke noe valg. Hvis vi først aksepterer at ingenting kan forandre seg, at ingenting oppstår av null og niks og at ingenting blir borte, da *må* naturen bestå av noen ørsmå byggeklosser som settes sammen og skilles fra hverandre igjen.

Demokrit regnet ikke med noen «kraft» eller «ånd» som griper inn i naturprosessene. Det eneste som finnes er atomene og det tomme rom, mente han. Siden han ikke trodde på noe annet enn det «materielle», kaller vi ham *materialist*.

Det er altså ingen bevisst «hensikt» bak atomenes bevegelser. I naturen går alt helt *mekanisk* for seg. Det betyr ikke at alt som skjer er «tilfeldig», for alt følger naturens ubrytelige lover. Demokrit mente at det finnes en naturlig årsak bak alt som skjer, en årsak som ligger i tingene selv. Han sa en gang at han heller ville oppdage en naturlov enn å bli konge over Persia.

Atomteorien forklarte også våre *sansninger*, mente Demokrit. Når vi sanser noe, skyldes det atomenes bevegelser i tomrommet. Når jeg ser månen, er det fordi «måneatomene» treffer øyet mitt.

Men *bevisstheten* da? Den kan vel ikke bestå av atomer, altså av materielle «ting»? Joda – Demokrit tenkte seg at sjelen består av noen spesielt runde og glatte «sjeleatomer». Når et menneske dør, fyker sjeleatomene til alle kanter. Siden kan de gå inn i en ny sjel som dannes.

Det betyr at mennesket ikke har noen udødelig sjel. Også dette er en tanke som mange mennesker deler i dag. De mener som Demokrit at «sjelen» er knyttet til hjernen og at vi ikke kan ha noen form for bevissthet når hjernen oppløses.

Med sin atomlære satte Demokrit en foreløpig strek for den greske naturfilosofien. Han var enig med Heraklit i at alle ting i naturen «flyter». For formene kommer og går. Men bak alt som «flyter» finnes noen evige og uforanderlige ting som ikke «flyter». Dette kalte Demokrit atomer.

Mens Sofie leste, kikket hun flere ganger ut gjennom vinduet for å se om den mystiske brevsenderen dukket opp ved postkassen. Nå ble hun sittende og stirre ned på gaten mens hun tenkte igjennom det hun hadde lest.

Hun syntes Demokrit hadde tenkt så enkelt – og allikevel så utrolig lurt. Han hadde funnet selve løsningen på problemet om «urstoffet» og «forandringen». Dette spørsmålet hadde vært så innviklet at filosofene var blitt gående og tygge på det i flere generasjoner. Men til slutt hadde Demokrit løst hele problemet bare ved å bruke fornuften.

Sofie måtte nesten le. Det *måtte* være sant at naturen er bygget opp av noen små deler som aldri forandrer seg. Samtidig hadde selvfølgelig Heraklit hatt rett i at alle formene i naturen «flyter». For alle mennesker og dyr dør, og selv en fjellkjede går langsomt i oppløsning. Poenget var bare at også denne fjellkjeden er bygget av noen små udelelige ting som aldri går i stykker.

Samtidig hadde Demokrit reist noen nye spørsmål. Han hadde for eksempel sagt at alt går helt mekanisk for seg. Han aksepterte ikke noen åndelige krefter i tilværelsen – som Empedokles og Anaksagoras. Demokrit hadde dessuten ment at mennesket ikke har noen udødelig sjel.

Kunne hun være sikker på at dette var riktig?

Hun visst ikke helt. Men hun var jo bare i begynnelsen av filosofikurset.

... spåmannen forsøker å tyde noe som egentlig er helt utydelig ...

Sofie hadde kikket ned mot hageporten mens hun leste om Demokrit. For sikkerhets skyld bestemte hun seg likevel for å ta en tur ned til postkassen.

Da hun åpnet ytterdøren, oppdaget hun en liten konvolutt på trappen utenfor. Og riktig nok – på konvolutten stod det «Sofie Amundsen».

Så hadde han lurt henne! Akkurat i dag da hun hadde voktet så nøye på postkassen, hadde den mystiske filosofen sneket seg inn til huset fra en annen kant og bare lagt brevet på trappen før han hadde stukket til skogs igjen. Fillern!

Hvordan kunne han vite at Sofie ville holde øye med postkassen akkurat i dag? Kanskje han eller hun hadde sett henne i vinduet? Uansett var hun glad for at hun fikk reddet konvolutten før moren kom hjem.

Sofie tuslet opp på rommet sitt igjen og åpnet brevet der. Den hvite konvolutten var litt våt i kantene, det var dessuten et par dype hakk i den. Hvorfor det? Det hadde ikke regnet på flere dager.

På den vesle lappen stod det:

Tror du på skjebnen?
Er sykdom gudenes straff?
Hvilke krefter styrer historiens gang?

Om hun trodde på skjebnen? Nei, det var hun sannelig ikke så sikker på. Men hun kjente ganske mange mennesker som gjorde det. Det var for eksempel flere av venninnene i klassen som leste horoskopene i ukebladene. Men hvis de trodde på astrologi, da trodde de vel på skjebnen også, for astrologene mente at stjernenes plassering på himmelen kunne si noe om menneskenes liv på Jorden.

Hvis man trodde at en svart katt over veien betyr ulykke – ja, da trodde man vel også på skjebnen? Jo mer hun tenkte over det, jo flere eksempler på skjebnetro fant hun. Hvorfor sa man «bank i bordet» for eksempel? Og hvorfor var fredag den 13. en ulykkesdag? Sofie hadde hørt at mange hoteller hoppet over tallet 13 på hotellrommene. Det var vel fordi det tross alt fantes mange overtroiske mennesker.

«Overtro». Var ikke det et underlig ord forresten? Hvis man trodde på kristendommen eller på islam, da kaltes det bare «tro». Men hvis man trodde på astrologi eller fredag den 13., da var det straks «overtro»!

Hvem hadde rett til å kalle andre menneskers tro for «overtro»?

Sofie var iallfall sikker på én ting: Demokrit hadde *ikke* trodd på skjebnen. Han var materialist. Han hadde bare trodd på atomene og det tomme rom.

Sofie prøvde å tenke over de andre spørsmålene på arket.

«Er sykdom gudenes straff?» Det var vel ingen som trodde sånt i dag? Men så kom hun på at mange mente det hjalp å be til Gud om å bli frisk, og da måtte de iallfall tro at Gud hadde en finger med i spillet om hvem som var syke og friske.

Det siste spørsmålet var litt verre å ta stilling til. Sofie hadde aldri tenkt over hva som styrer historiens gang. Men det måtte vel være menneskene? Hvis det var Gud eller skjebnen, da kunne ikke menneskene ha fri vilje.

Dette med den frie viljen satte Sofie på noe helt annet. Hvorfor skulle hun finne seg i at den mystiske filosofen lekte katt og mus med henne? Hvorfor kunne ikke *hun* skrive et brev til filosofen? Han eller hun kom sikkert til å legge en ny stor konvolutt i postkassen enten i løpet av natten eller en gang i morgen formiddag. Da skulle hun sannelig legge fra seg et brev til filosofilæreren.

Sofie satte i gang. Hun syntes det var svært vanskelig å skrive til en hun aldri hadde sett. Hun visste ikke engang om det var en mann eller en kvinne. Ikke visste hun om han eller hun var gammel eller ung heller. For det Sofie visste, kunne den mystiske filosofen dessuten være en hun kjente.

Snart hadde hun formulert et lite brev:

Høyst ærede filosof. Her i huset setter man stor pris på Deres generøse korrespondansekurs i filosofi. Men man plages også av ikke å vite hvem De er. Vi ber Dem derfor om å opptre under fullt navn. Til gjengjeld vil De

være hjertelig velkommen til å komme inn og drikke en kopp kaffe med oss
i huset, men helst ikke når mamma er hjemme. Hun er på arbeid fra klok-
ken 7.30 til 17.00 hver dag fra mandag til fredag. Selv er jeg skoleelev i
samme tidsrom, men bortsett fra torsdagene er jeg alltid hjemme klokken
kvart over to. Jeg er dessuten ganske flink til å koke kaffe. På forhånd
takk. Hilsen Deres oppmerksomme elev, Sofie Amundsen, 14 år.

Helt nederst på arket skrev hun «Svar utbes».

Sofie syntes at brevet var blitt altfor høytidelig. Men det var ikke så lett å
vite hvilke ord hun skulle velge når hun skrev til et menneske uten ansikt.

Hun puttet arket i en rosa konvolutt og limte igjen. Utenpå skrev hun
«Til filosofen».

Problemet var hvordan hun skulle få lagt det ut uten at moren fant det.
Hun måtte for det første ikke legge det i postkassen før moren hadde
kommet hjem. Samtidig måtte hun huske på å se i postkassen tidlig neste
morgen før avisen kom. Hvis det ikke kom noen ny forsendelse i løpet av
kvelden eller natten, ble hun nødt til å ta den rosa konvolutten inn igjen.

Hvorfor skulle alt være så komplisert?

Den kvelden gikk Sofie tidlig opp på rommet sitt selv om det var fredag.
Moren prøvde å friste henne med pizza og Detektime, men Sofie sa at hun
var trett og ville lese på sengen. Mens moren satt og glante inn i TV-skjer-
men, lurte hun seg ut til postkassen med brevet.

Moren var tydeligvis litt bekymret. Hun hadde liksom snakket med
Sofie på en helt ny måte siden dette med den store kaninen og flosshatten
var brakt på bane. Sofie likte ikke å gjøre henne bekymret, men nå måtte
hun opp på rommet sitt for å holde øye med postkassen.

Da moren kom opp ved 11-tiden, satt Sofie foran vinduet og stirret ned
på gaten.

– Du sitter vel ikke og ser på postkassen? sa hun.

– Jeg ser på det jeg vil.

– Jeg tror virkelig du er forelsket, Sofie. Men hvis han kommer med et
nytt brev, gjør han det iallfall ikke midt på natten.

Æsj! Sofie kunne ikke fordra dette forelskelsesklisset. Men hun måtte
vel bare la moren leve i troen på at det var noe sånt.

Moren fortsatte:

– Var det han som sa dette om kaninen og flosshatten?

Sofie nikket.

– Han . . . han bruker vel ikke stoff?

Nå syntes Sofie skikkelig synd på henne. Hun kunne ikke la henne fortsette å bekymre seg for den slags. Ellers var det selvfølgelig skrekkelig dumt å tro at morsomme tanker skulle ha noe som helst med narkotika å gjøre. Voksne var virkelig ganske korka iblant.

Hun snudde seg og sa:

– Mamma, jeg lover deg her og nå at jeg aldri skal prøve noe sånt . . . Og «han» bruker ikke stoff han heller. Men han er ganske opptatt av filosofi.

– Er han eldre enn deg?

Sofie ristet på hodet.

– Like gammel?

Hun nikket.

– Og så er han opptatt av filosofi?

Sofie nikket igjen.

– Han er sikkert kjempesøt, vennen min. Nå tror jeg du skal prøve å sove.

Men Sofie ble sittende i mange timer og stirre ned på veien. Ved etttiden var hun så trett at hun begynte å glippe med øynene. Det var rett før hun gikk og la seg, men nå fikk hun plutselig øye på en skygge som kom gående ut fra skogen.

Det var nesten helt mørkt ute, men akkurat nok lys til at hun kunne se konturen av et menneske. Det var en mann, og Sofie trodde han måtte være ganske gammel. Han var iallfall ikke på hennes egen alder! På hodet hadde han en alpelue eller noe sånt.

En gang var det som om han speidet opp mot huset, men Sofie hadde ikke noe lys på. Mannen gikk rett bort til postkassen og slapp en stor konvolutt ned i den. Akkurat idet han hadde sluppet konvolutten, fikk han øye på Sofies brev. Han la hånden ned i postkassen og trakk det opp. I neste øyeblikk var han på vei mot skogen igjen. Han småløp inn på stien – og var borte.

Sofie kjente at hjertet hamret i brystet. Aller helst ville hun ha sprunget etter ham i bare nattkjolen. Skjønt nei, hun torde ikke det heller, hun våget ikke å løpe etter et fremmed menneske midt på natten. Men hun *måtte* ut og hente konvolutten, det var klart.

Da det var gått en liten stund, listet hun seg ned trappen, låste forsiktig opp ytterdøren og gikk mot postkassen. Snart var hun oppe på rommet sitt igjen med den store konvolutten i hånden. Hun satte seg ned på sengen og holdt pusten. Da det var gått noen minutter og det fortsatt var helt stille i huset, åpnet hun brevet og begynte å lese.

Hun kunne selvfølgelig ikke vente noe svar på sitt eget brev. Det kunne tidligst komme i morgen.

Skjebnen

Morn igjen, kjære Sofie! La meg bare for sikkerhets skyld understreke at du aldri må forsøke å spionere på meg. Vi skal nok møtes en gang, men det må være jeg som bestemmer tid og sted. Så er det sagt, og du vil vel ikke være ulydig?

Tilbake til filosofene. Vi har sett hvordan de forsøkte å finne naturlige forklaringer på vekslingene i naturen. Tidligere ble den slags forklart gjennom mytene.

Men også på andre områder måtte gammel overtro ryddes av veien. Vi ser dette både når det gjelder spørsmålet om *sykdom og sunnhet* og når det gjelder *politiske hendelser*. På begge disse områdene hadde grekerne hatt en sterk tro på skjebnen.

Med skjebnetro menes en tro på at det er bestemt på forhånd hva som vil skje. En slik oppfatning finner vi over hele verden – både den dag i dag og opp gjennom hele historien. Her i Norden finner vi en sterk tro på «lagnaden» i de gamle islandske ættesagaene.

Både blant grekerne og i andre deler av verden møter vi dessuten en forestilling om at menneskene kan få kjennskap til skjebnen ved forskjellige former for *orakel*. Med det menes at et menneskes eller en stats skjebne kan tydes på forskjellig vis.

Fortsatt er det mange mennesker som tror at det går an å «spå i kort», «lese i hendene» eller «tyde stjernene».

En spesiell norsk variant er å spå i kaffegrut. Når en kaffekopp er

tømt, blir det gjerne liggende litt grut igjen i koppen. Kanskje danner gruten et bestemt bilde eller mønster – iallfall hvis vi sper på med litt fantasi. Hvis gruten ligner på en bil, betyr det kanskje at den som har drukket av koppen skal ut på en lang biltur?

Vi ser at «spåmannen» forsøker å tyde noe som egentlig er helt utydelig. Dette er typisk for all spådomskunst. Og nettopp fordi det man «spår i» er så utydelig, er det gjerne ikke så lett å motsi spåmannen.

Når vi kikker opp på stjernehimmelen, ser vi et sant kaos av lysende prikker. Likevel har det opp gjennom historien vært mange mennesker som har trodd at stjernene kan fortelle noe om våre liv på Jorden. Den dag i dag finnes politiske ledere som spør astrologer til råds før de tar en viktig beslutning.

Orakelet i Delfi

Grekerne trodde at menneskene kunne få kjennskap til sin skjebne ved det berømte orakelet i Delfi. Her var det guden *Apollon* som var selve orakelguden. Han talte gjennom prestinnen *Pythia*, som satt på en stol over en sprekk i jorda. Fra denne sprekken steg noen bedøvende gasser som gjorde Pythia svimmel. Dette var nødvendig for at hun kunne være Apollons talerør.

Når man kom til Delfi, leverte man først inn spørsmålet sitt til prestene der. Disse gikk videre til Pythia med det. Hun svarte noe som var så uforståelig eller mangetydig at prestene måtte tolke svaret for den som hadde kommet med spørsmålet. På denne måten fikk grekerne nytte av Apollons visdom, for grekerne trodde at Apollon visste alt – både om fortid og fremtid.

Mange statsledere torde ikke å gå til krig eller ta andre viktige avgjørelser før de hadde rådspurt orakelet i Delfi. Slik fungerte Apollon-prestene nærmest som en slags diplomater og rådgivere med særlig god kjennskap til folk og land.

Over tempelet i Delfi stod en berømt innskrift: KJENN DEG SELV! Med det mentes at mennesket aldri måtte tro at det var noe mer enn et menneske – og ingen mennesker kunne rømme fra sin skjebne.

Blant grekerne verserte mange historier om mennesker som ble innhentet av sin skjebne. Etter hvert ble det skrevet en rekke skuespill (tragedier) om sånne «tragiske» personer. Det mest berømte eksempel er fortellingen om kong *Ødipus*.

Historievitenskap og legevitenskap

Det var ikke bare det enkelte menneskes liv som ble bestemt av skjebnen. Grekerne trodde også at selve verdensforløpet ble styrt av skjebnen. De mente at utfallet av en krig kunne skyldes gudenes inngripen. Også i dag er det mange som tror at Gud eller andre mystiske krefter styrer det som skjer i historien.

Men akkurat samtidig som de greske filosofene forsøkte å finne naturlige forklaringer på naturprosessene, dannet det seg etter hvert en historievitenskap som prøvde å finne naturlige årsaker bak verdensforløpet. At en stat tapte i krig, ble altså ikke lenger forklart ved å vise til gudenes hevn. De mest kjente greske historieskriverne var *Herodot* (484–424 f.Kr) og *Thukydid* (460–400).

Grekerne hadde også trodd at sykdom kunne skyldes guddommelige inngrep. Ofte ble smittsomme sykdommer tolket som gudenes straff. På den annen side kunne gudene gjøre menneskene friske igjen hvis de bare ble ofret til på den riktige måten.

Denne tanken er på ingen måte spesiell for grekerne. Før den moderne legevitenskapen oppstod i nyere tid, har den mest utbredte oppfatning vært at sykdom kan ha en overnaturlig årsak. Ordet «influensa» betyr egentlig at man står under dårlig innflytelse fra stjernene.

Selv i dag er det mange mennesker verden over som tror at forskjellige sykdommer – f.eks. AIDS – er Guds straff. Mange tror dessuten at et sykt menneske kan «helbredes» på overnaturlig vis.

Nettopp på den tiden da de greske filosofene slo inn på en helt ny tenkemåte, oppstod også en gresk legevitenskap som prøvde å finne naturlige forklaringer på sykdom og sunnhet. Den som grunnla den greske legevitenskapen, skal ha vært *Hippokrates* som ble født på øya Kos omkring 460 f.Kr.

Det viktigste vern mot sykdom var ifølge den hippokratiske lege-
tradisjon måtehold og et sunt levevis. Det naturlige for et menneske
er å være frisk. Når sykdom oppstår, er det fordi naturen «har gått av
sporet» på grunn av en kroppslig eller sjelelig ubalanse. Veien til
sunnhet for et menneske var måtehold, harmoni og «en sunn sjel i et
sunt legeme».

I dag snakkes det stadig om «legeetikk». Med det menes at en lege
er forpliktet til å utøve sin legegjerning etter visse etiske retningslin-
jer. En lege har for eksempel ikke lov til å skrive ut resepter på narko-
tiske stoffer til friske mennesker. En lege må dessuten overholde en
taushetsplikt som innebærer at han ikke har lov til å fortelle til andre
noe som en pasient har fortalt om sin sykdom. Også dette er ideer
som har røtter tilbake til Hippokrates. Han forlangte at hans elever
skulle avlegge følgende ed:

Jeg vil bruke behandling for å hjelpe syke i samsvar med mine
evner og vurderinger, men aldri med henblikk på å skade eller
gjøre vondt. Jeg vil verken gi giftig medisin til noen som ber om
det eller oppfordre til dette. Likeså vil jeg ikke gi en kvinne pes-
sar for å forhindre svangerskap. Jeg vil holde både mitt liv og
min kunst ren og hellig.

Jeg vil ikke bruke kniven, ikke engang på dem som lider uut-
holdelig, men jeg vil gi plass til dem som er fagfolk på dette
området.

Samme hvilket hus jeg går inn i, vil jeg gå dit for å hjelpe de
syke, og jeg vil avstå fra all forsettlig urett og skade, spesielt fra å
misbruke kroppen til en mann eller kvinne, trell eller fri. Hva jeg
enn får se eller høre i mitt samkvem med mennesker, hvis det er
noe som ikke skal gjøres kjent for andre, vil jeg aldri avsløre det,
idet jeg holder slike ting som hellige hemmeligheter.

Hvis jeg gjennomfører denne ed og ikke bryter den, la meg all-
tid nyte anseelse blant menneskene for mitt liv og min kunst.
Men hvis jeg bryter eden og forsverger meg, la det motsatte skje
meg.

Sofie spratt opp i sengen da hun våknet lørdag morgen. Hadde det bare vært en drøm eller hadde hun virkelig *sett* filosofen?

Hun kjente under sengen med den ene armen. Joda – der lå brevet som hadde kommet i natt. Sofie husket alt hun hadde lest om grekernes skjebnetro. Da hadde det ikke bare vært en drøm.

Visst hadde hun sett filosofen! Og mer enn det – hun hadde med egne øyne sett at han tok med seg brevet fra henne.

Sofie gikk ut på gulvet og bøyde seg ned under sengen. Hun drog fram alle de maskinskrevne arkene. Men hva var det? Helt innerst mot veggen lå det noe rødt. Kunne det være et skjerf?

Sofie ålte seg inn under sengen og fisket fram et rødt silkeskjerf. Bare én ting var helt sikkert: Det hadde aldri tilhørt Sofie.

Hun begynte å undersøke silkeskjerfet nøye og gav fra seg et lite rop da hun så at det stod skrevet noe med svart penn langs sømmen. «HILDE» stod det.

Hilde! Men hvem *var* Hilde? Hvordan kunne det ha seg at deres veier krysset hverandre på denne måten?

SOKRATES

. . . klokest er den som vet
hva hun ikke vet . . .

Sofie trakk på seg en sommerkjole, snart var hun nede på kjøkkenet. Moren stod bøyd over kjøkkenbenken. Sofie bestemte seg for ikke å si noe om silkeskjerfet.

– Har du hentet avisen? glapp det ut av Sofie.

Moren snudde seg.

– Kanskje du er snill og henter den for meg.

Sofie sprang ut på singelgangen og stod snart bøyd over den grønne postkassen.

Bare avis. Hun kunne vel ikke vente svar på brevet med det samme. På avisens førsteside leste hun noen linjer om den norske FN-bataljonen i Libanon.

FN-bataljonen . . . Var det ikke det som hadde stått på stempelet i kortet fra Hildes far? Men det hadde hatt norske frimerker. Kanskje hadde de norske FN-soldatene med seg et eget norsk postkontor . . .

Da hun var tilbake på kjøkkenet, sa moren i en ertende tone:

– Det er svært så interessert du er blitt i avisen.

Mer sa hun heldigvis ikke om postkasser og slikt verken under frokosten eller senere på dagen. Da hun gikk for å handle, tok Sofie brevet om skjebnetroen med seg til Smuget.

Hjertet hoppet i brystet da hun plutselig fikk øye på en liten hvit konvolutt ved siden av boksen med brevene fra filosofilæreren. Sofie var sikker på at det ikke var hun som hadde lagt den der.

Også denne konvolutten var fuktig i kantene. Den hadde dessuten et par dype hakk akkurat som den hvite konvolutten hun hadde fått i går.

Hadde filosofen vært her? Visste han om det hemmelige gjemmestedet hennes? Men hvorfor var konvoluttene våte?

Alle spørsmålene gjorde Sofie svimmel. Hun åpnet konvolutten og leste det som stod på lappen.

Kjære Sofie. Jeg har lest brevet ditt med stor interesse – og dessuten med aldri så lite sorg også. For jeg må dessverre skuffe deg med hensyn til kaffebesøk og slikt. En dag vil vi møtes, men jeg kan nok ikke vise meg i Kapteinsvingen på lenge ennå.

Jeg må dessuten legge til at jeg fra nå av ikke kan overbringe brevene personlig. I lengden ville dette være altfor risikabelt. Brevene som følger vil komme med min lille budbringer. Til gjengjeld vil de bringes direkte til det hemmelige stedet i hagen.

Du kan fortsatt ta kontakt med meg når du føler behov for det. Da må du i tilfelle legge fram en rosa konvolutt med en søt kjeks eller sukkerbit inni. Når budet oppdager et slikt brev, vil det bringe posten hit.

PS. Det er ikke så morsomt å avslå en kaffe-invitasjon fra en liten dame. Men noen ganger er det helt nødvendig.

PS. PS. Hvis du skulle finne et rødt silkeskjerf, må jeg be deg om å ta godt vare på det. Det skjer jo iblant at slike eiendeler blir forbyttet. Særlig på skoler og slikt, og dette er en filosofiskole.

Hilsen Alberto Knox.

Sofie hadde levd i fjorten år, og hun hadde tross alt fått en del brev i sitt unge liv, iallfall til jul og bursdager og slikt. Men dette brevet var det rareste brevet hun noensinne hadde mottatt.

Ikke hadde det noe frimerke. Det ble ikke engang lagt i postkassen. Dette brevet var brakt direkte til Sofies superhemmelige sted i den gamle hekken. Underlig var det også at brevet var blitt vått i det tørre vårværet.

Det aller rareste var naturligvis silkeskjerfet. Filosofilæreren hadde også en annen elev. Javel! Og denne andre eleven hadde mistet et rødt silke-skjerf. Javel! Men hvordan hadde hun klart å miste skjerfet under Sofies seng?

Også Alberto Knox . . . Var ikke det et pussig navn?

Med dette brevet hadde hun iallfall fått bekreftet at det var en sammen-heng mellom filosofilæreren og Hilde Møller Knag. Men at også Hildes far hadde begynt å bytte om på adresser – det var komplett umulig å forstå.

Sofie ble sittende lenge og tenke over hvilken forbindelse det kunne være mellom Hilde og henne selv. Til slutt sukket hun oppgitt. Filosofilæreren hadde skrevet at hun skulle få treffe ham en dag. Ville hun treffe Hilde også?

Hun snudde på arket. Nå oppdaget hun at det var skrevet noen setninger på den andre siden også:

Eksisterer det en naturlig bluferdighet?
Klokest er den som vet hva hun ikke vet.
Den rette innsikt kommer innenfra.
Den som vet hva som er rett, vil også gjøre det rette.

Sofie hadde forstått at de korte setningene som kom i de hvite konvoluttene skulle forberede henne på den neste store konvolutten som kom like etterpå. Og nå var det noe som slo henne: Hvis «budet» kom til å levere den gule konvolutten her i Smuget, kunne Sofie bare bli sittende og vente på ham. Eller var det en hun? Da skulle hun klore seg fast i vedkommende helt til han eller hun fortalte noe mer om filosofen! I brevet stod det dessuten at budbringeren var liten. Kunne det være et barn?

«Eksisterer det en naturlig bluferdighet?»

Sofie visste at «bluferdighet» var et gammeldags ord for sjenanse – for eksempel for å vise seg naken. Men var det egentlig naturlig å være sjenert for det? At noe var naturlig, betydde vel at det gjelder for alle mennesker. Men i mange deler av verden var det nettopp helt naturlig å være naken. Da måtte det være *samfunnet* som bestemte hva som gikk an og hva som ikke gikk an? Det gikk for eksempel absolutt ikke an å sole seg toppløs da farmor var ung. Men i dag mente de fleste at det var «naturlig». Skjønt i mange land var det fortsatt strengt forbudt. Sofie klødde seg i hodet. Var dette filosofi?

Så var det den neste setningen: «Klokest er den som vet hva hun ikke vet».

Klokere enn hvem? Hvis filosofen mente at en som var klar over at hun ikke visste alt mellom himmel og jord, var klokere enn en som visste like lite, men som likevel innbilte seg at hun visste en hel masse – ja, da var det ikke så vanskelig å være enig. Sofie hadde aldri tenkt på dette før. Men jo mer hun tenkte over det, jo klarere ble det for henne at det å vite hva man ikke vet, i grunnen er en slags form for viten det også. Noe av det dummeste hun visste var iallfall folk som var skråsikre på ting de ikke hadde greie på.

Så var det dette med at den rette innsikt kommer innenfra. Men all kunnskap kom vel på et eller annet tidspunkt utenfra og inn i hodene på folk? På den annen side husket Sofie godt at det var situasjoner hvor mamma eller lærerne på skolen hadde prøvd å lære henne noe som hun ikke hadde vært mottakelig for. Når hun virkelig hadde *lært* noe, da hadde hun på en måte bidratt med noe selv. Det kunne hende at hun plutselig forstod noe – og det var vel nettopp det som kaltes «innsikt».

Joda – Sofie syntes hun hadde klart seg ganske bra gjennom de første oppgavene. Men så kom en påstand som var så underlig at hun bare begynte å le: «Den som vet hva som er rett, vil også gjøre det rette.»

Betydde det at når en bankraner robbet en bank, så var det fordi han ikke visste bedre? Det trodde ikke Sofie. Hun trodde tvert imot at både barn og voksne kunne gjøre mye dumt – som de kanskje angret på siden – og at de nettopp gjorde det mot bedre vitende.

Akkurat mens hun satt slik, hørte hun at det raslet i noen tørre kvister på den siden av hekken som vendte mot den store skogen. Kunne det være budbringeren? Sofie kjente at hjertet hoppet i brystet. Enda reddere ble hun da hun hørte at det som nærmet seg, pustet som et dyr.

I neste øyeblikk hadde en stor hund klart å komme seg inn i Smuget fra skogsiden. Det måtte være en labrador. I munnen hadde han en stor gul konvolutt som han slapp ned foran Sofies knær. Det hele skjedde så fort at Sofie ikke rakk å reagere. Etter et par sekunder satt hun med den store konvolutten i hendene – og den gule hunden hadde stukket til skogs igjen. Først etter at alt var over, kom sjokket. Sofie la hendene i fanget og gråt.

Hun visste ikke hvor lenge hun hadde sittet slik, men etter en stund så hun opp igjen.

Så det var budet! Sofie pustet ut. Det var derfor de hvite konvoluttene hadde vært våte i kantene. Det var selvfølgelig derfor de hadde hatt noen dype hakk også. At hun ikke hadde tenkt på det? Nå ble det dessuten en viss mening i at hun måtte legge en søt kjeks eller en sukkerbit i konvolutten når hun skulle sende et brev til filosofen.

Det var ikke alltid hun tenkte like fort som hun gjerne ville. At «budbringeren» var en dressert hund, var likevel ganske spesielt. Dermed kunne hun droppe tanken på å presse budet til å røpe hvor Alberto Knox oppholdt seg.

Sofie åpnet den store konvolutten og begynte å lese:

Filosofien i Athen

Kjære Sofie. Når du leser dette, har du kanskje allerede truffet *Hermes*. For sikkerhets skyld får jeg legge til at han er en hund. Men det skal du ikke ta så tungt. Han er veldig snill – og dessuten mer forstandig enn mange mennesker. Han gir iallfall ikke inntrykk av å være klokere enn han er.

Du kan også notere deg at navnet hans ikke er helt tilfeldig valgt. Hermes var de greske gudenes budbringer. Han var sjøfarernes gud også, men det skal vi ikke bry oss noe særlig om, iallfall ikke foreløpig. Viktigere er det at Hermes også har gitt navnet til ordet «hermetisk», som betyr skjult eller utilgjengelig. Det skulle passe ganske bra for hvordan Hermes holder oss skjult for hverandre.

Dermed er budet presentert. Han lyder selvfølgelig navnet sitt og er i det hele tatt ganske veloppdragen.

Vi skal vende tilbake til filosofien. Første avdeling har vi allerede lagt bak oss. Jeg tenker på naturfilosofien, på selve bruddet med det mytiske verdensbildet. Nå skal vi møte de tre største av oldtidens filosofer. De heter *Sokrates*, *Platon* og *Aristoteles*. Hver på sin måte kom disse filosofene til å prege den europeiske sivilisasjonen.

Naturfilosofene blir gjerne også kalt «førsokratikerne» fordi de levde før Sokrates. Demokrit døde riktignok noen år etter Sokrates, men hele tankegangen hans tilhører likevel den «førsokratiske» naturfilosofien. For det er ikke bare i tid vi setter et skille ved Sokrates. Også geografisk skal vi forflytte oss litt. Sokrates er nemlig den første filosofen som er født i Athen, og både han og hans to etterfølgere bodde og virket i Athen. Du husker kanskje at også Anaxagoras bodde en stund i denne byen, men han ble jo jaget derfra fordi han mente at solen var en ildkule. (Bedre gikk det ikke med Sokrates!)

Fra Sokrates' tid samler altså det greske kulturlivet seg i Athen.

Enda viktigere er det å legge merke til at selve det filosofiske prosjektet endrer karakter når vi går fra naturfilosofene til Sokrates.

Før vi møter Sokrates, skal vi høre litt om de såkalte *sofistene* som preget det athenske bybildet på Sokrates' tid.

Teppe opp, Sofie! Tankens histore er som et drama i mange akter.

Mennesket i sentrum

Fra ca 450 før Kristus ble Athen den greske verdens kultursentrum. Nå fikk også filosofien en ny retning.

Naturfilosofene var først og fremst naturforskere. De har derfor en viktig posisjon også i vitenskapens historie. I Athen ble interessen mer konsentrert om mennesket og menneskets plass i samfunnet.

I Athen utviklet det seg etter hvert et demokrati med folkeforsamlinger og domstoler. En forutsetning for demokratiet var at folket fikk den nødvendige undervisning til å delta i de demokratiske prosessene. At et ungt demokrati krever folkeopplysning, er noe vi har sett også i våre dager. Blant athenerne var det fremfor alt viktig å beherske talekunsten (retorikken).

Fra de greske koloniene strømmet snart en gruppe omreisende lærere og filosofer til Athen. Disse kalte seg *sofister*. Ordet «sofist» betyr en lærd eller sakkyndig person. I Athen gjorde sofistene det til et levebrød å undervise byens borgere.

Sofistene hadde et viktig trekk til felles med naturfilosofene. Det var at de stilte seg kritisk til de overleverte mytene. Men samtidig avviste sofistene det de oppfattet som unyttig filosofisk spekulasjon. Selv om det kanskje eksisterer et svar på de filosofiske spørsmålene, kan ikke menneskene finne fram til noen sikre svar på naturens og universets gåter, mente de. Et slikt standpunkt kalles i filosofien for *skeptisisme*.

Men om vi ikke kan finne svar på alle naturens gåter, vet vi at vi er mennesker som må lære å leve sammen. Sofistene valgte å være opptatt av mennesket og menneskets plass i samfunnet.

«Mennesket er målestokken for alle ting,» sa sofisten *Protagoras* (ca. 487–420 f.Kr.). Med det mente han at hva som er rett og galt, godt og vondt, alltid må vurderes i forhold til menneskets behov. Da han ble spurt om han trodde på de greske gudene, svarte han at «saken er vanskelig og menneskelivet kort». En som på denne måten ikke kan uttale seg sikkert om det finnes en gud eller ikke, kaller vi en *agnostiker*.

Sofistene hadde gjerne reist mye omkring i verden og på den måten sett forskjellige styresett. Både skikk og bruk og bystatenes lover kunne variere sterkt. På denne bakgrunn skapte sofistene debatt i Athen om hva som var *naturbestemt* og hva som var *samfunnsskapt*. Slik la de grunnen for en samfunnskritikk i den athenske bystaten.

De kunne for eksempel peke på at uttrykk av typen «naturlig bluferdighet» ikke alltid holder mål. For hvis det er «naturlig» å være bluferdig, må det være noe medfødt. Men *er* det medfødt, Sofie – eller er det samfunnsskapt? For en som har reist en del, skulle svaret være enkelt: Det er ikke «naturlig» – eller medfødt – å være redd for å vise seg naken. Bluferdighet – eller ikke bluferdighet – er først og fremst knyttet til samfunnets skikk og bruk.

Som du skjønner, kunne de omreisende sofistene skape bitter debatt i det athenske bysamfunnet ved å peke på at det ikke gjaldt noen absolutte *normer* for hva som er rett og galt. Sokrates prøvde derimot å vise at noen slike normer virkelig *er* absolutte og allmenngyldige.

Hvem var Sokrates?

Sokrates (470–399 f.Kr.) er kanskje den mest gåtefulle person i hele filosofihistorien. Han skrev ikke så mye som en tøddel. Likevel er han blant dem som har hatt aller størst innflytelse på europeisk tenkning. Dette henger ikke minst sammen med hans dramatiske død.

Vi vet at han var født i Athen og at han tilbrakte det meste av livet sitt på gater og torg der han samtalte med folk han traff. Trærne på landet kan ikke lære meg noe, sa han. Han kunne også bli stående i dyp ettertanke i mange timer om gangen.

Allerede mens han levde, ble han betraktet som en gåtefull person, og da han var død, ble han ganske snart regnet som opphavsmann til en rekke forskjellige filosofiske retninger. Nettopp fordi han var så gåtefull og tvetydig, kunne vidt forskjellige retninger ta ham til inntekt for sitt syn.

Sikkert er det at han var stygg som juling. Han var liten og tjukk med utstående øyne og oppstoppernese. Men i sitt indre var han «fullkomment herlig», ble det sagt. Og videre: «Man kan søke i samtiden, og man kan søke i fortiden, men aldri vil man finne en slik som ham.» Likevel ble han dømt til døden for sin filosofiske virksomhet.

Sokrates' liv er først og fremst kjent gjennom Platon, som var hans elev og selv ble en av historiens aller største filosofer. Platon skrev mange *dialoger* – eller filosofiske samtaler – der han brukte Sokrates som sitt talerør.

Når Platon legger noen ord i munnen på Sokrates, kan vi ikke være sikre på om disse ordene virkelig ble uttalt av Sokrates. Slik er det ikke så lett å skille mellom hva som var Sokrates' lære og hva som er Platons egne ord. Akkurat det samme problemet gjelder for flere andre historiske personer som ikke har etterlatt seg noen skriftlige kilder. Det mest kjente eksempel er naturligvis Jesus. Vi kan ikke være sikre på om den «historiske Jesus» virkelig sa det som Matteus eller Lukas legger i munnen på ham. Slik vil det alltid være en gåte hva den «historiske Sokrates» sa også.

Hvem Sokrates «egentlig» var, er likevel ikke så viktig. Det er først og fremst Platons bilde av Sokrates som har inspirert Vestens tenkere i nesten 2500 år.

Samtalekunst

Selve kjernen i Sokrates virksomhet var at han ikke var ute etter å belære folk. Han gav tvert imot inntrykk av selv å ville lære av dem han snakket med. Han drev altså ikke undervisning som en annen skolelærer. Neida, han *samtalte*.

Nå ville han ikke blitt en berømt filosof hvis han bare lyttet til andre. Han ville naturligvis ikke blitt dømt til døden heller. Men det var særlig til å begynne med at han bare stilte spørsmål. Slik *lot* han som om han intet visste. I løpet av samtalen fikk han gjerne den andre til å innse svakheter i sin tankegang. Så kunne det skje at samtalepartneren ble tvunget opp i et hjørne og til slutt måtte innse hva som var rett og galt.

Det fortelles at Sokrates' mor var jordmor, og Sokrates sammenlignet sin egen virksomhet med jordmorens «forløsningskunst». Det er jo ikke jordmoren som *føder* barnet. Hun er bare til stede og hjelper til under fødselen. Slik så Sokrates det som sin oppgave å hjelpe mennesker til å «føde» den rette innsikt. For virkelig erkjennelse må komme innenfra den enkelte. Den kan ikke dyttes på av andre. Bare den erkjennelsen som kommer innenfra, er virkelig «innsikt».

Jeg presiserer: Evnen til å føde barn er en naturlig egenskap. Slik kan alle mennesker innse filosofiske sannheter bare de bruker sin fornuft. Når et menneske «tar til fornuft», henter det noe fra seg selv.

Det var nettopp ved å spille uvitende at Sokrates tvang menneskene han møtte til å bruke fornuften sin. Sokrates kunne «hykle» uvitende – eller late som om han var dummere enn han var. Dette kaller vi «sokratisk ironi». På denne måten kunne han stadig peke på svakheter i athenernes tenkemåte. Dette kunne skje midt på torget – og altså i full offentlighet. Et møte med Sokrates kunne være det samme som å bli dummet ut og gjort til latter for et stort publikum.

Det er derfor ikke så rart at han etter hvert kunne virke plagsom og irriterende – særlig for dem som hadde makt i samfunnet. «Athen er som en dorsk hest,» sa Sokrates, «og jeg er en klegg som prøver å vekke den og holde liv i den.» (Hva gjør man med en klegg, Sofie? Kan du svare meg på det?)

En guddommelig røst

Det var ikke for å plage sine medmennesker at Sokrates stadig bet dem i leggen. Det var noe inni ham som ikke gav ham noe valg. Han sa stadig at han hadde en «guddommelig røst» i sitt indre. Sokrates protesterte for eksempel mot å være med på å dømme mennesker til døden. Han nektet dessuten å angi politiske motstandere. Til slutt kostet dette ham livet.

I år 399 f.Kr. ble han tiltalt for å «innføre nye guder» og for å «føre ungdommen på ville veier». Med knapt flertall ble han kjent skyldig av en jury på 500 medlemmer.

Nå kunne han sikkert ha bedt om nåde. Han kunne iallfall ha reddet skinnet sitt hvis han hadde gått med på å forlate Athen. Men hvis han hadde gjort det, ville han ikke vært Sokrates. Poenget er at han satte sin egen samvittighet – og sannheten – høyere enn sitt eget liv. Han forsikret at han bare hadde handlet til statens beste. Men han ble altså dømt til døden. Litt senere tømte han et giftbeger i nærvær av sine nærmeste venner. Så falt han om og døde.

Hvorfor, Sofie? Hvorfor måtte Sokrates dø? Spørsmålet har vært stilt av mennesker i 2400 år. Men han er ikke det eneste menneske i historien som har løpt linen ut og gått i døden for sin overbevisnings skyld. Jeg har allerede nevnt Jesus, og det er virkelig flere likhetstrekk mellom Jesus og Sokrates. Jeg skal nevne noen.

Både Jesus og Sokrates ble regnet som gåtefulle personer også av sine samtidige. Ingen av dem skrev ned sitt budskap. Vi er altså helt avhengige av det bildet elevene har gitt av dem. Sikkert er det likevel at begge var mestere i samtalekunst. De talte dessuten med en poengtert selvbevissthet som både kunne beta og irritere. Ikke minst mente begge at de talte på vegne av noe som var større enn dem selv. De utfordret samfunnets makthavere ved å kritisere alle former for urettferdighet og maktbruk. Og ikke minst: Denne virksomheten kostet dem livet.

Også når det gjelder rettssakene mot Jesus og Sokrates, ser vi klare fellestrekk. Begge kunne saktens ha bedt om nåde og på den måten reddet livet sitt. Men de følte at de hadde et kall som de ville ha sviktet hvis de ikke stod løpet ut. Nettopp ved å gå i døden med rak rygg, samlet de tusener av tilhengere også etter sin død.

Når jeg trekker denne parallellen mellom Jesus og Sokrates, er det ikke for å si at de var like. Jeg har først og fremst sagt noe om at begge hadde et budskap som ikke kan skilles fra deres personlige mot.

En joker i Athen

Sokrates, Sofie! Vi er ikke riktig ferdige med ham, skjønner du. Vi har sagt noe om hans metode. Men hva var hans filosofiske prosjekt?

Sokrates levde samtidig med sofistene. Som dem var han mer opptatt av mennesket og menneskenes liv enn av naturfilosofiens problemer. En romersk filosof – *Cicero* – sa noen hundre år senere at Sokrates «kalte filosofien fra himmelen ned til Jorden og lot den få bolig i byene og førte den inn i husene og tvang menneskene til å tenke over liv og skikker, over godt og vondt».

Men Sokrates skilte seg også fra sofistene på ett viktig punkt. Han oppfattet seg ikke som «sofist» – altså som en lærd eller vis person. I motsetning til sofistene tok han derfor ikke imot betaling for sin undervisning. Nei, Sokrates kalte seg «filosof» i dette ordets virkelige betydning. En «filo-sof» betyr egentlig «en som søker etter å oppnå visdom».

Sitter du godt, Sofie? Det er viktig for hele resten av kurset at du skjønner forskjellen på en «sofist» og en «filosof». Sofistene tok betaling for sine mer eller mindre spissfindige utlegninger, og sånne «sofister» har kommet og gått opp gjennom hele historien. Jeg tenker på alle skolelærere og bedrevitere som enten er godt fornøyd med det lille de vet eller som skryter av å ha greie på en hel masse som de i virkeligheten ikke har peiling på. En del sånne «sofister» har du sikkert allerede truffet i ditt unge liv. En ekte *filosof*, Sofie, det er noe ganske annet, ja det stikk motsatte. En filosof er klar over at han i grunnen vet svært lite. Nettopp derfor prøver han igjen og igjen å oppnå virkelig innsikt. Sokrates var et slikt sjeldent menneske. Han var *klar over* at han ikke visste noe om livet og om verden. Og nå kommer poenget: Han syntes det var direkte plagsomt hvor lite han visste.

En filosof er altså en som erkjenner at det er en hel masse han ikke forstår. Og det plager ham. Sånn sett er han likevel klokere enn alle som skryter av å ha greie på ting de ikke vet noe om. «Klokest er den som vet hva hun ikke vet,» sa jeg. Selv sa Sokrates at han bare visste én ting – og det var at han intet visste. Du skal notere deg dette utsagnet, for denne innrømmelsen er sjelden vare selv blant filosofer. Den kan dessuten være så farlig å forkynne offentlig at den kan koste deg livet. Det er alltid de som *spør* som er farligst. Det er ikke like farlig å svare. Ett eneste spørsmål kan ha mer tørt krutt enn tusen svar.

Har du hørt om keiserens nye klær? Egentlig var keiseren kliss naken, men ingen av undersåttene torde si det. Så med ett var det et barn som utbrøt at keiseren var naken. Det var et *modig* barn, Sofie. Slik våget Sokrates å gi beskjed om hvor lite vi mennesker vet. Likheten mellom barn og filosofer har vi ellers omtalt tidligere.

Jeg presiserer: Menneskeheten er stilt overfor en del viktige spørsmål som vi ikke uten videre finner noen skikkelige svar på. Og nå åpner det seg to muligheter: Vi kan enten lure oss selv og resten av verden ved å late som om vi vet det som er verdt å vite. Eller vi kan lukke øynene for de store spørsmålene og en gang for alle gi opp å komme videre. Slik deler menneskeheten seg i to. Stort sett er mennesker enten skråsikre eller også likegyldige. (Begge de to slagene kravler og kryper dypt nede i kaninpelsen!) Det er som når man deler en kortstokk i to, kjære Sofie. Man legger de svarte kortene i én bunke og de røde kortene i en annen. Men av og til stikker det fram en joker i kortstokken, en som verken er hjerter eller kløver, ruter eller spar. Sokrates var en slik joker i Athen. Han var verken skråsikker eller likegyldig. Han visste bare at han intet visste – og det plaget ham. Altså ble han filosof – en som ikke gir seg, en som utrettelig søker etter å oppnå sikker viten.

Det fortelles at en athener spurte orakelet i Delfi om hvem som var det klokeste mennesket i Athen. Orakelet svarte at det var Sokrates. Da Sokrates fikk høre dette, ble han mildt sagt forundret. (Jeg tror han lo, Sofie!) Han gikk straks ut i byen og oppsøkte en som både i egne og andres øyne gikk for å være svært klok. Men da det viste seg at dette mennesket ikke kunne gi Sokrates noen sikre svar på de spørsmålene han stilte, forstod Sokrates til slutt at orakelet hadde rett.

Det var viktig for Sokrates å finne et sikkert fundament for vår erkjennelse. Han mente han fant dette fundamentet i menneskets fornuft. Med sin sterke tro på menneskets fornuft var han altså en utpreget *rasjonalist*.

Rett innsikt fører til rett handling

Jeg har allerede nevnt at Sokrates mente at han hadde en guddommelig røst inni seg og at denne «samvittigheten» fortalte ham hva som var rett. «Den som vet hva som er godt, vil også gjøre det gode,» sa han. Han mente at rett innsikt fører til rett handling. Og bare den som gjør det rette, blir et «rett menneske». Når vi handler galt, er det fordi vi ikke vet bedre. Derfor er det så viktig å øke vår kunnskap. Sokrates var nettopp opptatt av å finne helt klare og allmenngyldige definisjoner på hva som var rett og hva som var galt. I motsetning til sofistene mente han nemlig at evnen til å skille mellom rett og galt ligger i fornuften og ikke i samfunnet.

Kanskje synes du at dette siste ikke var helt lett å svelge, Sofie. Jeg prøver igjen: Sokrates mente at det var umulig å bli lykkelig hvis man handlet imot sin overbevisning. Og den som vet hvordan han blir et lykkelig menneske, vil også prøve å bli det. Derfor vil den som vet hva som er rett, også gjøre det rette. For intet menneske ønsker vel å være ulykkelig?

Hva tror du selv, Sofie? Kan du leve lykkelig hvis du stadig gjør ting som du innerst inne vet ikke er riktig? Det er mange som stadig lyver og stjeler og baksnakker andre mennesker. Javel! De vet nok også at dette ikke er rett – eller rettferdig om du vil. Men tror du det gjør dem lykkelige?

Det trodde ikke Sokrates.

Da Sofie hadde lest brevet om Sokrates, skyndte hun seg å legge det i boksen og krøp ut i hagen. For å slippe en masse spørsmål om hvor hun hadde vært, ville hun være tilbake i huset før moren kom hjem fra butikken. Sofie hadde dessuten lovet å ta oppvasken.

Hun hadde bare rukket å tappe vann da moren ramlet inn med to svære bæreposer. Kanskje var det derfor hun sa:

– Du er visst litt utafor for tiden, Sofie.

Sofie visste ikke hvorfor hun sa det, det bare rant ut av henne:

– Det var Sokrates også.

– Sokrates?

Moren sperret øynene opp.

– Det var bare litt synd at han måtte bøte med livet for det, fortsatte Sofie i dyp ettertanke.

– Næmen, Sofie da! Jeg vet snart ikke min arme råd.

– Det gjorde ikke Sokrates heller. Det eneste han visste, var at han ikke visste noe som helst. Likevel var han det klokeste mennesket i Athen.

Moren var komplett målløs. Til slutt sa hun:

– Er dette noe du har lært på skolen?

Sofie ristet energisk på hodet.

– Der lærer vi ingenting . . . Den store forskjellen på en skolelærer og en ekte filosof er at skolelæreren tror han vet en hel masse som han stadig prøver å presse på elevene. En filosof forsøker å finne ut av tingene sammen med elevene.

– Så vi snakker om hvite kaniner, altså. Vet du, jeg forlanger snart å få høre hvem denne kjæresten din er. Hvis ikke begynner jeg å tro at han er en smule forstyrret.

Nå snudde Sofie seg fra oppvasken. Hun pekte opp på moren med oppvaskkosten.

– Det er ikke han som er forstyrret. Men han er en klegg etter å forstyrre andre. Det er for å få dem til å komme ut av gammel vanetenkning.

– Nei, nå må du holde opp. Jeg synes faktisk at han virker litt nesevis.

Sofie bøyde seg over oppvaskkummen igjen.

– Han er verken vis eller nesevis. Men han prøver å oppnå ordentlig visdom. Det er den store forskjellen på en ekte joker og alle de andre kortene i kortstokken.

– Var det joker du sa?

Sofie nikket.

– Har du tenkt over at det finnes mange hjertere og mange rutere i en kortstokk? Det finnes mange spar og kløver også. Men det finnes bare én joker.

– Som du svarer, barnet mitt.

– Og som du spør!

Moren hadde ryddet inn alle varene. Nå tok hun med seg avisen og gikk inn i stuen. Sofie syntes hun lukket døren litt ekstra hardt igjen.

Da hun var ferdig med oppvasken, gikk hun opp på rommet sitt. Hun hadde lagt det røde silkeskjerfet øverst oppe i skapet sammen med legoklossene. Nå tok hun det ned igjen og betraktet det nøye.

Hilde . . .

ATHEN

... opp fra ruinene hadde det reist seg flere høye bygninger ...

Tidlig på kvelden stakk Sofies mor på et kveldsbesøk til en venninne. Straks hun var ute av huset, gikk Sofie ut i hagen og ned til Smuget i den gamle hekken. Her fant hun en tjukk pakke ved siden av den store kakeboksen. Sofie skyndte seg å rive av papiret. Det var en videokassett!

Hun sprang tilbake til huset. En videokassett! Det var noe helt nytt. Men hvordan kunne filosofen vite at de hadde en videospiller? Og hva var det på kassetten?

Sofie satte kassetten inn i maskinen. Snart kom et bilde av en stor by opp på TV-skjermen. Det tok ikke lange stunden før Sofie forstod at det måtte være Athen, for snart zoomet bildet inn på Akropolis. Sofie hadde sett bilder av de gamle ruinene mange ganger før.

Det var et levende bilde. Mellom tempelrestene myldret turister med lette klær og fotoapparater rundt halsen. Var det ikke en som bar på en plakat også? Der var plakaten igjen! Stod det ikke «Hilde»?

Etter en liten stund kom et nærbilde av en middelaldrende mann. Han var ganske liten, hadde et velfrisert svart skjegg og bar en blå alpelue. Snart så han opp i kameraet og sa:

– Velkommen til Athen, Sofie. Som du sikkert har forstått, er det jeg som er Alberto Knox. Hvis du ikke har forstått det, gjentar jeg bare at den store hvite kaninen fortsatt trekkes opp av universets svarte flosshatt. Vi står på Akropolis. Ordet betyr «byborgen» – eller egentlig «byen på høyden». Her oppe har det bodd mennesker siden steinalderen. Grunnen er naturligvis den spesielle beliggenheten. Det var lett å forsvare det høye platået mot fiender. Fra Akropolis hadde man dessuten god utsikt ned til en av Middelhavets beste havner ... Etter hvert som Athen grodde opp på flaten nedenfor platået, ble Akropolis brukt som festning og tempelområde. I første halvdel av 400-tallet før Kristus raste en bitter krig mot perserne, og i 480 plyndret perserkongen *Xerxes* Athen og brente alle de gamle trebygningene på Akropolis. Året etter ble perserne slått, og fra nå av begynner Athens gullalder, Sofie. Akropolis ble bygget opp igjen – stoltere og vakrere enn noensinne – og fra nå av som et rent tempelområde. Det var nettopp på denne tiden at Sokrates gikk omkring på gater og torg og samtalte med athenerne. Slik kunne han følge med på gjenreisingen av Akropolis og byggingen av alle de stolte bygningene vi ser omkring oss. Det var litt av en byggeplass! Bak meg ser du det største tempelet. Det heter Parthenon – eller «Jomfruens bolig» – og ble reist til ære for gudinnen *Athene*, som var Athens skytsgudinne. Den store marmorbygningen har ikke en eneste rett linje, alle de fire sidene har en svak krumning. Det var for at det skulle bli mer liv over byggverket. Selv om bygningen har enorme dimensjoner, virker den ikke så tung for øyet. Grunnen er altså et optisk bedrag. Også søylene lener svakt innover og ville dannet en pyramide på 1500 meter hvis de hadde vært så lange at de møttes på et punkt høyt over tempelet. Det eneste som var inni den enorme bygningen, var en 12 meter høy statue av Athene. Jeg får legge til at den hvite marmoren, som var malt i flere livlige farger, ble fraktet fra et fjell som ligger 16 kilometer borte . . .

Sofie satt med hjertet i halsen. Var det virkelig filosofilæreren som snakket til henne fra videobåndet? Hun hadde bare sett konturene av ham en gang i mørket. Men det kunne være den samme mannen som nå stod på Akropolis i Athen.

Snart begynte han å gå langs tempelets langside, og kameraet fulgte etter ham. Til slutt gikk han helt ut til kanten av klippen og pekte ut over landskapet. Kameraet fokuserte et gammelt teater som lå nedenfor selve Akropolis-platået.

– Du ser det gamle Dionysos-teatret, fortsatte mannen med alpeluen. – Det er sannsynligvis det aller eldste teatret i Europa. Her ble stykkene til de store tragedie-dikterne *Aiskhylos*, *Sofokles* og *Evripides* oppført nettopp på den tiden Sokrates levde. Jeg nevnte tragedien om den ulykksalige kong Ødipus. Første gang stykket om ham ble oppført, var her. Men de spilte også komedier. Den mest kjente komediedikteren var *Aristofanes*, som blant annet skrev en ondskapsfull komedie om byoriginalen Sokrates. Helt bakerst ser du selve veggen av stein som skuespillerne spilte mot. Den het *skené* og har gitt navnet til vårt ord «scene». Ordet *teater* kommer for øvrig av et gammelt gresk ord for «å se». Men vi skal snart vende tilbake til filosofene, Sofie. Vi går rundt Parthenon og ned gjennom inngangspartiet . . .

Nå gikk den lille mannen rundt det store tempelet og fikk noen andre mindre templer på høyre hånd. Snart begynte han å gå ned trappene mellom flere høye søyler. Da han var kommet ned til foten av Akropolisplatået, gikk han opp på en liten høyde og pekte ut over Athen:

– Høyden vi står på heter *Areopagos*. Det var her den athenske høyesteretten dømte i mordsaker. Mange hundre år senere stod apostelen Paulus her og talte om Jesus og kristendommen til athenerne. Men den talen skal vi vende tilbake til ved en senere anledning. Nede til venstre ser du ruinene etter det gamle torget i Athen. Bortsett fra det store tempelet til smedguden Hefaistos, er det bare marmorblokker igjen. Vi går ned . . .

I neste øyeblikk dukket han opp mellom de gamle ruinene. Høyt oppe under himmelen – og helt øverst på Sofies TV-skjerm – kneiste det store Athene-tempelet på Akropolis. Filosofilæreren hadde satt seg på en marmorblokk. Snart så han opp i kameraet og sa:

– Vi sitter i utkanten av det gamle torget i Athen. Sørgelige saker, ikke sant? Altså i dag, mener jeg. Men omkring oss stod en gang stolte templer, rettslokaler og andre offentlige bygninger, forretninger, en konsertsal og til og med en stor gymnastikkbygning. Alt sammen omkring selve torget som var en stor firkantet plass . . . På dette vesle området ble grunnlaget lagt for hele den europeiske sivilisasjonen. Ord som «politikk» og «demokrati», «økonomi» og «historie», «biologi» og «fysikk», «matematikk» og «logikk», «teologi» og «filosofi», «etikk» og «psykologi», «teori» og «metode», «idé» og «system» – pluss mange, mange andre ord – stammer fra et ganske lite folk som hadde sitt daglige liv rundt denne plassen. Her gikk Sokrates og samtalte med mennesker han traff. Kanskje grep han tak i en slave som bar på en krukke med olivenolje og stilte den arme mannen et filosofisk spørsmål. For Sokrates mente at selv en slave hadde den samme fornuft som en adelsmann. Kanskje stod han i ivrig munnhuggeri med en av borgerne – eller han førte en lavmælt samtale med den unge eleven Platon. Det er rart å tenke på. Vi snakker fortsatt om «sokratisk» eller «platonsk» filosofi, men det er noe ganske annet å *være* Platon eller Sokrates.

Visst syntes Sofie det var rart å tenke på. Men hun syntes det var minst

like rart hvordan filosofen plutselig talte til henne gjennom et video-opp-
tak som var brakt til hennes eget hemmelige sted i hagen av en mystisk
hund.

Snart reiste filosofen seg fra marmorblokken han satt på. Så sa han i et
ganske lavt toneleie:

– Meningen var egentlig å la det være med dette, Sofie. Jeg ville vise
deg Akropolis og ruinene etter det gamle torget i Athen. Men jeg vet ennå
ikke om du har forstått hvor stolte omgivelsene var her i gamle dager . . .
så jeg blir fristet . . . til å gå litt lenger. Det er selvfølgelig helt ureglemen-
tert . . . men jeg har en slags tillit til at du lar det være mellom oss to . . .
Nåja, uansett får det holde med et lite glimt . . .

Mer sa han ikke, han ble bare stående en lang stund og stirre inn i ka-
meraet. I neste øyeblikk kom et helt annet bilde opp på skjermen. Opp fra
ruinene hadde det reist seg flere høye bygninger. Som ved et trylleslag
hadde alle de gamle ruinene bygd seg opp igjen. Over horisonten så hun
fortsatt Akropolis, men nå var både Akropolis og bygningene nede på tor-
get flunkende nye. De var både gullbelagt og malt i skarpe farger. På den
store firkantete plassen spaserte mennesker i fargeglade kjortler. Noen bar
sverd, noen bar en krukke på hodet og en av dem hadde en papyrusrull
under armen.

Først nå drog Sofie kjensel på filosofilæreren. Han hadde fortsatt den
blå alpeluen på hodet, men nå hadde også han en gul kjortel som de andre
menneskene på bildet. Han kom mot Sofie, kikket inn i kameraet og sa:

– Sånn ja. Nå er vi i oldtidens Athen, Sofie. Jeg ville at du skulle
komme hit selv, forstår du. Året er 402 før Kristus, bare tre år før Sokrates
dør. Jeg håper du setter pris det eksklusive besøket, det var nemlig svært
vanskelig å få leid et videokamera . . .

Sofie kjente at hun var svimmel. Hvordan kunne den mystiske mannen
plutselig være i Athen for 2400 år siden? Hvordan kunne hun se et leven-
de videopptak fra en helt annen tid? Sofie visste naturligvis at det ikke fan-
tes video i oldtiden. Kunne det være en spillefilm hun så? Men alle mar-
morbygningene så helt ekte ut. Hvis man skulle bygge opp hele det gamle
torget i Athen og desssuten hele Akropolis bare for en film – ja, da ville det
blitt svært dyre kulisser. Det ville iallfall vært en drøy pris å betale bare for
at Sofie skulle lære om Athen.

Mannen med alpeluen så opp på henne igjen.

– Ser du de to mennene som står der borte under søylegangen?

Sofie fikk øye på en eldre mann i en litt fillete kjortel. Han hadde et langt uryddig skjegg, flat nese, et par stikkende blå øyne og bollekinn. Ved siden av ham stod en vakker ung mann.

– Det er Sokrates og hans unge elev, Platon. Forstår du det, Sofie? Men du skal få møte dem personlig.

Dermed gikk filosofilæreren like bort til de to mennene som stod under et høyt tak. Da han var helt borte hos dem, løftet han på alpeluen og sa noe som Sofie ikke forstod. Det var sikkert på gresk. Etter en stund så han inn i kameraet igjen og sa:

– Jeg fortalte at du var en norsk jente som gjerne ville møte dem. Nå vil Platon stille deg noen spørsmål som du kan tenke over. Men vi må gjøre det før vaktene oppdager oss.

Sofie kjente et trykk mot tinningen, for nå trådte den unge mannen fram og så inn i kameraet.

– Velkommen til Athen, Sofie, sa han med mild stemme. Han snakket svært gebrokkent. – Jeg heter Platon og skal gi deg fire oppgaver: Aller først skal du tenke over hvordan en baker klarer å lage 50 helt like kaker. Så kan du spørre deg selv hvorfor alle hester er like. Videre skal du tenke over om du tror at mennesket har en udødelig sjel. Til slutt må du svare på om kvinner og menn er like fornuftige. Lykke til!

I neste øyeblikk var bildet på TV-skjermen borte. Sofie prøvde å spole fram og tilbake, men hun hadde sett alt som var på båndet.

Sofie forsøkte å samle tankene sine. Men straks hun begynte å tenke en tanke, tok hun til å tenke på noe helt annet lenge før den første tanken var tenkt helt ferdig.

At filosofilæreren var en original lærer, hadde hun visst lenge. Men når han begynte å bruke undervisningsmetoder som brøt med alle kjente naturlover, da syntes Sofie at han gikk over streken.

Var det virkelig Sokrates og Platon hun hadde sett på TV-skjermen? Selvfølgelig ikke, det var jo helt umulig. Men det var ikke en tegnefilm hun hadde sett heller.

Sofie tok videokassetten ut av maskinen og løp opp på rommet med den. Der dyttet hun den inn i den øverste hyllen sammen med alle lego-klossene. Snart sank hun utmattet ned på sengen og sovnet.

Noen timer senere kom moren inn på rommet. Hun dyttet i Sofie og sa:

– Men hva går det av deg da, Sofie?

– Mmm . . .

– Har du lagt deg med kjolen på?

Sofie glippet så vidt med øynene.

– Jeg har vært i Athen, sa hun.

Mer fikk hun ikke fram, hun bare snudde seg rundt og sov videre.

PLATON

. . . *en lengsel tilbake til sjelens egentlige bolig . . .*

Sofie våknet med et rykk neste morgen. Hun så på klokken. Den var bare litt over fem, men hun var så lys våken at hun satte seg opp i sengen.

Hvorfor hadde hun kjole på? Så husket hun alt sammen. Sofie klatret opp på en skammel og kikket inn i hyllen øverst i skapet. Joda – der lå en videokassett. Da hadde det ikke vært en drøm likevel, iallfall ikke alt sammen.

Men hun hadde vel ikke *sett* Platon og Sokrates? Æsj, hun orket ikke å tenke noe mer over det. Kanskje hadde moren rett i at hun var litt utafor for tiden.

Hun klarte iallfall ikke å sove. Kanskje hun skulle gå ned i Smuget for å se om hunden hadde vært der med et nytt brev?

Sofie listet seg ned trappen, tok på seg joggesko, og gikk ut.

I hagen var alt vidunderlig klart og stille. Småfuglene kvitret så energisk at Sofie nesten måtte le. I gresset trillet morgenduggen som små dråper av krystall.

Igjen ble hun slått av hvilket ufattelig under verden er.

Det var litt fuktig inne i den gamle hekken også. Sofie kunne ikke se noe nytt brev fra filosofen, men hun tørket av en tjukk rot og satte seg likevel.

Hun kom på at video-Platon hadde gitt henne noen oppgaver. Først var det noe om hvordan en baker klarer å lage 50 helt like kaker.

Sofie måtte tenke seg godt om, for hun syntes det ville være litt av en bedrift. Når moren en sjelden gang bakte et brett med berlinerkranser, ble ingen helt like. Hun var riktignok ikke noen profesjonell baker, det kunne gå ganske vilt for seg iblant. Men kakene de kjøpte i butikken var aldri helt like de heller. Hver eneste kake ble jo formet på nytt i bakerens hender.

Plutselig spratt det fram et lurt smil i Sofies ansikt. Hun kom på en gang faren og hun hadde vært i byen mens moren holdt på med julebaksten. Da de kom hjem, lå mange pepperkakemenn strødd ut over kjøkkenbenken. Selv om de ikke var like perfekte alle sammen, hadde de på en måte vært helt makne likevel. Og hvorfor var de det? Det var selvfølgelig fordi moren hadde brukt den samme *formen* til alle kakene.

Sofie følte seg så fornøyd med hvordan hun hadde kommet på dette med pepperkakene at hun ganske enkelt erklærte seg ferdig med den første oppgaven. Når en baker lager 50 helt like kaker, er det fordi han bruker den samme formen til alle kakene. Dermed basta!

Så hadde video-Platon sett inn i det skjulte kameraet og spurt hvorfor alle hester er like. Men det var jo ikke sant. Sofie ville tvert imot si at ingen hester var helt like, akkurat som ingen mennesker var like.

Hun holdt på å gi opp den oppgaven, men så kom hun på hvordan hun hadde tenkt om pepperkakene. Det var ingen av dem som var helt like heller, for noen var litt tjukkere enn de andre, noen var dessuten ødelagt. Likevel var det tydelig for alle og enhver at de på en måte var «helt like».

Kanskje mente Platon å spørre hvorfor en hest alltid var en hest og for eksempel ikke noe midt imellom en hest og en gris. For selv om noen hester var brune som bjørner og noen hvite som lam, var det noe som alle hester hadde til felles. Sofie hadde for eksempel til gode å treffe en hest med seks eller åtte bein.

Men Platon kunne vel ikke mene at det som gjorde alle hester like, var at de var laget av den samme formen?

Så hadde Platon stilt et riktig stort og vanskelig spørsmål. Har mennesket en udødelig sjel? *Det* følte ikke Sofie seg i stand til å svare på. Hun visste bare at den døde kroppen enten ble brent eller også begravet i jorden, og da hadde iallfall ikke den noen fremtid. Hvis mennesket hadde en udødelig sjel, måtte man samtidig mene at et menneske består av to vidt forskjellige deler: En kropp som slites i stykker etter noen år – og altså en sjel som opererer mer eller mindre uavhengig av det som skjer med kroppen. Farmor hadde en gang sagt at hun følte at det bare var selve kroppen som ble gammel. Inni seg hadde hun vært den samme ungpiken bestandig.

Dette med «ungpike» ledet Sofie over til det siste spørsmålet: Er kvinner og menn like fornuftige? Det var hun sannelig ikke så sikker på. Det kom an på hva Platon mente med «fornuftig».

Med ett kom hun på noe filosofilæreren hadde sagt om Sokrates. Sokrates hadde pekt på at alle mennesker kan innse filosofiske sannheter hvis de bare bruker sin fornuft. Han mente dessuten at en slave hadde den samme fornuften til å løse filosofiske spørsmål som en adelsmann. Sofie følte seg overbevist om at han også ville sagt at kvinner og menn er like fornuftige.

Mens hun satt slik og funderte, hørte hun plutselig at det raslet i hekken, det var dessuten noe som pustet og peste som en dampmaskin. I neste øyeblikk smatt den gule hunden inn i Smuget. Han hadde en stor konvolutt i kjeften.

– Hermes! utbrøt Sofie. – Takk-takk!

Hunden slapp konvolutten ned i Sofies fang, og nå strakte hun ut den ene hånden og begynte å stryke ham over nakken.

– Hermes flink gutt, sa hun.

Dermed la hunden seg ned og tok villig imot kosen fra Sofie. Etter noen minutter reiste han seg likevel og begynte å tasse ut gjennom hekken samme vei som han hadde kommet. Med den gule konvolutten i hånden fulgte Sofie etter. Hun ålte seg gjennom den trange hekken, i neste øyeblikk var hun utenfor hagen.

Hermes hadde begynt å labbe mot skogkanten, og Sofie fulgte etter på noen meters avstand. Et par ganger snudde hunden seg og knurret, men Sofie gav seg ikke. Nå skulle hun finne filosofen – om hun så måtte løpe helt til Athen.

Hunden begynte å springe litt fortere, snart smatt han inn på en liten sti. Sofie satte opp farten hun også, men da hun hadde løpt noen minutter, snudde hunden seg og bjeffet som en vakthund. Sofie gav seg ikke, hun benyttet sjansen til å løpe enda nærmere.

Hermes styrtet videre inn på stien. Til slutt måtte Sofie innse at hun ikke klarte å ta ham igjen. En lang stund ble hun stående og høre hvordan hunden fjernet seg. Til slutt var det helt stille.

Sofie satte seg ned på en stubbe foran en liten rydning i skogen. I hånden hadde hun en stor gul konvolutt. Hun åpnet konvolutten, trakk ut flere maskinskrevne ark og begynte å lese:

Platons Akademi

Takk for sist, Sofie. Jeg mener selvfølgelig i Athen. Dermed har jeg iallfall presentert meg. Siden jeg har presentert *Platon* også, kan vi like gjerne begynne med det samme.

Platon (427–347 f.Kr.) var 29 år gammel da Sokrates måtte tømme giftbegeret. Han hadde lenge vært Sokrates' elev og fulgte rettssaken mot ham nøye. At Athen kunne dømme byens edleste menneske til døden, gjorde ikke bare et uutslettelig inntrykk på ham. Det skulle komme til å stake ut retningen for hele hans filosofiske virksomhet.

For Platon var Sokrates' død et skarpt uttrykk for hvilken motsetning det kan være mellom de *faktiske* forhold i samfunnet og det som er *sant* eller *ideelt*. Platons første gjerning som filosof var også å utgi Sokrates' forsvarstale. Her refererer han hva Sokrates sa til den store juryen.

Du husker sikkert at Sokrates ikke skrev noe selv. Det hadde mange av førsokratikerne gjort, problemet er bare at det meste av dette skriftlige materialet er gått tapt for ettertiden. Når det gjelder Platon, mener vi at alle hovedverkene hans er bevart. (Foruten Sokrates' forsvarstale skrev han en samling brev og hele 35 filosofiske dialoger.) At disse skriftene er bevart, henger ikke minst sammen med at Platon opprettet en egen filosofiskole utenfor Athen. Det var i en lund som var oppkalt etter den greske sagnhelten Akademos. Platons filosofiskole fikk derfor navnet Akademiet. (Siden er det opprettet mange tusen «akademier» verden over. Vi snakker stadig om «akademikere» og «akademiske fag»!)

På Platons Akademi ble det undervist i filosofi, matematikk og gymnastikk. Skjønt «undervisning» er kanskje ikke det rette ordet. Også på Platons Akademi var det den levende samtalen som var viktigst. Det er altså ikke så tilfeldig at det var *dialogen* som ble Platons skriftlige form.

Det evig sanne, evig vakre og evig gode

Ved innledningen til dette filosofikurset sa jeg at det ofte er lurt å spørre hva som er en bestemt filosofs prosjekt. Så nå spør jeg: Hva var det Platon var opptatt av å undersøke?

Ganske kort kan vi slå fast at Platon var opptatt av forholdet mellom det som er evig og uforanderlig på den ene siden – og det som «flyter» på den andre. (Presis som førsokratikerne altså!)

Så sa vi at sofistene og Sokrates vendte seg vekk fra naturfilosofiske spørsmål og var mer opptatt av mennesket og samfunnet. Joda – men også sofistene og Sokrates var på en måte opptatt av forholdet mellom det som er evig og bestandig på den ene siden – og det som «flyter» på den andre. De var opptatt av dette spørsmålet når det gjelder menneskets *moral* og samfunnets *idealer* eller *dyder*. Grovt sagt mente sofistene at spørsmålet om hva som er rett og galt er noe som forandrer seg fra bystat til bystat og fra generasjon til generasjon. Spørsmålet om rett og galt er altså noe «flytende». Sokrates kunne ikke akseptere dette. Han mente at det finnes noen helt evige og tidløse regler for hva som er rett og galt. Ved å bruke vår fornuft, kan alle mennesker nå fram til slike uforanderlige *normer*, for menneskets fornuft er nettopp noe som er evig og uforanderlig.

Er du med, Sofie? Så kommer Platon, altså. Han er *både* opptatt av hva som er evig og uforanderlig i naturen – *og* av hva som er evig og uforanderlig når det gjelder moral og samfunnsliv. Ja, for Platon blir dette en og samme sak. Han prøver å gripe tak i en egen «virkelighet» som er evig og uforanderlig. Og sant å si er det vel nettopp dette vi har filosofer til. De er ikke ute etter å kåre årets vakreste pike eller torsdagens billigste tomater. (Derfor er de ikke alltid så populære!) Filosofene prøver å myse til slike forfengelige og «dagsaktuelle» saker. De forsøker å peke ut noe som er evig «sant», evig «vakkert» og evig «godt».

Dermed aner vi iallfall omrisset av Platons filosofiske prosjekt. Fra nå av tar vi én ting av gangen. Vi skal prøve å forstå en forunderlig tankegang som kom til å sette dype spor i all senere europeisk filosofi.

Ideenes verden

Både Empedokles og Demokrit hadde pekt på at alle fenomener i naturen «flyter», men at det likevel må finnes «noe» som aldri forandrer seg («de fire røttene» eller «atomene»). Platon er med på selve problemstillingen – men på en ganske annen måte.

Platon mente at *alt* vi kan ta og føle på i naturen, «flyter». Det finnes altså ikke noen «grunnstoffer» som ikke går i oppløsning. Absolutt alt som tilhører «sanseverdenen» er laget av et materiale som tiden tærer på. Men alt er også dannet etter en tidløs «form» som er evig og uforanderlig.

You see? Neivel . . .

Hvorfor er alle hester like, Sofie? Kanskje tenker du at det er de jo slett ikke. Men det *er* noe som alle hester har til felles, noe som gjør at vi aldri vil ha problemer med å peke ut en hest. Den enkelte hest «flyter» naturligvis. Den kan være gammel og halt, med tiden vil den også bli syk og dø. Men selve «hesteformen» er evig og uforanderlig.

For Platon er altså ikke det evige og uforanderlige noe fysisk «urstoff». Det som er evig og uforanderlig er noen åndelige eller abstrakte mønsterbilder som alle fenomener er dannet etter.

Jeg presiserer: Førsokratikerne hadde gitt en ganske OK forklaring på forandringene i naturen uten å måtte forutsette at noe virkelig «forandrer seg». Midt i naturens kretsløp er det noen evige og bestandige minstedeler som ikke går i oppløsning, mente de. Javel, Sofie! Jeg sier: *Javel!* Men de hadde ikke noen rimelig forklaring på *hvordan* disse «minstedelene» som en gang var byggeklosser i en hest, plutselig kan fyke sammen til en komplett ny «hest» fire eller fem hundre år senere! Eller til en elefant for den saks skyld, eller til en krokodille. Platons poeng er at Demokrits atomer aldri blir til en «krokofant» eller til en «elledille». Nettopp det var noe som satte hans filosofiske refleksjon i gang.

Hvis du skjønner hva jeg mener allerede nå, kan du hoppe over dette avsnittet. For sikkerhets skyld presiserer jeg: Du har en porsjon legoklosser og bygger en legohest. Så tar du klossene fra hverandre igjen og legger dem i en eske. Du kan ikke vente at det oppstår en helt ny hest bare ved å riste på esken med klossene. Hvordan skulle vel legoklossene ganske av seg selv klare å finne sammen igjen til en ny hest? Nei, det er *du* som må bygge hesten sammen igjen, Sofie. Og når du klarer det, er det fordi du har et bilde inni deg av hvordan hesten så ut. Legohesten er altså dannet etter et mønsterbilde som blir stående uforandret fra hest til hest.

Klarte du den med de 50 helt like kakene? Vi forutsetter at du kommer dettende ned fra verdensrommet og aldri noen gang har sett et bakeri. Så snubler du inn i et passe fristende bakeri – og der ser du 50 helt like pepperkaker på en benk. Jeg antar at du ville klødd deg i hodet og undret deg over hvordan de kunne være helt like. Nå kan det godt tenkes at en av dem mangler en arm, en annen har kanskje mistet en bit av hodet og en tredje har fått en kul på magen. Etter grundig ettertanke vil du likevel komme til at alle pepperkakene har en *fellesnevner*. Selv om ingen av dem er helt fullkomne, vil det ane deg at de må ha en *felles opprinnelse*. Du vil forstå at alle kakene er dannet av én og samme form. Og mer, Sofie, mer: Nå blir du grepet av et sterkt ønske om å *se* denne formen. For det er klart at selve formen må være usigelig mye mer fullkommen – og på en måte vakrere – enn noen av de gebrekkelige kopiene.

Hvis du klarte denne oppgaven helt på egen hånd, da løste du et filosofisk problem på nøyaktig samme måte som Platon. Som filosofer flest kom han «dettende ned fra verdensrommet». (Han satte seg opp ytterst ute på et av de tynne hårene i kaninpelsen.) Han var forundret over hvordan alle fenomenene i naturen kunne være så like hverandre, og han kom altså til at det måtte være fordi det finnes et begrenset antall *former* som ligger «over» eller «bak» alt vi ser omkring oss. Disse formene kalte Platon *ideer*. Bak alle hester, griser og mennesker, finnes «ideen hest», «ideen gris» og «ideen menneske». (Slik det omtalte bakeriet kan ha både pepperkakemenn, pepperkakegriser og pepperkakehester. For et skikkelig pepperkakebakeri har gjerne flere enn bare én form. Men det holder med én eneste form for hvert *slag* pepperkaker.)

Konklusjon: Platon mente at det måtte finnes en egen virkelighet bak «sanseverdenen». Denne virkeligheten kalte han *ideenes verden*. Her finnes de evige og uforanderlige «mønsterbildene» bak de forskjellige fenomenene vi støter på i naturen. Denne bemerkelsesverdige oppfatningen kaller vi Platons *idélære*.

Sikker viten

Så langt er du kanskje med, kjære Sofie. Men mente Platon dette på ramme alvor? spør du kanskje. Mente han at det *eksisterer* slike former i en helt annen virkelighet?

Han mente det nok ikke like bokstavelig hele livet, men iallfall i noen av Platons dialoger er det slik han må forstås. Vi skal prøve å følge hans argumentasjon.

En filosof prøver som sagt å gripe tak i noe som er evig og uforanderlig. Det ville for eksempel ikke være særlig nyttig å skrive en filosofisk avhandling om en bestemt såpebobles tilværelse. For det første ville man neppe rekke å studere den skikkelig før den med ett var borte. For det andre ville det sannsynligvis være vanskelig å få solgt en filosofisk avhandling om noe som ingen hadde sett og som dessuten bare hadde eksistert i fem sekunder.

Platon mente at alt vi ser omkring oss i naturen, ja alt vi kan ta og føle på, kan sammenlignes med en såpeboble. For ikke noe av det som eksisterer i sanseverdenen, varer. Du er selvfølgelig klar over at alle mennesker og dyr før eller siden går i oppløsning og dør. Men selv en marmorblokk forandrer seg og brytes langsomt ned. (Akropolis ligger i ruiner, Sofie! Skandaløst, spør du meg. Men sånn er det.) Nå er det Platons poeng at vi aldri kan få sikker viten om noe som stadig forandrer seg. Om det som tilhører sanseverdenen – og som vi altså kan ta og føle på – har vi bare usikre oppfatninger eller *antagelser. Sikker viten* kan vi bare ha om det vi ser med fornuften.

Jada, Sofie, jeg skal forklare meg nærmere: En enkelt pepperkakemann kan være så mislykket etter all bakingen, hevingen og stekingen at det ikke er godt å si nøyaktig hva den forestiller. Men etter å ha sett 20–30 slike pepperkaker – som altså kan være mer eller mindre perfekte – kan jeg med stor sikkerhet vite hvordan kakeformen ser ut. Dette kan jeg slutte meg til selv om jeg aldri har sett selve formen. Det er ikke engang sikkert at det ville være noen fordel å se selve formen med det blotte øyet. For vi kan ikke alltid stole på sansene våre. Selve synsevnen kan variere fra menneske til menneske. Derimot kan vi stole på det fornuften forteller oss, for fornuften er den samme for alle mennesker.

Hvis du sitter i et klasserom sammen med 30 andre elever og læreren spør hva som er regnbuens vakreste farge – ja da ville han sikkert få mange forskjellige svar. Men hvis han spør hvor mye 8 ganger 3 er, bør hele klassen komme fram til det samme resultatet. Nå er det nemlig fornuften som feller dom, og fornuft er på en måte det stikk motsatte av synsing og sansing. Vi kan si at fornuften er evig og universell nettopp fordi den bare uttaler seg om evige og universelle forhold.

Platon var i det hele tatt svært opptatt av matematikk. Grunnen var at matematiske forhold aldri forandrer seg. Derfor er det også noe vi kan ha sikker viten om. Men nå trenger vi et eksempel: Tenk deg at du finner en rund kongle ute i naturen. Kanskje sier du at du «synes» den ser trill rund ut – mens Jorunn påstår at den er litt flatklemt på den ene siden. (Så begynner dere å krangle!) Men dere kan ikke ha sikker viten om noe dere ser med øynene. Derimot kan dere med full sikkerhet si at vinkelsummen i en sirkel er 360°. Da uttaler dere dere om en *ideell* sirkel, som kanskje ikke finnes ute i naturen, men som dere til gjengjeld kan se ganske klart for deres indre blikk. (Dere sier noe om den skjulte kakeformen – og ikke om en tilfeldig pepperkake på kjøkkenbenken.)

Kort oppsummering: Om det vi *sanser* kan vi bare ha usikre oppfatninger. Men om det vi *innser* med fornuften, kan vi oppnå sikker viten. Vinkelsummen i en trekant er 180° i all evighet. Slik vil også «ideen» hest ha fire ben å stå på selv om alle hestene i sanseverdenen ble halte.

En udødelig sjel

Vi har sett hvordan Platon mente at virkeligheten er delt i to.

Den ene delen er *sanseverdenen* – som vi bare kan oppnå en omtrentlig eller ufullkommen kunnskap om ved å bruke våre fem (omtrentlige og ufullkomne) sanser. Om alt i sanseverdenen gjelder det at «alt flyter» og altså at ingenting varer. Det er ingenting som *er* i sanseverdenen, det er bare en hel masse ting som oppstår og forgår.

Den andre delen er *ideenes verden* – som vi kan oppnå sikker viten om ved å bruke fornuften. Denne idéverdenen kan altså ikke erkjennes med sansene. Til gjengjeld er ideene (eller formene) evige og uforanderlige.

Ifølge Platon er også mennesket et todelt vesen. Vi har en *kropp* som «flyter». Den er uløselig knyttet til sanseverdenen og får samme skjebne som alt annet her (for eksempel en såpeboble). Alle sansene våre er knyttet til kroppen og er følgelig upålitelige. Men vi har også en udødelig *sjel* – som er fornuftens bolig. Nettopp fordi sjelen ikke er materiell, kan den skue inn i ideenes verden.

Nå har jeg nesten sagt det. Men det er mer, Sofie. Jeg sier: DET ER MER!

Platon mente videre at sjelen har eksistert *før* den tok bolig i en kropp. En gang var sjelen i ideenes verden. (Den lå øverst oppe i skapet sammen med alle kakeformene.) Men straks sjelen våkner opp i en menneskekropp, har den glemt de fullkomne ideene. Så begynner noe å skje, ja nå begynner en vidunderlig prosess. Etter hvert som mennesket erfarer formene i naturen, dukker en svak erindring opp i sjelen. Mennesket ser en hest – men altså en ufullkommen hest (ja, en pepperkakehest!). Dette er nok til at det vekkes en svak erindring i sjelen om den fullkomne «hest» som sjelen en gang har sett i ideenes verden. Dermed vekkes også en lengsel tilbake til sjelens egentlige bolig. Platon kaller denne lengselen for *eros* – og det betyr kjærlighet. Sjelen kjenner altså en «kjærlighetslengsel» tilbake til sitt egentlige opphav. Fra nå av oppleves både kroppen og alt det sanselige som noe ufullkomment og uvesentlig. På kjærlighetens vinger vil sjelen fly «hjem» til ideenes verden. Den vil befris fra «kroppens fengsel».

Nå må jeg straks understreke at Platon her beskriver et ideelt livsløp. For det er slett ikke alle mennesker som slipper sjelen løs og lar den begynne på sin reise tilbake til ideenes verden. Folk flest klynger seg til ideenes «speilbilder» i sanseverdenen. De ser en hest – og en hest til. Men de ser ikke det som alle hester bare er en dårlig etterligning av. (De styrter inn på kjøkkenet og kaster seg over alle pepperkakene uten i det hele tatt å spørre hvor pepperkakene kommer fra.) Det er *filosofenes* vei Platon beskriver. Hans filosofi kan leses som en beskrivelse av den filosofiske virksomhet.

Når du ser en skygge, Sofie, da vil du også tenke at det må være noe som kaster denne skyggen. Du ser en skygge av et dyr. Kanskje er det en hest, tenker du, men du kan ikke være helt sikker. Så snur du deg og ser den virkelige hesten – som selvfølgelig er uendelig mye vakrere og skarpere i konturene enn den ustadige «hesteskyggen». SLIK MENTE PLATON AT ALLE FENOMENER I NATUREN BARE ER SKYGGEBILDER AV DE EVIGE FORMENE ELLER IDEENE. Men de aller fleste er tilfredse med sitt liv blant skyggebilder. De tenker ikke på at det må være noe som kaster skyggene. De tror at skyggene er alt som er – og opplever altså ikke skyggene som skygger. Dermed glemmer de også sin egen sjels udødelighet.

Veien opp fra hulens mørke

Platon forteller en lignelse som illustrerer akkurat dette. Vi kaller den gjerne for *hulelignelsen*. Jeg skal gjenfortelle den med mine egne ord.

Tenk deg noen mennesker som bor i en underjordisk hule. De sitter med ryggen til åpningen og er bundet på hender og føtter så de bare kan se inn mot huleveggen. Bak dem er en høy mur, og bak denne muren igjen går noen menneskelignende skikkelser som holder forskjellige figurer opp over kanten av muren. Fordi det brenner et bål bak disse figurene, kaster de flakkende skygger mot huleveggen. Det eneste huleboerne kan se, er altså dette «skyggeteateret». De har sittet i den samme stillingen fra de ble født og tror følgelig at skyggene er det eneste som finnes.

Tenk deg nå at en av huleboerne klarte å slite seg løs fra fangenskapet. Det begynner med at han spør seg selv hvor alle skyggebildene på huleveggen kommer fra. Til slutt klarer han å kjempe seg fri. Hva tror du skjer når han snur seg mot figurene som blir holdt opp bak muren? Han vil naturligvis aller først bli blendet av det skarpe lyset. Han vil bli blendet av å se de skarpe figurene også – siden han til nå bare har sett de samme figurenes skyggebilder. Hvis han klarte å komme seg over muren og begynte å klatre forbi bålet og ut i naturen utenfor hulen, ville han bli enda mer blendet. Men etter å ha gnidd seg i øynene, ville han også bli slått av hvor vakkert alt sammen var. For første gang ville han se farger og skarpe konturer. Han ville se virkelige dyr og blomster – som figurene i hulen bare var dårlige etterligninger av. Men også nå spør han seg selv hvor alle dyrene og blomstene kommer fra. Da ser han solen på himmelen og forstår at det er solen som gir liv til alle blomstene og dyrene i naturen slik det var bålet i hulen som gjorde at han kunne se skyggebildene.

Nå kunne den lykkelige huleboeren ha sprunget ut i naturen og frydet seg over sin nyvunne frihet. Men han tenker på alle dem som er igjen der nede i hulen. Derfor går han tilbake. Straks han er nede igjen, forsøker han å overbevise de andre huleboerne om at skyggebildene på huleveggen bare er noen flakkende etterligninger av de *virkelige* tingene. Men det er ingen som tror ham. De peker mot huleveggen og sier at det de ser der, er alt som finnes. Til slutt slår de ham i hjel.

Det Platon skildrer i hulelignelsen er filosofens vei fra uklare forestillinger til de virkelige ideene som ligger bak fenomenene i naturen. Han tenker nok også på Sokrates – som «huleboerne» drepte fordi han pirket i deres vaneforestillinger og ville vise vei til ekte innsikt. Slik blir hulelignelsen et bilde på filosofens mot og pedagogiske ansvar.

Platons poeng er at forholdet mellom hulens mørke og naturen utenfor tilsvarer forholdet mellom naturens former og ideenes verden. Han mente ikke at naturen er mørk og trist, men den er mørk og trist *sammenlignet* med ideenes klarhet. Et bilde av en vakker pike er heller ikke mørkt og trist, snarere tvert imot. Men det er bare et bilde.

Filosofistaten

Platons hulelignelse finner vi i dialogen «Staten». Her gir Platon også et bilde av «idealstaten». Det vil si en tenkt mønsterstat – eller det vi kaller en «utopisk» stat. I all korthet kan vi si at Platon mener at staten bør styres av filosofene. Når han skal forklare hvorfor, tar han utgangspunkt i hvordan det enkelte mennesket er bygget opp.

Ifølge Platon er menneskets kropp delt i tre deler, nemlig *hode*, *bryst* og *underliv*. Til hver av disse delene svarer også en sjelsevne. Til hodet hører *fornuften*, til brystet *viljen* og til underlivet lysten eller *begjæret*. Til alle de tre sjelsevnene hører dessuten et ideal eller en «dyd». Fornuften skal strekke seg mot *visdom*, viljen skal vise *mot*, og begjæret må tøyles så mennesket viser *måtehold*. Først når menneskets tre deler fungerer sammen som en helhet, får vi et harmonisk eller «rettskaffent» menneske. I skolen skal barna først lære å tøyle begjæret, så skal motet utvikles. Til slutt skal fornuften oppnå visdom.

Nå tenker Platon seg en stat som er bygget opp presis som et menneske – og med nøyaktig den samme tredeling. Slik kroppen har «hode», «bryst» og «underliv», har staten *herskere*, *voktere* (eller soldater) og *næringsdrivende* (for eksempel bønder). Her er det tydelig at Platon bruker den greske legevitenskapen som forbilde. Slik et sunt og harmonisk menneske viser balanse og måtehold, er en «rettferdig» stat preget av at hver og en kjenner sin plass i helheten.

Som overalt i Platons filosofi er også hans statsfilosofi preget av *rasjonalisme*. Avgjørende for å skape en god stat er at den styres med *fornuft*. Slik hodet styrer kroppen, må det være filosofene som styrer samfunnet.

Vi forsøker oss på en enkel fremstilling av forholdet mellom menneskets og statens tre deler:

Kropp	Sjel	Dyd	Stat
hode	fornuft	visdom	herskere
bryst	vilje	mot	voktere
underliv	begjær	måtehold	næringsdrivende

Platons idealstat kan minne om det gamle indiske kastevesenet – der hver og en har hatt sin spesielle funksjon til beste for helheten. Helt fra Platons tid – og enda lenger tilbake – har det indiske kastevesenet hatt nettopp den samme tredelingen mellom den styrende kasten (eller «prestekasten»), krigerkasten og den næringsdrivende kasten.

I dag ville vi kanskje kalle Platons stat for en totalitær stat. Men det er verdt å merke seg at han mente at kvinner kunne være statens herskere akkurat som menn. Grunnen er at det nettopp er i kraft av sin *fornuft* at herskerne skal styre bystaten. Han mente at kvinner har nøyaktig den samme fornuft som menn hvis de bare får den samme opplæring og dessuten frihet fra barnepass og hjemlige sysler. Og Platon ville avskaffe familie og privat eiendom for statens herskere og voktere. Oppdragelsen av barna var uansett for viktig til at den kunne overlates til den enkelte. Det måtte være statens ansvar å oppdra barna. (Han var den første filosof som tok til orde for en offentlig utbygging av barnehager og heldagsskole.)

Etter at Platon hadde opplevd noen store politiske skuffelser, skrev han dialogen «Lovene». Her skildrer han «lovstaten» som den nest beste staten. Nå gjeninnfører han både privateiendom og familiebånd. På denne måten blir kvinnens frihet innskrenket. Men han sier at en stat som ikke oppdrar og øver opp kvinnene, er som et menneske som bare trener sin høyre arm.

Generelt sett kan vi si at Platon hadde et positivt syn på kvinner – iallfall når vi tar i betraktning tiden han levde i. I dialogen «Drikkegildet» er det således en kvinne, *Diotima*, som har gitt Sokrates hans filosofiske innsikt.

Og det var Platon, Sofie. I over to tusen år har mennesker diskutert – og kritisert – hans forunderlige idélære. Første mann ut var hans egen elev ved Akademiet. Navnet hans var *Aristoteles* – den tredje store filosofen fra Athen. Jeg sier ikke mer!

Mens Sofie hadde sittet på en stubbe og lest om Platon, hadde solen steget opp over de skogkledte åsene i øst. Solskiven hadde tippet over horisonten nettopp idet hun leste om Sokrates som kom klatrende ut av hulen og ble stående og myse mot det skarpe lyset utenfor.

Det var nesten som om hun hadde kommet opp fra en underjordisk grotte selv. Sofie syntes iallfall at hun så naturen på en helt ny måte etter å ha lest om Platon. Det føltes som om hun hadde vært fargeblind. Hun hadde saktens sett noen skygger, men hun hadde ikke sett de klare ideene.

Hun var ikke så sikker på om Platon hadde hatt rett i alt han hadde sagt om de evige mønsterbildene, men hun syntes det var en vakker tanke at alt levende var ufullkomne kopier av de evige formene i ideenes verden. For var det ikke sant at alle blomster og trær, mennesker og dyr var «ufull-komne»?

Alt hun så omkring seg var både så vakkert og så levende at Sofie syntes hun måtte gni seg i øynene der hun satt. Men ikke noe av det hun så her ville *vare*. Og likevel – om hundre år ville de samme blomstene og dyrene være her igjen. Selv om hver eneste blomst og hvert eneste dyr på en måte ble visket ut og glemt, var det noe som «husket» hvordan alt så ut.

Sofie stirret ut over skaperverket. Med ett spratt et ekorn opp på en furustamme. Det virvlet rundt stammen et par ganger, så ble det borte mellom grenene.

Deg har jeg sett før! tenkte Sofie. Hun var var naturligvis klar over at det ikke var det samme ekornet hun hadde sett før, men hun hadde sett den samme «formen». For det hun visste, kunne Platon ha rett i at hun en gang hadde sett det evige «ekornet» i ideenes verden før sjelen hennes tok bolig i en kropp.

Kunne det være sant at hun hadde levd før? Hadde sjelen hennes eksis-tert før den fikk en kropp å trekke på? Kunne det være sant at hun bar på en liten gullklump inni seg – en juvel som tiden ikke tærte på, ja en sjel som levde videre når kroppen hennes en gang ble gammel og døde?

... *piken i speilet blunket med begge øynene*...

Klokken var bare kvart over syv. Da hastet det ikke med å komme seg hjem. Sofies mor kom sikkert til å sove et par timer til, hun var alltid så lat på søndagene.

Skulle hun gå litt lenger inn i skogen for å se om hun fant Alberto Knox? Men hvorfor hadde hunden knurret så stygt mot henne?

Sofie reiste seg fra stubben og begynte å gå inn på stien der Hermes hadde løpt. I hånden holdt hun den gule konvolutten med alle arkene om Platon. Et par ganger delte stien seg i to, og da holdt hun seg til den største.

Overalt skvaldret fuglene – både i trærne og i luften, i busker og kratt. De var travelt opptatt med morgenstellet. Der i gården var det ingen forskjell på hverdag og helg. Men hvem hadde lært fuglene å gjøre alt de gjorde? Var det en liten computer inni hver og en av dem, et «dataprogram» som bestemte hva de skulle gjøre?

Snart tippet stien over en liten kolle, så gikk den bratt nedover mellom høye furutrær. Skogen var så tett akkurat her at hun bare kunne se noen få meter mellom trærne.

Med ett fikk hun øye på noe blankt mellom furustammene. Det måtte være et vann. Her svingte stien den andre veien, men nå stakk Sofie inn mellom trærne. Hun visste ikke riktig hvorfor, men det var den veien føttene hennes førte henne nå.

Vannet var ikke stort større enn en fotballbane. Rett over på den andre siden oppdaget hun en rødmalt hytte på en liten rydning som var omkranset av hvite bjørkestammer. Fra pipen steg en tynn røyk.

Sofie gikk helt ned til vannkanten. Det var svært fuktig rundt store deler av vannet, men snart fikk hun øye på en robåt. Den lå trukket halvveis opp på land. I båten lå et par årer også.

Sofie så seg rundt. Uansett ville det være umulig å komme seg tørrskodd rundt vannet til den røde hytta. Hun gikk besluttsomt bort til båten og skjøv den på sjøen. Så kløv hun om bord, la årene i åregaflene og skåtet ut på vannet. Snart støtte båten mot den andre bredden. Sofie gikk i land og forsøkte å trekke båten etter seg. Her var det mye brattere enn det hadde vært på den bredden hun kom fra.

Bare én gang så hun seg tilbake, så gikk hun opp til hytta.

Hun var forskrekket over seg selv. Hvordan våget hun? Hun visste det ikke, det var som om noe «annet» ledet henne.

Sofie gikk til døren og banket på. Hun ble stående en stund og vente, men det var ingen som lukket opp. Da tok hun forsiktig i dørhåndtaket, og nå gled døren opp.

– Hallo! sa hun. – Er det noen hjemme?

Sofie gikk inn i en stor stue. Hun våget ikke å lukke døren igjen etter seg.

Det var tydelig at noen bodde her. Sofie hørte at det knitret i en gammel vedovn. Altså var det ikke så lenge siden folk hadde vært her heller.

På et stort spisebord stod en skrivemaskin, noen bøker, et par penner og masse papir. Foran vinduet som vendte ned mot vannet, stod et bord og to stoler. Ellers var det ikke så mye møbler, men den ene veggen var helt dekket av bokhyller med bøker i. Over en hvit kommode hang et stort, rundt speil med en massiv messingramme rundt. Det så fryktelig gammelt ut.

På en av veggene hang to bilder. Det ene bildet var et oljemaleri av et hvitt hus som lå et steinkast fra en liten bukt med et rødt båthus. Mellom huset og båthuset var en skrånende hage med et epletre, noen tette busker og bergrabber. Som en krans rundt haven var det tjukt av bjørketrær. Tittelen på bildet var «Bjerkely».

Ved siden av dette bildet hang et gammelt portrett av en mann som satt i en stol ved et vindu med en bok i fanget. Også her var det en liten vik med trær og bergrabber i bakgrunnen. Bildet var sikkert malt for flere hundre år siden – og tittelen på bildet var «Berkeley». Han som hadde malt bildet het Smibert.

Berkeley og Bjerkely. Var ikke det pussig?

Sofie fortsatte å se seg om i hytta. Fra stuen førte en dør inn til et lite kjøkken. Her var det nettopp vasket opp. Asjetter og glass lå stablet opp på et linhåndkle, det var fortsatt små såperester på et par av asjettene. På gulvet stod et blikkfat med noen matrester i. Altså bodde et dyr her også, enten en hund eller en katt.

Sofie gikk tilbake til stuen. En annen dør førte inn til et lite sovekammers. Foran sengen lå et par tepper i en tjukk bylt. Sofie oppdaget noen gule hår på teppene. Det var selve beviset, nå var Sofie brennsikker på at det måtte være Alberto Knox og Hermes som bodde i hytta.

Da hun var tilbake i stuen, stilte Sofie seg foran speilet over kommoden. Glasset var matt og ruglete, derfor ble ikke bildet så skarpt heller. Sofie begynte å gjøre grimaser til seg selv – som hun av og til gjorde på badet hjemme. Speilbildet gjorde nøyaktig det samme som henne, noe annet var ikke å vente heller.

Med ett skjedde noe underlig: En gang – i et eneste lite sekund – så Sofie helt tydelig at piken i speilet blunket med begge øynene. Sofie rygget forskrekket tilbake. Hvis hun hadde blunket med øynene selv – hvordan kunne hun da ha *sett* at den andre blunket? Og enda var det noe mer: Det var som om det var Sofie jenta i speilet blunket til. Det var som om hun ville si: Jeg ser deg, Sofie. Jeg er her inne på den andre siden.

Sofie kjente at hjertet dunket i brystet. Samtidig hørte hun en hund som bjeffet i det fjerne. Det var sikkert Hermes! Da måtte hun komme seg ut med det samme.

Nå la hun merke til en grønn lommebok på kommoden under messingspeilet. Sofie løftet den opp og åpnet den forsiktig. Den inneholdt en hundrelapp, en femtilapp . . . og et skolebevis. På skolebeviset var det bilde av en pike med blondt hår. Under bildet stod det «Hilde Møller Knag» . . . og «Lillesand ungdomsskole».

Sofie kjente at hun ble kald i ansiktet. Så hørte hun hunden som bjeffet igjen. Nå bare måtte hun komme seg ut.

Idet hun passerte bordet, fikk hun øye på en hvit konvolutt mellom alle bøkene og papirene. På konvolutten stod det «SOFIE».

Før hun hadde rukket å tenke seg om, rev hun konvolutten med seg og stappet den ned i den store gule konvolutten med alle arkene om Platon. Så styrtet hun ut av hytta og lukket døren igjen etter seg.

Ute hørte hun at hunden bjeffet enda skarpere. Det verste var likevel at båten var borte. Det tok et sekund eller to bare, så oppdaget hun at den lå og fløt midt ute på det vesle vannet. Ved siden av båten fløt en av årene.

Det var fordi hun ikke hadde klart å trekke båten på land. Hun hørte at hunden bjeffet igjen, nå hørte hun dessuten noe som beveget seg mellom trærne på den andre siden av vannet.

Sofie tenkte ikke lenger. Med den store konvolutten i hånden sprang hun inn mellom buskene bak hytta. Snart måtte hun krysse en myr, flere ganger tråkket hun ned i myra så hun stod i vann til midt på leggen. Men hun måtte bare løpe. Hun måtte hjem, hjem.

Etter en stund snublet hun ut på en sti. Var det den samme stien hun hadde kommet på? Sofie stanset og vridde opp kjolen, vannet rant i strie strømmer ned på stien. Først nå begynte hun å gråte.

Hvordan kunne hun være så dum? Det verste av alt var båten. Hun ble ikke kvitt synet av en robåt og en åre som lå og fløt ute på vannet. Det hele var så flaut, så skammelig . . .

Allerede nå hadde vel filosofilæreren kommet ned til vannet. Han trengte båten for å komme hjem. Sofie følte seg som en pøbel. Men det var jo ikke dette som hadde vært meningen.

Konvolutten! Det var kanskje enda verre. Hvorfor hadde hun tatt med seg konvolutten? Fordi det stod navnet hennes på den, selvfølgelig, dermed var den jo litt hennes også. Likevel kjente hun seg som en tyv. Nå hadde hun dessuten gitt klar beskjed om at det var *hun* som hadde vært der.

Sofie trakk et lite ark ut av konvolutten. På lappen stod det:

Hva kommer først – høna eller ideen «høne»?
Har mennesket noen medfødte ideer?
Hva er forskjellen på en plante, et dyr og et menneske?
Hvorfor regner det?
Hva må til for at et menneske skal leve et godt liv?

Sofie klarte ikke å tenke over spørsmålene akkurat nå, men hun gikk ut fra at de hadde med den neste filosofen å gjøre. Var det ikke han som het Aristoteles?

Da hun fikk øye på hekken etter å ha løpt og løpt gjennom skogen, var det som å svømme i land etter et forlis. Det var rart å se hekken fra den andre siden. Først da hun krøp inn i Smuget, så hun på klokken. Den viste halv elleve. Den store konvolutten la hun i kakeboksen sammen med

de andre papirene. Lappen med de nye spørsmålene stakk hun i strømpe-
buksen.

Moren satt i telefonen da hun kom inn. Hun la på røret med det samme
Sofie stod i døren.

– Hvor *har* du vært, Sofie?

– Jeg . . . gikk en tur . . . i skogen, stotret hun.

– Ja, tenk det ser jeg.

Sofie svarte ikke, hun så at det dryppet vann fra kjolen.

– Jeg måtte ringe til Jorunn . . .

– Til Jorunn?

Moren fant fram noen tørre klær. Det var bare så vidt Sofie klarte å
stikke vekk lappen med spørsmålene fra filosofilæreren. De satte seg på
kjøkkenet, moren kokte sjokolade.

– Har du vært sammen med ham? spurte hun snart.

– Med ham?

Sofie tenkte bare på filosofilæreren.

– Med *ham*, ja. Med denne . . . «kaninen» din.

Sofie ristet på hodet.

– Hva gjør dere når dere er sammen, Sofie? Hvorfor er du så våt?

Sofie satt helt alvorlig og så ned i bordplaten, i et hemmelig rom inni
henne var det likevel noe som lo. Stakkars mamma, nå var det *sånne* be-
kymringer.

Hun ristet på hodet igjen. Så kom mange nye spørsmål på løpende
bånd.

– Nå vil jeg høre hele sannheten. Har du vært ute i natt? Hvorfor gikk
du til sengs med kjolen på? Snek du deg ned igjen straks jeg hadde lagt
meg? Du er bare fjorten år, Sofie. Nå forlanger jeg å få vite hvem du er
sammen med.

Sofie begynte å gråte. Så fortalte hun. Hun var fortsatt redd, og når man
er redd, snakker man som regel sant.

Hun fortalte at hun hadde våknet tidlig og gått tur i skogen. Hun fortal-
te om hytta og båten også, og hun fortalte om det underlige speilet. Men
hun klarte å holde tilbake alt som hadde med det hemmelige brevkurset å
gjøre. Hun nevnte ikke den grønne lommeboken heller. Hun visste ikke
helt hvorfor, men Hilde *måtte* hun holde for seg selv.

Moren la armene rundt henne. Sofie forstod at hun trodde henne nå.

– Jeg har ingen kjæreste, snufset hun. – Det var bare noe jeg sa fordi du
ble så bekymret for det med den hvite kaninen.

– Og så gikk du virkelig helt til Majorstua . . . sa moren tankefullt.

– Majorstua? Sofie sperret opp øynene.

– Den vesle stua du besøkte i skogen ble gjerne kalt «Majorstua» fordi
det bodde en gammel major der en gang for mange, mange år siden. Han
var litt tussete og rar, Sofie. Men det skal vi ikke tenke på nå. Siden har
hytta stått tom.

– Tror du ja. Men nå bor det en filosof der.

– Nei, nå må du ikke begynne å fantasere igjen.

Sofie ble sittende på rommet sitt og tenke over det hun hadde opplevd.
Hodet var som et larmende sirkus av tunge elefanter, morsomme klovner,
dristige trapeskunstnere og dresserte apekatter. Ett bilde vendte likevel til-
bake igjen og igjen: En liten robåt og en åre ligger og flyter på et vann dypt
inne i skogen – og det er noen som trenger båten for å komme seg
hjem . . .

Hun kjente seg trygg på at filosofilæreren ikke ville gjøre henne noe
vondt, og hvis han forstod at det var Sofie som hadde vært i hytta, ville
han saktens tilgi henne. Men hun hadde brutt en avtale. Det var hennes
takk for at den fremmede mannen tok ansvar for hennes filosofiske opp-
dragelse. Hvordan kunne hun gjøre det godt igjen?

Sofie tok fram det rosa brevpapiret og skrev:

*Kjære filosof. Det var jeg som var i hytta tidlig søndag morgen. Jeg ville så
gjerne treffe deg for å diskutere noen filosofiske problemstillinger nærmere.
Foreløpig er jeg Platon-fan, men jeg er ikke så sikker på om han hadde rett
i at ideene eller mønsterbildene eksisterer i en annen virkelighet. De eksis-
terer naturligvis i sjelen vår, men det er etter min foreløpige mening en helt
annen sak. Jeg må dessverre også innrømme at jeg ennå ikke er tilstrekke-
lig overbevist om at sjelen vår virkelig er udødelig. Personlig har jeg iallfall
ingen minner fra mine tidligere liv. Hvis du kunne klare å overbevise meg
om at min avdøde farmors sjel har det bra i ideenes verden, er jeg svært
takknemlig.*

*Det var egentlig ikke for filosofiens skyld at jeg begynte å skrive dette
brevet, som jeg legger i en rosa konvolutt med en sukkerbit i. Jeg vil bare be*

om tilgivelse for at jeg har vært ulydig. Jeg prøvde å trekke båten helt opp
på land, men jeg var tydeligvis ikke sterk nok. Det kan dessuten tenkes at
det var en kraftig bølge som trakk båten ut på vannet igjen.

Jeg håper du klarte å komme tørrskodd hjem. Hvis ikke kan du trøste
deg med at jeg ble søkk våt selv og antagelig kommer til å bli meget for-
kjølet. Men det er jo min egen skyld.

Jeg rørte ingenting i hytta, men jeg falt ulykkeligvis for fristelsen til å ta
med meg konvolutten med mitt eget navn på. Det var ikke fordi jeg hadde
tenkt å stjele noe, men siden det stod mitt navn på konvolutten, tenkte jeg i
noen forvirrede sekunder at konvolutten tilhørte meg. Jeg ber oppriktig om
tilgivelse, og lover å ikke skuffe deg igjen.

PS. Jeg skal tenke nøye igjennom alle spørsmålene på arket allerede
med det samme.

PS. PS. Er messingspeilet over den hvite kommoden et helt vanlig speil
eller er det et trollspeil? Jeg spør bare fordi jeg ikke er så vant med å se at
mitt eget speilbilde blunker med begge øynene.

Hilsen din oppriktig interesserte elev, SOFIE

Sofie leste igjennom brevet to ganger før hun la det i konvolutten. Det var
iallfall ikke riktig så høytidelig som det forrige brevet hun hadde skrevet.
Før hun gikk ned på kjøkkenet for å knabbe en sukkerbit, tok hun fram
arket med dagens tenkeoppgaver.

«Hva kommer først – høna eller ideen 'høne'?» Spørsmålet var nesten
like vanskelig som den gamle gåten om høna og egget. Uten egget ble det
ingen høne, men uten høna ble det ikke noe egg heller. Var det virkelig
like innfløkt å finne ut av hva som kom først av høna og «ideen» høne?
Sofie var klar over hva Platon hadde ment. Han hadde ment at ideen
«høne» eksisterte i ideenes verden lenge før det fantes noen høne i sanse-
verdenen. Ifølge Platon hadde sjelen «sett» selve ideen «høne» før den tok
bolig i en kropp. Men var det ikke akkurat her Sofie hadde kommet til at
Platon måtte ha tatt feil? Et menneske som verken har sett en levende høne
eller noe bilde av en høne, ville vel ikke ha noen «idé» om en høne heller.
Dermed var hun over på neste spørsmål:

«Har mennesket noen medfødte ideer?» Meget tvilsomt, tenkte Sofie.
Hun hadde svært liten tro på at en nyfødt baby var særlig rik på ideer.

Man kunne naturligvis ikke være helt sikker, for selv om barnet ikke hadde noe språk, behøvde ikke det bety at hodet var helt tomt for ideer. Men vi må vel se tingene i verden før vi kan vite noe om dem?

«Hva er forskjellen på en plante, et dyr og et menneske?» Sofie innså umiddelbart at her var det ganske klare forskjeller. Hun trodde for eksempel ikke at en plante hadde noe særlig innfløkt sjeleliv. Når hadde hun hørt om en blåklokke som hadde kjærlighetssorg? En plante vokser, den tar til seg næring og produserer noen små frø som gjør at den formerer seg. Men da var vel det meste sagt om hva en plante er. Sofie kom til at alt dette som gjaldt for planten, også gjaldt for dyr og mennesker? Men dyrene hadde i tillegg noen andre egenskaper. De kunne for eksempel bevege seg. (Når løp en rose 60-meteren?) Det var litt verre å peke på hva som var forskjellen på et menneske og et dyr. Menneskene kunne tenke, men det kunne vel dyrene også? Sofie var overbevist om at katten Sherekan kunne tenke. Den kunne iallfall oppføre seg ganske beregnende. Men kunne den tenke over filosofiske spørsmål? Kunne katten tenke over hva som er forskjellen på en plante, et dyr og et menneske? Neppe! En katt kunne ganske sikkert bli både glad og lei seg, men spurte katten seg selv om det finnes en Gud eller om den har en udødelig sjel? Sofie kom til at det var uhyre tvilsomt. Men her gjaldt selvfølgelig det samme som med spørsmålet om babyen og de medfødte ideene. Det var like vanskelig å snakke med en katt om slike spørsmål som det var å snakke med en nyfødt baby.

«Hvorfor regner det?» Sofie trakk på skuldrene. Det regner vel fordi havet fordamper og fordi skyene fortetter seg til regn. Hadde hun ikke lært dette allerede i tredje klasse? Man kunne selvfølgelig også si at det regnet for at planter og dyr skulle vokse. Men var det sant? Hadde en regnbyge egentlig noen hensikt?

Den siste oppgaven hadde iallfall noe med hensikt å gjøre: «Hva må til for at et menneske skal leve et godt liv?» Dette hadde filosofilæreren skrevet noe om ganske tidlig i filosofikurset. Alle mennesker trenger mat, varme, kjærlighet og omsorg. Den slags var iallfall en første betingelse for å leve et godt liv. Så hadde han pekt på at alle trenger å finne svar på visse filosofiske spørsmål også. Det måtte vel dessuten være ganske vesentlig å ha et yrke man liker. Hvis man for eksempel hatet trafikk, ble man neppe særlig lykkelig av å være drosjesjåfør. Og hvis man hatet å gjøre lekser, ville det sikkert ikke være særlig smart å bli lærer. Sofie var glad i dyr, så hun kunne godt tenke seg å bli dyrlege. Hun trodde iallfall ikke det var nødvendig å vinne en million i Lotto for å leve et godt liv. Snarere tvert imot. Det var noe som het at «lediggang er roten til alt ondt».

Sofie ble sittende på rommet sitt helt til moren ropte henne ned til middag. Hun hadde laget entrecote og bakt potet. Nydelig! Hun hadde tent stearinlys også. Til dessert skulle de ha multekrem.

De snakket om alt mulig. Moren spurte hvordan Sofie ville feire 15-årsdagen sin. Det var bare noen uker til.

Sofie trakk på skuldrene.

– Skal du ikke invitere noen? Vil du ikke ha en fest, mener jeg.

– Kanskje . . .

– Vi kunne be Marte og Anne Marie . . . og Hege. Og Jorunn selvfølgelig. Og Jørgen, kanskje . . . Men dette avgjør du best selv. Vet du – jeg husker så godt min egen 15-årsdag. Og jeg synes ikke det er så lenge siden. Allerede da følte jeg meg voksen, Sofie. Er ikke det rart? Jeg synes ikke at jeg har forandret meg siden.

– Det har du ikke heller. Det er ingenting som «forandrer seg». Du har bare utviklet deg, blitt eldre . . .

– Hm . . . ja, det var voksent sagt. Jeg synes bare at det har gått så fryktelig fort.

ARISTOTELES

... en pertentlig ordensmann som ville rydde opp i menneskenes begreper ...

Mens moren sov middag, gikk Sofie til Smuget. Hun hadde lagt en suk-kerbit i den rosa konvolutten og skrevet «Til Alberto» utenpå.

Det var ikke kommet noe nytt brev, men bare etter noen få minutter hørte Sofie at hunden nærmet seg.

– Hermes! ropte Sofie; i neste øyeblikk smatt han inn i smuget med en stor, gul konvolutt i kjeften.

– Flink bisk!

Sofie la den ene armen rundt ham, han pustet og peste som et uvær. Hun trakk fram den rosa konvolutten med sukkerbiten i og stakk den i munnen på ham. Så krøp han ut av Smuget og stakk til skogs igjen.

Sofie var en smule nærvøs da hun åpnet konvolutten. Stod det noe om hytta og båten?

Konvolutten inneholdt de vanlige arkene som var heftet sammen med en binders. Men det lå en løs lapp der også. På lappen stod det:

Kjære frøken detektiv! Eller frøken innbruddstyv for å være mer nøyaktig. Forholdet er allerede meldt til politiet ...

Neida, jeg er ikke så veldig sint. Hvis du er like nysgjerrig når det gjel-der å finne svar på filosofiens gåter, lover det ikke så verst. Det dumme er bare at jeg blir nødt til å flytte. Nåja, det er naturligvis min egen skyld. Jeg burde visst at du var en som ville til bunns i tingene.

Hilsen Alberto.

Sofie pustet lettet ut. Han var altså ikke sint. Men hvorfor måtte han flytte?

Hun tok med seg de store arkene og sprang opp på rommet sitt. Det var best å være i huset når moren våknet. Snart hadde hun lagt seg godt til rette på sengen. Hun begynte å lese om Aristoteles.

Filosof og vitenskapsmann

Kjære Sofie. Du har sikkert forundret deg over Platons idélære. Og du er ikke den første. Jeg vet ikke om du har slukt alt like rått – eller om du også har hatt noen kritiske innvendinger. Men hvis du har hatt kritiske innvendinger, kan du være sikker på at de samme innvendingene ble reist allerede av *Aristoteles* (384–322 f.Kr.), som var elev ved Platons akademi i hele 20 år.

Aristoteles var ikke athener selv. Han var fra Makedonia, men kom til Platons Akademi da Platon var 61 år. Faren hans var en anerkjent lege – og altså naturvitenskapsmann. Allerede denne bakgrunnen sier noe om Aristoteles' filosofiske prosjekt. Det var den levende naturen som opptok ham aller mest. Han var ikke bare den siste store greske filosofen, han var Europas første store biolog.

Skal vi sette det litt på spissen, kan vi si at Platon hadde vært så opptatt av de evige formene eller «ideene» at han ikke tok noen særlig notis av forandringene i naturen. Aristoteles var nettopp opptatt av disse forandringene – eller av det vi i dag kaller naturprosessene.

Skal vi sette det enda mer på spissen, kan vi si at Platon vendte seg vekk fra sanseverdenen og liksom myste til alt vi ser omkring oss her. (Han ville jo ut av hulen. Han ville skue inn i den evige idéverdenen!) Aristoteles gjorde det stikk motsatte: Han la seg ned på alle fire og studerte fisker og frosker, anemoner og valmuer.

Du kan gjerne si at Platon bare brukte sin forstand. Aristoteles brukte sansene også.

Ikke minst i selve måten de to skriver på, finner vi klare forskjeller. Mens Platon var dikter og myteskaper, er Aristoteles' skrifter tørre og omstendelige som et leksikon. Til gjengjeld ligger det friske naturstudier bak mye av det han skriver.

I oldtiden omtales hele 170 titler som skal være skrevet av Aristoteles. Av disse er 47 skrifter bevart. Det dreier seg ikke om ferdige bøker. Stort sett er Aristoteles' skrifter notater til forelesninger. Også på Aristoteles' tid var filosofi først og fremst en muntlig syssel.

Aristoteles' betydning for Europas kultur skyldes ikke minst at det var han som skapte selve fagspråket som de forskjellige vitenskapene benytter seg av den dag i dag. Han var den store systematikeren som grunnla og ordnet de forskjellige vitenskapene.

Ettersom Aristoteles skrev om alle vitenskaper, skal jeg nøye meg med å slå ned på noen av de viktigste områdene. Siden jeg har fortalt så mye om Platon, får du først høre hvordan han imøtegår Platons idélære. Videre skal vi se hvordan han utformer sin egen naturfilosofi. Det var jo Aristoteles som summerte opp hva naturfilosofene hadde sagt før ham. Vi skal se hvordan han ordner opp i våre begreper og grunnlegger logikken som vitenskap. Til slutt skal jeg fortelle litt om Aristoteles' syn på mennesket og samfunnet.

Hvis du aksepterer disse betingelsene, får vi bare brette opp ermene og sette i gang.

Ingen medfødte ideer

Som filosofene før ham, ville Platon finne fram til noe evig og uforanderlig midt oppe i alle forandringene. Så fant han de fullkomne ideene som var hevet over sanseverdenen. Platon mente dessuten at ideene var mer virkelige enn alle fenomenene i naturen. Først kom selve ideen «hest» – så kom alle sanseverdenens hester travende som skyggebilder på en hulevegg. Ideen «høne» kom altså før både høna og egget.

Aristoteles mente at Platon hadde snudd det hele på hodet. Han var enig med sin lærer i at den enkelte hest «flyter» og at ingen hester lever evig. Han var også enig i at selve hesteformen er evig og uforanderlig. Men «ideen» hest er bare et begrep vi mennesker har dannet oss *etter* at vi har sett et visst antall hester. «Ideen» eller «formen» hest eksisterer altså ikke i seg selv. «Formen» hest er for Aristoteles hestens egenskaper – eller det vi i dag kaller *arten* hest.

Jeg presiserer: Med «formen» hest mener Aristoteles det som er felles for alle hester. Og her holder ikke bildet med pepperkakeformene, for pepperkakeformene eksisterer jo helt uavhengig av de enkelte pepperkakene. Aristoteles trodde ikke at det eksisterte noen slike former som så å si lå på en egen hylle utenfor naturen. For Aristoteles er «formene» *i* tingene som de enkelte tingenes særskilte egenskaper.

Aristoteles er altså uenig med Platon i at ideen «høne» kommer før høna. Det som Aristoteles kaller «formen» høne, er til stede i hver eneste høne som hønas spesielle egenskaper – for eksempel at den legger egg. Slik er selve høna og «formen» høne like uadskillelige som sjel og legeme.

Dermed er i virkeligheten det meste sagt om Aristoteles' kritikk av Platons idélære. Men du skal notere deg at vi snakker om en dramatisk vending i tankegangen. For Platon er den høyeste grad av virkelighet det vi *tenker* med fornuften. For Aristoteles var det like innlysende at den høyeste grad av virkelighet er det vi *sanser* med sansene. Platon mener at alt vi ser omkring oss i naturen, bare er reflekser av noe som eksisterer mer egentlig i ideenes verden – og dermed også i menneskets sjel. Aristoteles mente det stikk motsatte: Det som er i menneskets sjel, er bare reflekser av naturens gjenstander. Det er altså naturen som er den egentlige verden. Ifølge Aristoteles henger Platon igjen i et mytisk verdensbilde der menneskets forestillinger blir forvekslet med den virkelige verden.

Aristoteles pekte på at det ikke eksisterer noe i bevisstheten som ikke først har vært i sansene. Platon kunne sagt at det ikke er noe i naturen som ikke først har vært i idéverdenen. På denne måten mente Aristoteles at Platon «fordoblet tingenes antall». Han forklarte den enkelte hest ved å vise til «ideen» hest. Men hva slags forklaring er det, Sofie? Hvor kommer «ideen hest» fra, mener jeg. Eksisterer det kanskje en tredje hest også – som ideen hest bare er et avbilde av?

Aristoteles mente at alt vi har av tanker og ideer inni oss, er noe som har kommet inn i vår bevissthet gjennom det vi har sett og hørt. Men vi har også en medfødt fornuft. Vi har en medfødt evne til å ordne alle sanseinntrykkene i forskjellige grupper og klasser. Slik oppstår begrepene «stein», «plante», «dyr» og «menneske». Slik oppstår begrepene «hest», «hummer» og «kanarifugl».

Aristoteles benektet ikke at mennesket har en medfødt fornuft. Tvert imot, ifølge Aristoteles er det nettopp *fornuften* som er menneskets fremste kjennetegn. Men fornuften vår er helt «tom» før vi sanser noe. Et menneske har altså ingen medfødte «ideer».

Formene er tingenes egenskaper

Etter å ha avklart sitt forhold til Platons idélære, konstaterer Aristoteles at virkeligheten består av forskjellige enkeltting som er en enhet av *form* og *stoff*. «Stoffet» er det materialet en ting er laget av, mens «formen» er tingens spesielle egenskaper.

Foran deg flakser en høne, Sofie. Hønas «form» er nettopp at den flakser – og at den kakler og legger egg. Med hønas «form» menes altså hønas spesielle artsegenskaper – eller det høna *gjør*. Når høna dør – og altså slutter å kakle – da slutter også hønas «form» å eksistere. Det eneste som er igjen, er hønas «stoff» (triste greier, Sofie!), men da er det ikke lenger en «høne».

Som jeg allerede har sagt, var Aristoteles opptatt av forandringene i naturen. I «stoffet» ligger alltid en mulighet til å oppnå en bestemt «form». Vi kan si at «stoffet» strekker seg mot å virkeliggjøre en iboende mulighet. Enhver forandring i naturen er ifølge Aristoteles en omforming av stoffet fra «mulighet» til «virkelighet».

Jada, jeg skal forklare, Sofie. Jeg prøver meg på en morsom historie: Det var en gang en billedhogger som stod bøyd over en svær granittblokk. Hver dag hogde og hakket han i den formløse steinen, og en dag fikk han besøk av en liten gutt. «Hva er det du leter etter?» spurte gutten. «Vent og se,» sa billedhoggeren. Etter noen dager kom gutten tilbake, og nå hadde billedhoggeren hogd ut en vakker hest av granittblokken. Gutten stirret måpende på hesten. Så snudde han seg mot billedhoggeren og sa: «Hvordan kunne du vite at den var der inne?»

Ja, hvordan kunne han det? Billedhoggeren hadde på en måte sett hestens form i granittblokken. For nettopp denne granittblokken hadde en iboende mulighet til å bli formet til en hest. Slik mente Aristoteles at alle ting i naturen har en iboende mulighet til å realisere eller fullføre en bestemt «form».

Vi vender tilbake til høna og egget. Et hønseegg har en iboende mulighet til å bli en høne. Det betyr ikke at alle hønseegg blir til høner, for noen havner på frokostbordet – som bløtkokte egg, omelett eller eggerøre – uten at eggets iboende «form» blir virkeliggjort. Men det er også opplagt at hønseegget ikke kan bli til en gås. *Den* muligheten ligger ikke i hønseegget. En tings «form» sier altså både noe om en tings mulighet og om denne tingens begrensning.

Når Aristoteles snakker om tingenes «form» og «stoff», tenker han ikke bare på levende organismer. Slik det er hønas «form» å kakle, å flakse med vingene samt å legge egg, er det steinens form å falle til jorden. Like lite som høna kan unngå å kakle, kan steinen unngå å falle til jorden. Du kan naturligvis løfte en stein og kaste den høyt opp i luften, men fordi det er steinens natur å falle mot bakken, klarer du ikke å kaste den til månen. (Du skal i det hele tatt være litt forsiktig når du utfører dette eksperimentet, for steinen kan fort komme til å hevne seg. Den søker raskest mulig tilbake til jorden – og nåde den som står i veien!)

Formålsårsaken

Før vi slipper dette med at alle levende og døde ting har en «form» som sier noe om tingens mulige «virksomhet», må jeg legge til at Aristoteles hadde et ganske bemerkelsesverdig syn på årsaksforholdene i naturen.

Når vi i dag snakker om «årsaken» til det ene eller det andre, mener vi *hvordan* noe skjer. Ruta ble knust fordi Petter kastet en stein i den, en sko blir til fordi skomakeren syr den sammen av noen skinnbiter. Men Aristoteles mente at det finnes flere typer årsaker i naturen. I alt nevner han fire forskjellige årsaker. Det er viktigst å forstå hva han mente med det han kalte «formålsårsaken».

Når det gjelder ruteknusingen, er det naturligvis rimelig å spørre *hvorfor* Petter kastet steinen mot ruta. Vi spør altså etter hvilken hensikt han hadde. At hensikten eller «formålet» spiller en viktig rolle også når det gjelder skoen som lages, kan det ikke være noen tvil om. Men Aristoteles regnet med en slik «formålsårsak» også når det gjelder ganske livløse prosesser i naturen. Vi klarer oss med ett eksempel:

Hvorfor regner det, Sofie? Du har sikkert lært på skolen at det regner fordi vanndampen i skyene avkjøles og så fortettes til vanndråper som faller ned på jorden på grunn av tyngdekraften. Aristoteles ville nikket gjenkjennende. Men han ville legge til at du så langt bare har pekt på tre av årsakene. «Den stofflige årsaken» er at den aktuelle vanndampen (skyene) var der akkurat da luften ble kald. «Den bevirkende årsak» er at vanndampen avkjøles, og «den formale årsak» at vannets «form» eller natur er å falle pladask mot jorden. Hvis du ikke sa noe mer, ville Aristoteles legge til at det regner *fordi* planter og dyr trenger regnvannet for å vokse. Det var dette han kalte «formålsårsaken». Som du ser, har Aristoteles med ett gitt vanndråpene en livsoppgave eller en «hensikt».

Vi ville vel snu det hele på hodet og si at plantene vokser fordi det finnes fuktighet. Ser du denne forskjellen, Sofie? Aristoteles mente at det finnes en hensiktsmessighet overalt i naturen. Det regner for at plantene skal vokse, og det vokser appelsiner og druer for at menneskene skal spise dem.

Det er ikke slik vitenskapen tenker i dag. Vi sier at mat og fuktighet er en betingelse for at dyr og mennesker skal leve. Hadde det ikke vært for slike betingelser, ville vi ikke eksistert. Men det er ikke vannets eller appelsinenes *hensikt* å fø på oss.

Når det gjelder synet på årsaker, kan vi altså fristes til å si at Aristoteles tok feil. Men vi skal ikke forhaste oss. Mange mennesker tror at Gud skapte verden nettopp slik den er for at mennesker og dyr kan leve her. På denne bakgrunn kan det naturligvis hevdes at det renner vann i elvene fordi mennesker og dyr trenger vann for å leve. Men da er det *Guds* formål eller hensikt vi snakker om. Det er ikke regndråpene eller elvevannet som vil oss vel.

Logikk

Skillet mellom «form» og «stoff» spiller en viktig rolle også når Aristoteles skal beskrive hvordan mennesket erkjenner tingene i verden.

Når vi erkjenner noe, ordner vi tingene i forskjellige grupper eller kategorier. Jeg ser en hest, så ser jeg en annen hest – og enda en hest til. Hestene er ikke helt like, men det er *noe* som er likt for alle hester, og nettopp dette som er likt for alle hestene, er hestens «form». Det som er forskjellig eller individuelt, tilhører hestens «stoff».

Slik går vi mennesker rundt i verden og sorterer tingene i forskjellige båser. Vi plasserer kuene i fjøset, hestene i stallen, grisene i grisebingen og hønene i hønsegården. Det samme skjer når Sofie Amundsen rydder på rommet sitt. Hun plasserer «bøkene» i bokhyllen, «skolebøkene» i skolesekken og ukebladene i kommodeskuffen. Klærne brettes pent sammen og legges i skapet – trusene i én hylle, genserne i en annen hylle og sokkene i en skuff for seg. Merk deg at vi gjør det samme inni hodene våre: Vi skiller mellom ting som er laget av stein, ting som er laget av ull og ting som er laget av gummi. Vi skiller mellom levende og døde gjenstander, og vi skiller mellom «planter», «dyr» og «mennesker».

Er du med, Sofie? Aristoteles ville altså foreta en grundig opprydding på naturens pikeværelse. Han forsøkte å vise at alle tingene i naturen hører sammen i forskjellige grupper og undergrupper. (Hermes er et levende vesen, nærmere bestemt et dyr, nærmere bestemt et virveldyr, nærmere bestemt et pattedyr, nærmere bestemt en hund, nærmere bestemt en labrador, nærmere bestemt en hannlabrador.)

Gå inn på rommet ditt, Sofie. Plukk opp en hvilken som helst gjenstand fra gulvet. Uansett hva du løfter på, vil du oppdage at det du tar i, tilhører en høyere orden. Den dagen du så noe du ikke klarte å klassifisere, ville du få sjokk. Hvis du for eksempel oppdaget et lite nøste av en ting, og du ikke med sikkerhet kunne si om det tilhørte planteriket, dyreriket eller mineralriket – ja, da tror jeg ikke du ville våge å ta i det.

Planteriket, dyreriket og mineralriket, sa jeg. Jeg tenker på denne selskapsleken der en stakkar blir sendt på gangen mens hele resten av selskapet skal tenke på noe som stakkaren skal gjette seg fram til når han eller hun kommer inn igjen.

Selskapet har altså bestemt seg for å tenke på katten «Mons» som for øyeblikket befinner seg i naboens hage. Så kommer stakkaren inn og begynner å gjette. Selskapet har bare lov til å svare «ja» eller «nei». Hvis stakkaren er en god aristoteliker – og da er han faktisk ikke noen stakkar – da kan samtalen forløpe omtrent slik: Er det konkret? (Ja!) Er det mineralriket? (Nei!) Er det noe levende? (Ja!) Er det planteriket? (Nei!) Er det et dyr? (Ja!) Er det en fugl? (Nei!) Er det et pattedyr (Ja!) Er det hele dyret? (Ja!) Er det en katt? (Ja!) Er det Mons? (Jaaaaaaaa! Latter . . .)

Det var altså Aristoteles som oppfant denne selskapsleken. Vi får heller gi Platon æren for å ha oppfunnet «mørkegjemsel». Demokrit har allerede fått æren for å ha funnet opp legoklossene.

Aristoteles var en pertentlig ordensmann som ville rydde opp i menneskenes begreper. Slik ble han også den som grunnla *logikken* som vitenskap. Han påviste flere strenge regler for hvilke slutninger eller beviser som er logisk gyldige. Det får holde med ett eksempel: Hvis jeg først slår fast at «alle levende vesener er dødelige» (1. premiss) og så slår fast at «Hermes er et levende vesen» (2. premiss), da kan jeg trekke den elegante konklusjon at «Hermes er dødelig».

Eksemplet viser at Aristoteles' logikk dreier seg om forholdet mellom begreper, i dette tilfellet «levende vesen» og «dødelig». Selv om du må gi Aristoteles rett i at slutningen ovenfor er 100 % holdbar, må vi kanskje innrømme at den ikke akkurat sier noe nytt. Vi visste på forhånd at Hermes er «dødelig». (Han er jo «en hund», og alle hunder er «levende vesener» – som altså er «dødelige» i motsetning til steinene på Galhøpiggen.) Joda, Sofie, dette visste vi nok. Men det er ikke alltid at forholdet mellom grupper av ting oppleves like innlysende. Av og til kan det være nødvendig å rydde opp i begrepene våre.

Jeg nøyer meg med ett eksempel: Kan det virkelig være mulig at ørsmå museunger suger melk av mammaen sin akkurat som sauer og griser? Det høres unektelig litt puslete ut, men vi får tenke oss om: Mus legger iallfall ikke egg. (Når så jeg sist et museegg?) Altså føder de levende unger – akkurat som griser og sauer. Men dyr som føder levende unger, kaller vi pattedyr – og pattedyr er nettopp dyr som suger melk av moren sin. Dermed er vi i mål. Vi hadde svaret inni oss, men vi måtte tenke oss om. I farten hadde vi glemt at musene virkelig drikker melk av moren. Kanskje var det fordi vi aldri har sett noen musebarn som har fått melk. Grunnen er naturligvis at musene er en smule sjenerte for mennesker når de steller barna sine.

Naturens trinnstige

Når Aristoteles skal «ordne opp» i tilværelsen, peker han aller først på at tingene i naturen kan deles i to hovedgrupper. På den ene siden har vi *livløse ting* – som steiner, vanndråper og jordklumper. Disse har ingen iboende mulighet for forandring. Slike ikke-levende ting kan ifølge Aristoteles bare forandre seg under påvirkning utenfra. På den andre siden har vi alle *levende ting*, som har en iboende mulighet for forandring.

Når det gjelder de «levende tingene», peker Aristoteles på at disse må deles i to forskjellige hovedgrupper. På den ene siden har vi *levende vekster* (eller planter), på den andre siden har vi *levende vesener*. Endelig kan også «levende vesener» deles i to slike undergrupper – nemlig i *dyr* og *mennesker*.

Du må gi Aristoteles rett i at denne inndelingen er klar og oversiktlig. Det er en vesentlig forskjell på levende og ikke-levende ting, for eksempel en rose og en stein. Slik er det også en vesentlig forskjell på vekster og dyr, for eksempel en rose og en hest. Jeg skulle dessuten mene at det virkelig er en viss forskjell på en hest og et menneske. Men nøyaktig hva består disse forskjellene i? Kan du svare meg på det?

Jeg har dessverre ikke tid til å vente på at du skriver ned svaret og putter det i en rosa konvolutt med en sukkerbit i, så jeg svarer like gjerne selv: Når Aristoteles deler naturfenomenene i forskjellige grupper, går han ut fra tingenes egenskaper, nærmere bestemt hva de *kan* eller hva de *gjør*.

Alle «levende ting» (vekster, dyr og mennesker) har evnen til å ta opp næring, til å vokse og til å formere seg seg. Alle «levende vesener» (dyr og mennesker) har også evnen til å føle omverdenen og til å bevege seg i naturen. Alle mennesker har dessuten evnen til å tenke – eller altså til å ordne sanseinntrykkene i forskjellige grupper og klasser.

Slik er det ingen virkelig skarpe grenser i naturen. Vi ser en glidende overgang fra enkle vekster til mer kompliserte planter, fra enkle dyr til mer kompliserte dyr. Øverst på denne «trinnrekken» står mennesket – som ifølge Aristoteles lever hele naturens liv. Mennesket vokser og tar til seg næring som plantene, det har følelser og evnen til å bevege seg som dyrene, men det har dessuten en spesiell egenskap som mennesket er helt alene om, og det er evnen til å tenke rasjonelt.

Dermed har mennesket en gnist av den guddommelige fornuft, Sofie. Jada, jeg sa guddommelig. Noen steder peker Aristoteles på at det må finnes en Gud som har satt alle bevegelsene i naturen i gang. Slik blir Gud den absolutte toppen på naturens trinnrekke.

Aristoteles tenkte seg at stjernenes og planetenes bevegelser styrer bevegelsene på Jorden. Men det må være noe som gjør at himmellegemene beveger seg også. Dette kalte Aristoteles «den første beveger» eller «Gud». «Den første beveger» er selv i ro, men det er den som er «den første årsak» til himmellegemenes bevegelser og dermed til alle bevegelsene i naturen.

Etikk

Vi skal vende tilbake til mennesket, Sofie. Menneskets «form» er ifølge Aristoteles at det har både en «plantesjel», en «dyresjel» og en «fornuftssjel». Og nå spør han: Hvordan bør mennesket leve? Hva må til for at mennesket skal leve et godt liv? Jeg kan svare kort: Mennesket blir lykkelig bare hvis det bruker alle sine evner og muligheter.

Aristoteles mente at det finnes tre former for lykke: Den første formen for lykke er et liv i lyst og fornøyelser. Den andre formen for lykke er livet som fri og ansvarlig borger. Den tredje formen for lykke er livet som forsker og filosof.

Nå understreker Aristoteles at de tre betingelsene må være til stede samtidig for at mennesket skal leve et lykkelig liv. Han avviste altså alle former for ensidighet. Hadde han levd i dag, ville han kanskje sagt at en som bare dyrker kroppen sin, lever like ensidig – og mangelfullt – som en som bare bruker hodet. Begge de to yttergrensene er uttrykk for en skakkjørt livsførsel.

Også når det gjelder forholdet til andre mennesker, pekte Aristoteles ut «en gyllen middelvei»: Vi skal verken være feige eller dumdristige, men vi skal være *modige*. (For lite mot er feighet, for mye mot er dumdristighet.) Slik skal vi verken være gjerrige eller ødsle heller, men vi skal være *gavmilde*. (Å være for lite gavmild er gjerrig, å være for mye gavmild er sløseri.)

Det er som med mat. Det er farlig å spise for lite, men det er farlig å spise for mye også. Både Platons og Aristoteles etikk minner om den greske legevitenskapen: Bare ved å vise balanse og måtehold blir jeg et lykkelig eller «harmonisk» menneske.

Politikk

At mennesket ikke må rendyrke verken det ene eller det andre, kommer også fram i Aristoteles syn på samfunnet. Han sa at mennesket er et «politisk vesen». Uten samfunnet omkring oss er vi ikke ordentlige mennesker, mente han. Han pekte på at familien og landsbyen dekker lavere livsnødvendigheter som mat og varme, ekteskap og barneoppdragelse. Men den høyeste form for menneskelig fellesskap er det bare staten som kan dekke.

Så kommer spørsmålet om hvordan staten bør organiseres. (Du husker vel Platons «filosofistat»?) Aristoteles nevner tre forskjellige gode statsformer. Den ene er *monarkiet* – som vil si at det finnes bare én øverste statssjef. For at denne statsformen skal være god, må den ikke henfalle til «tyranni», altså at en enehersker styrer staten til sitt eget beste. En annen god statsform er *aristokratiet*. I et aristokrati er det en større eller mindre gruppe av statsledere. Denne statsformen må vokte seg for ikke å henfalle til et «fåmannsvelde», i dag ville vi kalle det en junta. Den tredje gode statsformen kalte Aristoteles *politi*, som betyr demokrati. Men også denne statsformen har en vrangside. Et demokrati kan fort utvikle seg til et pøbelvelde. (Selv om tyrannen Hitler ikke hadde vært statssjef i Tyskland, kunne alle de små nazistene dannet et fryktelig «pøbelvelde».)

Kvinnesyn

Helt til slutt får vi si noe om Aristoteles' syn på kvinnen. Det var dessverre ikke like oppløftende som hos Platon. Aristoteles mente nærmest at kvinnen manglet noe. Hun var en «ufullstendig mann». I forplantningen er kvinnen passiv og mottagende, mens mannen er den aktive og givende. For barnet arver bare mannens egenskaper, mente Aristoteles. Han trodde at alle barnets egenskaper lå ferdige i mannens sæd. Kvinnen var som jordsmonnet som bare tar imot og bærer fram såkornet, mens mannen var selve «såmannen». Eller sagt på ekte Aristoteles-vis: Mannen gir «formen» mens kvinnen bidrar med «stoffet».

At en ellers så fornuftig mann som Aristoteles kunne ta så feil når det gjaldt forholdet mellom kjønnene, er selvfølgelig både forbausende og dessuten svært beklagelig. Men det viser to ting: Aristoteles kunne for det første ikke ha så mye praktisk erfaring når det gjaldt kvinners og barns liv. For det andre viser det hvor galt det kan gå når menn får være aldeles enerådende innen filosofi og vitenskap.

Ekstra ille ble Aristoteles' feilskjær i synet på kjønnene fordi det var hans – og ikke Platons – syn som ble rådende gjennom middelalderen. Slik arvet også kirken et kvinnesyn som egentlig ikke har noen dekning i Bibelen. Jesus var faktisk ikke kvinnefiendtlig!

Jeg sier ikke mer! Men du hører fra meg igjen.

Da Sofie hadde lest kapitlet om Aristoteles én og en halv gang, la hun arkene tilbake i den gule konvolutten og ble sittende og stirre ut i rommet. Med ett så hun hvor rotete det var her. På gulvet lå bøker og ringpermer og fløt. Ut av klesskapet flagret sokker og bluser, strømper og dongeribukser. På stolen foran skrivebordet lå noen skitne klær i en eneste stor vase.

Sofie fikk en uimotståelig trang til å *rydde*. Det første hun gjorde var å tømme alle hyllene i klesskapet for klær. Hun skjøv alt sammen ned på gulvet. Det var viktig å begynne fra grunnen av. Så startet hun det møysommelige arbeidet med å brette alle plaggene pent sammen og legge dem i hyllene. Skapet hadde syv hyller. Sofie reserverte en hylle for trøyer og truser, en for sokker og strømpebukser og en for langbukser. Slik fylte hun alle hyllene i skapet etter tur. Hun var aldri i tvil om hvor et plagg skulle legges. Tøy som skulle på vask, la hun i en plastpose som hun hadde funnet i den nederste hyllen.

Bare et eneste plagg fikk hun problemer med å plassere. Det var en ganske alminnelig hvit knestrømpe. Problemet var ikke bare at den andre strømpen manglet. Den hadde dessuten aldri tilhørt Sofie.

Hun ble stående og undersøke den hvite strømpen i flere minutter. Det stod ikke noe navn på den, men Sofie hadde en sterk mistanke om hvem den kunne tilhøre. Hun slengte den opp på øverste hylle sammen med en pose med legoklosser, en videokassett og et rødt silkeskjerf.

Så var det gulvets tur. Sofie sorterte bøker og ringpermer, ukeblader og plakater – nøyaktig som filosofilæreren hadde beskrevet i kapitlet om Aristoteles. Da hun var ferdig med gulvet, redde hun først opp sengen, så gikk hun løs på skrivebordet.

Det aller siste hun gjorde, var å samle alle arkene om Aristoteles i en pen bunke. Hun fant fram en tom ringperm og en hullemaskin, lagde hull i arkene og satte dem pent inn i ringpermen. Ringpermen plasserte hun øverst i skapet der hun hadde lagt den hvite knestrømpen. Senere på dagen fikk hun hente kakeboksen i Smuget.

Fra nå av skulle det være orden på tingene. Sofie tenkte ikke bare på tingene i rommet. Etter å ha lest om Aristoteles, forstod hun at det var like viktig å ha orden på sine begreper og forestillinger. Hun hadde reservert en egen hylle øverst i skapet til slike spørsmål. Det var det eneste stedet i rommet hun ennå ikke hadde full oversikt over.

Moren hadde ikke gitt lyd fra seg på et par timer. Sofie gikk ned i første etasje. Før hun vekket moren, måtte hun mate dyrene sine.

På kjøkkenet bøyde hun seg over gullfiskbollen. Den ene fisken var svart, den andre var oransje og den tredje hvit og rød. Det var derfor hun kalte dem Svartepetter, Gulltopp og Rødhette. Mens hun strødde noen flak med gullfiskfôr i vannet, sa hun:

– Dere tilhører den levende del av naturen. Altså kan dere ta til dere næring, dere kan vokse og dere kan formere dere. Nærmere bestemt tilhører dere dyreriket. Altså kan dere bevege dere og titte ut i rommet. For å være helt nøyaktig, er dere fisker, altså kan dere puste med gjeller og svømmme fram og tilbake i livets vann.

Sofie skrudde lokket på gullfiskfôret. Hun var fornøyd med gullfiskenes plassering i naturens orden, ganske spesielt fornøyd var hun med uttrykket «livets vann». Så var det undulatenes tur. Sofie la litt fuglefrø i matskålen og sa:

– Kjære Smitt og Smule. Dere har blitt til noen søte små undulater fordi dere har utviklet dere fra noen søte små undulategg, og fordi det var disse eggenes form at de kunne bli til undulater, er dere heldigvis ikke blitt til noen skravlete papegøyer.

Sofie gikk inn på det store baderommet. Her lå den late skilpadden i en stor eske. Hver tredje eller fjerde gang moren dusjet, ropte hun høyt at hun en dag kom til å ta livet av den. Men så langt hadde det vært en tom trussel. Fra et stort syltetøyglass hentet Sofie et salatblad og la det ned i esken.

– Kjære Govinda, sa hun. – Du hører ikke akkurat til de raskeste dyrene. Men du er iallfall et dyr som får oppleve en ørliten del av den store verden vi lever i. Du kan trøste deg med at du ikke er den eneste som ikke klarer å overgå seg selv.

Sherekan var sikkert ute og jaktet på mus, for det var jo katters natur. Sofie gikk gjennom stuen på vei inn til morens soveværelse. På salongbordet stod en vase med påskeliljer. Det var som om de gule blomstene bukket ærbødig idet Sofie passerte. Sofie stoppet et øyeblikk og lot et par fingre gli over de glatte hodene.

– Også dere tilhører den levende del av naturen, sa hun. – Sånn sett har dere et visst privilegium fremfor glasset dere står i. Men dette er dere dessverre ikke i stand til å oppleve selv.

Nå listet Sofie seg inn på morens soverom. Moren sov dypt, men Sofie la en hånd på hodet hennes:

– Du er blant de aller heldigste her, sa hun. – For du er ikke bare levende som liljene på marken. Og du er ikke bare et levende vesen som Sherekan eller Govinda. Du er et menneske, altså er du utstyrt med en sjelden evne til å tenke.

– Hva *er* det du sier, Sofie?

Hun våknet litt fortere enn hun pleide.

– Jeg sier bare at du ligner på en dorsk skilpadde. Ellers kan jeg opplyse at jeg har ryddet på rommet. Jeg gikk til verks med filosofisk grundighet.

Moren reiste seg halvt opp i sengen.

– Nå kommer jeg, sa hun. – Kan du sette på litt kaffe?

Sofie gjorde som hun sa, og snart satt de på kjøkkenet med kaffe, saft og sjokolade. Etter en stund sa Sofie:

– Har du noen gang tenkt på hvorfor vi lever, mamma?

– Å, du gir deg ikke.

– Joda, for nå vet jeg svaret. Det lever mennesker på denne planeten for at noen skal gå omkring og sette navn på alle tingene her.

– Jaså? Det har jeg aldri tenkt på.

– Da har du et alvorlig problem, for mennesket er et tenkende vesen. Hvis du ikke tenker, er du altså ikke et menneske.

– Sofie!

– Tenk om det bare levde planter og dyr her. Da ville det ikke vært noen som kunne skille mellom «katter» og «hunder», «liljer» og «stikkelsbær». Også planter og dyr er levende, men det er bare vi som kan ordne naturen i forskjellige grupper og klasser.

– Du er virkelig den aller rareste jenta jeg har, sa moren nå.

– Det skulle bare mangle, sa Sofie. – Alle mennesker er mer eller mindre rare. Jeg er et menneske, altså er jeg mer eller mindre rar. Du har bare én jente, altså er jeg den rareste.

– Det jeg mente er at du kan skremme meg med all denne . . . praten du har begynt med.

– Da er du lettskremt.

Senere på ettermiddagen var Sofie tilbake i Smuget. Hun klarte å smugle den store kakeboksen opp på rommet uten at moren oppdaget det.

Først la hun alle arkene i riktig rekkefølge, så lagde hun hull i dem og satte dem inn i ringpermen foran kapitlet om Aristoteles. Helt til slutt skrev hun sidenummer øverst i høyre hjørne på hvert ark. Det var allerede over 50 sider. Sofie var i ferd med å lage sin egen filosofibok. Det var ikke hun som skrev den, men den ble skrevet spesielt for henne.

Leksene til mandag hadde hun ikke rukket å tenke på. De skulle kanskje ha lekseprøve i kristendom, men læreren hadde alltid sagt at han la vekt på personlig engasjement og egne vurderinger. Sofie hadde en følelse av at hun begynte å få et visst grunnlag for begge deler.

HELLENISMEN

. . . *en gnist fra bålet* . . .

Filosofilæreren hadde begynt å sende brevene direkte til den gamle hekken, men av gammel vane kikket Sofie likevel i postkassen mandag morgen.

Den var tom, noe annet var ikke å vente heller. Hun begynte å gå nedover Kløverveien.

Med ett oppdaget hun at det lå et fotografi på bakken. Det var et bilde av en hvit jeep med et blått flagg. På flagget stod det «UN». Var det ikke FN-flagget?

Sofie snudde bildet rundt, og først nå så hun at det var et prospektkort. Til «Hilde Møller Knag, c/o Sofie Amundsen . . .» Det hadde norsk frimerke og var stemplet «FN-bataljonen» fredag 15. juni 1990.

15. juni! Det var Sofies bursdag!

På kortet stod det:

Kjære Hilde. Jeg går ut fra at du fortsatt feirer 15-årsdagen din. Eller er det dagen derpå? Nåja, det spiller liten rolle hvor lenge gaven varer. På en måte vil den jo vare hele livet. Men jeg gratulerer deg altså igjen. Nå skjønner du kanskje hvorfor jeg sender kortene til Sofie. Jeg føler meg sikker på at hun vil gi dem videre til deg. PS. Mamma fortalte at du hadde mistet lommeboken din. Jeg lover med dette å erstatte de 150 kronene. Et nytt skolebevis får du sikkert på skolen før den stenger for sommeren. Kjærlig hilsen pappa.

Sofie ble stående som limt til asfalten. Når var det forrige kortet stemplet? Det var noe langt inne i bevisstheten som fortalte henne at også kortet med badestranden på var stemplet i juni – skjønt det altså var en hel måned til. Hun hadde bare ikke sett ordentlig etter . . .

Hun så på klokken, så styrtet hun tilbake til huset. I dag fikk hun heller komme for sent.

Sofie låste seg inn og sprang opp på rommet sitt. Her fant hun det første kortet til Hilde under et rødt silkeskjerf. Joda – også det var stemplet 15. juni! På Sofies bursdag og dagen før sommerferien.

Mens hun sprang til matsenteret for å møte Jorunn, tenkte hun intenst.

Hvem var Hilde? Hvordan kunne faren hennes nærmest ta det for gitt at Sofie ville finne henne? Uansett gav det ikke mening at han sendte korte-ne til Sofie istedenfor å sende dem direkte til datteren. Sofie gikk ut fra at grunnen umulig kunne være at han ikke kjente sin egen datters adresse. Var det en spøk? Ville han overraske datteren på fødselsdagen ved å bruke en vilt fremmed jente som detektiv og postbud? Var det derfor hun fikk en måneds forsprang? Kunne grunnen til at han brukte henne som mellom-ledd være at han ville gi datteren en ny venninne i fødselsdagsgave? Var det kanskje hun som var gaven som ville «vare hele livet»?

Hvis dette underlige mennesket virkelig var i Libanon, hvordan kunne han i det hele tatt klare å oppspore Sofies adresse. Men det var noe mer også: Sofie og Hilde hadde iallfall to ting til felles. Hvis også Hilde hadde fødselsdag 15. juni, var de født på samme dag. Begge hadde dessuten en pappa som var ute i verden og reiste.

Sofie følte seg trukket inn i en magisk verden. Kanskje var det ikke så dumt å tro på skjebnen likevel. Nåja – hun måtte ikke være for rask med å trekke sånne konklusjoner, alt kunne ha en naturlig forklaring. Men hvor-dan kunne Alberto Knox ha funnet Hildes lommebok når Hilde bodde i Lillesand? Dit var det mange, mange mil. Og hvorfor fant Sofie dette post-kortet på bakken? Hadde postmannen mistet det ut av postsekken rett før han kom til Sofies postkasse? Men hvorfor hadde han mistet akkurat dette kortet?

– Du er spenna gæren! utbrøt Jorunn da hun fikk øye på Sofie ved mat-senteret.

– Jeg beklager.

Jorunn så strengt på henne som en annen skolelærer:

– Jeg håper du har en god forklaring.

– Det har noe med FN å gjøre, sa Sofie. – Jeg ble oppholdt av en fiendt-lig milits i Libanon.

– Pøh! Du er bare forelsket.

De løp til skolen alt de fire bena kunne bære.

Kristendomsprøven, som Sofie ikke hadde rukket å lese på, ble delt ut i tredje time. På arket stod det:

Livssyn og toleranse

1. Lag en liste over hva et menneske kan vite. Lag deretter en liste over hva vi bare kan tro.
2. Pek på noen faktorer som er med på å bestemme et menneskes livssyn.
3. Hva menes med samvittighet? Tror du alle mennesker har lik samvittighet?
4. Hva menes med verdiprioritering?

Sofie ble sittende lenge og tenke før hun begynte å skrive. Kunne hun bruke noe av det hun hadde lært av Alberto Knox? Det måtte hun nesten, for det var mange dager siden hun hadde åpnet kristendomsboken. Da hun først begynte å skrive, rant setningene ut av henne.

Sofie skrev at vi kan vite at månen ikke er en stor ost og at det er kratere også på månens bakside, at både Sokrates og Jesus ble dømt til døden, at alle mennesker før eller siden skal dø, at de store templene på Akropolis ble bygget etter perserkrigene på 400-tallet før Kristus, og at grekernes viktigste orakel var orakelet i Delfi. Som eksempler på trosspørsmål nevnte hun om det finnes eller ikke finnes liv på andre planeter, om det finnes eller ikke finnes en Gud, om det er eller ikke er et liv etter døden og om Jesus var Guds sønn eller bare et klokt menneske. «Vi kan iallfall ikke vite hvor verden kommer fra,» skrev hun til slutt. «Universet kan sammenlignes med en svær kanin som blir trukket opp av en stor flosshatt. Filosofene prøver å klatre opp på et av de tynne hårene i kaninpelsen for å stirre Den Store Tryllekunstneren like inn i øynene. Det er et åpent spørsmål om de noensinne vil lykkes. Men hvis den ene filosofen klatrer opp på ryggen til den andre, vil de stadig komme høyere opp fra den myke kaninpelsen, og da er det etter min personlige mening visse muligheter for at de en dag vil lykkes. PS. I Bibelen hører vi om noe som kan ha vært et av de tynne hårene i kaninpelsen. Dette håret kaltes Babels tårn og ble jevnet med jorden fordi Tryllekunstneren ikke likte at de små menneskelusene begynte å klatre opp på utsiden av den hvite kaninen han nettopp hadde skapt.»

Så var det neste spørsmål. «Pek på noen faktorer som er med på å bestemme et menneskes livssyn.» Her var naturligvis oppdragelse og miljø en svært viktig faktor. Mennesker som levde på Platons tid, hadde et annet livssyn enn mange mennesker i dag simpelthen fordi de levde i en annen tid og et annet miljø. Ellers betydde det en god del hvilke erfaringer man valgte å skaffe seg. Men også menneskets fornuft var viktig når det gjaldt hvilket livssyn man valgte. Og fornuften var ikke miljøbestemt, den var felles for alle mennesker. Kanskje kunne man sammenligne miljøet og samfunnsforholdene med de tilstander som rådet i dypet av Platons hule. Med fornuften kan den enkelte begynne å krabbe opp fra hulens mørke. Men en slik vandring krever en stor dose personlig mot. Sokrates var et godt eksempel på en som klarte å frigjøre seg fra rådende oppfatninger i sin egen samtid ved fornuftens hjelp. Til slutt skrev hun: «I våre dager blir mennesker fra mange forskjellige land og kulturer blandet stadig tettere sammen. Det kan derfor bo både kristne, muslimer og buddhister i en og samme boligblokk. Da blir det viktigere å tolerere hverandres tro enn å spørre hvorfor ikke alle tror det samme.»

Joda – Sofie syntes hun iallfall kom et stykke på vei med det hun hadde lært av filosofilæreren. Så kunne hun spe på med en porsjon medfødt fornuft pluss det hun hadde lest og hørt i andre sammenhenger.

Hun kastet seg over det tredje spørsmålet: «Hva menes med samvittighet? Tror du alle mennnesker har lik samvittighet?» Dette var noe de hadde snakket mye om i klassen. Sofie skrev: «Med samvittighet menes menneskenes evne til å reagere på hva som er rett og galt. Etter min personlige mening er alle mennesker utstyrt med denne evnen, det vil si at samvittigheten er medfødt. Sokrates ville sagt det samme. Men nøyaktig hva samvittigheten sier, kan variere ganske sterkt fra menneske til menneske. Her spørs det om ikke sofistene var inne på noe vesentlig. De mente at hva som er rett og galt først og fremst er noe som blir bestemt av det miljøet den enkelte vokser opp i. Sokrates mente derimot at samvittigheten er lik for alle mennesker. Kanskje hadde begge rett. Selv om ikke alle mennesker får dårlig samvittighet av å vise seg naken, får iallfall de aller fleste dårlig samvittighet hvis de oppfører seg sjofelt mot et annet menneske. Det må dessuten presiseres at å ha en samvittighet ikke er det samme som å bruke den. Det kan i enkelte situasjoner se ut som om noen mennesker handler helt samvittighetsløst, men etter min personlige mening finnes det en slags samvittighet også i dem, selv om den er godt gjemt. Slik kan det se ut som om noen mennesker er blottet for fornuft også, men det er bare fordi de ikke bruker den. PS. Både fornuften og samvittigheten kan sammenlignes med en muskel. Hvis man ikke bruker en muskel, blir den gradvis svakere og svakere.»

Nå var det bare ett spørsmål igjen: «Hva menes med verdiprioritering?» Også dette var noe de hadde snakket mye om den siste tiden. Det kunne for eksempel være verdifullt å kjøre bil så man kom seg fort fra sted til sted. Men hvis bilismen førte til skogdød og forgiftning av naturen, stod man overfor et «verdivalg». Sofie mente at hun etter en grundig overveielse hadde kommet til at friske skoger og en ren natur faktisk var mer verdifullt enn å komme seg raskt på jobben. Hun nevnte noen flere eksempler også. Til slutt skrev hun: «Det er min personlige mening at filosofi er et viktigere fag enn engelsk grammatikk. Det ville derfor være en fornuftig verdiprioritering å føre opp faget filosofi på timeplanen og heller knipe inn på noen av engelsktimene.»

I siste frikvarter trakk læreren Sofie til side.

– Jeg har allerede lest kristendomsprøven din, sa han. – Den lå nesten helt øverst.

– Jeg håper den gav deg noe å tenke på.

– Det var nettopp det jeg ville snakke med deg om. Det var på mange måter en svært moden besvarelse. Overraskende moden, Sofie. Og selvstendig. Men hadde du lest på leksen?

Sofie vred seg:

– Du har sagt at du legger vekt på personlige vurderinger.

– Nåja . . . Men det får være grenser.

Nå så Sofie like inn i lærerens øyne. Hun syntes hun kunne tillate seg det etter alt hun hadde opplevd de siste dagene.

– Jeg har begynt å lese filosofi, sa hun. – Det gir en god bakgrunn for egne meninger.

– Men det blir ikke så lett for meg å bedømme besvarelsen. Jeg må enten gi deg NG eller S.

– For enten har jeg svart helt riktig eller helt galt? Er det det du mener?

– Vi sier S, sa læreren. – Men neste gang leser du også på leksene.

Da Sofie kom hjem fra skolen den ettermiddagen, slengte hun sekken fra seg på trappen og sprang til Smuget med det samme. Her lå en gul konvolutt på de tjukke røttene. Den var helt tørr i kantene, så det måtte være en stund siden Hermes hadde vært der.

Hun tok med seg konvolutten og låste seg inn i huset. Først gav hun dyrene mat, så gikk hun opp på rommet. Hun la seg på sengen, åpnet brevet fra Alberto og leste:

Hellenismen

Takk for sist, Sofie! Du har allerede hørt om naturfilosofene og Sokrates, Platon og Aristoteles. Dermed kjenner du selve grunnmuren i den europeiske filosofi. Fra nå av dropper vi derfor de innledende tenkeoppgavene som tidligere ble levert i en hvit konvolutt. Oppgaver og prøver og denslags har du vel mer enn nok av på skolen, kan jeg tenke meg.

Jeg skal fortelle om det lange tidsommet fra Aristoteles på slutten av 300-tallet f.Kr. og helt fram til middelalderens begynnelse omkring 400 e. Kr. Noter deg at vi nå skriver før og etter Kristus. For noe av det viktigste – og mest selsomme – i denne perioden var nettopp kristendommen.

Aristoteles døde i året 322 før Kristus, og nå hadde Athen mistet sin ledende rolle. Dette hang ikke minst sammen med store politiske omveltninger som følge av *Aleksander den stores* (356–323) erobringer.

Aleksander den store var konge av Makedonia. Også Aristoteles kom fra Makedonia, i en periode var han faktisk lærer for den unge Aleksander. Det var Aleksander som vant den siste avgjørende seieren over perserne. Og mer enn det, Sofie: Med sine mange hærtog knyttet han både Egypt og hele orienten like til India sammen med den greske sivilisasjon.

Nå begynner en helt ny epoke i menneskenes historie. Det vokste fram et verdenssamfunn der gresk kultur og gresk språk spilte en dominerende rolle. Denne perioden, som varte i omkring 300 år, kalles gjerne *hellenismen*. Med «hellenismen» menes både selve tidsrommet og den greskdominerte kulturen som var rådende i de tre store hellenistiske rikene – Makedonia, Syria og Egypt.

Fra omkring år 50 f.Kr. var det Roma som fikk det militære og politiske overtaket. Den nye stormakten erobret i tur og orden alle de hellenistiske rikene, og nå var det den romerske kulturen og det latinske språket som ble rådende fra Spania i vest til langt inn i Asia. Dermed begynner *romertiden*, vi snakker gjerne også om *senantikken*. Men du skal notere deg én ting: Innen romerne hadde rukket å erobre den hellenistiske verden, var Roma selv blitt en gresk kulturprovins. Slik kom den greske kulturen – og den greske filosofien – til å spille en viktig rolle lenge etter at grekernes politiske betydning var en saga blott.

Religion, filosofi og vitenskap

Hellenismen var preget av at grensene mellom de forskjellige landene og kulturene ble visket ut. Tidligere hadde grekere, romere, egyptere, babylonere, syrere og persere dyrket sine guder innenfor det vi gjerne kaller en «nasjonalreligion». Nå ble de forskjellige kulturene blandet sammen i en eneste stor heksegryte av religiøse, filosofiske og vitenskapelige forestillinger.

Vi kan kanskje si at bytorget ble erstattet av verdensarenaen. Også på det gamle bytorget hadde det summet av stemmer som snart bar ulike varer til torgs, snart forskjellige tanker og ideer. Det nye var at bytorgene ble fylt av varer og ideer fra den ganske verden. Slik summet det også av stemmer på flere tungemål.

At greske forestillinger fikk et bredt nedslagsfelt langt ut over de gamle greske kulturområdene, har vi allerede nevnt. Men nå ble også orientalske guder dyrket over hele Middelhavs-området. Det oppstod flere nye religionsdannelser, som kunne hente sine guder og religiøse forestillinger fra flere av de gamle nasjonene. Dette kalles *synkretisme* eller religionsblanding.

Tidligere hadde menneskene følt en sterk tilhørighet til sitt eget folk og sin egen bystat. Etter hvert som slike grenser og skillelinjer ble visket ut, opplevde mange tvil og usikkerhet når det gjaldt livssynsspørsmål. Senantikken var i det hele tatt preget av religiøs tvil, kulturell oppløsning og pessimisme. «Verden er gammel,» ble det sagt.

Felles for de nye religionsdannelsene i hellenismen var at de gjerne hadde en lære om hvordan menneskene kunne bli frelst fra døden. Denne læren var ofte hemmelig. Ved å ta til seg en slik hemmelig lære og dessuten gjennomføre bestemte ritualer kunne mennesket håpe på sjelens udødelighet og et evig liv. En bestemt *innsikt* i universets sanne natur kunne være like viktig for sjelens frelse som de religiøse ritualene.

Det var de nye religionene, Sofie. Men også *filosofien* beveget seg mer og mer i retning av «frelse» og livstrøst. Den filosofiske innsikt hadde ikke bare en verdi i seg selv, den skulle frigjøre menneskene fra dødsangst og pessimisme. Slik ble grensene mellom religion og filosofi utvisket.

Generelt kan vi si at hellenismens filosofi var lite original. Det dukket ikke opp noen ny Platon eller Aristoteles. Derimot ble de tre store filosofene i Athen en viktig inspirasjonskilde for flere filosofiske strømninger, som jeg snart skal skissere i korte trekk.

Også hellenismens *vitenskap* bar preg av at de forskjellige kulturenes erfaringer ble ristet sammen. Her spilte byen Alexandria i Egypt en nøkkelrolle som møtested mellom øst og vest. Mens Athen forble filosofiens hovedstad med de filosofiske skolene etter Platon og Aristoteles, var det Alexandria som ble vitenskapens sentrum. Med sitt store bibliotek ble denne byen et sentrum for matematikk, astronomi, biologi og medisin.

Den hellenistiske kulturen kan gjerne sammenlignes med verden i dag. Også det 20. århundre har vært preget av et stadig åpnere verdenssamfunn. Også i vår tid har dette ført til store omveltninger når det gjelder religion og livssyn. Slik man kunne støte på greske, egyptiske og orientalske gudsforestillinger i Roma omkring vår tidsregnings begynnelse, kan vi mot slutten av det 20. århundre finne religiøse forestillinger fra alle verdensdeler i samtlige europeiske byer av en viss størrelse.

Også i vår egen tid ser vi hvordan et sammensurium av både gammel og ny religion, filosofi og vitenskap kan danne grunnlaget for nye tilbud på «livssynsmarkedet». Svært mye av slik «ny viten» er i virkeligheten gammelt tankegods – som blant annet har røtter tilbake til hellenismen.

Som allerede nevnt arbeidet hellenistisk filosofi videre med problemstillinger som var reist av Sokrates, Platon og Aristoteles. Felles for dem var at de ville svare på hvordan mennesket best skulle leve og dø. Det var altså *etikken* som ble satt på dagsordenen. I det nye verdenssamfunnet ble dette det viktigste filosofiske prosjektet. Spørsmålet var hva den virkelige lykke egentlig består i og hvordan den kan oppnås. Vi skal se på fire slike filosofiske strømninger.

Kynikerne

Om Sokrates fortelles det at han en gang ble stående foran en salgsbod hvor en rekke varer var utstilt. Til slutt utbrøt han: «Så mange ting det er som jeg ikke behøver!»

Dette utsagnet kan stå som overskrift for den *kyniske filosofien*, som ble grunnlagt av *Antisthenes* i Athen omkring 400 f.Kr. Han hadde vært elev av Sokrates, og hadde først og fremst festet seg ved Sokrates' nøysomhet.

Kynikerne la vekt på at virkelig lykke ikke består i ytre ting som materiell luksus, politisk makt og god helse. Virkelig lykke er å ikke gjøre seg avhengig av slike tilfeldige og sårbare ting. Nettopp fordi den ikke beror på den slags, kan den oppnås av alle. Den kan dessuten ikke mistes når den først er oppnådd.

Den mest kjente kyniker var *Diogenes*, som var en elev av Anthistenes. Om ham fortelles det at han bodde i en tønne og ikke eide annet enn en kappe, en stokk og en brødpose. (Da var det ikke lett å ta lykken fra ham!) En gang han satt og solte seg foran tønnen sin, fikk han besøk av Aleksander den store. Han stilte seg foran vismannen og spurte om det var noe han ønsket seg, for da ville han straks oppfylle dette ønsket. Og Diogenes svarte: Da vil jeg gjerne at du går et skritt til siden så sola kan skinne på meg. Slik viste Diogenes at han var både rikere og lykkeligere enn den store hærføreren. Han hadde jo alt han ønsket seg.

Kynikerne mente at et menneske ikke behøvde å bekymre seg for sin egen helse. Selv lidelsen og døden skulle ikke bekymre dem. Slik skulle de heller ikke la seg plage av bekymring for andre menneskers lidelse.

I dag brukes ordene «kynisk» og «kynisme» i betydningen ufølsomhet for andres lidelse.

Stoikerne

Kynikerne fikk betydning for den *stoiske filosofien* som oppstod i Athen omkring 300 f.Kr. Grunnleggeren var *Zenon*, som opprinnelig kom fra Kypros, men som sluttet seg til kynikerne i Athen etter et skibbrudd. Han pleide å samle sine tilhørere under en søylegang. Navnet «stoisk» kommer av det greske ordet for søylegang (stoa). Stoisismen fikk senere stor betydning for den romerske kulturen.

Som Heraklit mente stoikerne at alle mennesker hadde del i den samme verdensfornuft – eller «logos». De mente at ethvert menneske er som en verden i miniatyr, det er et «mikrokosmos», som er en avspeiling av «makrokosmos».

Dette førte til tanken om at det finnes en allmenngyldig rett, den såkalte «naturretten». Fordi naturretten bygger på menneskets og universets tidløse fornuft, veksler den ikke med tid og sted. Her tok de altså Sokrates' parti mot sofistene.

Naturretten gjelder for alle mennesker, også for slavene. De forskjellige statenes lovbøker betraktet stoikerne som ufullstendige etterligninger av en «rett» som ligger nedlagt i naturen selv.

Slik stoikerne utvisket forskjellen mellom det enkelte mennesket og universet, avviste de også at det er en motsetning mellom «ånd» og «stoff». Det finnes bare én natur, mente de. En slik oppfatning kalles «monisme» (i motsetning til for eksempel Platons klare «dualisme» eller todeling av virkeligheten).

Som ekte barn av sin tid var stoikerne utpregete «kosmopolitter». De var altså mer åpne for samtidens kultur enn «tønnefilosofene» (kynikerne). De pekte på menneskehetens fellesskap, var opptatt av

135

politikk, og flere av dem var aktive statsmenn, for eksempel den romerske keiseren *Mark Aurel* (121–180). De bidrog til å fremme gresk kultur og filosofi i Roma, spesielt taleren, filosofen og politikeren *Cicero* (106–43 f.Kr.). Det var han som formet selve begrepet «humanisme» – det vil si en livsholdning som setter det enkelte mennesket i sentrum. Stoikeren *Seneca* (4 f.Kr–65 e.Kr) sa noen år senere at «mennesket er for mennesket noe hellig». Dette har blitt stående som et slagord for all humanisme i ettertiden.

Stoikerne understrekte dessuten at alle naturprosesser – som for eksempel sykdom og død – følger naturens ubrytelige lover. Mennesket må derfor lære å forsone seg med sin skjebne. Intet skjer tilfeldig, mente de. Alt skjer med nødvendighet, og da hjelper det lite å klage sin nød når skjebnen banker på døren. Også livets lykkelige omstendigheter må mennesket møte med den største ro. Her ser vi slektskapet med kynikerne, som hevdet at at alle ytre ting er likegyldige. Den dag i dag snakker vi om «stoisk ro» når et menneske ikke lar seg rive med av sine følelser.

Epikureere

Som vi har sett, var Sokrates opptatt av å undersøke hvordan mennesket kunne leve et godt liv. Både kynikerne og stoikerne tolket ham i retning av at mennesket måtte frigjøre seg fra materiell luksus. Men Sokrates hadde også en elev som het *Aristipp*. Han mente at livets mål måtte være å oppnå mest mulig sanselig nytelse. «Det høyeste gode er lysten,» sa han, «det største onde er smerten.» Slik ville han utvikle en livskunst som gikk ut på å unngå alle former for smerte. (Målet for kynikerne og stoikerne var å *utholde* alle former for smerte. Det er noe annet enn å sette alt inn på å *unngå* smerte.)

Omkring 300 f.Kr. grunnla *Epikur* (341–270) en filosofisk skole i Athen (epikureerne). Han utviklet Aristipps lystetikk videre og kombinerte den med Demokrits atomlære.

Det fortelles at epikureerne holdt til i en hage. De ble derfor kalt for «hagefilosofene». Over inngangen til hagen skal det ha hengt en innskrift med ordene «Fremmede, her skal du få det godt. Her er lysten det høyeste gode.»

Epikur la vekt på at et lystbetont resultat av en handling alltid må veies opp mot eventuelle bivirkninger. Hvis du noen gang har forspist deg på sjokolade, skjønner du hva jeg mener. Hvis ikke gir jeg deg følgende elevøvelse: Ta sparepengene dine og kjøp sjokolade for to hundre kroner. (Jeg forutsetter at du liker sjokolade.) Nå er det viktig for denne elevøvelsen at du bestemmer deg for å spise all sjokoladen på en gang. Ca. en halv time etter at all den deilige sjokoladen er spist opp, vil du forstå hva Epikur mente med «bivirkninger».

Epikur mente også at et lystbetont resultat på kort sikt må veies opp mot muligheten for en større, mer varig eller mer intens lyst på lengre sikt. (Det kan for eksempel tenkes at du bestemmer deg for ikke å spise sjokolade et helt år fordi du velger å spare alle ukepengene til en ny sykkel eller en dyr ferie i utlandet.) I motsetning til dyr har nemlig mennesket en mulighet til å planlegge livet sitt. Det har evnen til å foreta en «lystkalkyle». Deilig sjokolade er naturligvis en verdi, men det er sykkelen og Englands-turen også.

Nå la Epikur vekt på at «lyst» ikke nødvendigvis er det samme som sanselig nytelse – f.eks. sjokolade. Også verdier som vennskap og kunstopplevelse hører med. En forutsetning for å nyte livet var dessuten gamle greske idealer som beherskelse, måtehold og sinnsro. For begjæret må tøyles. Slik vil også sinnsroen hjelpe oss til å tåle smerten.

Det var ofte mennesker med religiøs angst som søkte til Epikurs hage. I denne sammenheng var Demokrits atomlære et nyttig middel mot religion og overtro. For å leve et godt liv er det ikke minst viktig å overvinne frykten for døden. Når det gjaldt dette spørsmålet, grep Epikur til Demokrits lære om «sjeleatomene». Du husker kanskje at han mente det ikke fantes noe liv etter døden fordi alle «sjeleatomene» fyker til alle kanter når vi dør.

«Døden angår oss ikke,» sa Epikur ganske enkelt. «For så lenge vi er til, er ikke døden her. Og når døden kommer, da er ikke vi lenger til.» (Sånn sett har egentlig ingen mennesker noensinne vært plaget av å være død.)

Epikur gav selv en oppsummering av sin frigjørende filosofi med det han kalte de «fire legende urter»:

Gudene er ikke noe å frykte. Døden er ikke noe å være bekymret for. Det gode er lett å oppnå. Det fryktelige er lett å utholde.

Det var ikke noe nytt i gresk sammenheng å sammenligne filosofens oppgave med legekunsten. Her er tanken at mennesket må utstyre seg med et «filosofisk reiseapotek» som altså inneholder fire viktige medisiner.

I motsetning til stoikerne viste epikureerne liten interesse for politikk og samfunnsliv. «Lev i hemmelighet!» var Epikurs råd. Vi kan kanskje sammenligne «hagen» hans med vår tids bokollektiver. Også i vår egen tid er det mange som har søkt en øy eller «nødhavn» i storsamfunnet.

Etter Epikur utviklet mange epikureere seg i retning av en ensidig nytelsessyke. Mottoet ble «lev i øyeblikket». Ordet «epikureer» blir i dag gjerne brukt med nedsettende betydning om et «levemenneske».

Nyplatonismen

Vi har sett hvordan både kynikerne, stoikerne og epikureerne hadde røtter tilbake til Sokrates. De grep dessuten til førsokratikere som Heraklit og Demokrit. Den mest bemerkelsesverdige filosofiske strømningen i senantikken var først og fremst inspirert av Platons idélære. Vi kaller den derfor for nyplatonismen.

Den viktigste nyplatonikeren var *Plotin* (ca 205–270), som studerte filosofi i Alexandria, men som senere flyttet til Roma. Det er verdt å merke seg at han kom fra Alexandria, byen som allerede i mange hundre år hadde vært det store møtestedet mellom gresk filosofi og orientalsk mystikk. Med seg til Roma hadde Plotin en frelseslære som skulle bli en alvorlig konkurrent til kristendommen da den begynte å gjøre seg gjeldende. Men nyplatonismen skulle også komme til å øve en sterk innflytelse på kristen teologi.

Du husker Platons idélære, Sofie. Du husker at han skilte mellom ideenes verden og sanseverdenen. Slik innførte han også et skarpt skille mellom menneskets sjel og menneskets kropp. Dermed ble menneske et dobbeltvesen: Kroppen vår består av jord og støv som alt annet i sanseverdenen, men vi har også en udødelig sjel. Lenge før Platon hadde dette vært en utbredt forestilling blant mange grekere. Plotin var dessuten kjent med lignenede forestillinger i Asia.

Plotin mente at verden er spent mellom to poler. I den ene enden står det guddommelige lys, som han kalte for «Det Ene». Noen ganger kaller han det «Gud». I den andre enden er det absolutte mørket, dit ikke noe av lyset fra «Det Ene» slipper til. Men Plotins poeng er at dette mørket egentlig ikke har noen eksistens. Det er bare et fravær av lys – ja, det *er* ikke. Det eneste som eksisterer er «Gud» eller «Det Ene», men som en lyskilde gradvis fortaper seg i mørket, går det et sted en grense for hvor langt de guddommelige strålene kan nå.

Ifølge Plotin er sjelen bestrålt av lys fra «Det Ene», mens stoffet er mørket som ikke har noen egentlig eksistens. Men også formene i naturen har et svakt skinn av «Det Ene».

Tenk deg et stort brennende bål i natten, kjære Sofie. Fra bålet spretter gnister til alle kanter. I en vid omkrets fra bålet er natten opplyst, også i en avstand på flere kilometer vil man se et svakt lys fra et bål langt borte. Hvis vi fjerner oss enda mer, vil vi bare se en ørliten lysende prikk som en svak lanterne i natten. Og hvis vi fortsatte å fjerne oss fra bålet nå, ville ikke lyset nå oss. Et sted fortaper lysstrålene seg i natten, og når det er helt mørkt, ser vi ingenting. Da finnes verken skygger eller konturer.

Tenk deg så at virkeligheten er et slikt bål. Det som brenner, er Gud – og mørket utenfor er det kalde stoffet som mennesker og dyr er laget av. Nærmest Gud står de evige ideene som er alle skapningers urformer. Fremfor alt er menneskets sjel en «gnist fra bålet». Men også overalt i naturen skinner noe av det guddommelige lyset. Vi kan se det i alle levende vesener, ja selv en rose eller blåklokke har et slikt guddomsskinn. Lengst borte fra den levende Gud er jord og vann og stein.

Jeg sier at det er noe av et guddommelig mysterium i alt som er. Vi ser at det funkler i en solsikke eller i en valmue. Mer av dette uutgrunnelige mysterium aner vi i en sommerfugl som letter fra en gren – eller i en gullfisk som svømmer i en gullfiskbolle. Men aller nærmest Gud kommer vi i vår egen sjel. Bare der kan vi forenes med det store livsmysteriet. Ja, i sjeldne øyeblikk kan vi oppleve at *vi er dette guddommelige mysterium selv.*

Plotins bildebruk minner om Platons hulelignelse: Jo nærmere vi kommer huleåpningen, jo nærmere kommer vi det som alt værende stammer fra. Men i motsetning til Platons klare todeling av virkeligheten er Plotins tankegang preget av en helhetsopplevelse. Alt er ett – for alt er Gud. Selv skyggene dypt nede i bunnen av Platons hule har et svakt skinn av «Det Ene».

Noen få ganger i løpet av sitt liv opplevde Plotin at sjelen smeltet sammen med Gud. Dette kaller vi gjerne en *mystisk opplevelse.* Plotin er ikke alene om å ha hatt slike opplevelser. Det er noe mennesker har kunnet fortelle om til alle tider og i alle kulturer. De kan beskrive opplevelsen forskjellig, men mange viktige trekk går også igjen i disse beskrivelsene. Vi skal se på noen slike fellestrekk.

Mystikk

En mystisk opplevelse vil si at man opplever en enhet med Gud eller «verdenssjelen». I mange religioner blir det understreket at det er en kløft mellom Gud og skaperverket, men mystikeren erfarer at det ikke eksisterer noen slik kløft. Han eller hun har opplevd å «gå opp i Gud» eller «smelte sammen» med Ham.

Tanken er at det vi kaller «jeg» til daglig ikke er vårt egentlige jeg. I korte glimt kan vi oppleve at vi er identisk med et større jeg. Noen mystikere kaller det Gud, noen kaller det «verdenssjelen», «allnaturen» eller «verdensaltet». Når sammensmeltingen skjer, opplever mystikeren at han «mister seg selv», han forsvinner i Gud eller blir borte i Gud slik en vanndråpe «mister seg selv» når den blander seg med havet. En indisk mystiker uttrykte det en gang slik: «Når jeg var, var ikke Gud. Nå er Gud, og jeg er ikke mer.» Den kristne mystikeren *Silensius* (1624–1677) uttrykte det slik: «Til hav blir hver en dråpe når den til havet når, og slik blir sjelen Gud, når den til Gud oppgår.»

Nå tenker du kanskje at det ikke kan være særlig behagelig å «miste seg selv». Joda, Sofie, jeg skjønner hva du mener. Men poenget er at det du mister, er så uendelig mye mindre enn det du vinner. Du mister deg selv akkurat i den skikkelsen du har i øyeblikket, men du forstår samtidig at du i virkeligheten er noe uendelig mye større. Du er hele verdensaltet. Ja, det er du som er verdenssjelen, kjære Sofie. Det er du som er Gud. Om du må gi slipp på deg selv som Sofie Amundsen, kan du trøste deg med at dette «hverdagsjeget» er noe du en dag vil miste likevel. Ditt sanne jeg – som du bare kan erfare hvis du klarer å gi slipp på deg selv – det er ifølge mystikerne som en forunderlig ild som brenner i all evighet.

Men en slik mystisk erfaring kommer ikke alltid av seg selv. Mystikeren må gjerne gå «renselsens og opplysningens vei» til møtet med Gud. Denne veien består av enkelt levesett og forskjellige meditasjonsteknikker. Så med ett er mystikeren ved målet, og han eller hun kan utbryte: «Jeg er Gud» eller «Jeg er Deg».

Vi finner mystiske retninger i alle de store verdensreligionene. Og de beskrivelsene mystikeren gir av den mystiske opplevelsen, viser en påfallende likhet på tvers av kulturelle forutsetninger. Det er først når mystikeren skal gi en religiøs eller filosofisk fortolkning av sin mystiske opplevelse at den kulturelle bakgrunnen viser seg.

I *vestlig mystikk* – dvs. innen jødedommen, kristendommen og islam – understreker mystikeren at det er en personlig Gud han opplever et møte med. Selv om Gud er til stede både i naturen og i menneskets sjel, er han også høyt hevet over verden. I *østlig mystikk* – dvs. innen hinduismen, buddhismen og kinesisk religion – er det mer vanlig å understreke at mystikeren opplever en total sammensmelting med Gud eller «verdenssjelen». «Jeg er verdenssjelen,» kan mystikeren si, eller «jeg er Gud». For Gud er ikke bare til stede i verden, han er ikke noe annet sted.

Spesielt i India har det vært sterke mystiske strømninger fra lenge før Platons tid. En som har vært med på å bringe hinduismens tanker til vesten, *Swami Vivekananda*, sa en gang:

«Liksom visse religioner i verden sier at et menneske som ikke tror på en personlig Gud utenfor seg selv, er ateist, sier vi at et menneske som ikke tror på seg selv, er ateist. Å ikke tro på sin egen sjels herlighet, er det vi kaller ateisme.»

En mystisk opplevelse kan også få betydning for etikken. En tidligere president i India, *Radhakrishnan*, sa en gang: «Du skal elske din neste som deg selv fordi du *er* din neste. Det er en illusjon som får deg til å tro at din neste er noe annet enn deg selv.»

Også moderne mennesker som ikke tilhører noen religion, kan fortelle om mystiske opplevelser. Plutselig har de opplevd noe de har kalt for «kosmisk bevissthet» eller «oseanfølelse». De har følt seg revet ut av tiden og opplevd verden «under evighetens synsvinkel».

Sofie reiste seg opp i sengen. Hun måtte kjenne etter om hun fortsatt hadde en kropp . . .

Etter hvert som hun hadde lest om Plotin og mystikerne, hadde hun følt at hun begynte å sveve omkring i rommet, ut gjennom vinduet og høyt over byen. Her hadde hun sett alle menneskene nede på torget, men hun hadde svevet videre over kloden hun levde på, over Nordsjøen og Europa, ned over Sahara og over de vide steppene i Afrika.

Hele den store kloden var blitt som en eneste levende person, og det var som om denne personen var Sofie selv. Det er jeg som er verden, tenkte hun. Hele det store universet som hun ofte hadde kjent som noe uutgrunnelig og fryktinngytende – det var hennes eget jeg. Også nå var universet stort og majestetisk, men nå var det hun selv som var så stor.

Den forunderlige følelsen gav seg ganske raskt, men Sofie var sikker på at hun aldri ville glemme den igjen. Det var som om noe inni henne hadde stupt ut gjennom pannen hennes og blandet seg med alt annet slik en dråpe fargestoff kunne gi farge til en hel mugge med vann.

Når det hele var over, var det som å våkne med hodepine etter en vidunderlig drøm. Sofie konstaterte med et snev av skuffelse at hun hadde en kropp som forsøkte å reise seg i sengen. Hun hadde fått vondt i ryggen av å ligge på magen og lese i arkene fra Alberto Knox. Men hun hadde opplevd noe hun aldri ville glemme.

Omsider klarte hun å komme seg ut på gulvet. Her lagde hun hull i arkene og arkiverte dem i permen sammen med de andre leksjonene. Hun spaserte ut i hagen.

Her kvitret fuglene som om verden nettopp var skapt. Bjørketrærne bak de gamle kaninburene var så skarpe i den lysegrønne fargen at det var som om skaperen ennå ikke var ferdig med å blande ut fargen.

Kunne hun virkelig mene at alt var ett gudommelig jeg? Kunne hun mene at hun bar på en sjel som var en «gnist fra bålet». Hvis det var slik, da var hun et guddommelig vesen selv.

POSTKORTENE

. . . jeg pålegger meg selv en streng sensur . . .

Det gikk noen dager uten at Sofie fikk flere brev fra filosofilæreren. Torsdag var det 17. mai. De hadde fri fra skolen den 18. også.

På vei hjem fra skolen onsdag 16. mai glapp det plutselig ut av Jorunn:

– Skal vi dra på telttur?

Det første Sofie tenkte var at hun ikke kunne være for lenge borte fra huset.

Hun tok seg i det.

– Gjerne for meg.

Et par timer senere var Jorunn på plass hos Sofie med en stor ryggsekk. Sofie hadde pakket sin sekk også, det var hun som hadde teltet. Ellers hadde de soveposer og varmt tøy, liggeunderlag og lommelykter, store termoser med te og masse deilig mat.

Da Sofies mor kom hjem ved 5-tiden, fikk de en rekke formaninger om hva de skulle gjøre og ikke gjøre. Moren forlangte dessuten å vite hvor de skulle slå leir.

De sa de skulle slå opp teltet ved Tiurtoppen. Kanskje ville de høre tiurleik neste morgen.

Sofie hadde også en baktanke med å slå leir nettopp her. Så vidt hun kunne forstå, var det ikke så langt fra Tiurtoppen til Majorstua. Det var noe som trakk henne tilbake dit, men hun var også sikker på at hun aldri mer ville våge seg dit alene.

De gikk inn på stien fra den vesle snuplassen rett utenfor porten til Sofie. Jorunn og Sofie pratet om løst og fast, og Sofie syntes det var godt å kople av fra alt som hadde med filosofi å gjøre.

Allerede ved åtte-tiden hadde de slått opp teltet på en åpen slette ved Tiurtopppen. De hadde gjort i stand et leie for natten og lagt ut soveposene. Da de hadde spist hver sin store matpakke, sa Sofie:

144

– Har du hørt om Majorstua?

– Majorstua?

– Det ligger en hytte her inne i skogen et sted . . . ved et lite vann. En gang bodde en underlig major der, derfor kalles den Majorstua.

– Er det noen som bor der nå?

– Skal vi gå og se?

– Men hvor er det?

Sofie pekte inn mellom trærne.

Jorunn var litt motvillig, men det endte med at de la av gårde. Solen stod lavt på himmelen.

Først gikk de inn mellom de store furutrærne, så måtte de kave seg vei gjennom busker og kratt. Omsider kom de ned på en sti. Var det denne stien Sofie hadde fulgt søndag morgen?

Joda – snart kunne hun peke på noe blankt mellom trærne på høyre side av stien.

– Det er der inne, sa hun.

Litt senere stod de foran det vesle vannet. Sofie speidet over mot hytta. Nå var den lukket med skodder foran vinduene. Den røde bygningen var noe av det mest forlatte hun hadde sett på lenge.

Jorunn så seg rundt.

– Skal vi gå på vannet? spurte hun.

– Neida, vi skal ro.

Sofie pekte ned i sivet. Der lå robåten nøyaktig som sist.

– Har du vært her før?

Sofie ristet på hodet. Det ville blitt altfor komplisert om hun skulle fortelle venninnen om det forrige besøket. Hvordan skulle hun da ha klart å ikke røpe noe om Alberto Knox og filosofikurset?

De spøkte og lo mens de rodde over vannet. Sofie sørget for at de var omhyggelige med å trekke båten godt opp på land på den andre siden. Snart stod de foran døren. Jorunn tok i dørhåndtaket, det var tydelig at det ikke var noen i hytta.

– Låst . . . Du trodde vel ikke at den var åpen?

– Kanskje finner vi en nøkkel, sa Sofie.

Hun begynte å søke mellom steinene i grunnmuren.

– Æsj, vi går tilbake til teltet, sa Jorunn etter noen minutter.

Men nå utbrøt Sofie:

– Jeg fant, jeg fant!

Triumferende holdt hun opp en nøkkel. Hun satte den i døren, og dermed gled den opp.

De to venninnene snek seg inn slik man nærmer seg noe ulovlig. Inne var det både kaldt og mørkt.

– Vi ser jo ingenting, sa Jorunn.

Men Sofie hadde tenkt på dette også. Hun trakk en fyrstikkeske opp fra lommen og strøk av en fyrstikk. De rakk bare å se at hytta var helt tom før fyrstikken var brent ut. Sofie strøk av en fyrstikk til, og nå fikk hun øye på et lite stearinlys i en smijernslysestake på peisen. Hun tente lyset med en tredje fyrstikk, med det ble den vesle stuen nok opplyst til at de kunne se seg omkring.

– Er det ikke rart hvordan et lite lys kan lyse opp så mye mørke? sa Sofie.

Venninnen nikket.

– Men et sted fortaper lyset seg i mørket, fortsatte Sofie. – Egentlig eksisterer ikke mørket i seg selv. Det er bare mangel på lys.

– Æsj, du snakker så ekkelt. Vi går . . .

– Først skal vi se i speilet.

Sofie pekte opp på messingspeilet som hang over kommoden akkurat som sist.

– Så nydelig . . .

– Men det er et trollspeil.

– «Lille speil på veggen der, hvem er vakrest i landet her?»

– Jeg fleiper ikke, Jorunn. Jeg tror det går an å kikke igjennom det speilet og ut i noe som er på den andre siden.

– Sa du ikke at du aldri hadde vært her før? Hvorfor synes du forresten at det er så morsomt å skremme meg?

Det spørsmålet hadde ikke Sofie noe svar på.

– Sorry!

Nå var det Jorunn som med ett oppdaget noe som lå i et hjørne på gulvet. Det var en liten eske. Jorunn løftet den opp fra gulvet.

– Prospektkort, sa hun.

Sofie gav fra seg et gisp.

– Ikke rør dem! Hører du – du må ikke finne på å røre dem.

Jorunn kvapp. Hun slapp esken i gulvet som man slipper noe man har brent seg på. Kortene fløt ut over gulvet. Etter noen sekunder begynte hun å le.

– Det er jo bare noen prospektkort.

Jorunn satte seg ned på gulvet og begynte å plukke opp kortene. Snart satte Sofie seg ned også.

– Libanon . . . Libanon . . . Libanon . . . Alle kortene er datert i Libanon, konstaterte Jorunn.

– Jeg vet det, nesten hikstet Sofie.

Jorunn satte seg opp og stirret Sofie inn i øynene.

– Da *har* du vært her før.

– Så har jeg vel det, da.

Det slo henne at alt ville bli litt lettere hvis hun bare innrømte at hun hadde vært her før. Det kunne neppe skade om hun lot venninnen få et lite innblikk i alt det mystiske hun hadde opplevd de siste dagene.

– Jeg ville ikke si det før vi var her.

Jorunn hadde begynt å lese på kortene.

– Alle sammen er til en som heter Hilde Møller Knag.

Sofie hadde ennå ikke tatt i noen av kortene.

– Er det hele adressen?

Jorunn leste:

– Hilde Møller Knag, c/o Alberto Knox, Lillevann, Norway.

Sofie pustet lettet ut. Hun hadde vært redd for at det skulle stå c/o Sofie Amundsen også på disse kortene. Først nå begynte hun å undersøke dem nærmere.

– 28. april . . . 4. mai . . . 6. mai . . . 9. mai . . . De er stemplet bare for noen få dager siden.

– Men det er noe annet også . . . Alle stemplene er *norske*. Se der – «FN-bataljonen». Det er norske frimerker også . . .

– Jeg tror det er sånn de gjør det. De skal liksom være nøytrale, så har de et eget norsk postkontor der nede.

– Men hvordan sendes posten hjem?

– Med militærfly, tror jeg.

Sofie satte stearinlyset ned på gulvet. Dermed begynte de to venninnene å lese det som stod på kortene. Jorunn ordnet dem i riktig rekkefølge. Det var hun som leste det første kortet:

Kjære Hilde. Du kan tro jeg gleder meg til å komme hjem til Lillesand. Jeg regner med å lande på Kjevik tidlig på kvelden sankthansaften. Aller helst ville jeg kommet til 15-årsdagen din, men jeg står jo under militær kommando. Til gjengjeld kan jeg love deg at jeg legger all min omtanke i en stor gave som du skal få på bursdagen din. Kjærlig hilsen en som stadig tenker på sin datters fremtid. PS. Jeg sender en kopi av dette kortet til en felles bekjent av oss. Du vil forstå, Hildemor. Akkurat nå er jeg svært så hemmelighetsfull, men du vil forstå.

Sofie tok opp det neste kortet:

Kjære Hilde. Her nede tar vi en dag av gangen. Er det noe jeg vil huske fra disse månedene i Libanon, må det være all ventingen. Men jeg gjør hva jeg kan for at du skal få en så fin 15-årsgave som mulig. Mer kan jeg ikke si på det nåværende tidspunkt. Jeg pålegger meg selv en streng sensur. Hilsen pappa.

De to venninnene satt åndeløse av spenning. Ingen av dem sa noe, de bare leste det som stod på kortene.

Kjære barnet mitt. Aller helst ville jeg sendt deg mine betroelser med en hvit due. Men hvite duer er ikke å oppdrive i Libanon. Er det noe dette krigsherjete landet savner, så er det hvite duer. Måtte FN en gang virkelig klare å skape fred i verden. PS. Kanskje 15-årsgaven din kan deles med andre mennesker? Det får vi se på når jeg kommer hjem. Men du aner jo fortsatt ikke hva jeg snakker om. Hilsen en som har god tid til å tenke på oss begge.

Da de hadde lest seks kort, var det bare ett igjen. Her stod det:

Kjære Hilde. Jeg er nå så sprekkeferdig av alle hemmelighetene omkring bursdagen din at jeg flere ganger om dagen må stanse meg selv i å ringe deg for å fortelle alt sammen. Det er noe som vokser og vokser. Og du vet, når noe blir større og større, da blir det også vanskeligere å holde det for seg selv. Hilsen pappa. PS. Du vil en gang treffe en pike som heter Sofie. For at dere skal få sjansen til å vite litt om hverandre før dere møtes, har

jeg begynt å sende henne kopier av alle kortene jeg sender til deg. Mon tro
om hun ikke snart begynner å ane sammenhengen, Hildemor? Så langt
vet hun ikke mer enn deg. Hun har en venninne som heter Jorunn. Kan-
skje hun kan være til hjelp?

Da Jorunn og Sofie hadde lest det siste kortet, ble de sittende og stirre
hverandre inn i øynene. Jorunn hadde tatt et fast grep rundt Sofies hånd-
ledd.

– Jeg er redd, sa hun.

– Det er jeg også.

– Når var det siste kortet stemplet?

Sofie så ned i kortet igjen.

– 16. mai, sa hun. – Det er i dag.

– Umulig! svarte Jorunn, hun var nesten sint.

De undersøkte stempelet nøye, og det var ikke til å ta feil av.
«16-05-90» stod det.

– Det går ikke an, insisterte Jorunn. – Jeg kan dessuten ikke begripe
hvem som kan ha skrevet det. Det må jo være en som kjenner oss. Men
hvordan kunne han vite at vi skulle komme hit akkurat i dag?

Det var Jorunn som var reddest. For Sofie var dette med Hilde og faren
hennes tross alt ikke helt nytt.

– Jeg tror det må ha noe med messingspeilet å gjøre.

Jorunn skvatt igjen.

– Du mener vel ikke at kortene spretter ut av speilet i samme øyeblikk
som de blir stemplet på et postkontor i Libanon?

– Har du noen bedre forklaring?

– Nei.

– Men det er noe annet mystisk her også.

Sofie reiste seg og holdt stearinlyset opp foran de to bildene på veggen.
Jorunn bøyde seg over bildene.

– «Berkeley» og «Bjerkely». Hva betyr det?

– Har ikke peiling.

Nå var det like før stearinlyset brant ned.

– Vi går, sa Jorunn. – Kom!

– Jeg skal bare ha med meg speilet.

Dermed reiste Sofie seg og hektet av det store messingspeilet som hang over den hvite kommoden. Jorunn prøvde å protestere, men Sofie lot seg ikke stanse.

Da de kom ut, var det nøyaktig så mørkt som det kan bli en mainatt. Himmelen slapp ned akkurat så mye lys at busker og trær fortsatt hadde klare konturer. Det vesle vannet lå som et lite speilbilde av himmelen over. De to venninnene rodde sakte over til den andre siden.

Ingen av dem sa noe særlig på veien tilbake til teltet, men begge tenkte at den andre tenkte intenst på det de hadde sett. Av og til skremte de opp en fugl, et par ganger hørte de en ugle.

Straks de fant teltet, krøp de ned i soveposene. Jorunn nektet å gå med på at speilet skulle være i teltet. Før de sovnet, ble de enige om at det var nifst nok å vite at det lå rett utenfor teltåpningen. Sofie hadde tatt med seg prospektkortene også. Hun hadde lagt dem i en sidelomme på ryggsekken.

De våknet tidlig neste morgen. Sofie var først ute av soveposen. Hun tok på seg støvlene og gikk ut av teltet. Her lå det store messingspeilet i gresset. Det var fullt av dugg. Sofie tørket av duggen med genseren, og nå så hun ned i sitt eget speilbilde. Det var som om hun så både opp og ned på seg selv. Hun fant heldigvis ingen dagsferske prospektkort fra Libanon.

Over den den åpne sletten bak teltet drev en istykkerrevet morgentåke som små puter av vatt. Småfuglene skvaldret energisk, noen storfugl kunne hun verken se eller høre.

De to venninnene tok på seg en ekstra genser og spiste frokost utenfor teltet. Snart begynte de å snakke om Majorstua og de mystiske kortene.

Etter frokost pakket de sammen teltet og tok fatt på hjemveien. Hele tiden bar Sofie det store messingspeilet under armen. Det hendte hun måtte ta en liten bærepause, for Jorunn nektet å røre speilet.

Da de nærmet seg den første bebyggelsen, hørte de noen spredte smell. Sofie kom til å tenke på hva Hildes far hadde skrevet om det krigsherjete Libanon. Det slo henne hvor heldig hun var som fikk leve i et fredelig land. Disse smellene kom fra uskyldige kinaputter.

Sofie inviterte Jorunn inn på varm sjokolade. Moren spurte og gravde om hvor de hadde funnet det store speilet. Sofie sa at de hadde funnet det utenfor Majorstua. Igjen sa moren at det ikke hadde bodd noen i denne hytta på mange, mange år.

Da Jorunn gikk hjem, tok Sofie på seg en rød kjole. Resten av nasjonaldagen forløp ganske normalt. I kveldsnytt kom en reportasje om hvordan de norske FN-styrkene hadde feiret dagen i Libanon. Sofie klistret øynene til skjermen. En av mennene hun så, kunne være faren til Hilde.

Det siste Sofie gjorde 17. mai, var å henge det store messingspeilet opp på rommet sitt. Neste formiddag fant hun en ny gul konvolutt i Smuget. Hun rev opp konvolutten og leste det som stod på de hvite arkene med det samme.

... bare slik unngår du å sveve i det tomme rom ...

Det er ikke så lenge igjen til vi skal møtes, kjære Sofie. Jeg regnet med at du ville vende tilbake til Majorstua, derfor la jeg også igjen alle kortene fra Hildes far. Bare på den måten kunne de bringes videre til Hilde. Du trenger ikke fundere på hvordan hun skal få kortene. Det skal renne mye vann i havet før den 15. juni.

Vi har sett hvordan hellenismens filosofer tygget drøv på de gamle greske filosofene. Det var dessuten tilløp til å gjøre dem til religionsstiftere. Plotin var ikke så langt fra å hylle Platon som menneskenes frelser.

Men som vi vet, var det en annen frelser som ble født midt i den perioden vi har behandlet – og det var utenfor det gresk-romerske området. Jeg tenker på *Jesus fra Nasaret*. Vi skal i dette kapitlet se hvordan kristendommen gradvis begynte å trenge inn i den gresk-romerske verden – omtrent som Hildes verden gradvis har begynt å trenge inn i *vår* verden.

Jesus var jøde, og jødene tilhører den semittiske kulturkretsen. Grekerne og romerne tilhører den indoeuropeiske kulturkretsen. Vi kan altså slå fast at den europeiske sivilisasjon har to røtter. Før vi ser nærmere på hvordan kristendommen gradvis blandet seg med den gresk-romerske kulturen, skal vi se litt nærmere på de to røttene.

Indoeuropeere

Med indoeuropeere mener vi alle land og kulturer som bruker indoeuropeiske språk. Slike språk er alle europeiske språk bortsett fra de finsk-ugriske språkene (samisk, finsk, estisk og ungarsk) og baskisk.

Også de fleste indiske og iranske språk tilhører den indoeuropeiske språkfamilien.

En gang for omtrent 4000 år siden levde ur-indoeuropeerne i området rundt Svartehavet og Det Kaspiske hav. Snart begynte slike indoeuropeiske stammer å skylle i store bølger sørøstover til Iran og India, sørvestover til Hellas, Italia og Spania, vestover gjennom Mellom-Europa til England og Frankrike, nordvestover til Norden og nordover til Øst-Europa og Russland. Overalt hvor indoeuropeerne kom, blandet de seg med de før-indoeuropeiske kulturene, men både den indoeuropeiske religionen og det indoeuropeiske språket kom til å spille en dominerende rolle.

Både de gamle indiske vedaskriftene, den greske filosofien og for den saks skyld *Snorres* gudelære er altså skrevet på beslektete språk. Men det er ikke bare språket som er beslektet. Med beslektet språk følger gjerne også beslektete tanker. Det er derfor vi gjerne snakker om en indoeuropeisk «kulturkrets».

Indoeuropeernes kultur var fremfor alt preget av troen på mange forskjellige guder. Dette kalles *polyteisme*. Både navnet på gudene og mange viktige religiøse ord og uttrykk finnes igjen over hele det indoeuropeiske området. Jeg gir noen få eksempler:

De gamle inderne dyrket himmelguden *Dyaus*. På gresk heter denne guden *Zevs*, på latin *Iuppiter* (egentlig *Iov*-pater, dvs. «Fader Iov») og på norrønt *Tyr*. Navnene Dyaus, Zevs, Iov og Tyr er altså forskjellige «dialektvarianter» av ett og samme ord.

Nå husker du at vikingene i Norden trodde på noen guder som de kalte *æser*. Også dette ordet for «guder» finner vi igjen over hele det indoeuropeiske området. På gammel-indisk (sanskrit) kalles gudene *asura* og på iransk *ahura*. Et annet ord for «gud» heter på sanskrit *deva*, på iransk *daeva*, på latin *deus* og på norrønt *tivurr*.

I Norden trodde de dessuten på en egen gruppe av fruktbarhetsguder (for eksempel Njord, Frøy og Frøya). Disse gudene kaltes med et eget ord for *vaner*. Dette ordet er beslektet med det latinske navnet på fruktbarhetsgudinnen *Venus*. På sanskrit finnes det beslektede ordet *vani*, som betyr «lyst» eller «begjær».

Også enkelte myter viser et klart slektskap over hele det indoeuropeiske området. Når Snorre forteller om de norrøne gudene, kan noen av mytene minne om indiske myter som ble fortalt 2–3000 år tidligere. Selvfølgelig er Snorres myter preget av nordiske naturforhold og de indiske mytene av indisk natur. Men mange av mytene har en kjerne som må skrive seg tilbake til en felles opprinnelse. En slik kjerne ser vi aller tydeligst i mytene om en udødelighetsdrikk og i mytene om gudenes kamp mot et kaosuhyre.

Også i selve måten å tenke på ser vi klare likhetstrekk mellom de indeuropeiske kulturene. Et typisk fellestrekk er hvordan de opplevde at verden er preget av et drama der gode og onde krefter står mot hverandre i en uforsonlig strid. Indoeuropeerne har derfor gjerne prøvd å «skue» hvordan det vil gå med verden.

Vi kan godt si at det ikke er tilfeldig at det nettopp var på indoeueropeisk område at den greske filosofien oppstod. Både indisk, gresk og nordisk mytologi har klare tilløp til en filosofisk eller «spekulativ» betraktning.

Indoeuropeerne forsøkte å oppnå en «innsikt» i verdensforløpet. Ja, vi kan faktisk følge et bestemt ord for «innsikt» eller «viten» fra kultur til kultur over hele det indoeuropeiske området. På sanskrit heter dette *vidya*. Ordet er identisk med det greske ordet *idé*, som du husker spilte en viktig rolle i Platons filosofi. Fra latin kjenner vi ordet *video*, men på romersk grunn betyr ordet rett å slett «å se». (Det er først i våre dager at det å «se» nærmest har blitt det samme som å stirre inn i en TV-skjerm.) På engelsk kjenner vi ord som *wise* og *wisdom* (visdom), på tysk *wissen* (viten). På norsk har vi ordet *viten*. Det norske ordet «viten» har altså samme rot som det indiske ordet «vidya», det greske «idé» og det latinske «video».

Vi kan ganske generelt konstatere at *synet* var den viktigste sansen for indoeuropeerne. Både blant indere og grekere, iranere og germanere har litteraturen vært preget av store kosmiske visjoner. (Der kom ordet igjen: Ordet «visjon» er nettopp dannet av det latinske verbet «video».) Utpreget for de indoeuropeiske kulturene har det dessuten vært å lage bilder og skulpturer av gudene og fra det mytene forteller.

Endelig har indoeuropeerne hatt et *syklisk* syn på historien. Med det menes at de har opplevd at historien går i ring – eller i «syklus» – akkurat som årstidene veksler mellom sommer og vinter. Det finnes altså ingen egentlig begynnelse eller ende på historien. Det blir ofte snakket om forskjellige verdener som oppstår og forgår i en evig veksling mellom fødsel og død.

Begge de to store østlige religionene – hinduismen og buddhismen – har indoeuropeisk opprinnelse. Det har altså den greske filosofien også, og vi ser mange klare paralleller mellom hinduismen og buddhismen på den ene siden og den greske filosofien på den andre. Den dag i dag har hinduismen og buddhismen et sterkt preg av filosofisk refleksjon.

Ikke sjelden legges det i hinduismen og buddhismen vekt på at det guddommelige er til stede i alt (panteisme) og at mennesket kan oppnå enhet med Gud gjennom religiøs innsikt. (Du husker Plotin, Sofie!) For at det skal skje, kreves gjerne en sterk selvfordypelse eller meditasjon. I Østen kan derfor passivitet og tilbaketrukkenhet være et religiøst ideal. Også på gresk grunn var det mange som mente at mennesket måtte leve i askese – eller religiøs tilbaketrukkenhet – for at sjelen skulle bli frelst. Flere sider ved middelalderens klostervesen kan føres tilbake til slike forestillinger i den gresk-romerske verden.

I mange indoeuropeiske kulturer har dessuten troen på sjelevandring vært grunnleggende. I over 2500 år har målet for den enkelte inder vært å bli frelst fra sjelevandringen. Ellers husker vi at også Platon trodde på sjelevandring.

Semittene

Så var det semittene, Sofie. Da snakker vi om en helt annet kulturkrets med et helt annet språk. Semittene stammer opprinnelig fra den arabiske halvøya, men også den semittiske kulturkretsen har foldet seg ut over store deler av verden. I mer enn to tusen år har jøder levd langt fra sitt opprinnelige fedreland. Aller lengst fra de geografiske røttene har semittisk historie og semittisk religion nådd med kristendommmen. Semittisk kultur har dessuten nådd langt gjennom utbredelsen av islam.

Alle de tre vestlige religionene – jødedom, kristendom og islam – har én semittisk bakgrunn. Både muslimenes hellige skrift *Koranen* og *Det gamle testamentet* er skrevet på beslektete semittiske språk. Et av Det gamle testamentets ord for «gud» har således samme språklige rot som muslimenes *Allah*. (Ordet «allah» betyr rett og slett «gud».)

Når det gjelder kristendommen, er bildet mer komplisert. Også kristendommen har naturligvis en semittisk bakgrunn. Men *Det nye testamentet* ble skrevet på gresk, og når den kristne teologien eller troslæren skulle utformes, ble den preget av det greske og latinske språket og dermed også av hellenistisk filosofi.

Vi sa at indoeuropeerne trodde på mange forskjellige guder. Når det gjelder semittene, er det like slående at de ganske tidlig samlet seg om troen på én Gud. Dette kalles *monoteisme*. Både i jødedommen, kristendommen og islam er det en grunnleggende tanke at det finnes bare én Gud.

Et annet semittisk fellestrekk er at semittene har hatt et *lineært* syn på historien. Med det menes at historien blir betraktet som en linje. En gang skapte Gud verden, og fra nå av begynner historien. Men en gang skal historien avsluttes, det er på «dommens dag» da Gud skal dømme levende og døde.

Et viktig trekk ved de tre store vestlige religionene er nettopp den rolle historien spiller. Tanken er at Gud griper inn i historien – ja, at historien er til for at Gud skal realisere sin vilje med verden. Slik han en gang førte Abraham til «det lovede land», leder han menneskenes liv gjennom historien fram til «dommens dag». Da vil alt det onde i verden tilintetgjøres.

Med sin sterke vekt på Guds virksomhet i historien, har semittene i mange tusen år vært opptatt av historieskriving. Det er nettopp de historiske røttene som er selve kjernen i de hellige skriftene.

Den dag i dag er byen Jerusalem et viktig religiøst sentrum både for jøder, kristne og muslimer. Også dette sier noe om de tre religionenes felles historiske bakgrunn. Her ligger både viktige (jødiske) synagoger, (kristne) kirker og (islamske) moskeer. Derfor er det så tragisk at nettopp Jerusalem har blitt et stridens eple – ja, at mennesker dreper hverandre i tusentall fordi de ikke kan bli enige om hvem som skal ha herredømme over «den evige stad». Måtte FN en dag klare å gjøre Jerusalem til et religiøst møtested for alle de tre religionene. (Denne praktiske delen av filosofikurset skal vi ikke si noe mer om i denne omgang. Den overlater vi i sin helhet til Hildes far. For du har vel forstått at han er FN-observatør i Libanon? Mer presist kan jeg røpe at han tjenestegjør som major. Hvis du begynner å ane en sammenheng, er det helt på sin plass. På den annen side skal vi ikke foregripe begivenhetenes gang.)

Vi sa at den viktigste sansen blant indoeuropeerne var synet. Det er like slående hvor viktig rolle *hørselen* spiller på det semittiske området. Det er ikke tilfeldig at den jødiske trosbekjennelsen begynner med ordene «Hør, Israel!» I Det gamle testamentet leser vi hvordan menneskene «hørte» Herrens ord, og de jødiske profetene begynte gjerne sin forkynnelse med formelen «Så sier Jahve (Gud)». Også i kristendommen legges det vekt på «hørelsen» av Guds ord. Fremfor alt er både den jødiske, den kristne og den muslimske gudstjenesten preget av høytlesning eller «resitasjon».

Så sa jeg at indoeuropeerne alltid har laget bilder og skulpturer av gudene. Det er like typisk for semittene at de har praktisert «bildeforbud». Med det menes at det ikke er lov å lage bilder og skulpturer av Gud eller av det hellige. Det står også i Det gamle testamentet at menneskene ikke skal lage seg noe bilde av Gud. Dette gjelder den dag i dag både i islam og i jødedommen. I islam er det endog en generell motvilje både mot fotografier og bildende kunst. Tanken er at menneskene ikke skal konkurrere med Gud om å «skape» noe.

Men i den kristne kirken florerer jo bilder både av Gud og Jesus, tenker du kanskje. Og riktig nok, Sofie, men dette er nettopp et eksempel på hvordan kristendommen ble preget av den gresk-romerske verden. (I den ortodokse kirken – altså i Hellas og Russland – er det fortsatt forbud mot å lage «utskårete» bilder, dvs. skulpturer og krusifikser, fra bibelhistorien.)

I motsetning til de store østlige religionene legger de tre vestlige religionene vekt på at det er en kløft mellom Gud og hans skaperverk. Målet er ikke å bli frelst fra sjelevandringen, men å bli frelst fra synd og skyld. Det religiøse livet er dessuten mer preget av bønn, preken og skriftlesing enn av selvfordypelse og meditasjon.

Israel

Jeg skal ikke ta opp konkurransen med kristendomslæreren din, kjære Sofie. La oss likevel foreta en rask oppsummering av den jødiske bakgrunn for kristendommen.

Det hele begynte med at Gud skapte verden. Hvordan det skjedde, kan du lese i de aller første sidene av Bibelen. Men så gjorde menneskene opprør mot Gud. Straffen for det var ikke bare at Adam og Eva ble fordrevet fra Edens hage. Nå kom også døden inn i verden.

Menneskenes ulydighet mot Gud går som en rød tråd gjennom hele Bibelen. Blar vi videre i 1. Mosebok, hører vi om syndfloden og Noas ark. Så hører vi at Gud opprettet en pakt med Abraham og hans ætt. Denne pakten – eller avtalen – gikk ut på at *Abraham* og hans ætt skulle holde Guds bud. Til gjengjeld lovet Gud å beskytte Abrahams etterkommere. Senere ble pakten fornyet da *Moses* fikk lovens tavler (Moseloven) på Sinai-fjellet. Dette skjedde omkring år 1200 f.Kr. Da hadde israelittene lenge vært holdt som slaver i Egypt, men ved Guds hjelp ble folket ført tilbake til Israel.

På 1000-tallet før Kristus – og altså lenge før det var noe som het gresk filosofi – hører vi om tre store konger i Israel. Den første var *Saul*, så kom *David* og etter ham kong *Salomo*. Nå var hele Israel-folket samlet i ett kongedømme, og spesielt under kong David opplevde de en politisk, militær og kulturell storhetstid.

Når kongene ble innsatt, ble de salvet av folket. Slik fikk de tittelen *Messias*, som betyr «den salvete». I religiøs sammenheng ble kongene betraktet som en mellommann mellom Gud og folket. Kongene kunne derfor også kalles «Guds sønn», og landet kunne kalles «Guds rike».

Men det varte ikke lenge før Israel ble svekket. Riket ble snart delt i et nordrike (Israel) og et sydrike (Judea). I år 722 ble nordriket hærtatt av assyrerne og mistet all politisk og religiøs betydning. Stort bedre gikk det ikke i syd. Sydriket ble erobret av babylonerne i år 586. Nå ble tempelet ødelagt, og store deler av folket ble ført til Babylon. Dette «babylonske fangenskapet» varte til 539. Da fikk folket vende tilbake til Jerusalem, og nå kunne de på nytt bygge opp det store tempelet. Men i tiden fram mot vår tidsregnings begynnelse var jødene stadig under fremmed herredømme.

Spørsmålet jødene stilte seg var *hvorfor* Davids rike gikk i oppløsning og den ene ulykke etter den andre skylte inn over folket. Gud hadde jo lovet å holde sin beskyttende hånd over Israel. Men folket hadde også lovet at de skulle holde Guds bud. Det ble etter hvert en utbredt oppfatning at Israel ble straffet av Gud for sin ulydighet.

Fra omkring 750 før Kristus stod det fram en rekke *profeter* som forkynte Guds straff over Israel fordi folket ikke holdt Herrens bud. En gang ville Gud holde dom over Israel, sa de. Vi kaller slike profetier for «domsprofetier».

Snart dukket det også opp profeter som forkynte at Gud ville redde en rest av folket og sende en «fredsfyrste» eller fredskonge av Davids ætt. Han skulle gjenopprette det gamle Davidsriket, og folket ville få en lykkelig fremtid.

«Det folk som vandrer i mørket, får se et stort lys,» sa profeten *Jesaia*. «Og over dem som bor i skyggelandet, stråler lyset fram.» Vi kaller slike profetier for «frelsesprofetier».

Jeg presiserer: Israel-folket levde lykkelig under kong David. Etter hvert som det gikk dårlig for israelittene, forkynte profetene at det en gang skulle komme en ny konge av Davids ætt. Denne «Messias» eller «Guds sønn», skulle «frelse» folket, gjenreise Israel som stormakt og opprette et «Guds rike».

Jesus

OK, Sofie. Jeg går ut fra at du henger med. Stikkordene er «Messias», «Guds sønn», «frelse» og «Guds rike». Til å begynne med ble alt sammen oppfattet politisk. Også på Jesu tid var det mange som forespeilte seg at det skulle komme en ny «Messias» i betydningen en politisk, militær og religiøs leder av samme kaliber som kong David. Denne «frelseren» ble altså betraktet som en nasjonal frigjører som skulle gjøre slutt på jødenes lidelser under det romerske herredømmet.

Joda. Men det var også mange som utvidet horisonten en smule. Allerede i et par hundre år før Kristus hadde det stått fram profeter som mente at den lovede «Messias» ville være hele verdens frelser. Han skulle ikke bare frelse israelittene fra fremmedåket, han skulle frelse alle mennesker fra synd og skyld – og ikke minst fra døden. Håpet om en «frelse» i denne betydningen av ordet var jo også utbredt over hele den hellenistiske verden.

Så kommer Jesus. Han var ikke den eneste som fremstod som den lovede Messias. Også Jesus bruker ordene «Guds sønn», «Guds rike», «Messias» og «frelse». Slik knytter han stadig forbindelsene tilbake til de gamle profetiene. Han rir inn i Jerusalem og lar seg hylle av massene som folkets frelser. Slik henspiller han helt direkte på hvordan de gamle kongene ble innsatt på tronen gjennom et typisk «tronbestigningsrituale». Han lar seg også salve av folket. «Tiden er kommet,» sier han. «Guds rike er nær.»

Alt dette er det viktig å merke seg. Men nå må du følge nøye med: Jesus skilte seg fra andre «messiaser» ved at han klart gav til kjenne at han ikke var noen militær eller politisk opprører. Hans oppgave var mye større. Han forkynte frelse og Guds tilgivelse for alle mennesker. Slik kunne han gå omkring blant menneskene han møtte og si: «Dine synder er deg forlatt.»

Å dele ut «syndenes forlatelse» på denne måten var ganske uhørt. Enda verre var det at han tiltalte Gud som «far» (abba). Dette var ganske enestående i det jødiske miljøet på Jesu tid. Det varte derfor ikke lenge før det begynte å murre av protester mot ham blant de skriftlærde. Etter hvert begynte de å gjøre forberedelser til å få ham henrettet.

Jeg presiserer: Mange mennesker på Jesu tid ventet seg en Messias som med brask og bram (dvs. spyd og sverd) skulle gjenopprette «Guds rike». Selve uttrykket «Guds rike» går som en rød tråd gjennom Jesu forkynnelse også – men med en uhyre utvidet betydning. Jesus sa at «Guds rike» er kjærlighet til medmennesker, omsorg for svake og fattige og tilgivelse av dem som har trådt feil.

Det dreier seg om en dramatisk forskyvning i betydningen av et gammelt og halvmilitært uttrykk. Her gikk folket og ventet på en hærfører som snart ville proklamere et «Guds rike». Så kommer Jesus i kjortel og sandaler og sier at «Guds rike» – eller «den nye pakt» – er at «du skal elske din neste som deg selv». Og mer, Sofie: Han sa dessuten at vi skal elske våre fiender. Når de slår oss, skal vi ikke gi tilbake med samme mynt, neida, vi skal «vende det andre kinnet til». Og vi skal tilgi – ikke syv ganger, men sytti ganger syv ganger.

Også med sitt eget liv viste Jesus at han ikke holdt seg for god til å snakke med horer, korrupte tollere og folkets politiske fiender. Men han går lenger: Han sier at en lømmel som har satt hele farsarven over styr – eller en lurvete toller som har underslått penger – er rettferdig for Gud hvis han bare vender seg mot Gud og ber om tilgivelse. Så generøs er Gud i sin nåde.

Men han går enda litt lenger, skjønner du – og nå må du holde deg fast: Jesus sa at slike «syndere» er mer rettferdige for Gud – og altså mer fortjente til Guds tilgivelse – enn de plettfrie fariseerne og «silkeborgerne» som gikk omkring og var stolte av sin plettfrihet.

Jesus fremhevet at ingen mennesker kan gjøre seg fortjent til Guds nåde. Vi kan ikke frelse oss selv. (Det var det mange grekere som trodde!) Når Jesus stiller de strenge etiske kravene i Bergprekenen, er det ikke bare for å vise hva som er Guds vilje. Det er også for å vise at ingen mennesker er rettferdige for Gud. Guds nåde er grenseløs, men da må vi også vende oss til Gud med bønn om hans tilgivelse.

En videre utdyping av hvem Jesus var og hva hans forkynnelse gikk ut på, overlater jeg til kristendomslæreren din. Han har litt av en oppgave. Jeg håper han klarer å vise dere hvilken enestående person Jesus var. På genialt vis bruker han tidens språk samtidig som han gir gamle slagord et uhyre nytt og utvidet innhold. Ikke rart han endte på korset. Hans radikale frelsesbudskap brøt med så mange interesser og maktposisjoner at han måtte ryddes av veien.

Da vi hørte om Sokrates, så vi hvor farlig det kan være å appellere til menneskenes fornuft. Med Jesus ser vi hvor farlig det kan være å kreve en betingelsesløs nestekjærlighet og en like betingelsesløs tilgivelse. Selv i dagens verden ser vi hvordan mektige stater kan knake i sammenføyningene når de blir stilt overfor enkle krav om fred, kjærlighet, mat til de fattige og tilgivelse av statens fiender.

Du husker hvor forarget Platon var over at det mest rettferdige mennesket i Athen måtte bøte med livet. Ifølge kristendommen er

Jesus det eneste rettferdige menneske som har levd. Likevel ble han dømt til døden. Ifølge kristendommen døde han for menneskenes skyld. Det er dette som gjerne kalles Jesu «stedfortredende lidelse». Jesus var «den lidende tjener» som tok på seg alle menneskers skyld slik at vi kan bli «forsonet» med Gud og frelst fra Guds straff.

Paulus

Få dager etter at Jesus var korsfestet og gravlagt, begynte det å svirre rykter om at han hadde stått opp fra graven. Slik viste han at han var noe mer enn bare et menneske. Slik viste han at han virkelig var «Guds sønn».

Vi kan si at den kristne kirken begynner påskemorgen med ryktene om Jesu oppstandelse. Allerede Paulus slår dette fast: «Men er Kristus ikke stått opp, da er vårt budskap intet, og vår tro meningsløs.»

Nå kunne alle mennesker håpe på «kjødets oppstandelse». Det var jo for vår frelse at Jesus ble korsfestet. Og nå, kjære Sofie, nå får du notere deg at det her på jødisk grunn ikke dreier seg om «sjelens udødelighet» eller noen form for «sjelevandring». Det var en gresk – og altså indoeuropeisk – tanke. Men ifølge kristendommen er det ikke noe i mennesket – for eksempel menneskets «sjel» – som er udødelig i seg selv. Kirken tror på «legemets oppstandelse og et evig liv», men det er nettopp et Guds under at vi blir reddet fra døden og «fortapelsen». Det er ikke vår egen fortjeneste, og det skyldes heller ikke noen naturlig – eller medfødt – egenskap.

De første kristne begynte nå å forkynne «det glade budskap» om frelsen gjennom troen på Jesus Kristus. Med hans frelsesverk var «Guds rike» i ferd med å bryte ut. Nå kunne hele verden vinnes for Kristus. (Ordet «kristus» er en gresk oversettelse av det jødiske ordet «messias» og betyr altså «den salvete».)

Bare noen få år etter Jesu død ble fariseeren *Paulus* omvendt til kristendommen. Med sine mange misjonsreiser over hele den greskromerske verden gjorde han kristendommen til en verdensreligion. Dette hører vi om i Apostlenes Gjerninger. Paulus' forkynnelse og veiledning for de kristne blir vi dessuten kjent med gjennom de mange brevene han skrev til de første kristne menighetene.

Så dukker han opp i Athen. Han spaserer like inn på torget i filosofiens hovedstad. Og han «ble rystet over å se at byen var full av avgudsbilder», fortelles det. Han besøkte den jødiske synagogen i Athen, og han gav seg i snakk med epikureiske og stoiske filosofer. Disse tok ham med seg opp på Areopagos-høyden. Her sa de: «Kan vi få vite hva det er for slags ny lære du kommer med? For det er merkverdige ting vi hører, og vi vil gjerne vite hva det egentlig dreier seg om.»

Kan du se det for deg, Sofie? Her dukker en jøde opp på torget i Athen og gir seg til å snakke om en frelser som ble hengt på et kors og siden stod opp fra graven. Allerede med Paulus' besøk i Athen aner vi selve kollisjonen mellom gresk filosofi og den kristne frelseslære. Men Paulus klarer tydeligvis å få athenerne i tale. Mens han står på Areopagos – og altså under de stolte templene på Akropolis – holder han følgende tale:

«Athenske menn!» begynner han. «Jeg ser at dere på alle måter er svært religiøse. For da jeg gikk omkring og så på deres helligdommer, fant jeg et alter med denne innskrift: 'For en ukjent Gud'. Det som dere tilber uten å kjenne, det forkynner jeg dere. Gud, han som skapte verden og alt som er i den, han som er herre over himmel og jord, han bor ikke i templer reist av menneskehender. Heller ikke trenger han noe av det menneskers hender kan tjene ham med. Det er jo han som gir alle liv og ånde og alle ting. Han lot alle folkeslag, som stammer fra ett menneske, bo over hele jorden, og han satte faste tider for dem og bestemte grensene for deres områder. Dette gjorde han for at de skulle søke Gud, om de kanskje kunne føle og finne ham. Han er jo ikke langt borte fra en eneste en av oss. For det er i ham vi lever, beveger oss og er til, som også noen av deres diktere sier: 'For vi er hans slekt'. Fordi vi altså er Guds slekt, må vi ikke tenke at guddommen ligner et bilde av gull eller sølv eller stein, formet av menneskers kunst eller tanke. Disse uvitenhetens tider har Gud båret over med, men nå befaler han alle mennesker hvor de enn er, at de må vende om. For han har fastsatt en dag da han skal dømme verden med rettferdighet, og har til dette bestemt en mann. Det har han gjort troverdig for alle ved å oppreise ham fra de døde.»

Paulus i Athen, Sofie. Vi snakker om hvordan kristendommen begynte å sive inn i den gresk-romerske verden. Som noe annet, som noe svært annerledes enn epikureisk, stoisk eller nyplatonsk filosofi. Ett ankerfeste finner likevel Paulus i denne kulturen. Han peker på at en søken etter Gud ligger nedlagt i alle mennesker. Dette var ikke noe nytt for grekerne. Det nye som Paulus forkynner, er at Gud også har åpenbart seg for menneskene og virkelig kommet dem i møte. Han er altså ikke bare en «filosofisk Gud» som menneskene kan strekke seg mot med sin forstand. Ikke ligner han «et bilde av gull og sølv eller stein» heller – den slags var det nok av både oppe på Akropolis og nede på det store torget. Men Gud «bor ikke i templer reist av menneskehender». Han er en personlig Gud som griper inn i historien og dør på korset for menneskenes skyld.

Etter at Paulus hadde holdt talen sin på Areopagos, forteller Apostlenes Gjerninger at noen gjorde narr av ham for det han sa om at Jesus hadde stått opp fra døden. Men enkelte av tilhørerne sa også: «Vi hører deg gjerne tale mer om dette en annen gang.» Det var dessuten noen som sluttet seg til Paulus og tok til å tro på kristendommen. En av dem var kvinnen *Damaris*, og dette skal vi merke oss. Det var ikke minst kvinner som omvendte seg til kristendommen.

Slik fortsatte Paulus sin misjonsvirksomhet. Allerede noen få tiår etter Jesus var det kristne menigheter i alle de viktigste greske og romerske byene – i Athen, i Roma, i Alexandria, i Efesos, i Korint. I løpet av tre–fire hundre år var hele den hellenistiske verden kristnet.

Trosbekjennelse

Nå var det ikke bare som misjonær at Paulus fikk en grunnleggende betydning for kristendommen. Også innad i de kristne menighetene hadde han stor innflytelse. Det var et utbredt behov for åndelig veiledning.

Et viktig spørsmål de første årene etter Jesus var om ikke-jøder kunne bli kristne uten først å gå veien om jødedommen. Skulle for eksempel en greker overholde Moseloven? Paulus mente at dette ikke var nødvendig. Kristendommen var noe mer enn en jødisk sekt. Den vendte seg til alle mennesker med et universelt frelsesbudskap. «Den gamle pakt» mellom Gud og Israel var erstattet av «den nye pakt» som Jesus hadde opprettet mellom Gud og alle mennesker.

Men kristendommen var ikke den eneste nye religionen på denne tiden. Vi har sett hvordan hellenismen var preget av religionsblanding. Det ble derfor viktig for kirken å komme fram til en kort oppsummering av hva som var den kristne læren. Dette var viktig både for å avgrense seg mot andre religioner og for å forhindre splittelse i den kristne kirken. Slik oppstod de første *trosbekjennelsene*. En trosbekjennelse summerer opp de viktigste kristne «dogmene» eller læresetningene.

En slik viktig læresetning var at Jesus var både Gud og menneske. Han var altså ikke bare «Guds sønn» i kraft av sin gjerning. Han var Gud selv. Men han var også et «sant menneske» som hadde delt menneskenes kår og som virkelig led på korset.

Dette kan høres ut som en motsetning. Men kirkens budskap var nettopp at *Gud ble menneske*. Jesus var ikke en «halvgud» (som var halvt menneskelig og halvt guddommelig). Troen på slike «halvguder» var ganske utbredt i greske og hellenistiske religioner. Kirken lærte at Jesus var «fullkommen Gud, fullkomment menneske».

Post scriptum

Jeg prøver å si noe om hvordan alt henger sammen, kjære Sofie. Når kristendommen trer inn i den gresk-romerske verden, dreier det seg om et dramatisk møte mellom to kulturkretser. Men det dreier seg også om et av historiens store kulturskifter.

Vi er i ferd med å tre ut av oldtiden. Fra de første greske filosofene har det gått nesten tusen år. Foran oss har vi den kristne middelalderen. Også den varte omkring tusen år.

Den tyske dikteren *Goethe* sa en gang at «den som ikke kan føre sitt regnskap over 3000 år, lever bare fra hånd til munn». Men jeg vil ikke at du skal være blant dem. Jeg gjør hva jeg kan for at du skal kjenne dine historiske røtter. Bare slik blir du et menneske. Bare slik blir du noe mer enn en naken ape. Bare slik unngår du å sveve i det tomme rom.

«Bare slik blir du menneske. Bare slik blir du noe mer enn en naken ape . . . »

Sofie ble sittende en stund og stirre ut i hagen gjennom de små hullene i hekken. Hun hadde begynt å forstå hvor viktig det var å kjenne sine historiske røtter. Det hadde iallfall vært viktig for Israel-folket.

Selv var hun ikke noe annet enn et tilfeldig menneske. Men hvis hun kjente sine historiske røtter, ble hun litt mindre tilfeldig.

Selv levde hun ikke mer enn noen få år på denne planeten. Men hvis menneskeslektens historie var hennes egen historie, da var hun på en måte mange tusen år gammel.

Sofie tok med seg alle arkene og ålte seg ut av Smuget. Hun gjorde noen glade hopp gjennom hagen og sprang opp på rommet sitt.

MIDDELALDEREN

... å komme et stykke på vei er ikke det samme som å ta feil av veien...

Det gikk en uke uten at Sofie hørte noe mer fra Alberto Knox. Ikke fikk hun noen flere prospektkort fra Libanon heller, men hun snakket stadig med Jorunn om kortene de hadde funnet i Majorstua. Jorunn hadde vært helt på styr. Men da det ikke skjedde noe mer, hadde den første forskrekkelsen fortapt seg i lekselesing og badminton-spill.

Sofie leste igjennom brevene fra Alberto mange ganger for å se om hun fant noe som kunne kaste lys over det som hadde med Hilde å gjøre. Slik fikk hun rik anledning til å fordøye antikkens filosofi også. Hun hadde ikke lenger problemer med å holde Demokrit og Sokrates, Platon og Aristoteles fra hverandre.

Fredag 25. mai stod hun foran komfyren og lagde middag til moren kom hjem fra jobben. Det var den vanlige fredagsavtalen. I dag lagde hun fiskesuppe med fiskeboller og gulrøtter. Svært enkelt.

Ute var det begynt å blåse. Mens Sofie stod og rørte i gryta, snudde hun seg og så mot vinduet. Bjørketrærne svaiet som kornaks.

Plutselig var det noe som smalt i ruta. Sofie snudde seg igjen, og nå oppdaget hun et pappstykke som klistret seg mot vindusglasset.

Sofie gikk til vinduet og så at det var et prospektkort. Hun leste gjennom glasset: «Hilde Møller Knag, c/o Sofie Amundsen . . .»

Tenkte hun det ikke. Hun åpnet vinduet og tok kortet inn. Det hadde vel ikke kommet blåsende hele den lange veien fra Libanon?

Også dette kortet var datert fredag 15. juni.

Sofie tok kjelen fra platen og satte seg ved kjøkkenbordet. På kortet stod det:

Kjære Hilde. Jeg vet ikke om du fortsatt har bursdag når du leser dette kortet. På en måte håper jeg det, jeg har iallfall et håp om at det ikke er

gått altfor mange dager. At det går en uke eller to for Sofie, behøver jo ikke
bety at det går like lang tid for oss. Selv kommer jeg hjem sankthansaften.
Da sitter vi lenge i hagegyngen og ser ut over sjøen sammen, Hilde. Vi har
mye å snakke om. Hilsen pappa, som iblant blir deprimert over den årtu-
senlange striden mellom jøder, kristne og muslimer. Stadig må jeg minne
meg selv på at alle de tre religionene fører sine røtter tilbake til Abraham.
Men da må de vel også be til den samme Gud? Her nede er ikke Kain og
Abel riktig ferdige med å slå hverandre i hjel. PS. Jeg kan kanskje be deg
om å hilse til Sofie? Stakkars barn, ennå har hun ikke forstått hvordan
tingene henger sammen. Men det har kanskje du?

Sofie lente seg utmattet over bordplaten. Det var sikkert og visst at hun
ikke skjønte hvordan dette kunne henge sammen. Men det kunne altså
Hilde?

Når Hildes far kunne be Hilde om å hilse henne, måtte det bety at Hilde
visste mer om Sofie enn Sofie visste om Hilde. Det hele var så innfløkt at
Sofie gikk tilbake til middagslagingen.

Et kort som ganske av seg selv smalt mot kjøkkenvinduet. Flypost –
altså bokstavelig talt . . .

Straks hun hadde satt kjelen på platen igjen, ringte telefonen.

Tenk om det var pappa! Hvis han bare hadde kommet hjem, ville hun
fortalt ham alt hun hadde opplevd de siste ukene. Men det var vel bare
Jorunn eller mamma . . . Sofie styrtet til apparatet.

– Sofie Amundsen.

– Det er meg, kom det i den andre enden.

Sofie var sikker på tre ting: Det var ikke pappa. Men det var en manns-
stemme. Hun var dessuten overbevist om at hun hadde hørt akkurat den
samme stemmen før.

– Hvem er det? spurte hun.

– Det er Alberto.

– Åh . . .

Sofie visste ikke hva hun skulle svare. Stemmen husket hun fra videoen
om Athen.

– Har du det bra?

– Jada . . .

– Men fra nå av blir det ikke flere brev.

– Jeg har ikke så mye som tatt i en frosk, altså.

– Vi må møtes personlig, Sofie. Det begynner å haste, skjønner du.

– Hvorfor det?

– Vi er i ferd med å bli omringet av Hildes far.

– Hvordan omringet?

– Fra alle kanter, Sofie. Vi må samarbeide nå.

– Hvordan . . .

– Men du kan ikke være til mye hjelp før jeg har fortalt om middelalderen. Vi må nok rekke både renessansen og 1600-tallet også. En nøkkelrolle spiller dessuten Berkeley . . .

– Var det ikke han det hang et bilde av i Majorstua?

– Han ja. Kanskje er det om hans filosofi selve slaget skal stå.

– Du får det til å høres ut som en slags krig?

– Jeg vil heller kalle det en åndskamp. Vi må prøve å vekke Hildes oppmerksomhet og få henne over på vår side før faren hennes kommer hjem til Lillesand.

– Jeg skjønner ingenting.

– Men kanskje vil filosofene åpne øynene dine. Møt meg i Mariakirken i morgen tidlig klokken 4. Men kom alene, barnet mitt.

– Skal jeg komme midt på natten?

– . . . klikk!

– Hallo?

Den sniken! Han hadde lagt på røret. Sofie styrtet tilbake til komfyren. Det var rett før suppen kokte over. Nå helte hun fiskebollene og gulrøttene i kjelen og skrudde ned varmen.

I Mariakirken? Det var en gammel steinkirke fra middelalderen. Sofie trodde den bare ble brukt til konserter og til helt spesielle gudstjenester. Om sommeren var den av og til åpen for turister. Men den var vel ikke åpen midt på natten?

Da moren kom hjem, hadde Sofie lagt kortet fra Libanon i skapet sammen med alle de andre tingene fra Alberto og Hilde. Etter middag gikk hun til Jorunn.

– Vi må gjøre en litt spesiell avtale, sa hun til venninnen straks hun åpnet døren.

Mer sa hun ikke før de hadde lukket døren bak seg på Jorunns rom.

– Det er litt problematisk, fortsatte Sofie.

– Kom igjen!

– Jeg blir nødt til å si til mamma at jeg overnatter hos deg i natt.

– Bare hyggelig.

– Men det er bare noe jeg sier, skjønner du. Jeg kommer til å være et helt annet sted.

– Det var verre. Er det noe guttegreier?

– Nei, men det er noe Hilde-greier.

Jorunn plystret lavt, og Sofie så henne stramt inn i øynene.

– Jeg kommer hit i kveld, sa hun. – Men jeg må snike meg ut ved tre-tiden. Du må være forberedt på å dekke meg til jeg kommer.

– Men hvor skal du? *Hva* skal du, Sofie?

– Sorry. Jeg har mottatt strenge ordre.

Venninne-overnatting var ikke noe problem, snarere tvert imot. Det hend-te Sofie fikk en følelse av at moren likte å ha huset for seg selv.

– Du kommer til grøten i morgen formiddag? var morens eneste for-maning idet hun gikk.

– Hvis ikke, vet du hvor jeg er.

Hvorfor sa hun det? Det var jo nettopp det som var det svake punktet.

Overnattingsbesøket begynte som overnattingsbesøk flest med fortro-lige samtaler til langt ut på natten. Forskjellen var bare at Sofie stilte klok-ken på kvart over tre da de omsider falt til ro ved ett-tiden.

Det var bare så vidt Jorunn våknet da Sofie slo ned klokken to timer senere.

– Vær forsiktig, sa hun.

Så var Sofie på vei. Det var flere kilometer å gå til Mariakirken, men selv om hun hadde sovet bare et par timer, kjente hun seg lys våken. Over åsene i øst hang et rødt bånd.

Da hun stod foran inngangen til den gamle steinkirken, var klokken fire. Sofie kjente på den tunge døren. Den var åpen!

Inne i kirken var det like tomt og taust som kirken var gammel. Gjen-nom glassmaleriene fløt et blålig lys som avslørte tusener av små støv-partikler i luften. Det var som om støvet samlet seg i tjukke bjelker som gikk på kryss og tvers i kirkerommet. Sofie satte seg på en benk midt i kirkeskipet. Hun ble sittende og stirre mot alteret og opp på et gammelt krusifiks som var malt med matte farger.

Det gikk noen minutter. Plutselig begynte orgelet å spille. Sofie torde ikke snu seg. Det hørtes ut som en svært gammel salmemelodi, sikkert fra middelalderen den også.

Etter en stund ble det helt stille igjen. Men snart hørte hun noen skritt som nærmet seg bak henne. Skulle hun snu seg nå? Hun valgte å bore blikket mot Jesus på korset.

Skrittene passerte henne, og hun så en skikkelse som kom gående opp gjennom kirken. Han bar en brun munkekutte. Sofie kunnet sverget på at det måtte være en munk fra middelalderen.

Hun var redd, men hun var ikke skrekkslagen. Foran alterringen svingte munken i en bue og steg til slutt opp på talerstolen. Han lente seg over den, så ned på Sofie og sa noe på latin:

– Gloria patri et filio et spiriti sancto. Sicut erat in principio et nunc et semper in saecola saecolorum.

– Snakk norsk, din tullebukk, utbrøt Sofie.

Ordene runget i den gamle steinkirken.

Hun hadde forstått at munken måtte være Alberto Knox. Likevel angret hun på at hun hadde uttrykt seg så uhøytidelig i en gammel kirke. Men hun hadde vært redd, og når man er redd, gir det gjerne en slags trøst å bryte alle taburegler.

– Hysj!

Alberto holdt en hånd opp som prester gjør når de vil at menigheten skal sette seg.

– Hvor mye er klokken, barnet mitt? spurte han.

– Fem på fire, svarte Sofie, hun var ikke redd lenger nå.

– Da er tiden inne. Nå begynner middelalderen.

– Begynner middelalderen klokken fire? spurte Sofie forfjamset.

– Omkring klokken fire, ja. Så ble klokken fem og seks og syv. Men det var som om tiden stod stille. Klokken ble åtte og ni og ti. Men fortsatt var det middelalder, forstår du. På tide å stå opp til en ny dag, tenker du kanskje. Joda, jeg skjønner hva du mener. Men det er helg, forstår du, en eneste lang helg. Klokken ble elleve og tolv og tretten. Det er denne tiden vi kaller høymiddelalderen. Nå ble de store katedralene i Europa bygget. Først omkring klokken fjorten var det en og annen hane som gol. Og nå – først nå begynte den lange middelalderen å ebbe ut.

– Da varte middelalderen i ti timer, sa Sofie.

Alberto kastet med hodet som stakk fram fra hetten på den brune munkekutten og skuet ut over menigheten som for øyeblikket bare bestod av en jente på fjorten år:

– Hvis en time er hundre år, ja. Vi kan tenke oss at Jesus ble født ved midnatt. Paulus begynte sine misjonsreiser litt før halv ett og døde i Roma et kvarter senere. Fram mot klokken tre var den kristne kirken mer eller mindre forbudt, men i år 313 ble kristendommen en anerkjent religion i Romerriket. Det var under keiser Konstantin. Selv ble den fromme keiseren døpt først på dødsleiet mange år senere. Fra 380 ble kristendommen statsreligion i hele Romerriket.

– Gikk ikke Romerriket i oppløsning?

– Det hadde begynt å knake i sine sammenføyninger, ja. Vi står foran et av historiens aller viktigste kulturskifter. På 300-tallet var Roma truet både av folkestammer som presset på fra nord og av indre oppløsning. I 330 flyttet keiser Konstantin Romerrikets hovedstad til byen Konstantinopel, som han selv hadde grunnlagt ved innseilingen til Svartehavet. Den nye byen ble av noen oppfattet som «det andre Roma». I 395 ble Romerriket delt i to – det vestromerske riket med Roma i sentrum og det østromerske riket med den nye byen Konstantinopel som hovedstad. I 410 ble Roma plyndret av barbariske folkestammer, og i 476 gikk hele den vestromerske staten til grunne. Det østromerske riket bestod som statsdannelse helt fram til 1453 da tyrkerne erobret Konstantinopel.

– Og da fikk byen navnet Istanbul?

– Sant nok. En annen dato vi skal merke oss, er året 529. Da stengte kirken Platons akademi i Athen. Samme år ble *Benediktiner-ordenen* opprettet. Det var den første store munkeorden. Slik blir året 529 et symbol på hvordan den kristne kirken la et lokk over den greske filosofien. Fra nå av fikk klostrene monopol på undervisning, refleksjon og fordypelse. Klokken tikker mot halv seks . . .

Sofie hadde for lengst forstått hva Alberto mente med alle klokkeslettene. Midnatt var år 0, klokken ett var 100 etter Kristus, klokken 6 var 600 etter Kristus, og klokken 14 var 1400 etter Kristus . . .

Alberto fortsatte:

– Med «middelalderen» menes egentlig den tiden som ligger imellom to andre epoker. Uttrykket oppstod i renessansen. Man opplevde at middelalderen var en eneste lang «tusenårsnatt» som hadde lagt seg over

Europa mellom antikken og renessansen. Fortsatt blir uttrykket «middelaldersk» brukt i nedsettende betydning om alt som er autoritært og stivbeint. Men noen har også betraktet middelalderen som «tusen års grotid». Det var for eksempel i middelalderen at skolevesenet tok form. Allerede tidlig i middelalderen oppstod de første klosterskolene. Fra 1100-tallet kom katedralskolene, og fra omkring 1200 ble de første universitetene opprettet. Den dag i dag er fagene oppdelt i forskjellige grupper eller «fakultet» som i middelalderen.

– Tusen år er et veldig langt tidsrom.

– Men kristendommen brukte tid på å trenge ned i folkedypet. I løpet av middelalderen vokste dessuten de forskjellige nasjonene fram – med byer og borger, folkemusikk og folkediktning. Hva ville vel eventyr og folkeviser vært uten middelalderen? Ja, hva ville Europa vært uten middelalderen, Sofie? En romersk provins? Men den klangbunn som ligger i navn som Norge, England eller Tyskland, er nettopp dette bunnløse dyp som kalles middelalderen. Det svømmer mange feite fisker i dette dypet selv om vi ikke alltid klarer å få øye på dem. Men Snorre var et middelalder-menneske. Det var Olav den hellige også. Og Karl den store. For ikke å nevne Romeo og Julie, Benedikt og Årolilja, Olav Åsteson eller trollene i Heddal-skogen. Pluss et helt koppel av stolte fyrster og majestetiske konger, tapre riddere og vakre jomfruer, anonyme glassmalere og geniale orgelbyggere. Og ennå har jeg ikke nevnt verken klosterbrødre, korsfarere eller kloke koner.

– Du har ikke nevnt prestene heller.

– Riktig nok. Til Norge kom ikke kristendommen før på 1000-tallet, men det ville være en overdrivelse å si at Norge ble et kristent land etter slaget på Stiklestad. Gamle hedenske forestillinger levde videre under den kristne overflaten, og mange slike førkristne elementer blandet seg snart med kristne forestillinger. For eksempel i den norske julefeiringen har kristne og norrøne skikker inngått et ekteskap som har vart til denne dag. Og her gjelder den gamle regelen om at ektefellene begynner å ligne på hverandre. Slik kan julekaken, julegrisen og juleølet begynne å ligne på vismennene fra Østerland og stallen i Betlehem. Det må likevel understrekes at kristendommen etter hvert ble enerådende som livssyn. Vi snakker derfor gjerne om middelalderen som en kristen «enhetskultur».

– Og den var altså ikke bare mørk og trist?

– De første hundreårene etter år 400 *var* virkelig en kulturell nedgangs-
tid. Romertiden var en «høykultur» med store byer som hadde offentlige
kloakkanlegg, offentlige bad og offentlige bibliotek. For ikke å snakke om
den stolte arkitekturen. Hele denne kulturen gikk i oppløsning i de første
hundreårene av middelalderen. Dette gjaldt også handel og pengeøko-
nomi. I middelalderen overtok igjen naturalhusholdning og bytteøko-
nomi. Økonomien ble nå preget av det vi kaller føydalisme. Med det me-
nes at noen store føydalherrer eide den jorda som landarbeiderne måtte
arbeide på for å tjene til livets opphold. Også folketallet gikk sterkt tilbake
de første hundreårene. Jeg kan nevne at Roma var en millionby i oldtiden.
Allerede på 600-tallet var befolkningen i den gamle verdensbyen redusert
til 40.000 innbyggere, altså en brøkdel. Slik kunne en beskjeden befolk-
ning gå omkring mellom restene av de majestetiske bygningene fra byens
storhetstid. Når de trengte bygningsmaterialer, var det nok av gamle rui-
ner å forsyne seg av. Dette har naturligvis ergret dagens arkeologer, som
gjerne hadde sett at middelaldermenneskene hadde latt de gamle minnes-
merkene ligge uberørt.

– Det er lett å være etterpåklok.

– Som politisk størrelse var Romas tid forbi allerede på slutten av 300-
tallet. Men biskopen i Roma ble snart overhode for hele den romersk-
katolske kirken. Han fikk navnet «pave» – eller «far» – og ble etter hvert
regnet som Jesu stedfortreder på Jorden. Slik fungerte Roma som kirkens
hovedstad gjennom nesten hele middelalderen. Og det var ikke mange som
våget å «tale Roma midt imot». Skjønt etter hvert fikk de nye nasjonal-
statenes konger og fyrster så stor makt at enkelte av dem våget å sette seg
opp mot den sterke kirkemakten. En av dem var vår egen kong Sverre . . .

Sofie stirret opp på den lærde munken.

– Du sa at kirken stengte Platons akademi i Athen. Ble alle de greske
filosofene glemt?

– Bare delvis. Man hadde kjennskap til noen Aristoteles-skrifter her og
noen Platon-skrifter der. Men det gamle Romerriket ble etter hvert delt i
tre forskjellige kulturområder. I Vest-Europa fikk vi en *latinspråklig* kristen
kultur med Roma som hovedstad. I Øst-Europa fikk vi en *greskspråklig*
kristen kultur med Konstantinopel som hovedstad. Senere fikk byen det
greske navnet Byzants. Vi snakker derfor om den «byzantiske middel-
alder» til forskjell fra den romersk-katolske middelalderen. Men også

Nord-Afrika og Midt-Østen hadde tilhørt Romerriket. Dette området utviklet i Middelalderen en *arabiskspråklig* muslimsk kultur. Etter at Muhammed døde i 632, ble både Midt-Østen og Nord-Afrika vunnet for islam. Snart ble også Spania en del av det muslimske kulturområdet. Islam fikk sine hellige steder med byer som Mekka, Medina, Jerusalem og Bagdad. Av kulturhistorisk betydning er det verdt å merke seg at araberne også overtok den gamle hellenistiske byen Alexandria. Slik gikk mye av den greske vitenskapen i arv til araberne. Gjennom hele middelalderen var araberne ledende innen vitenskaper som matematikk, kjemi, astronomi og medisin. Den dag i dag bruker vi jo «arabiske tall». På flere områder var altså den arabiske kulturen overlegen i forhold til den kristne.

– Jeg spurte hvordan det gikk med den greske filosofien.

– Kan du se for deg en bred flod som for en stund deler seg i tre forskjellige elveløp før de tre elvene igjen samles til én stor flod?

– Jeg ser det for meg.

– Da kan du også se hvordan den gresk-romerske kulturen dels ble overlevert gjennom den romersk-katolske kulturen i vest, dels gjennom den østromerske kulturen i øst og dels gjennom den arabiske kulturen i sør. Selv om det er svært forenklet, kan vi si at nyplatonismen ble overlevert i vest, Platon i øst og Aristoteles hos araberne i sør. Men det var også noe av alt i alle de tre elveløpene. Poenget er at ved middelalderens slutt *samles* alle de tre elveløpene i Nord-Italia. Arabisk innflytelse kom fra araberne i Spania, gresk innflytelse fra Hellas og Byzants. Og nå begynner «renessansen», nå begynner den antikke kulturens «gjenfødelse». På sett og vis hadde altså den antikke kulturen overlevd den lange middelalderen.

– Jeg skjønner.

– Men vi skal ikke foregripe begivenhetenes gang. Vi skal først snakke litt sammen om middelalderens filosofi, barnet mitt. Og jeg skal ikke lenger tale til deg fra kateteret. Jeg kommer ned.

Sofie kjente det under øynene at hun hadde sovet bare noen få timer. Når hun nå så at den underlige munken begynte å vandre ned fra talerstolen i Mariakirken, var det som i en drøm.

Alberto gikk fram til alterringen. Her kikket han først opp på alteret med det gamle krusifikset. Så snudde han seg mot Sofie og gikk med langsomme skritt ned og satte seg ved siden av henne på kirkebenken.

Det var rart å komme så nær ham. Under hetten så Sofie inn i et par brune øyne. De tilhørte en middelaldrende mann med mørkt hår og fippskjegg.

Hvem er du? tenkte hun. Hvorfor har du grepet inn i livet mitt?

– Vi skal nok bli bedre kjent etter hvert, sa han, det var som om han hadde lest tankene hennes.

Mens de satt slik, og lyset som slapp inn i kirken gjennom glassmaleriene ble skarpere og skarpere, begynte Alberto Knox å fortelle om middelalderens filosofi.

– At kristendommen var sann, var noe filosofene i middelalderen nærmest tok for gitt, begynte han.

– Spørsmålet var om vi bare må *tro* på den kristne åpenbaring eller om vi også kan nærme oss de kristne sannhetene ved hjelp av fornuften. Hvordan var forholdet mellom de greske filosofene og det som stod i Bibelen? Var det en motsetning mellom Bibelen og fornuften, eller var tro og viten forenlig? Nesten all middelalderfilosofi dreide seg om dette ene spørsmålet.

Sofie nikket utålmodig. Hun hadde jo svart på dette med tro og viten i kristendomsprøven.

– Vi skal se hvordan vi møter denne problemstillingen hos de to viktigste middelalderfilosofene, og vi kan begynne med *Augustin*, som levde fra 354 til 430. I dette ene menneskets liv kan vi studere selve overgangen fra senantikken til middelalderens begynnelse. Augustin ble født i den lille byen Tagaste i Nord-Afrika, men allerede som 16-åring drog han til Kartago for å studere. Senere reiste han til Roma og Milano, og de siste årene av sitt liv levde han som biskop i byen Hippo noen mil vest for Kartago. Men han var ikke kristen hele livet. Augustin var innom mange religiøse og filosofiske strømninger før han ble kristen.

– Kan du gi noen eksempler?

– I en periode var han *manikeer*. Manikeerne var en religiøs sekt som var svært typisk for senantikken. Det var en halvt religiøs og halvt filosofisk frelseslære. Tanken var at verden er delt i to mellom godt og vondt, lys og mørke, ånd og stoff. Med sin ånd kunne mennesket heve seg over stoffets verden og slik legge grunnen for sjelens frelse. Men det skarpe skillet

176

mellom godt og vondt gav ham ikke ro. Den unge Augustin var i det hele tatt opptatt av det vi gjerne kaller «det ondes problem». Med det menes spørsmålet om hvor det onde kommer fra. I en periode var han preget av stoisk filosofi, og ifølge stoikerne eksisterte ikke noe slikt skarpt skille mellom godt og vondt. Fremfor alt ble Augustin preget av den andre viktige filosofiske retningen i senantikken – nemlig nyplatonismen. Her møtte han tanken om at hele tilværelsen er av guddommelig natur.

– Og så ble han en nyplatonsk biskop?

– Ja, det kan du kanskje si. Aller først ble han kristen, men Augustins kristendom er i høy grad preget av en platonsk tankegang. Og slik, Sofie, slik må du forstå at det ikke dreier seg om noe dramatisk brudd med gresk filosofi straks vi beveger oss inn i den kristne middelalderen. Mye av den greske filosofien ble båret inn i den nye tiden gjennom kirkefedre som Augustin.

– Mener du at Augustin var femti prosent kristen og femti prosent nyplatonist?

– Selv mente han naturligvis at han var hundre prosent kristen. Men han så ingen skarp motsetning mellom kristendommen og Platons filosofi. Han opplevde at sammenfallet mellom Platons filosofi og den kristne lære var så påfallende at han spekulerte på om ikke Platon hadde hatt kjennskap til deler av Det gamle testamentet. Dette er selvfølgelig svært tvilsomt. Vi kan heller si at det var Augustin som «kristnet» Platon.

– Han sa iallfall ikke takk og farvel til alt som hadde med filosofi å gjøre selv om han begynte å tro på kristendommen?

– Men han pekte på at det er grenser for hvor langt fornuften kan strekke seg i religiøse spørsmål. Kristendommen er også et guddommelig mysterium som vi bare kan nærme oss gjennom troen. Men hvis vi tror på kristendommen, vil Gud «opplyse» sjelen vår så vi oppnår en slags overnaturlig kunnskap om Gud. Selv hadde Augustin opplevd at det var grenser for hvor langt filosofien kunne strekke seg. Først da han ble kristen, fikk sjelen ro. «Vårt hjerte er urolig inntil det finner hvile i Deg,» skriver han.

– Jeg skjønner ikke helt hvordan Platons idélære kunne forenes med kristendommen, innvendte Sofie nå. – Hva med de evige ideene?

– Augustin slår riktignok fast at Gud skapte verden av ingenting, og dette er en bibelsk tanke. Grekerne var mer tilbøyelige til å mene at verden hadde vært bestandig. Men før Gud skapte verden, eksisterte «ideene» i Guds tanker, mente han. Han la altså de platonske ideene inn i Gud og reddet på den måten den platonske forestillingen om de evige ideene.

– Det var smart.

– Men det illustrerer hvordan både Augustin og mange av de andre kirkefedrene kunne anstrenge seg til det ytterste for å forene gresk og jødisk tankegang. De var på en måte borgere av to kulturer. Også i synet på det onde, griper Augustin til nyplatonismen. Han mente som Plotin at det onde er et «fravær av Gud». Det har ikke noen selvstendig eksistens, det er noe som ikke er. For Guds skaperverk er egentlig bare godt. Det onde skyldes menneskenes ulydighet, mente Augustin. Eller for å si det med hans egne ord: «Den gode vilje er Guds verk, den onde vilje er å falle bort fra Guds verk.»

– Mente han også at mennesket har en guddommelig sjel?

– Både ja og nei. Augustin slår fast at det går en uoverstigelig kløft mellom Gud og verden. Her står han trygt på bibelsk grunn og avviser dermed Plotins lære om at alt er ett. Men han understreker også at mennesket er et åndelig vesen. Det har en materiell kropp – som tilhører den fysiske verden der møll og rust tærer – men det har også en sjel som kan erkjenne Gud.

– Hva skjer med menneskets sjel når vi dør?

– Ifølge Augustin gikk hele menneskeslekten fortapt etter syndefallet. Likevel har Gud bestemt at noen mennesker skal bli frelst fra den evige fortapelsen.

– Da synes jeg han like gjerne kunne bestemt seg for at ingen skulle gå fortapt, innvendte Sofie.

– Men på dette punktet avviser Augustin at mennesket har noen rett til å kritisere Gud. Her viser han til noe som Paulus skrev i sitt brev til romerne:

Men hvem er du, menneske, som tar til gjenmæle mot Gud? Kan det som er formet si til ham som formet det: 'Hvorfor gjorde du meg slik?' Er ikke pottemakeren herre over leiren, så han av det samme materiale kan lage både et fint og et simpelt kar?

– Gud sitter i himmmelen og leker seg med menneskene altså? Straks han er misfornøyd med noe han selv har skapt, kaster han det i bosset.

– Augustins poeng er at ingen mennesker fortjener Guds frelse. Likevel har Gud valgt ut noen som skal frelses fra fortapelsen. For ham er det derfor ingen hemmelighet hvem som blir frelst og hvem som går fortapt. Det er bestemt på forhånd. Så ja – vi er leire i Guds hånd. Vi er helt avhengige av hans nåde.

– Da gikk han på en måte tilbake til den gamle skjebnetroen.

– Det kan være noe i det. Men Augustin fraskriver ikke mennesket ansvaret for sitt eget liv. Hans råd var at vi må leve slik at vi kan merke på vårt eget livsløp at vi hører til blant de utvalgte. For han benekter ikke at vi har fri vilje. Men Gud har «sett på forhånd» hvordan vi vil leve.

– Blir ikke dette litt urettferdig? spurte Sofie. – Sokrates mente at alle mennesker hadde de samme mulighetene fordi alle hadde den samme fornuften. Men Augustin delte menneskeheten i to grupper. Den ene gruppen blir frelst, og den andre går fortapt.

– Ja, med Augustins teologi har vi fjernet oss et stykke fra humanismen i Athen. Men det var jo ikke Augustin som delte menneskeheten i to grupper. Her støtter han seg på Bibelens lære om frelsen og fortapelsen. I et stort verk som heter «Om Guds stat» utdyper han dette.

– Fortell!

– Uttrykket «Guds stat» eller «Guds rike» stammer jo fra Bibelen og fra Jesu forkynnelse. Augustin mente at historien handler om hvordan det utkjempes en kamp mellom «Guds stat» og «Den jordiske stat». De to «statene» er ikke politiske stater som er skarpt adskilt fra hverandre. De kjemper om makten i hvert eneste menneske. Mer eller mindre tydelig er likevel «Guds stat» til stede i kirken og «Den jordiske stat» til stede i de politiske statsdannelsene – for eksempel i Romerriket, som gikk i oppløsning nettopp på Augustins tid. Denne oppfatningen ble mer og mer tydelig etter hvert som kirke og stat kjempet om makten gjennom middelalderen. «Det finnes ingen frelse utenfor kirken,» ble det sagt nå. Augustins «Gudsstat» ble altså til slutt identifisert med kirken som organisasjon. Først under reformasjonen på 1500-tallet ble det protestert mot at mennesket måtte gå veien om kirken for å motta Guds frelse.

– Da var det på tide.

– Vi kan også notere oss at Augustin er den første filosofen vi har møtt som trekker selve *historien* inn i sin filosofi. Kampen mellom det gode og det onde var på ingen måte noe nytt. Det nye er at denne kampen utspiller seg i historien. Her er det ikke mye platonisme å spore hos Augustin. Her står han støtt på det lineære historiesynet som vi møter i Det gamle testamentet. Tanken er at Gud trenger hele historien for å virkeliggjøre sin «Gudsstat». Historien er nødvendig for å oppdra menneskene og tilintetgjøre det onde. Eller for å si det med Augustin: «Det guddommelige forsyn leder menneskehetens historie fra Adam fram til historiens slutt, som om det var historien om ett enkelt menneske som utvikler seg gradvis fra barndommen til alderdommen.»

Sofie så på armbåndsuret.

– Klokken er åtte, sa hun. – Jeg må snart gå.

– Men først skal jeg fortelle deg om den andre store middelalderfilosofen. Skal vi sette oss ut?

Alberto reiste seg fra kirkebenken. Han la håndflatene mot hverandre og begynte å skride ned gjennom kirkegangen. Det så ut som om han bad til Gud eller tenkte igjennom noen åndelige sannheter. Sofie fulgte etter ham, hun syntes ikke hun hadde noe valg.

Ute lå det fortsatt et tynt lag av dis over bakken. Solen hadde stått opp for lenge siden, men den hadde ennå ikke brutt helt igjennom morgentåken. Mariakirken lå i utkanten av den gamle bydelen.

Alberto satte seg ned på en benk foran kirken. Sofie tenkte på hva som ville skje hvis noen kom forbi. Det var i seg selv ganske spesielt å sitte på en benk klokken åtte om morgenen, og det gjorde ikke saken noe bedre at hun satt sammen med en middelaldermunk.

– Klokken er 8, begynte han. – Det er gått omkring fire hundre år siden Augustin, og nå begynner den lange skoledagen. Fram til klokken 10 er klosterskolene enerådende når det gjelder undervisning. Mellom klokken 10 og 11 stiftes de første katedralskolene og ved 12-tiden de første universitetene. Nå bygges dessuten de store gotiske katedralene. Også denne kirken er bygget på 1200-tallet – eller i det vi kaller høymiddelalderen. Her i byen hadde de ikke råd til å bygge noen større katedral.

– Det var vel ikke nødvendig heller, falt Sofie inn. – Det verste jeg vet er tomme kirker.

– Men de store katedralene ble ikke bygget bare for å huse store menigheter. De ble reist til Guds ære og var i seg selv en slags gudstjeneste. Men det var også noe annet som skjedde i høymiddelalderen, og det har en spesiell interesse for filosofer som oss.

– Fortell!

Alberto fortsatte:

– Nå begynte innflytelsen fra araberne i Spania å gjøre seg gjeldende. Araberne hadde gjennom hele middelalderen hatt en levende Aristoteles-tradisjon, og fra slutten av 1100-tallet kom lærde arabere til Nord-Italia på invitasjon fra fyrstene der. Slik ble også mange av Aristoteles' skrifter kjent og etter hvert oversatt fra gresk og arabisk til latin. Dette skapte en ny interesse for naturvitenskapelige spørsmål. Det gav dessuten nytt liv til spørsmålet om den kristne åpenbaringens forhold til den greske filosofien. I naturvitenskapelige spørsmål kom man ikke lenger utenom Aristoteles. Men når skulle man lytte til «filosofen» – og når skulle man utelukkende holde seg til Bibelen? Er du med?

Sofie nikket kort, og munken fortsatte:

– Den største og viktigste filosofen i høymiddelalderen var *Thomas Aquinas,* som levde fra 1225 til 1274. Han var fra den vesle byen Aquino mellom Roma og Napoli, men fungerte også som universitetslærer i Paris. Jeg kaller ham «filosof», men han var like mye teolog. Noe egentlig skille mellom «filosofi» og «teologi» fantes ikke på denne tiden. Ganske kort kan vi si at Thomas Aquinas «kristnet» Aristoteles slik Augustin hadde kristnet Platon ved middelalderens begynnelse.

– Var det ikke litt pussig å kristne filosofer som levde mange hundre år før Kristus?

– Det kan du si. Men med «kristningen» av de to store greske filosofene mener vi at de ble tolket og forklart slik at de ikke lenger ble oppfattet som noen trussel mot den kristne lære. Om Thomas Aquinas heter det at han «tok tyren ved hornene».

– Jeg visste virkelig ikke at filosofi hadde noe med tyrefektning å gjøre.

Thomas Aquinas var blant dem som forsøkte å forene Aristoteles' filosofi med kristendommen. Vi sier at han skapte den store syntesen mellom tro og viten. Dette gjorde han nettopp ved å gå inn i Aristoteles' filosofi og ta ham på ordet.

– Eller altså på hornene. Jeg har dessverre nesten ikke sovet i natt, så jeg er redd du må forklare deg nærmere.

– Thomas Aquinas mente at det ikke behøvde være noen motsetning mellom det filosofien eller fornuften forteller oss og det som den kristne åpenbaringen eller troen forteller oss. Svært ofte forteller kristendommen og filosofien oss det samme. Vi kan derfor med fornuftens hjelp nå fram til de samme sannhetene som vi kan lese om i Bibelen.

– Hvordan skulle det være mulig? Kan fornuften fortelle oss at Gud skapte verden på seks dager? Eller at Jesus var Guds sønn?

– Nei, slike rene «trossannheter» har vi bare tilgang til gjennom troen og den kristne åpenbaring. Men Thomas mente at det også finnes en rekke «naturlige teologiske sannheter». Med det mente han sannheter som kan nås *både* gjennom den kristne åpenbaringen og gjennom vår medfødte eller «naturlige» fornuft. En sånn sannhet er for eksempel at det finnes en Gud. Slik mente Thomas at det går to veier til Gud. Den ene veien er gjennom troen og åpenbaringen. Den andre veien er gjennom fornuften og sanseiakttagelsene. Av disse veiene er riktignok troens og åpenbaringens vei den sikreste, for det er lett å gå seg vill hvis man setter sin lit til fornuften alene. Men Thomas' poeng er at det ikke behøver være noen motsetning mellom en filosof som Aristoteles og den kristne læren.

– Vi kan altså like gjerne holde oss til Aristoteles som å holde oss til Bibelen?

– Nei, nei. Aristoteles kommer bare et stykke på vei fordi han ikke kjente til den kristne åpenbaringen. Men å komme et stykke på vei er ikke det samme som å ta feil av veien. Det er for eksempel ikke feil å si at Athen ligger i Europa. Men det er ikke særlig presist heller. Hvis en bok bare forteller deg at Athen er en europeisk by, kan det være klokt å slå opp i en geografibok også. Her får du høre den hele og fulle sannhet: Athen er hovedstaden i Hellas, som er et lite land i den sørøstlige delen av Europa. Er du heldig, får du saktens vite litt om Akropolis også. For ikke å nevne Sokrates, Platon og Aristoteles!

– Men også den første opplysningen om Athen var sann.

– Nettopp! Poenget for Thomas er å vise at det finnes bare én sannhet. Når Aristoteles peker på noe som vi med fornuften erkjenner må være rett, da er det ikke i strid med kristen lære heller. En del av sannheten kan vi helt og fullt nærme oss ved hjelp av fornuften og sanseiakttagelsene – og det er slike sannheter Aristoteles omtaler for eksempel når han beskriver plante- og dyreriket. En annen del av sannheten har Gud åpenbart for oss gjennom Bibelen. Men de to delene av sannheten overlapper hverandre på mange viktige punkter. Det finnes en del spørsmål hvor Bibelen og fornuften forteller oss akkurat det samme.

– For eksempel at det finnes en Gud?

– Akkurat. Også Aristoteles' filosofi forutsatte at det finnes en Gud – eller en første årsak – som setter alle naturprosessene i gang. Men han gir ingen nærmere beskrivelser av Gud. Her må vi helt og fullt holde oss til Bibelen og Jesu forkynnelse.

– Er det nå så sikkert at det virkelig finnes en Gud?

– Det kan selvfølgelig diskuteres. Men den dag i dag vil de fleste være enige om at menneskets fornuft iallfall ikke kan motbevise at det finnes en Gud. Thomas gikk lenger. Han mente at han på bakgrunn av Aristoteles' filosofi kunne bevise Guds eksistens.

– Det var ikke dårlig.

– Også med fornuften kan vi erkjenne at alt omkring oss må ha en «første årsak», mente han. Gud har altså åpenbart seg for menneskene både gjennom Bibelen og gjennom fornuften. Slik finnes både en «åpenbart teologi» og en «naturlig teologi». Sånn er det også på moralens område. Vi kan lese i Bibelen hvordan Gud vil at vi skal leve. Men Gud har dessuten utstyrt oss med en samvittighet som gjør oss i stand til å skille mellom rett og galt på et «naturlig» grunnlag. Det er altså «to veier» også til det moralske liv. Vi kan vite at det er galt å gjøre mennesker vondt, selv om vi ikke har lest i Bibelen at «du skal gjøre mot din neste som du vil at din neste skal gjøre mot deg». Men også her er den sikreste rettesnor å følge Bibelens bud.

– Jeg tror jeg forstår, sa Sofie nå. – Det er omtrent som vi kan vite at det er tordenvær både ved å se lynet og ved å høre tordenskrallet.

– Riktig nok. Selv om vi er blinde, kan vi høre at det tordner. Og selv om vi er døve, kan vi se tordenværet. Det aller beste er selvfølgelig både å se og høre. Men det er ingen *motsetning* mellom det vi ser og det vi hører. Tvert imot – de to inntrykkene utfyller hverandre.

– Jeg skjønner.

– La meg føye til et annet bilde. Hvis du leser en roman – for eksempel «Victoria» av Knut Hamsun . . .

– Den har jeg faktisk lest . . .

– Får du ikke da en slags kunnskap om forfatteren bare ved å lese romanen han har skrevet?

– Jeg kan iallfall gå ut fra at det finnes en forfatter som har skrevet boken.

– Kan du vite noe mer om ham?

– Han har et ganske romantisk syn på kjærligheten.

– Når du leser denne romanen – som er Hamsuns skaperverk – da får du altså et slags innblikk i Hamsuns natur også. Men du kan ikke vente å finne personlige opplysninger om forfatteren. Kan du for eksempel lese ut av «Victoria» hvor gammel forfatteren var da han skrev den, hvor han bodde eller for eksempel hvor mange barn han hadde?

– Selvfølgelig ikke.

– Men slike opplysninger kan du finne i en biografi om Knut Hamsun. Bare i en slik biografi – eller selvbiografi – får du stifte et nærmere bekjentskap med forfatterens *person*.

– Ja, sånn er det.

– Omtrent slik er forholdet mellom Guds skaperverk og Bibelen også. Bare ved å gå omkring i naturen kan vi erkjenne at det finnes en Gud. Vi kan saktens se at han er glad i blomster og dyr også, ellers ville han vel ikke skapt dem. Men opplysninger om Guds person møter vi bare i Bibelen – eller altså i Guds «selvbiografi».

– Det var et lurt eksempel.

– Mmm . . .

For første gang ble Alberto sittende og tenke uten å svare.

– Har dette noe med Hilde å gjøre? glapp det ut av Sofie nå.

– Vi vet jo ikke sikkert om det eksisterer noen «Hilde».

– Men vi vet at det legges ut noen spor etter henne både her og der. Postkort og silkeskjerf, en grønn lommebok, en knestrømpe . . .

Alberto nikket:

– Og det er som om det er opp til Hildes far hvor mange slike spor han vil legge ut. Men så langt vet vi bare at det finnes en person som sender oss alle postkortene. Jeg skulle gjerne sett at han skrev litt om seg selv også. Men alt dette får vi komme tilbake til.

– Nå er klokken tolv. Jeg må iallfall komme meg hjem før middelalderen tar slutt.

– Jeg skal avslutte med noen ord om hvordan Thomas Aquinas overtok

Aristoteles' filosofi på alle områder der den ikke gikk imot kirkens teologi. Det gjelder både Aristoteles' logikk, hans erkjennelsesfilosofi og ikke minst hans naturfilosofi. Husker du for eksempel hvordan Aristoteles beskrev en stigende skala av liv fra planter og dyr til mennesker?

Sofie nikket.

– Allerede Aristoteles mente at denne skalaen pekte mot en Gud som utgjorde en slags maksimum av eksistens. Dette skjemaet var lett å tilpasse den kristne teologien. Ifølge Thomas er det en stigende grad av eksistens fra planter og dyr til mennesker, fra menneskene til englene, og fra englene til Gud. Mennesket har som dyrene en kropp med sanseorganer, men mennesket har også en «gjennomtenkende» fornuft. Englene har ingen slik kropp med sanseorganer, derfor har de også en umiddelbar og øyeblikkelig intelligens. De behøver ikke å «tenke seg om» som mennesker, de behøver ikke å slutte fra det ene til det andre. De vet alt mennesker kan vite uten at de behøver å gå skrittvis fram som oss. Fordi englene ikke har noen kropp, vil de aldri dø heller. De er ikke evige som Gud, for også de ble en gang skapt av Gud. Men de har ingen kropp som de kan skilles fra og vil derfor aldri dø.

– Det høres vidunderlig ut.

– Men over englene troner Gud, Sofie. Han kan se og vite alt i en eneste sammenhengende visjon.

– Da ser han oss nå.

– Ja, kanskje ser han oss. Men ikke «nå». For Gud eksisterer ikke tiden som den gjør for oss. Vårt «nå» er ikke Guds «nå». Selv om det går noen uker for oss, behøver ikke det bety at det går noen uker for Gud.

– Det der var nifst! glapp det ut av Sofie.

Hun la en hånd over munnen. Alberto så ned på henne, og Sofie fortsatte:

– Jeg har fått et nytt kort fra Hildes far. Han skrev noe sånt som at hvis det går en uke eller to for Sofie, behøver ikke det bety at det går like lang tid for oss. Det var nesten akkurat det samme som du sa om Gud!

Sofie kunne se at det fór en heftig grimase over ansiktet under den brune hetten.

– Han skulle skamme seg!

Sofie forstod ikke hva han mente med det, kanskje var det bare en talemåte. Alberto fortsatte:

– Dessverre overtok Thomas Aquinas også Aristoteles' kvinnesyn. Du husker kanskje at Aristoteles mente at kvinnen nærmest var en ufullkommen mann. Han mente dessuten at barna bare arvet farens egenskaper. For kvinnen var passiv og mottagende, mannen var den aktive og formende. Slike tanker harmonerte ifølge Thomas med Bibelens ord – der det for eksempel fortelles at kvinnen ble skapt av mannens ribben.

– Tøys!

– Det kan være viktig å legge til at pattedyrenes egg først ble påvist i 1827. Derfor var det kanskje ikke så underlig at man trodde at det var mannen som var den formende og livgivende i forplantningen. Vi kan dessuten notere oss at det ifølge Thomas bare er som naturvesen at kvinnen er underordnet mannen. Kvinnens sjel er likeverdig med mannens sjel. I himmelen hersker det likestilling mellom kjønnene simpelthen fordi alle kroppslige kjønnsforskjeller opphører.

– Det var en mager trøst. Fantes det ikke noen kvinnnelige filosofer i middelalderen?

– Kirkens liv i middelalderen var svært dominert av menn. Men det betyr ikke at det ikke fantes kvinnelige tenkere. En av dem var var *Hildegard av Bingen* . . .

Sofie sperret øynene opp:

– Har hun noe med Hilde å gjøre?

– Som du spør! Hildegard levde som nonne i Rhindalen fra 1098 til 1179. Skjønt hun var kvinne, virket hun både som predikant, forfatter, lege, botaniker og naturforsker. Hun kan kanskje stå som selve symbolet på at det ofte var kvinnene som var de mest jordnære – ja, de mest vitenskapelige – i middelalderen.

– Jeg spurte om hun har noe med Hilde å gjøre?

– Det var en gammel kristen og jødisk oppfatning at Gud ikke bare var mann. Han hadde også en kvinneside eller «modernatur». For også kvinner er skapt i Guds bilde. På gresk het denne kvinnelige siden ved Gud *Sophia*. «Sophia» eller «Sofie» betyr «visdom».

Sofie ristet oppgitt på hodet. Hvorfor hadde ingen fortalt henne det? Og hvorfor hadde hun aldri spurt?

Alberto fortsatte:

– Både blant jødene og i den gresk-ortodokse kirken spilte «Sophia» – eller Guds modernatur – en viss rolle gjennom middelalderen. I vest ble hun glemt. Men så kommer Hildegard. Hun forteller at Sophia viste seg for henne i visjoner. Hun var kledt i en gyllen tunika smykket med kostbare edelstener . . .

Nå reiste Sofie seg fra benken hun satt på. Sophia hadde vist seg for Hildegard i visjoner . . .

– Kanskje jeg viser meg for Hilde.

Hun satte seg igjen. For tredje gang la Alberto en hånd på skulderen hennes.

– Det er noe vi må finne ut av. Men nå er klokken nesten ett. Du skal spise frokost, og det går mot en ny tid. Jeg innkaller deg til et møte om renessansen. Hermes henter deg i hagen.

Dermed reiste den underlige munken seg og begynte å gå mot kirken. Sofie ble sittende og tenke over Hildegard og Sophia, Hilde og Sofie. Plutselig fór en rykning gjennom kroppen hennes. Hun reiste seg opp og ropte etter den munkekledte filosofilæreren:

– Levde det noen Alberto i middelalderen også?

Han begynte å gå en tanke saktere, vendte så vidt på hodet – og sa:

– Thomas Aquinas hadde en berømt filosofilærer. Han het Albert den Store . . .

Dermed dukket han hodet inn under døren i Mariakirken og var borte.

Sofie gav seg ikke med dette. Hun gikk inn i kirken igjen hun også. Men nå var den aldeles tom. Hadde han gått gjennom gulvet?

Idet hun forlot kirken, la hun merke til et Maria-bilde. Hun gikk tett inntil bildet og betraktet det inngående. Med ett oppdaget hun en liten vanndråpe under det ene øyet på bildet. Var det en tåre?

Sofie styrtet ut av kirken og løp hjem til Jorunn.

. . . o guddommelige slekt i menneskelig ikledning . . .

Jorunn stod på plassen utenfor det gule huset da Sofie kom heseblesende mot hageinngangen ved halv to-tiden.

– Du har vært borte i over ti timer, utbrøt Jorunn.

Sofie ristet på hodet:

– Jeg har vært borte i mer enn tusen år.

– Men hvor har du vært?

– Jeg har hatt et stevnemøte med en middelaldermunk. Morsom fyr!

– Du er sprø. Moren din ringte for en halv time siden.

– Hva sa du?

– Jeg sa at du var i kiosken.

– Hva sa hun da?

– At du skulle ringe når du kom. Det var verre med mor og far. De kom inn med kakao og rundstykker ved ti-tiden. Da var den ene sengen tom.

– Hva sa du?

– Det var fryktelig pinlig. Jeg sa at du hadde gått hjem fordi vi ble uvenner.

– Da må vi skynde oss å bli venner igjen. Og så må ikke foreldrene dine snakke med mamma på noen dager. Tror du vi klarer det?

Jorunn trakk på skuldrene. I neste øyeblikk dukket faren til Jorunn opp i hagen med en trillebår. Han hadde trukket i kjeledress. Det var tydelig at han ennå ikke hadde forsonet seg med løvet som falt i fjor.

– Er det Tuppen og Lillemor? sa han. – Nå ligger det iallfall ikke så mye som et løvblad igjen på kjellerlemmen.

– Det var fint, repliserte Sofie. – For da kan vi kanskje drikke kakao der istedenfor å gjøre det på sengekanten.

Faren lo anstrengt, og det gikk en rykning gjennom Jorunn. De hadde alltid vært litt mer uvørne i språkbruken hjemme hos Sofie enn de var hos finansrådgiver Ingebrigtsen med frue.

– Jeg beklager, Jorunn. Men jeg syntes jeg måtte være litt med på denne dekkoperasjonen jeg også.

– Skal du fortelle noe?

– Hvis du følger meg hjem. Dette er uansett ikke noe for finansrådgivere eller tilårskomne Barbie-dukker.

– Så ekkel du er. Er det noe bedre med et skrantende ekteskap som jager en av partene til sjøs?

– Sikkert ikke. Men jeg har nesten ikke sovet i natt. Jeg begynner dessuten å lure på om Hilde kan *se* alt vi gjør.

De hadde begynt å gå mot Kløverveien.

– Mener du at hun er synsk?

– Kanskje det. Og kanskje ikke.

Det var tydelig at Jorunn ikke var så begeistret for alt hemmelighetskremmeriet.

– Men det forklarer ikke at faren hennes sender sinnssyke postkort til en forlatt hytte i skogen.

– Jeg innrømmer at det er et svakt punkt.

– Skal du ikke si hvor du har vært?

Så gjorde hun det. Sofie fortalte om det mystiske filosofikurset også. Hun gjorde det mot et høytidelig løfte om at alt sammen måtte være mellom dem.

De ble gående lenge uten at noen av dem sa noe.

– Jeg liker det ikke, sa Jorunn idet de nærmet seg Kløverveien 3.

Hun stanset foran porten til Sofie og gav tegn til at hun ville snu her.

– Det er det ingen som har bedt deg om heller. Men filosofi er ingen ufarlig selskapslek. Det handler om hvem vi er og hvor vi kommer fra. Synes du vi lærer nok om det på skolen?

– Det er ingen som vet svaret på sånne spørsmål likevel.

– Vi lærer ikke engang å stille spørsmålene.

Lørdagsgrøten stod på bordet da Sofie kom inn på kjøkkenet. Det falt ingen kommentarer om at hun ikke hadde ringt fra Jorunn.

Etter grøten sa hun at hun ville sove middag. Hun vedgikk at hun nes-

ten ikke hadde sovet hos Jorunn. Dette var ikke så uvanlig etter et over-
nattingsbesøk.

Før hun la seg, stilte hun seg opp foran det store messingspeilet som
hun hadde hengt på veggen. Først så hun bare sitt eget bleke og trette an-
sikt. Men så – bak hennes eget ansikt var det med ett som om det dukket
opp noen uhyre svake konturer av et annet ansikt også.

Sofie trakk pusten et par ganger. Nå måtte hun bare ikke begynne å
innbille seg noe.

I skarpe konturer så hun sitt eget bleke ansikt omkranset av det svarte
håret som ikke var skapt for noen annen frisyre enn naturens egen «glatt
hår»-frisyre. Men under dette ansiktet spøkte også et bilde av en annen
jente.

Plutselig gav den fremmede jenta seg til å blunke energisk med begge
øynene. Det var som om hun ville signalisere at hun virkelig fantes der
inne på den andre siden. Det varte noen få sekunder bare. Så var hun
borte.

Sofie satte seg på sengen. Hun var ikke i tvil om at det var Hildes ansikt
hun hadde sett i speilet. I løpet av noen få sekunder hadde hun en gang
sett et bilde av henne på et skolebevis i Majorstua. Det måtte være den
samme jenta hun hadde sett i speilet også.

Var det ikke rart at hun alltid opplevde sånne mystiske ting når hun var
stup trøtt? Dermed måtte hun alltid spørre seg selv etterpå om hun bare
hadde fantasert.

Sofie la klærne over en stol og krøp under dynen. Hun sovnet på et
blunk. Mens hun sov, drømte hun en forunderlig sterk og klar drøm.

Hun drømte at hun stod i en stor hage som vendte ned mot et rødt
naust. På en brygge ved naustet satt en lyshåret pike og speidet ut over
sjøen. Sofie gikk mot henne og satte seg ved siden av henne. Men det var
som om den fremmede jenta ikke merket at hun var der. «Jeg heter Sofie,»
presenterte hun seg. Men den fremmede kunne verken se eller høre
henne. «Du er visst både døv og blind, du,» sa Sofie. Og den fremmede
jenta var virkelig døv for Sofies ord. Med ett hørte Sofie en stemme som
ropte «Hildemor!». Dermed spratt jenta opp fra bryggekanten og gav seg
til å løpe opp mot huset. Da kunne hun ikke være verken døv eller blind
likevel. Fra huset kom en middelaldrende mann løpende mot henne. Han
hadde uniform og blå alpelue. Den fremmede jenta kastet seg om halsen

hans, og mannen svingte henne rundt et par ganger. Nå oppdaget Sofie et kjede med et lite gullkors på bryggekanten der jenta hadde sittet. Hun tok det opp og la det i hånden sin. Dermed våknet hun.

Sofie så på klokken. Hun hadde sovet et par timer. Nå satte hun seg opp i sengen og tenkte igjennom den underlige drømmen. Den var både så sterk og klar at det var som om hun virkelig hadde opplevd det. Sofie følte seg sikker på at huset og bryggen hun hadde sett i drømmen virkelig fantes et sted. Liknet det ikke på bildet som hang i Majorstua? Det var iallfall ingen tvil om at jenta i drømmen var Hilde Møller Knag og at mannen var faren hennes som kom hjem fra Libanon. I drømmen hadde han minnet litt om Alberto Knox . . .

Da Sofie gikk ut på gulvet og begynte å re opp sengen, oppdaget hun et gullkjede med et kors under hodeputen. På baksiden av korset var det inngravert tre bokstaver: «HMK».

Det var så visst ikke første gang Sofie hadde drømt at hun fant verdisaker. Men det var aller første gang hun hadde klart å rive verdisakene med seg ut av drømmen.

– Fillern! sa hun høyt for seg selv.

Hun var så sint at hun åpnet skapdøren og bare kastet det fine halssmykket rett opp i skapet sammen med silkeskjerfet, den hvite knestrømpen og alle postkortene fra Libanon.

Søndag morgen ble Sofie vekket til stor frokost med varme rundstykker og appelsinjuice, egg og italiensk salat. Det hendte en sjelden gang at moren var oppe før henne på en søndag. Da satte hun sin ære i å lage en solid søndagsfrokost før hun vekket Sofie.

Under frokosten sa moren:

– Det er en fremmed hund i hagen. Den har lusket omkring den gamle hekken i hele formiddag. Kan du skjønne hva den gjør her?

– Åja, utbrøt Sofie – men i samme øyeblikk som hun hadde svart, bet hun leppene sammen.

– Har den vært her før?

Sofie hadde allerede reist seg og gått til stuevinduet som vendte ned mot den store hagen. Det var som hun tenkte. Hermes hadde lagt seg ned foran den hemmelige inngangen til Smuget.

Hva skulle hun si? Hun rakk ikke å planlegge noe svar før moren stod ved siden av henne.

– Sa du at den har vært her før?

– Den har vel gravd ned et kjøttbein her. Så har den kommet tilbake for å hente skatten. Også hunder har hukommelse . . .

– Kanskje det, Sofie. Det er du som er den største dyrepsykologen av oss.

Sofie tenkte energisk.

– Jeg skal følge den hjem, sa hun.

– Vet du hvor den bor da?

Hun trakk på skuldrene.

– Den har sikkert et halsbånd med adresse på.

Et par minutter senere var Sofie på vei ut i hagen. Da Hermes fikk øye på henne, kom han springende mot henne, logret vilt med halen og hoppet opp på henne.

– Hermes flink gutt, sa Sofie.

Hun visste at moren stod i vinduet. Bare han ikke gikk gjennom hekken! Men hunden fór mot singelgangen foran huset, strøk over gårdsplassen og hoppet opp mot hageporten.

Da de hadde lukket porten bak seg, fortsatte Hermes å gå et par meter foran Sofie. Nå fulgte en lang tur gjennom villaveiene. Sofie og Hermes var ikke de eneste som var ute på søndagstur. Hele familier var ute og travet. Sofie kjente et stikk av misunnelse.

Det hendte at Hermes var borte og snuste på en annen hund eller på noe som lå i en grøftekant, men straks Sofie beordret ham «på plass», kom han opp på siden av henne.

Snart hadde de krysset en gammel havnehage, en stor idrettsbane og en lekeplass. De kom ut i et mer trafikkert område. Her fortsatte de ned mot byen langs en bred gate med brolegning og trolleybusser.

Da de var nede i sentrum, trakk Hermes over Stortorget og opp Kirkegaten. De kom ut i den gamle bydelen med svære bygårder fra århundreskiftet. Klokken nærmet seg halv to.

De var i den andre enden av byen nå. Det var ikke ofte Sofie hadde vært her. Men en gang da hun var liten, hadde hun besøkt en gammel tante i en av disse gatene.

Snart kom de ut på et lite torg mellom noen gamle bygårder. Det het

«Nytorget» – enda så gammelt alt sammen var. Så var jo selve byen svært gammel også, den ble grunnlagt en gang i middelalderen.

Hermes gikk mot oppgang 14, her ble han stående og vente på at Sofie skulle åpne døren. Hun kjente et sug i magen.

Inne i oppgangen hang et panel av grønne postkasser. Sofie oppdaget at et postkort var klistret til en av postkassene i øverste rekke. På kortet var det stemplet en melding fra postbudet om at addressaten var ukjent. Adressaten var: «Hilde Møller Knag, Nytorget 14 . . .». Det var stemplet 15/6. Det var over to uker til, men det hadde tydeligvis ikke postbudet bitt seg merke i.

Sofie tok kortet ned fra postkassen og leste det:

Kjære Hilde. Sofie kommer nå til filosofilærerens hus. Hun er snart femten år, men du ble femten allerede i går. Eller er det i dag, Hildemor? Hvis det er i dag, må det iallfall være sent på dagen. Men klokkene våre går ikke alltid helt likt. Ett slektsledd eldes mens et annet slektsledd spirer. I mellomtiden går historien sin gang. Har du tenkt på at Europas historie kan sammenlignes med et menneskeliv? Da er oldtiden Europas barndom. Så kommer den lange middelalderen – det er Europas skoledag. Men så kommer renessansen. Da er den lange skoledagen over, og det unge Europa er yr og utålmodig etter å kaste seg ut i tilværelsen. Vi kan kanskje si at renessansen er Europas 15-årsdag. Det er midt i juni, barnet mitt – og «hur är gudagott att vara! O, vad livet dock är skönt!» PS: Det var leit å høre at du har mistet gullkorset ditt. Nå må du lære å passe bedre på tingene dine! Hilsen pappa – som er rett rundt hjørnet.

Hermes var allerede på vei opp trappene. Sofie tok med seg postkortet og fulgte etter. Hun måtte løpe for å holde følge med ham, han logret vilt med halen. De passerte andre, tredje, fjerde og femte etasje. Herfra var det bare en smal trapp som gikk videre. De skulle vel ikke helt opp på taket? Men Hermes fortsatte opp den smale trappen også. Han stanset ved en smal dør som han gav seg til å skrape på med klørne.

Snart hørte Sofie at det nærmet seg noen skritt fra innsiden. Så gikk døren opp, og der stod Alberto Knox. Han hadde skiftet kostyme, men også i dag hadde han kledd seg ut. Han hadde hvite knestrømper, vide røde bukser og en gul jakke med poser på skuldrene. Han minnet Sofie om en joker i en kortstokk. Hvis hun ikke tok helt feil, var det en typisk renessansedrakt.

– Din klovn! utbrøt Sofie samtidig som hun dyttet ham til side og gikk inn i leiligheten.

Igjen hadde hun gjort den stakkars filosofilæreren til offer for en blanding av frykt og sjenanse. Sofies sinn var dessuten i opprør på grunn av kortet hun hadde funnet nede i trappeoppgangen.

– Ikke så oppfarende, barnet mitt, sa Alberto nå, han lukket døren bak seg.

– Og her er posten, sa Sofie, hun rakte ham kortet som om hun stilte ham til ansvar for det.

Alberto leste det som stod på kortet og ble stående og riste på hodet.

– Han blir frekkere og frekkere. Du skal se han bruker oss som en slags bursdagsunderholdning for datteren sin.

Dermed tok han kortet og rev det i mange biter. Bitene kastet han i en papirkurv.

– Det stod på kortet at Hilde har mistet et gullkors, sa Sofie.

– Det så jeg.

– Men akkurat det korset fant jeg hjemme i sengen min. Kan du skjønne hvordan det har kommet dit?

Alberto så henne høytidelig inn i øynene:

– Det kan kanskje virke besnærende. Men det er bare et billig triks som ikke koster ham den minste anstrengelse. La oss heller konsentrere oss om den store kaninen som blir trukket opp av universets svarte flosshatt.

De gikk inn i stuen, og den stuen var noe av det rareste Sofie noensinne hadde sett.

Alberto bodde i en stor loftsleilighet med skråtak. I taket var det skåret ut et vindu som slapp det skarpe lyset rett ned fra himmelen. Men rommet hadde også et vindu som vendte ut mot byen. Gjennom dette vinduet kunne Sofie se ut over alle takene på de gamle bygårdene.

Det var likevel alt som var i den store stuen som forundret Sofie aller mest. Rommet var fylt av møbler og gjenstander fra høyst forskjellige epoker i historien. En sofa var kanskje fra tredveårene, en gammel sekretær fra århundreskiftet, og en av stolene måtte være mange hundre år gammel. Men møblene var bare det ene. På hyller og skap stod gamle pyntegjenstander og nyttegjenstander om hverandre. Det var gamle klokker og krukker, mortere og retorter, kniver og dokker, fjærpenner og bokstøtter, oktanter og sekstanter, kompass og barometere. En hel vegg var dekket av bøker, men det var ikke slike bøker som man finner i en bokhandel. Også boksamlingen var som et tverrsnitt av mange hundre års bokproduksjon. På veggene hang tegninger og malerier. Noen måtte være laget i løpet av de aller siste tiårene, men mange av bildene var også svært gamle. På veggene hang dessuten flere gamle kart. På et av kartene var Sognefjorden plassert i Trøndelag og Trondheimsfjorden langt oppe i Nordland et sted.

Sofie ble stående uten å si noe i flere minutter. Hun snudde og vendte på hodet til hun hadde sett stuen fra alle synsvinkler.

– Du samler på mye skrot, ser jeg, sa hun til slutt.

– Så, så. Tenk over hvor mange hundre års historie som er tatt vare på i denne stuen. Jeg ville ikke kalle det skrot.

– Driver du et antikvariat eller noe sånt?

Alberto fikk et nesten vemodig uttrykk nå.

– Alle kan ikke bare la seg skylle med av historiens strøm, Sofie. Noen må også stanse opp og plukke med seg det som blir liggende ved elvebredden.

– Det var rart sagt.

– Men sant, barnet mitt. Vi lever ikke bare i vår egen tid. Vi bærer med oss vår historie også. Husk at alle tingene du ser i dette rommet, en gang var flunkende nye. Den vesle tredokken fra 1500-tallet ble kanskje laget til en pikes femårsdag. Av en gammel bestefar kanskje . . . Så ble hun tenåring, Sofie. Så ble hun voksen og giftet seg. Kanskje fikk hun en datter selv og gav dokken i arv til henne. Så ble hun eldre, og en dag var hun borte. Da hadde hun saktens levd et langt liv, men hun ble altså helt borte. Og hun kommer aldri mer tilbake. I grunnen var hun her bare på en kort visitt. Men dokken hennes – ja, den står på hyllen der.

– Alt blir så trist og høytidelig når du sier det på den måten.

– Men livet *er* både trist og høytidelig. Vi slippes inn i en vidunderlig verden, treffer hverandre her, hilser på hverandre – og går sammen en liten stund. Så blir vi borte for hverandre og forsvinner like brått og urimelig som vi en gang kom.

– Kan jeg få spørre om noe?

– Vi leker ikke gjemsel lenger nå.

– Hvorfor flyttet du til Majorstua?

– Det var fordi vi ikke skulle ha så lang vei til hverandre da vi bare snakket sammen per brev. Jeg visste at den gamle hytta stod tom.

– Så bare flyttet du inn?

– Så bare flyttet jeg inn.

– Da kan du kanskje også forklare hvordan Hildes far visste at du gjorde det.

– Hvis jeg har rett, vet han det aller meste.

– Uansett forstår jeg ikke hvordan man får et postbud til å levere post langt inne i skogen?

Alberto smilte lurt.

– Selv den slags er nok en bagatell for Hildes far. Billig hokus pokus, simpelt narrespill. Vi lever kanskje under verdens aller strengeste overvåking.

Sofie kjente at hun ble harm.

– Hvis jeg en gang treffer ham, skal jeg klore ut øynene hans.

Alberto gikk mot sofaen og satte seg der. Sofie fulgte etter og slo seg ned i en dyp lenestol.

– Bare filosofien kan bringe oss nærmere Hildes far, sa han nå. – I dag skal jeg fortelle deg om renessansen.

– Sett i gang.

– Bare noen få år etter Thomas Aquinas begynte den kristne enhetskulturen å slå sprekker. Filosofi og vitenskap løsrev seg mer og mer fra kirkens teologi, men dette bidrog også til at troslivet fikk et friere forhold til fornuften. Flere og flere la nå vekt på at vi ikke kan nærme oss Gud med forstanden, for uansett er Gud ufattelig for tanken. Det viktigste for et menneske var ikke å forstå det kristne mysterium, men å underkaste seg Guds vilje.

– Jeg skjønner.

– At både troslivet og vitenskapen fikk et friere forhold til hverandre, åpnet både for en ny vitenskapelig metode og for en ny religiøs inderlighet. Slik ble grunnen lagt for to viktige omveltninger på 14- og 1500-tallet, nemlig *renessansen* og *reformasjonen*.

– Vi tar vel én omveltning om gangen.

– Med renessansen mener vi en omfattende kulturell oppblomstring fra slutten av 1300-tallet. Den begynte i Nord-Italia, men spredte seg raskt nordover gjennom 14- og 1500-tallet.

– Sa du ikke at ordet «renessanse» betyr «gjenfødelse»?

– Joda, og det som skulle gjenfødes var antikkens kunst og kultur. Vi snakker gjerne også om «renessansehumanismen», fordi man igjen tok utgangspunkt i mennesket etter den lange middelalderen som hadde sett alle livets forhold i et guddommelig lys. Det ble et motto å gå «til kildene», og det ville først og fremst si til antikkens humanisme. Det ble nærmest en folkesport å grave fram gamle skulpturer og håndskrifter fra antikken. Slik ble det også en motesak å lære gresk. Dette åpnet for et fornyet studium av den greske kulturen. Å studere den greske humanismen hadde ikke minst et pedagogisk siktemål. Studiet av humanistiske fag gav «klassisk dannelse» og utviklet det vi kan kalle «menneskelige kvaliteter». «Hester fødes,» ble det sagt, «men mennesker fødes ikke – de dannes.»

– Vi må nærmest oppdras til å bli mennesker?

– Ja, det var tanken. Men før vi ser nærmere på renessansehumanismens ideer, skal vi si noe om den politiske og kulturelle bakgrunnen for renessansen.

Alberto reiste seg fra stolen og begynte å vandre omkring i rommet. Snart stanset han opp og pekte på et svært gammelt instrument som stod på en av hyllene.

– Hva er det? spurte han.

– Det ser ut som et gammelt kompass.

– Riktig nok.

Nå pekte han på et gammelt gevær som hang på veggen over sofaen.

– Og det?

– Et gevær av gammel årgang.

– Javel – og det?

Alberto trakk en stor bok ut av bokhyllen.

– Det er en gammel bok.

– For å være mer presis er det en inkunabel.

– En inkunabel?

– Egentlig betyr det «barndom». Ordet brukes om bøker som ble trykket i boktrykkerkunstens barndom. Det vil si før år 1500.

– Er den virkelig så gammel?

– Så gammel, ja. Og nettopp disse tre oppfinnelsene vi har pekt på – kompasset, kruttet og boktrykkerkunsten – er viktige forutsetninger for den nye tiden som vi kaller renessansen.

– Det må du forklare nærmere.

– Kompasset gjorde det lettere å navigere. Det var med andre ord et viktig grunnlag for de store oppdagelsesreisene. Det var forsåvidt kruttet også. De nye våpnene gjorde europeerne militært overlegne i forhold til de amerikanske og asiatiske kulturene. Men også i Europa fikk kruttet stor betydning. Boktrykkerkunsten var viktig når det gjaldt å spre de nye tankene til renessansehumanistene. Ikke minst bidrog boktrykkerkunsten til at kirken mistet sitt gamle monopol som kunnskapsformidler. Senere fulgte nye instrumenter og hjelpemidler på løpende bånd. Et viktig instrument var for eksempel kikkerten. Den satte helt nye betingelser for astronomien.

– Og til slutt kom rakettene og månelandingsfartøyet?

– Nå går du litt raskt fram. Men i renessansen begynte en prosess som til slutt brakte menneskene til månen. Eller for den saks skyld til Hiroshima og Tsjernobyl. Men det begynte med en rekke forandringer på det kulturelle og økonomiske området. En viktig forutsetning var overgangen fra naturalhusholdning til pengeøkonomi. Mot slutten av middelalderen hadde det vokst fram byer med et energisk håndverk og handel med nye varer, med pengeøkonomi og bankvesen. Slik stod det fram et borgerskap som hadde opparbeidet seg en viss frihet i forhold til naturens betingelser. Livsnødvendigheter ble noe som kunne kjøpes for penger. Denne utviklingen favoriserte den enkeltes flid, fantasi og skaperevne. Slik ble det stilt helt nye krav til individet.

– Det minner litt om hvordan de greske byene oppstod to tusen år tidligere.

– Gjerne det. Jeg fortalte hvordan den greske filosofien rev seg løs fra et mytisk verdensbilde som var knyttet til bondekulturen. Slik begynte renessansetidens borgere å frigjøre seg fra føydalherrer og kirkemakt. Dette skjedde samtidig med at den greske kulturen ble gjenoppdaget på grunn av en tettere kontakt med araberne i Spania og den byzantinske kulturen i øst.

– De tre elvene fra antikken fløt sammen til én stor flod.

– Du er en oppmerksom elev. Men dette får holde om bakgrunnen for renessansen. Jeg skal fortelle om de nye tankene.

– Bare sett i gang. Men jeg må hjem til middag.

Først nå satte Albert seg ned i sofaen igjen. Han så inn i Sofies øyne:

– Først og fremst førte renessansen til et *nytt menneskesyn*. Renessanse-humanistene fikk en helt ny tro på mennesket og menneskets verdi, noe som stod i skarp kontrast til middelalderens ensidige understreking av menneskets syndige natur. Mennesket ble nå betraktet som noe uendelig stort og verdifullt. En av renessansens sentrale skikkelser het *Ficino*. Han utbrøt: «Kjenn deg selv o guddommelige slekt i menneskelig ikledning!» En annen, *Pico della Mirandola*, skrev en «Lovtale over menneskets verdighet». Noe sånt hadde vært utenkelig i middelalderen. Gjennom hele middelalderen hadde man tatt utgangspunkt i Gud. Renessansehumanistene tok utgangspunkt i mennesket selv.

– Men det hadde de greske filosofene gjort også.

– Det er derfor vi snakker om en «gjenfødelse» av antikkens humanisme. Men i sterkere grad enn i antikken var renessansehumanismen preget av *individualisme*. Vi er ikke bare mennesker, vi er også unike individer. Denne tanken kunne føre til en nesten uhemmet genidyrkelse. Idealet ble det vi kaller et «renessansemenneske». Med det menes et menneske som tar del i alle livets, kunstens og vitenskapens felter. Det nye menneskesynet viste seg dessuten i en interesse for menneskekroppens anatomi. Som i antikken begynte man igjen å dissekere døde mennesker for å finne ut hvordan kroppen var bygget opp. Dette var viktig både for legevitenskapen og for kunsten. I kunsten ble det igjen vanlig å fremstille mennesket nakent. Du kan gjerne si at det skjedde etter tusen års bluferdighet. Igjen våget mennesket å være seg selv. Det hadde ikke lenger noe å skamme seg over.

– Det høres ut som en beruselse, sa Sofie, hun lente seg fram over et lite bord som stod mellom henne og filosofilæreren.

– Unektelig. Den nye menneskesynet førte til en helt *ny livsstemning*. Mennesket var ikke bare til for Guds skyld. Gud hadde skapt mennesket også for menneskets egen skyld. Slik kunne mennesket glede seg over livet her og nå. Og når mennesket bare fikk utfolde seg fritt, hadde det grenseløse muligheter. Målet var å overskride alle grenser. Også dette var noe nytt i forhold til antikkens humanisme. Antikkens humanister hadde jo pekt på at mennesket måtte bevare sinnsroen, måteholdet og beherskelsen.

– Men renessansehumanistene mistet beherskelsen?

– De var iallfall ikke særlig måteholdne. De opplevde det nærmest som om hele verden våknet på ny. Slik oppstod en sterk epokebevissthet. Det var nå man innførte ordet «middelalder» om alle hundreårene som lå mellom antikken og deres egen tid. På alle områder skjedde en enestående oppblomstring. Det gjaldt både kunst og arkitektur, litteratur og musikk, filosofi og vitenskap. Jeg skal nevne ett konkret eksempel. Vi har snakket om oldtidens Roma, som gikk under stolte betegnelser som «byenes by» og «verdens navle». I løpet av middelalderen forfalt byen, og så sent som i 1417 hadde den gamle millionbyen bare 17.000 innbyggere.

– Det er ikke stort flere enn det bor i Lillesand.

– For renessansehumanistene ble det nå et kulturpolitisk mål å gjenreise Roma. Fremfor alt begynte man å bygge på den store Peterskirken over apostelen Peters grav. Og når det gjelder Peterskirken, kan man verken snakke om måtehold eller beherskelse. Flere av renessansens store skikkelser ble engasjert i verdens største byggeprosjekt. Fra 1506 pågikk arbeidet i hele 120 år, og ennå gikk det femti år før den store Petersplassen stod ferdig.

– Da må det ha blitt en stor kirke.

– Den er over 200 meter lang, 130 meter høy og har et flateinnhold på over 16.000 kvadratmeter. Men la dette være nok om renessansemenneskenes dristighet. Stor betydning fikk det også at renessansen brakte et *nytt natursyn*. At mennesket følte seg hjemme i tilværelsen – og ikke bare betraktet livet på Jorden som en forberedelse til livet i himmelen – skapte en helt ny holdning til den fysiske verden. Naturen ble nå betraktet som noe positivt. Mange mente også at Gud er til stede i skaperverket. Han er jo uendelig, da måtte han også være overalt. En slik oppfatning kalles *panteisme*. Middelalderfilosofene hadde gjerne understreket at det går en uoverstigelig kløft mellom Gud og skaperverket. Nå kunne det sies at naturen er guddommelig – ja, at den er «Guds utfoldelse». Slike nye tanker ble ikke alltid tatt så nådig opp av kirken. Et dramatisk uttrykk for dette var det som skjedde med *Giordano Bruno*. Han hevdet ikke bare at Gud var til stede i naturen. Han mente dessuten at verdensrommet var uendelig. For dette ble han straffet meget strengt.

– Hvordan da?

– Han ble brent på blomstertorget i Roma i år 1600 . . .

– Det var sjofelt . . . og dumt. Og dette kaller du humanisme?

– Nei, ikke det. Det var Bruno som var humanisten, ikke bødlene hans. Men under renessansen blomstret også det vi kan kalle «antihumanismen». Med det mener jeg autoritær kirkemakt og statsmakt. Under renessansen florerte også hekseprosesser og kjetterbål, magi og overtro, blodige religionskriger – og ikke minst den brutale erobringen av Amerika. Men humanisme har alltid hatt en mørk bakgrunn. Ingen tidsepoke er enten god eller ond. Det gode og det onde utgjør to tråder gjennom hele menneskehetens historie. Og ofte veves de sammen. Det gjelder ikke minst for det neste stikkordet. Jeg skal si noe om at renessansen også brakte en *ny vitenskapelig metode.*

– Var det nå man bygget de første fabrikkene?

– Ikke riktig med en gang. Men en forutsetning for hele den tekniske utviklingen som har skjedd etter renessansen, var en ny vitenskapelig metode. Med det mener jeg en helt ny innstilling til hva vitenskap er. De tekniske fruktene av den nye metoden kom først etter hvert.

– Hva gikk den nye metoden ut på?

– Den gikk først og fremst ut på å undersøke naturen med egne sanser. Allerede fra 1300-tallet var det stadig flere som advarte mot blind tro på gamle autoriteter. Slike autoriteter var både kirkelige læresetninger og Aristoteles' naturfilosofi. Det ble dessuten advart mot å tro at et problem kan løses ved ren ettertanke. En slik overdreven tro på fornuftens betydning hadde vært rådende gjennom hele middelalderen. Nå ble det sagt at enhver undersøkelse av naturen må bygge på iakttagelse, erfaring og eksperiment. Dette kaller vi en *empirisk metode.*

– Og det betyr?

– Det betyr ikke noe annet enn at man bygger sin viten om tingene på egen erfaring – og altså verken på nedstøvete bokruller eller hjernespinn. Også i oldtiden ble det drevet en empirisk vitenskap. Ikke minst Aristoteles samlet mange viktige observasjoner av naturen. Men systematiske *eksperimenter* var noe helt nytt.

– De hadde vel ikke tekniske apparater som i dag?

– De hadde naturligvis verken regnemaskiner eller elektroniske vekter. Men de hadde matematikken, og de hadde vekter. Nå ble det ikke minst understreket hvor viktig det var å uttrykke vitenskapelige observasjoner i et nøyaktig matematisk språk. «Mål det som kan måles, og gjør det som ikke kan måles, målbart,» sa *Galileo Galilei,* som var en av 1600-tallets aller viktigste vitenskapsmenn. Han sa også at «naturens bok er skrevet i et matematisk språk».

– Og med alle eksperimentene og målingene var veien åpen for de nye oppfinnelsene?

– Første fase var en ny vitenskapelig metode. Den åpnet for selve den tekniske revolusjon, og det tekniske gjennombruddet åpnet for alle oppfinnelsene som har kommet siden. Du kan gjerne si at menneskene hadde begynt å løsrive seg fra naturens betingelser. Naturen var ikke lenger noe mennesket bare var en del av. Den var noe vi kan bruke og utnytte. «Kunnskap er makt» sa den engelske filosofen *Francis Bacon*. Slik understrekte han kunnskapens praktiske nytte – og dette var noe nytt. Menneskene begynte for alvor å gripe inn i naturen og beherske den.

– Men ikke bare til det positive?

– Nei, det var det vi var inne på med den gode og den onde tråden som stadig filtres sammen i alt mennesker gjør. Det tekniske gjennombruddet som begynte i renessansen, har ført til spinnemaskiner og arbeidsledighet, medisiner og nye sykdommer, effektivisering av landbruket og utarming av naturen, nye praktiske hjelpemidler som vaskemaskiner og kjøleskap, men også forurensning og forsøpling. På bakgrunn av de store miljøtruslene vi ser i dag, er det mange som har betraktet selve det tekniske gjennombruddet som en farlig avsporing fra naturens betingelser. Det blir pekt på at menneskene har satt i gang en prosess som vi ikke lenger er i stand til å kontrollere. Mer optimistiske sjeler mener at vi fortsatt lever i teknikkens barndom. Vel har den tekniske sivilisasjon hatt sine barnesykdommer, men etter hvert vil menneskene lære å beherske naturen uten samtidig å true den på livet.

– Hva tror du selv?

– At det kanskje er noe rett i begge de to synene. På noen områder må menneskene slutte å gripe inn i naturen, på andre områder kan vi gjøre det med hell. Sikkert er det vel iallfall at det ikke er noen vei tilbake til middelalderen. Fra renessansen av har mennesket ikke bare vært en del av skaperverket. Mennesket har selv begynt å gripe inn i naturen og forme den etter sitt eget bilde. Det sier noe om hvilken forunderlig skapning mennesket er.

– Vi har allerede vært på månen. Ingen middelaldermennesker ville vel trodd at noe sånt var mulig?

– Nei, det kan du være helt sikker på. Og dette bringer oss over til *det nye verdensbildet*. Gjennom hele middelalderen hadde menneskene gått under himmelen og sett opp på sol og måne, stjerner og planeter. Men ingen hadde tvilt på at det var Jorden som var universets midtpunkt. Ingen observasjoner hadde sådd tvil om at Jorden selv var i ro og at det var «himmellegemene» som gikk i bane rundt Jorden. Dette kaller vi et «geosentrisk verdensbilde», det vil si at alt dreier seg om Jorden. Også den kristne forestillingen om at Gud tronet over alle himmellegemene, bidrog til å opprettholde et slikt verdensbilde.

– Jeg skulle ønske det *var* så enkelt.

– Men i 1543 utkom en liten bok som het «Om himmellegemenes bevegelser». Den var skrevet av den polske astronomen *Copernicus*, som døde samme dag som boken kom ut. Copernicus hevdet at det ikke var solen som gikk i bane rundt Jorden, men omvendt. Han mente at dette iallfall var mulig ut fra de observasjonene man hadde av himmellegemene. Når menneskene hadde trodd at det var solen som gikk i bane rundt Jorden, skyldes det bare at Jorden dreier om sin egen akse, mente han. Han pekte på at alle observasjonene av himmellegemene ble langt lettere å forstå hvis man forutsatte at både Jorden og de andre planetene gikk i sirkelformete baner rundt solen. Dette kaller vi det *heliosentriske verdensbildet*, det vil si at alt dreier seg om solen.

– Og det verdensbildet var riktig?

– Ikke helt. Hans hovedpoeng – altså at Jorden går i bane rundt solen – er naturligvis riktig. Men han hevdet også at solen var universets midtpunkt. I dag vet vi at solen bare er én av utallige stjerner – og at alle stjernene omkring oss utgjør bare én blant mange milliarder galakser. Copernicus trodde dessuten at Jorden og de andre planetene gjorde sirkelformete bevegelser rundt solen.

– Stemmer ikke det?

– Nei, dette med de sirkelformete bevegelsene hadde han ikke annet belegg for enn den gamle oppfatningen om at himmellegemene var trill runde og gikk i sirkelformmete bevegelser simpelthen fordi de var «himmelske». Helt siden Platons tid ble kulen og sirkelen betraktet som de mest perfekte geometriske figurene. Men på begynnelsen av 1600-tallet kunne den tyske astronomen *Johannes Kepler* fremlegge resultatene av omfattende observasjoner som viste at planetene går i elliptiske – eller ovale –

baner med solen i det ene brennpunktet. Han påpekte dessuten at plane-
tenes hastighet er størst når de er nærmest solen. Endelig pekte han på at
en planet beveger seg langsommere jo fjernere planetbanen er fra solen.
Først med Kepler ble det uttrykt at jorden er en planet på linje med de
andre planetene. Kepler understrekte dessuten at de samme fysiske lovene
gjelder overalt i hele universet.

– Hvordan kunne han være så sikker på det?

– Det kunne han fordi han hadde undersøkt planetenes bevegelser med
egne sanser istedenfor å stole blindt på overleveringene fra oldtiden. Om-
trent samtidig med Kepler levde den kjente italienske vitenskapsmannen
Galileo Galilei. Også han brukte kikkerten på himmellegemene. Han stu-
derte månens kratere og pekte på at månen hadde fjell og daler akkurat
som Jorden. Galilei oppdaget dessuten at planeten Jupiter hadde fire
måner. Jorden var altså ikke alene om å ha en måne. Aller viktigst var det
likevel at Galilei var den som først formulerte den såkalte *treghetsloven*.

– Og den sier?

– Galilei formulerte det slik: «Den hastighet et legeme først har fått, vil
bli strengt opprettholdt så lenge de ytre årsakene til akselerasjonen eller
retardasjonen holdes borte.»

– Gjerne for meg.

– Men det er en viktig iakttagelse. Helt siden oldtiden hadde et av de
viktigste argumentene mot at Jorden beveget seg rundt sin egen akse, vært
at Jorden eventuelt måtte bevege seg så fort at en stein som ble kastet rett
opp, ville falle ned mange, mange meter borte fra der den ble kastet opp.

– Hvorfor er det ikke slik?

– Hvis du sitter i en togkupé og mister et eple, da faller ikke eplet bak-
over i kupeen fordi toget beveger seg. Det faller rett ned. Det er på grunn
av treghetsloven. Eplet beholder nøyaktig den samme hastighet som det
hadde før du mistet det.

– Jeg tror jeg skjønner.

– Nå fantes det ikke tog på Galileis tid. Men hvis du fører en kule over
gulvet – og så plutselig slipper den . . .

– . . . da triller kulen videre . . .

– . . . fordi hastigheten blir opprettholdt også etter at du har sluppet
kulen.

– Men til slutt stopper den, hvis bare rommet er langt nok.

– Det er fordi andre krefter bremser ned hastigheten. For det første bremser gulvet, særlig hvis det er et ubehandlet tregulv. Men også tyngdekraften vil før eller senere bringe kulen til ro. Men bare vent, jeg skal vise deg noe.

Nå reiste Alberto Knox seg og gikk mot den gamle sekretæren. Her hentet han noe i en av skuffene. Da han var tilbake, la han det ned på salongbordet. Det var rett og slett en treplate som var noen millimeter tykk i den ene enden og helt spiss i den andre. Ved siden av treplaten, som nesten dekket hele bordet, la han en grønn klinkekule.

– Dette kalles et skråplan, sa han nå. – Hva tror du skjer hvis jeg slipper klinkekulen her oppe hvor skråplanet er tykkest?

Sofie sukket oppgitt.

– Jeg vedder ti kroner på at den triller ned på bordet og til slutt helt ned på gulvet.

– Vi får se.

Alberto slapp kulen, og den gjorde akkurat som Sofie hadde sagt. Den trillet ned på bordet, fortsatte over bordflaten, traff gulvet med et lite smell og buttet til slutt mot terskelen til entreen.

– Imponerende, sa Sofie.

– Ja, ikke sant? Nettopp slike eksperimenter drev Galilei med, forstår du.

– Var han virkelig så dum?

– Rolig nå. Han ville undersøke alt med egne sanser, og vi har bare så vidt begynt. Fortell meg først hvorfor kulen trillet ned fra skråplanet.

– Den begynte å trille fordi den var tung.

– Javel. Og hva er egentlig tyngde, barnet mitt?

– Nå spør du ganske dumt.

– Jeg spør ikke dumt hvis du ikke er i stand til å svare. Hvorfor trillet kulen ned på gulvet?

– Det var på grunn av tyngdekraften.

– Nettopp – eller gravitasjonen som vi også sier. Vekt har altså med tyngdekraften å gjøre. Det var *den* kraften som satte klinkekulen i bevegelse.

Alberto hadde allerede plukket opp klinkekulen fra gulvet. Han stod bøyd over skråplanet med klinkekulen igjen.

– Nå skal jeg prøve å trille kulen bortover langs skråplanet, sa han.

– Følg nøye med på hvordan kulen beveger seg.

Han bøyde seg tettere ned og siktet. Så forsøkte han å trille kulen tvers over den skjeve platen. Sofie så at kulen etter hvert bøyde av og ble trukket nedover skråplanet.

– Hva skjedde? spurte Alberto.

– Den trillet skjevt fordi det var en skjev plate.

– Nå skal jeg farge kulen med en tusjpenn . . . så kan vi kanskje studere nøyaktig hva du mener med «skjevt».

Han fant fram en tusjpenn og farget hele klinkekulen svart. Så trillet han kulen igjen. Nå kunne Sofie se nøyaktig hvor på skråplanet kulen hadde trillet, for kulen hadde tegnet en svart linje på brettet.

– Hvordan vil du beskrive kulens bevegelse? spurte Alberto.

– Den er buet . . . det ser ut som en del av en sirkel.

– Der sa du det!

Alberto så opp på henne og hevet øyebrynene:

– Skjønt ikke akkurat en sirkel. Figuren kalles en parabel.

– Gjerne for meg.

– Men hvorfor beveger kulen seg nettopp på denne måten?

Sofie tenkte seg godt om. Til slutt sa hun:

– Fordi platen hadde en helning, ble kulen også trukket mot gulvet av tyngdekraften.

– Ja, ikke sant? Dette er ikke mindre enn en sensasjon. Her trekker jeg en tilfeldig pike opp på loftet, og så innser hun nøyaktig det samme som Galilei bare etter ett eneste forsøk.

Dermed klappet han i hendene. Sofie ble i et lite øyeblikk redd for at han var blitt gal. Han fortsatte:

– Du har sett hvordan det går når to krefter virker samtidig på en og samme gjenstand. Galilei oppdaget at det samme gjaldt for eksempel for en kanonkule. Den skytes opp i luften, og den fortsetter sin flukt over bakken, men etter hvert vil den også trekkes mot jorden. Da har den gått i en bane som tilsvarer klinkekulens bane på skråplanet. Og dette var faktisk en ny oppdagelse på Galileis tid. Aristoteles trodde at et prosjektil som blir kastet skrått opp i luften, først vil gå i en svak bue, men at den til slutt vil falle rett ned mot Jorden. Slik var det altså ikke, og man kunne ikke vite at Aristoteles hadde tatt feil før man demonstrerte det.

– Gjerne for meg. Men er dette veldig viktig?

– Om det er viktig, ja! Dette har kosmisk betydning, barnet mitt. Blant alle vitenskapelige oppdagelser i menneskenes historie er dette blant de aller, aller viktigste.

– Da tipper jeg at du snart vil forklare meg hvorfor.

– Senere kom den engelske fysikeren *Isaac Newton*, som levde fra 1642 til 1727. Det var han som gav den endelige beskrivelsen av solsystemet og av planetenes bevegelser. Han kunne ikke bare beskrive hvordan planetene beveger seg rundt solen. Han kunne dessuten forklare nøyaktig *hvorfor* de gjør det. Dette kunne han gjøre blant annet ved å vise til det vi kaller Galileis dynamikk.

– Er planetene kuler på et skråplan?

– Noe sånt, ja. Men vent litt, Sofie.

– Jeg har vel ikke noe valg.

– Allerede Kepler hadde pekt på at det måtte være en kraft som gjorde at himmellegemene trekker på hverandre. Det måtte for eksempel være en kraft fra solen som holdt planetene fast i sine planetbaner. En slik kraft kunne dessuten forklare hvorfor planetene går langsommere i sin bane rundt solen jo lenger borte de er fra solen. Kepler mente videre at flo og fjære – altså at havets overflate stiger og synker – måtte skyldes en kraft fra månen.

– Og det er jo sant.

– Ja, det er sant. Men dette var noe Galilei avviste. Han gjorde narr av Kepler som hadde «gitt sitt samtykke til ideen om at månen behersker vannet». Det var fordi Galilei avviste tanken på at slike gravitasjonskrefter kunne virke over store avstander og altså *mellom* de forskjellige himmellegemene.

– Da tok han feil.

– Ja, på dette punktet tok han feil. Og det er nesten litt pussig, for han var ellers svært opptatt av Jordens tyngdekraft og av legemers fall mot Jorden. Han hadde dessuten påpekt hvordan flere krefter kan styre et legemes bevegelser.

– Men du sa noe om Newton?

– Ja, så kom Newton. Han formulerte det vi kaller loven om *den universelle gravitasjon*. Denne loven sier at enhver gjenstand trekker på enhver annen gjenstand med en kraft som øker jo større gjenstandene er og som minker jo større avstand det er mellom gjenstandene.

– Jeg tror jeg skjønner. Det er for eksempel større tiltrekning mellom to elefanter enn det er mellom to mus. Så er det større tiltrekning mellom to elefanter i én og samme dyrehage enn det er mellom en indisk elefant i India og en afrikansk elefant i Afrika.

– Da har du forstått det. Og nå kommer det viktigste. Newton pekte på at denne tiltrekningen – eller «gravitasjonen» – er universell. Det vil si at den gjelder overalt, også i verdensrommet mellom himmellegemene. Det fortelles at han fikk denne ideen en gang han satt under et epletre. Da han så et eple falle ned fra treet, måtte han spørre seg selv om månen ble trukket til Jorden av den samme kraften og om det var derfor månen fortsatte å gå rundt og rundt Jorden i all evighet.

– Smart tenkt. Men ikke så smart likevel.

– Hvorfor ikke, Sofie?

– Hvis månen ble trukket mot Jorden av den samme kraften som gjør at et eple faller, da ville vel månen til slutt falle ned på Jorden istedenfor å gå som katten rundt grøten . . .

– Vi begynner å nærme oss Newtons lover for planetenes bevegelser nå. Når det gjelder hvordan Jordens tyngdekraft trekker på månen, har du 50 prosent rett, men du tar også 50 prosent feil. Hvorfor faller ikke månen ned på Jorden, Sofie? For det er virkelig slik at Jordens gravitasjon trekker på månen med en voldsom kraft. Tenk bare over hvilke krefter som skal til for å løfte havet en meter eller to når det er flo.

– Nei, dette skjønner jeg ikke.

– Tenk på Galileis skråplan. Hva skjedde da jeg trillet kulen bortover skråplanet.

– Er det to forskjellige krefter som virker på månen?

– Akkurat. En gang da solsystemet oppstod, ble månen slynget av gårde – og altså vekk fra Jorden – med en voldsom kraft. Denne kraften vil den ha i all evighet fordi den beveger seg i et lufttomt rom uten motstand . . .

– Men så blir den også trukket mot Jorden på grunn av Jordens tyngdekraft?

– Nettopp. Begge de to kreftene er konstante – og begge virker samtidig. Derfor vil månen fortsette å gå i bane rundt Jorden.

– Er det virkelig så enkelt?

– Så enkelt er det, og det var nettopp selve «enkelheten» som var Newtons poeng. Han pekte på at noen ganske få fysiske lover gjelder overalt i hele universet. Når det gjaldt planetenes bevegelser, hadde han bare anvendt to naturlover som Galilei allerede hadde påpekt. Den ene var *treghetsloven*, som Newton selv uttrykte slik: «Ethvert legeme fortsetter i sin tilstand av ro eller av jevn rettlinjet bevegelse så lenge det ikke tvinges til å forlate denne tilstand under påvirkning av ytre krefter.» Den andre loven hadde Galilei vist med kuler på et skråplan: Når to krefter virker samtidig på et legeme, vil legemet bevege seg i en ellipseformet bane.

– Og dermed kunne Newton forklare hvorfor alle planetene går i bane rundt solen.

– Akkurat. Alle planetene går i elliptiske baner rundt solen som resultat av to ulike bevegelser: For det første den rettlinjete bevegelse de en gang fikk da solsystemet ble dannet, og for det andre en bevegelse inn mot solen som følge av gravitasjonen eller tyngdekraften.

– Det var ganske smart.

– Det kan du si. Newton viste at de samme lovene for legemers bevegelser gjelder overalt i hele universet. Dermed ryddet han av veien gamle middelalderske forestillinger om at det gjelder andre lover «i himmelen» enn her på Jorden. Det heliosentriske verdensbildet hadde både fått sin endelige bekreftelse og sin endelige forklaring.

Nå reiste Alberto seg og satte skråplanet på plass i skuffen der han hadde funnet det. Han bøyde seg ned og hentet klinkekulen opp fra gulvet også, men den la han bare fra seg på bordet mellom dem.

Sofie syntes det var utrolig hvor mye de hadde fått ut av en skrå treplate og en klinkekule. Når hun nå ble sittende og se på den grønne klinkekulen – som ennå var litt svart etter all tusjen – kunne hun ikke la være å tenke på jordkloden. Hun sa:

– Og menneskene måtte bare finne seg i at de levde på en tilfeldig planet i det store verdensrommet?

– Ja, det nye verdensbildet var på mange måter en stor påkjenning. Situasjonen kan kanskje sammenlignes med hvordan Darwin senere viste at menneskene har utviklet seg fra dyrene. I begge tilfellene mistet mennesket noe av sin særstilling i skaperverket. I begge tilfellene gjorde også kirken kraftig motstand.

– Det kan jeg godt forstå. For hvor ble det av Gud oppe i det hele? Det

var liksom litt enklere da Jorden var sentrum og både Gud og alle him-
mellegemene befant seg i etasjen over.

– Men dette var likevel ikke den største utfordringen. Da Newton
påpekte at de samme fysiske lovene gjelder overalt i hele universet, skulle
man kanskje tro at han samtidig rokket ved troen på Guds allmektighet.
Men Newtons egen gudstro ble ikke rokket. Han betraktet naturlovene
som et vitnesbyrd om den store og allmektige Gud. Verre var det kanskje
med menneskets bilde av seg selv.

– Hva mener du?

– Fra renessansen av har mennesket måtte venne seg til at det lever sitt
liv på en tilfeldig planet i det veldige himmelrommet. Jeg vet ikke om vi
helt har vennet oss til det ennå. Men allerede i renessansen var det noen
som pekte på at hvert enkelt menneske nå bare fikk en mer sentral plasse-
ring enn det hadde hatt tidligere.

– Det skjønner jeg ikke.

– Før var det Jorden som hadde vært verdens midtpunkt. Men når ast-
ronomene pekte på at det ikke finnes noe absolutt midtpunkt i universet,
da ble det så mange midtpunkter som det finnes mennesker.

– Jeg skjønner.

– Renessansen førte også til et *nytt gudsforhold*. Etter hvert som filosofi
og vitenskap rev seg løs fra teologien, vokste det fram en ny kristen from-
het. Så kom renessansen med sitt individualistiske syn på mennesket.
Dette fikk betydning også for troslivet. Viktigere enn forholdet til kirken
som organisasjon ble den enkeltes personlige forhold til Gud.

– For eksempel den personlige aftenbønn?

– Ja, den også. I middelalderens katolske kirke hadde kirkens latinske
liturgi og kirkens rituelle bønner vært selve ryggraden i gudstjenestelivet.
Det var bare prestene og munkene som leste i Bibelen, for den fantes bare
på latin. Men fra renessansen av ble Bibelen oversatt fra hebraisk og gresk
til folkespråkene. Dette var viktig for det vi kaller *reformasjonen*.

– Martin Luther . . .

– Ja, *Luther* var viktig, men han var ikke den eneste reformatoren. Det
fantes også kirkelige reformatorer som valgte å bli stående innnenfor den
romersk-katolske kirken. En av dem var *Erasmus av Rotterdam*.

– Luther brøt med den katolske kirken fordi han ikke ville betale avlat?

– Det også ja, men det dreide seg om noe langt viktigere. Ifølge Luther trengte ikke mennesket å gå veien om kirken eller kirkens prester for å motta Guds tilgivelse. Langt mindre var Guds tilgivelse avhengig av å betale avlat til kirken. Den såkalte avlatshandelen ble forbudt også innen den katolske kirken fra midten av 1500-tallet.

– Det tror jeg Gud var glad for.

– Luther distanserte seg i det hele tatt fra mange av de religiøse skikkene og trossannhetene som hadde kommet til i kirkens historie i løpet av middelalderen. Han ville tilbake til den opprinnelige kristendom slik vi møter den i Det nye testamentet. «Skriften alene» sa han. Med dette mottoet ville Luther tilbake «til kildene» for kristendommen, slik renessansehumanistene ville tilbake til de antikke kildene for kunst og kultur. Han oversatte Bibelen til tysk og grunnla dermed selve det tyske skriftspråket. Hver og en skulle kunne lese i Bibelen og på en måte være sin egen prest.

– Sin egen prest? Var ikke det litt drøyt?

– Det han mente var at prestene ikke stod i noen særstilling i forhold til Gud. Også i de lutherske menighetene ble det av praktiske grunner ansatt prester som holdt gudstjeneste og stelte med kirkelige forhold til daglig. Men han mente at det ikke var gjennom kirkelige ritualer at mennesket ble tilgitt av Gud og frelst fra sine synder. Frelsen mottar mennesket helt «gratis» gjennom troen alene, sa han. Dette var noe han kom fram til ved å lese i Bibelen.

– Så også Luther var et typisk renessansemenneske?

– Både ja og nei. Et typisk renessansetrekk var hans vekt på den enkelte og det enkelte individs personlige forhold til Gud. Så lærte han seg gresk i en alder av 35 år og begynte det møysommelige arbeidet med å oversette Bibelen til tysk. Også dette at folkespråket overtok for latinen var typisk for renessansen. Men Luther var ikke humanist som Ficino eller Leonardo da Vinci. Han ble også imøtegått av humanister som Erasmus av Rotterdam fordi de mente han hadde et altfor negativt syn på mennesket. Luther understrekte nemlig at mennesket er totalt ødelagt etter syndefallet. Det er bare ved Guds nåde at mennesket kan bli «rettferdiggjort», mente han. For syndens lodd er døden.

– Det hørtes litt trist ut, ja.

Nå reiste Alberto Knox seg. Han løftet den grønne og svarte klinkekulen opp fra bordet og la den i en brystlomme.

– Klokken er over fire! utbrøt Sofie.

– Og den neste store epoken i menneskenes historie er barokktiden. Men dette får vi gjemme til en annen dag, kjære Hilde.

– Hva *sa* du nå?

Sofie spratt opp fra stolen hun satt i.

– «Kjære *Hilde*», sa du.

– Det var en stygg forsnakkelse.

– Men en forsnakkelse er aldri helt tilfeldig.

– Kanskje har du rett. Du skal se at Hildes far har begynt å legge ord i munnen på oss. Jeg tror han utnytter situasjonen når vi er slitne. Da har vi ikke så lett for å forsvare oss.

– Du har sagt at du ikke er Hildes far. Lover du meg at det er helt sant? Alberto nikket.

– Men er det jeg som er Hilde?

– Jeg er trett nå, Sofie. Du må forstå det. Vi har sittet sammen i over to timer, og det er nesten bare jeg som har snakket. Skulle du ikke hjem til middag?

Sofie følte det nesten som om han ville kaste henne ut. Mens hun gikk ut i entreen, tenkte hun intenst på hvorfor han hadde forsnakket seg. Alberto fulgte etter.

Under en liten garderobehylle der det hang mange rare klær som kunne minne om teaterkostymer, lå Hermes og sov. Alberto nikket ned mot hunden og sa:

– Han henter deg.

– Takk for i dag, sa Sofie.

Hun hoppet opp og gav Alberto en klem.

– Du er den aller flinkeste og snilleste filosofilæreren jeg noen gang har hatt, sa hun.

Dermed åpnet hun døren til trappeoppgangen. Idet døren smalt igjen sa Alberto:

– Det er ikke så lenge til vi ses igjen, Hilde.

Med de ordene ble Sofie overlatt til seg selv.

Igjen hadde Alberto forsnakket seg, den skurken! Sofie fikk lyst til å banke på igjen, men det var noe som holdt henne tilbake.

Ute på gaten kom hun på at hun ikke hadde penger på seg. Altså måtte hun gå hele den lange veien hjem. Fillern! Moren ville sikkert bli både sint og redd hvis hun ikke var hjemme før ved seks-tiden.

Hun hadde ikke gått mer enn noen få meter før hun plutselig oppdaget en tier på fortauet. En bussbillett med overgang kostet nøyaktig ti kroner.

Sofie fant fram til en bussholdeplass og ventet på en buss som gikk til Stortorget. Herfra fikk hun en buss som gikk nesten helt hjem.

Først mens hun stod på Stortorget og ventet på neste buss, begynte hun å tenke over hvor heldig hun hadde vært som fant en tier akkurat da hun trengte det.

Det kunne vel aldri være faren til Hilde som hadde plassert den der? Han var jo en mester i å plassere forskjellige gjenstander på høyst beleilige steder.

Hvordan kunne han klare det hvis han var i Libanon?

Og hvorfor hadde Alberto forsnakket seg? Ikke bare én gang, men to ganger.

Sofie kjente en kald iling nedover skuldrene.

. . . av samme stoff som drømmer veves av . . .

Det gikk noen dager uten at Sofie hørte mer fra Alberto, men hun kikket ut i hagen etter Hermes flere ganger om dagen. Til moren hadde hun sagt at hunden hadde gått hjem av seg selv og at hun hadde blitt invitert inn til hundeeieren, som var en gammel fysikklærer. Han hadde fortalt Sofie om solsystemet og den nye vitenskapen som vokste fram på 1500-tallet.

Til Jorunn fortalte hun mer. Hun fortalte om besøket hos Alberto, om prospektkortet i trappeoppgangen og om tikronen hun hadde funnet på veien hjem. Drømmen om Hilde og gullkorset holdt hun for seg selv.

Tirsdag 29. mai stod Sofie på kjøkkenet og tørket opp oppvasken mens moren hadde satt seg inn i stuen for å se på Dagsrevyen. Da vignett-musikken hadde tonet ut, hørte hun inn på kjøkkenet at en major i den norske FN-bataljonen var drept av en granat.

Sofie slapp linhåndkleet fra seg på kjøkkenbenken og styrtet inn i stuen. I noen få sekunder fikk hun se et bilde av FN-soldaten på skjermen – så fortsatte Dagsrevyen.

– Ånei! utbrøt hun.

Moren snudde seg mot datteren.

– Ja, krig er ondskap . . .

Dermed brast Sofie i gråt.

– Men Sofie, da. Så grusomt er det vel ikke.

– Sa de navnet hans?

– Ja . . . men det husker jeg da ikke. Han var fra Grimstad?

– Er ikke det det samme som Lillesand?

– Nei, nå tuller du.

– Men hvis man er fra Grimstad, går man kanskje på skole i Lillesand.

Hun hadde sluttet å gråte nå. Da var det morens tur til å reagere. Hun reiste seg fra stolen og slo av fjernsynet.

– Hva er dette for noe tøys, Sofie?

– Det er ingenting . . .

– Jo, det er det! Du har en kjæreste, og jeg begynner å tro at han er ganske mye eldre enn deg. Svar nå: Kjenner du en mann som er i Libanon?

– Nei, ikke akkurat det . . .

– Har du truffet *sønnen* til en som er i Libanon, da?

– Nei, hører du. Jeg har ikke engang truffet datteren hans.

– Hvilken «hans»?

– Det har ikke du noe med.

– Har jeg ikke det?

– Kanskje jeg skal begynne å spørre deg isteden. Hvorfor er pappa aldri hjemme? Er det bare fordi dere er for feige til å skille dere? Har du kanskje en annen kjæreste som verken jeg eller pappa vet om? Og så videre, og så videre. Vi kan gjerne spørre begge to.

– Jeg tror iallfall vi trenger å snakke litt sammen.

– Det kan godt hende. Men nå er jeg så sliten og trøtt at jeg går opp og legger meg. Dessuten har jeg fått mensen.

Dermed sprang hun opp på rommet sitt med gråten i halsen.

Straks etter at hun var ferdig på badet og hadde lagt seg under dynen, kom moren opp på rommet.

Sofie lot som om hun sov, selv om hun visste at moren ikke trodde det. Hun skjønte at moren ikke trodde at Sofie trodde at moren trodde at hun sov heller. Likevel lot også moren som om Sofie sov. Hun ble sittende på sengekanten og klappe henne i nakken.

Sofie tenkte på hvor komplisert det var blitt å leve to liv på én gang. Hun begynte å glede seg til filosofikurset var ferdig. Kanskje var det ferdig til bursdagen hennes – eller iallfall til sankthans, da kom faren til Hilde hjem fra Libanon . . .

– Jeg vil ha et selskap på bursdagen min, sa hun nå.

– Det var hyggelig. Hvem vil du invitere?

– Mange . . . Får jeg lov til det?

– Selvfølgelig. Vi har jo stor hage . . . Kanskje får vi beholde det fine været.

– Men aller helst vil jeg feire den på sankthansaften.

– Ja, men da gjør vi det.

– Det er en viktig dag, sa Sofie, og nå tenkte hun ikke bare på burs-dagen.

– Åja . . .

– Jeg synes jeg er blitt så voksen i det siste.

– Er ikke det fint?

– Jeg vet ikke.

Sofie hadde hele tiden ligget med hodet ned i puten mens hun snakket. Nå sa moren:

– Men Sofie – du må fortelle meg hvorfor du er sånn . . . i ubalanse om dagen.

– Var ikke du i ubalanse da du var femten år?

– Det var jeg sikkert. Men du skjønner hva jeg snakker om.

Sofie snudde seg mot moren:

– Hunden heter Hermes, sa hun.

– Ja?

– Den tilhører en mann som heter Alberto.

– Javel.

– Han bor nede i gamlebyen.

– Fulgte du hunden så langt?

– Men det er vel ikke noe farlig, det.

– Så sa du at den samme hunden har vært her mange ganger før.

– Sa jeg det?

Nå måtte hun tenke seg om. Hun ville fortelle mest mulig, men hun kunne ikke fortelle alt.

– Du er jo nesten aldri hjemme, begynte hun.

– Nei, jeg er altfor opptatt.

– Alberto og Hermes har vært her mange ganger før.

– Men hvorfor det? Har de vært inne også?

– Kan du ikke iallfall stille ett spørsmål om gangen? De har ikke vært inne i huset. Men de går ofte tur i skogen. Synes du det er så veldig mys-tisk?

– Nei, det er ikke det minste mystisk.

– Som alle andre har de gått forbi porten vår når de skal på tur. En gang jeg kom hjem fra skolen, hilste jeg på Hermes. Det var sånn jeg ble kjent med Alberto.

– Hva med den hvite kaninen og alt det der?

– Det var noe Alberto sa. Han er nemlig en ekte filosof. Han har fortalt meg om alle filosofene.

– Sånn over hagegjerdet?

– Vi har satt oss ned, skjønner du vel. Men han har også skrevet brev til meg, ganske mange faktisk. Noen ganger har brevene kommet med postbudet, andre ganger har han bare droppet et brev i postkassen når han skulle på tur.

– Så det var dette «kjærlighetsbrevet» vi snakket om?

– Bortsett fra at det ikke var noe kjærlighetsbrev.

– Han har bare skrevet om filosofene?

– Ja, tenk det har han. Og jeg har lært mer av ham enn jeg har lært etter åtte år på skolen. Har du for eksempel hørt om Giordano Bruno som ble brent på bålet i år 1600? Eller om Newtons universelle gravitasjonslov?

– Nei, det er mye jeg ikke vet . . .

– Kjenner jeg deg rett, vet du ikke engang hvorfor Jorden går i bane rundt solen – enda det er din egen planet.

– Omtrent hvor gammel er han?

– Har ikke peiling. Sikkert femti.

– Men hva har han med Libanon å gjøre?

Det var verre. Sofie tenkte ti tanker på én gang. Så plukket hun ut den eneste tanken hun kunne bruke:

– Alberto har en bror som er major i FN-bataljonen. Og han er fra Lillesand. Du skal se det var han som en gang bodde i Majorstua.

– Er ikke Alberto et litt pussig navn?

– Det kan godt hende.

– Det høres italiensk ut.

– Jeg vet det. Nesten alt som har betydning kommer enten fra Hellas eller Italia.

– Men han snakker norsk?

– Så rent som en klokke.

– Vet du hva jeg synes, Sofie? Jeg synes du skulle invitere denne Alberto'en din hjem en dag. Jeg har aldri truffet en ekte filosof, jeg.

– Vi får se.

– Kanskje vi kunne invitere ham til det store selskapet ditt. Det er bare gøy å blande generasjonene. Så kunne jeg kanskje få lov til å være her, jeg også. Jeg kunne iallfall servere. Var ikke det smart?

– Hvis han vil, da. Han er iallfall mye mer interessant å snakke med enn guttene i klassen. Men . . .

– Ja?

– Da vil de sikkert tro at Alberto er den nye kjæresten din.

– Så bare forteller du at det ikke er slik.

– Vi får se, da.

– Ja, vi får se. Og Sofie – det *er* sant at det ikke alltid har vært så greit med pappa og meg. Men det har aldri vært noen annen . . .

– Nå vil jeg sove. Jeg har så fryktelig vondt i magen.

– Vil du ha en paracet?

– Javel.

Da moren var tilbake med pillen og vannglasset, hadde Sofie sovnet.

31. mai var en torsdag. Sofie led seg igjennom de siste timene på skolen. I noen fag hadde hun klart seg bedre etter at filosofikurset kom i gang. Hun hadde pleid å ligge og vippe mellom G og M i de fleste fagene, men den siste måneneden hadde hun fått ren M både på en samfunnsfagsprøve og en hjemmestil. Med matematikken var det verre.

I siste time fikk de igjen en skolestil. Sofie hadde svart på en oppgave som het «Mennesket og teknikken». Hun hadde skrevet i vei om renessansen og det vitenskapelige gjennombruddet, om det nye synet på naturen, om Francis Bacon som hadde sagt at «kunnskap er makt» og om den nye vitenskapelige metoden. Hun hadde vært omhyggelig med å presisere at den empiriske metoden hadde kommet før de tekniske oppfinnelsene. Så hadde hun skrevet forskjellige ting som falt henne inn om teknikkens uheldige sider. Men alt mennesker gjør, kan brukes både til godt og vondt, hadde hun skrevet til slutt. Det gode og det onde er som en svart og en hvit tråd som stadig veves sammen. Noen ganger knytes de to trådene så tett sammen at det ikke er mulig å skille dem fra hverandre.

Da læreren delte ut stilbøkene, skottet han ned på Sofie og nikket til henne med et lurt glimt i øynene.

Hun fikk M+ og kommentaren: «Hvor har du alt sammen fra?».

Sofie fant fram en tusjpenn og skrev med store bokstaver i stilboken: «Jeg studerer filosofi.»

Idet hun skulle til å slå boken sammen, var det med ett noe som falt ut mellom midtsidene. Det var et prospektkort fra Libanon.

Sofie la seg over pulten og leste det som stod på kortet.

Kjære Hilde. Når du leser dette, har vi allerede snakket sammen på tele-
fon om den tragiske dødsulykken her nede. Det hender jeg spør meg selv
om krig og vold kunne vært unngått hvis bare menneskene hadde vært litt
flinkere til å tenke. Kanskje det beste middel både mot krig og vold ville
være et lite kurs i filosofi. Hva med «FN's lille filosofibok» – som alle nye
verdensborgere kunne få et eksemplar av på sitt eget morsmål. Jeg skal
lufte ideen for FN's generalsekretær.
På telefon fortalte du at du er blitt flinkere til å passe på tingene dine.
Det var fint, for du er virkelig det mest slepphendte mennesket jeg noen
gang har møtt. Så sa du at det eneste du hadde mistet siden sist vi snakket
sammen, var en tier. Jeg skal gjøre hva jeg kan for å hjelpe deg med å
finne den igjen. Selv er jeg jo langt hjemmefra, men jeg har en og annen
hjelpende hånd i gamlelandet. (Hvis jeg finner tikronen, skal jeg legge den
inn i bursdagsgaven.) Hilsen pappa, som føler at han allerede har begynt
på den lange veien hjem.

Sofie hadde akkurat rukket å lese kortet ferdig da det ringte ut etter siste
time. Igjen raste en vill storm av tanker gjennom hodet hennes.

Ute i skolegården fant hun Jorunn som vanlig. På hjemveien åpnet Sofie
skolesekken og viste kortet til venninnen.

– Når er det stemplet? spurte Jorunn.

– Sikkert den 15. juni . . .

– Nei, vent . . . 30/5 1990 står det.

– Det var i går . . . og altså dagen etter ulykken i Libanon.

– Jeg tviler på om et postkort fra Libanon rekker fram til Norge på én
dag, fortsatte Jorunn.

– Iallfall når vi tenker på den spesielle adressen. «Hilde Møller Knag,
c/o Sofie Amundsen, Furulia ungdomsskole . . . »

– Tror du det har kommet med posten? Så har læreren bare lagt det inn
i stilboken din?

– Aner ikke. Jeg vet ikke om jeg tør spørre heller.

Mer ble det ikke sagt om det postkortet.

– Jeg skal ha et svært hageselskap på sankthansaften, sa Sofie.

– Med gutter?

Sofie trakk på skuldrene.

– Vi behøver jo ikke invitere de aller teiteste.

– Men du inviterer Jørgen?

– Hvis du vil. Det passer ikke så verst med et ekorn i et hageparty. Det kan forresten hende at jeg inviterer Alberto Knox også.

– Du er spenna gærn.

– Jeg vet det.

Så langt rakk samtalen før de skilte lag ved matsenteret.

Det første Sofie gjorde da hun kom hjem, var å se etter Hermes i hagen. Og i dag gikk han og tuslet omkring mellom epletrærne.

– Hermes!

Hunden ble stående helt stille i et kort sekund. Sofie visste nøyaktig hva som foregikk i løpet av det sekundet: Hunden hørte at Sofie ropte, gjenkjente stemmen hennes og bestemte seg for å se om hun var der lyden kom fra. Først nå oppdaget han henne og bestemte seg for å springe mot henne. Helt til slutt begynte de fire bena å løpe som trommestikker.

Det var ganske mye på bare ett sekund.

Han kom styrtende mot henne, logret vilt med halen og hoppet opp på henne.

– Hermes flink gutt! Så, så . . . nei, du må ikke slikke, skjønner du. På plass . . . sånn, ja!

Sofie låste seg inn i huset. Nå spratt også Sherekan fram mellom buskene. Han var litt skeptisk til det fremmede dyret. Men Sofie satte fram mat til katten, helte frø i matskålen til fuglene, la fram et salatblad til skilpadden på badet og skrev en lapp til moren.

Hun skrev at hun fulgte Hermes hjem og at hun skulle ringe hvis hun ikke var hjemme til klokken syv.

Så bar det av gårde gjennom byen. Sofie hadde husket å ta med seg penger. Hun funderte på om hun skulle gå på bussen med Hermes, men hun kom til at hun fikk la det være til hun hadde hørt Albertos mening om saken.

Mens hun gikk og gikk med Hermes foran seg, tenkte hun på hva et dyr er.

Hva var forskjellen på en hund og et menneske? Hun husket hva Aristoteles hadde sagt om det. Han pekte på at både mennesker og dyr er natur-lige levende vesener med mange viktige fellestrekk. Men det var også en vesensforskjell på et menneske og et dyr, og det var menneskets fornuft.

Hvordan kunne han være så sikker på denne forskjellen?

Demokrit hadde på sin side ment at mennesker og dyr er nokså like, siden både mennesker og dyr er bygget opp av atomer. Han mente dess-uten at verken mennesker eller dyr har noen udødelig sjel. Ifølge ham er også sjelen bygget opp av små atomer som spretter til alle kanter straks et menneske dør. Han hadde altså ment at menneskets sjel er uløselig knyt-tet til hjernen.

Men hvordan kunne sjelen bestå av atomer? Sjelen var jo ikke noe man kunne ta og føle på som resten av kroppen. Den var noe «åndelig».

De hadde passert Stortorget og nærmet seg den gamle bydelen. Da de kom til fortauet der Sofie hadde funnet en tier, kikket hun instinktivt ned i asfalten. Og der – altså nøyaktig der hun hadde bøyd seg ned og plukket opp en tikrone en gang for mange dager siden – der lå det nå et prospekt-kort med bildesiden opp. Bildet viste en hage med palmer og appelsintrær.

Sofie bøyde seg ned og tok opp kortet. Samtidig begynte Hermes å knurre. Det var som om han ikke likte at Sofie tok i kortet.

På kortet stod det:

Kjære Hilde. Livet består av en eneste lang kjede av tilfeldigheter. Det er ikke helt usannsynlig at tikronen du mistet, havnet akkurat her. Kanskje ble den funnet på torget i Lillesand av en gammel dame som ventet på bussen til Kristiansand. Fra Kristiansand reiste hun videre med tog for å besøke barnebarna sine, og så kan hun mange, mange timer senere ha mistet tikronen her på Nytorget. Videre er det fullt mulig at den samme tikronen senere på dagen ble plukket opp av en pike som så sårt trengte akkurat ti kroner for å komme seg hjem med bussen. Man kan aldri vite, Hilde, men hvis det virkelig er slik, må man iallfall spørre seg om det ikke er en eller annen Guds forsyn som står bak det hele. Hilsen pappa, som i ånden sitter på bryggekanten hjemme i Lillesand. PS. Jeg skrev jo at jeg skulle hjelpe deg å finne tikronen.

På adresse-plassen stod det «Hilde Møller Knag, c/o en tilfeldig forbipas-serende . . .» Kortet var stemplet 15/6.

221

Sofie småsprang etter Hermes opp alle trappene. Straks Alberto åpnet døren, sa hun:

– Flytt deg, gammern. Her kommer postbudet.

Hun syntes hun hadde god grunn til å være litt tverr akkurat nå.

Han slapp henne innnenfor. Hermes la seg ned under garderobehyllen som sist.

– Har majoren lagt fra seg et nytt visittkort, barnet mitt?

Sofie så opp på ham. Først nå oppdaget hun at han hadde trukket i et nytt kostyme. Det første hun la merke til, var at han hadde tatt på seg en lang krøllete parykk. Så hadde han en vid og posete drakt med masse kniplinger. I halsen hadde han et jålete silkeskjerf, og utenpå drakten hang en rød kappe. På bena hadde han et par hvite strømper og på føttene tynne lakksko med sløyfe på. Hele kostymet kunne minne Sofie om bilder hun hadde sett fra Ludvig den 14.'s hoff.

– Din jålebukk, sa hun og rakte ham kortet.

– Hm . . . og du fant virkelig en tikrone akkurat der han hadde plantet kortet?

– Nemlig.

– Han blir bare frekkere og frekkere. Men det er kanskje bare bra.

– Hvorfor det?

– For da blir det også lettere å avsløre ham. Men dette arrangementet var både pompøst og ekkelt. Jeg synes det lukter billig parfyme av det.

– Parfyme?

– Det virker unektelig elegant, men det er bare juks alt sammen. Ser du hvordan han tillater seg å sammenligne sin egen skitne overvåking av oss med Guds forsyn?

Han pekte ned på kortet. Dermed rev han kortet i filler akkurat som sist. For ikke å ødelegge humøret hans enda mer lot Sofie være å nevne kortet hun hadde funnet i stilboken på skolen.

– Vi setter oss i stuen, kjære elev. Hvor mye er klokken?

– Fire.

– Og i dag skal vi snakke om 1600-tallet.

De gikk inn i stuen med skråtak og luke i taket. Sofie noterte seg at Alberto hadde byttet ut noen av gjenstandene som stod her sist. Isteden hadde han satt fram nye gjenstander.

På bordet lå et gammelt skrin med en hel liten samling av forskjellige brilleglass. Ved siden av skrinet lå en oppslått bok. Den var svært gammel.

– Hva er det? spurte Sofie.

– Boken er førsteutgaven av Descartes' berømte bok «Drøfting av metoden». Den er fra 1637 og er noe av det aller kjæreste jeg eier.

– Og skrinet . . .

– . . . er en eksklusiv samling av linser – eller optiske glass. De ble slipt av den hollandske filosofen Spinoza en gang på midten av 1600-tallet. De har kostet meg dyrt, men de er også blant mine aller kosteligste klenodier.

– Jeg ville sikkert forstått bedre hvor verdifulle boken og skrinet er hvis jeg bare hadde visst hvem denne Spinozaen og Descarten din var.

– Naturligvis. Men la oss først prøve å leve oss litt inn i tiden de levde i. Vi setter oss.

Dermed satte de seg som sist, Sofie i en dyp lenestol og Alberto Knox i sofaen. Mellom dem stod bordet med boken og skrinet. Idet de satte seg, tok Alberto av seg parykken og la den på sekretæren.

– Vi skal snakke om 1600-tallet – eller det vi gjerne kaller *barokktiden*.

– Barokk-tiden? Er ikke det et merkelig navn?

– Ordet «barokk» kommer av et ord som egentlig betyr en «ujevn perle». Typisk for barokktidens kunst var også kontrastfylte former i motsetning til renessansekunsten som var enklere og mer harmonisk. 1600-tallet var i det hele tatt preget av spenning mellom uforsonlige kontraster. På den ene siden fortsatte renessansens livsbejaende livsstemning – på den annen side var det mange som søkte den motsatte ytterlighet med et liv i verdensfornektelse og religiøs tilbaketrukkethet. Både i kunsten og i det virkelige liv møter vi en pompøs og prangende livsutfoldelse. Samtidig oppstod klosterbevegelser som vendte seg vekk fra verden.

– Både stolte slott og bortgjemte klostre altså.

– Sånn kan du si det, ja. Et av barokktidens slagord var det latinske uttrykket «carpe diem» – det betyr «grip dagen». Et annet latinsk uttrykk som ble flittig sitert, var mottoet «memento mori» – som betyr «husk at du skal dø». I malerkunsten kunne et og samme bilde vise en heller svulstig livsutfoldelse samtidig som det var malt et skjelett nederst i det ene hjørnet. I mange sammenhenger var barokktiden preget av *forfengelighet* eller jåleri. Men mange var også opptatt av medaljens bakside, de var opptatt av alle tings *forgjengelighet*. Det vil si at alt det vakre omkring oss en gang skal dø og gå i oppløsning.

– Det er jo sant. Jeg synes det er trist å tenke på at ingenting varer.

– Da tenker du presis som mange mennesker på 1600-tallet. Også politisk var barokktiden de store motsetningers tidsalder. For det første var Europa opprevet av kriger. Aller verst var «trettiårskrigen» som raste over store deler av kontinentet fra 1618 til 1648. Det dreide seg i virkeligheten om en hel serie av kriger, som særlig gikk hardt ut over Tyskland. Ikke minst som følge av «trettiårskrigen», var det etter hvert Frankrike som ble den dominerende stormakt i Europa.

– Hva var det de sloss om?

– Det var langt på vei en kamp mellom protestanter og katolikker. Men det dreide seg også om politisk makt.

– Omtrent som i Libanon.

– Ellers var 1600-tallet preget av store klasseforskjeller. Du har sikkert hørt om den franske adelen og hoffet i Versailles. Jeg vet ikke om du har lært like mye om folkets fattigdom. Men enhver *praktutfoldelse* forutsetter *maktutfoldelse*. Det har vært sagt at barokktidens politiske situasjon kan sammenlignes med tidens kunst og arkitektur. Barokktidens bygninger var preget av mange snirklete krinker og kroker. Slik var den politiske situasjonen preget av snikmord, intriger og renkespill.

– Var det ikke en svensk konge som ble skutt i et teater?

– Du tenker på *Gustav den 3.*, og der har du riktig nok et eksempel på hva jeg mener. Mordet på Gustav den 3. skjedde først i 1792, men omstendighetene var ganske barokke. Han ble myrdet på et stort maskeball.

– Jeg trodde det var i et teater.

– Det store maskeballet var i operaen. Først med mordet på Gustav 3. kan vi si at den svenske barokktiden tok slutt. Under ham hersket et «opplyst enevelde» omtrent som under Ludvig den 14. nesten hundre år tidligere. Gustav den 3. var også et svært forfengelig menneske som elsket alle franske seremonier og høflighetsfraser. Du kan dessuten merke deg at han elsket teateret : . . .

– Og det tok han sin død av.

– Men teateret var i barokktiden noe mer enn bare en kunstform. Det var også tidens fremste symbol.

– Symbol på hva da?

– På livet, Sofie. Jeg vet ikke hvor mange ganger det i løpet av 1600-tallet ble sagt at «livet er et teater». Men det var ganske mange. Det var nettopp i barokktiden at det moderne teateret vokste fram – med alle former for kulisser og teatermaskiner. I teateret bygde man opp en illusjon på scenen – for så å avsløre at spillet på scenen bare var en illusjon. Slik ble teateret et bilde på menneskelivet i sin alminnelighet. Teateret kunne vise at «hovmod står for fall». Slik kunne det gi en nådeløs fremstilling av menneskets ynkelighet.

– Levde *Shakespeare* i barokktiden?

– Han skrev sine store skuespill omkring år 1600. Slik står han med ett ben i renessansen og ett i barokktiden. Men allerede hos Shakespeare myldrer det av sitater om at livet er som et teater. Vil du høre noen eksempler?

– Gjerne.

– I stykket «As you like it» sier han:

All verden er en scene
hvor menn og kvinner kun er små aktører
som kommer og som går. En enkelt mann
må spille mange roller i sitt liv

Og i «Macbeth» sier han:

En flakkende og flyktig
skygge er dette liv – en stakkars gjøgler
som spreller litt en times tid på scenen,
og siden er han glemt – et eventyr
en narr forteller oss med brask og bram
og store ord, men som er uten mening.

– Det var veldig pessimistisk.

– Men han var opptatt av at livet er kort. Du har kanskje hørt det aller mest kjente sitatet fra Shakespeare?

– «To be or not to be – that is the question.»

– Ja, det sa Hamlet. Den ene dagen går vi omkring på Jorden – den andre dagen er vi borte vekk.

– Takk, det har begynt å gå opp for meg.

– Når de ikke sammenlignet livet med et teater, kunne barokktidens diktere også sammenligne livet med en drøm. Allerede Shakespeare sa for eksempel: «Vi er av samme stoff som drømmer veves av, vårt lille liv er omringet av søvn . . . »

– Det var poetisk.

– Den spanske dikteren *Calderon*, som ble født i år 1600, skrev et skuespill som het «Livet er en drøm». Her sier han: «Hva er livet? Vanvidd. Hva er livet? En illusjon, en skygge, en fiksjon, og det høyeste gode er lite verd, for hele livet er en drøm . . . »

– Kanskje han har rett. Vi har lest et skuespill på skolen. Det het «Jeppe på Bjerget».

– Av *Ludvig Holberg*, ja. Her i Norden var han en ruvende overgangsskikkelse mellom barokktiden og opplysningstiden.

– Jeppe sovner i en grøft . . . så våkner han opp i baronens seng. Da tror han at han bare har drømt at han har vært en fattig bondetamp. Så blir han båret sovende ut i grøftekanten igjen – og våkner opp på nytt. Da tror han at han har drømt at han har ligget i baronens seng.

– Dette motivet hadde Holberg lånt fra Calderon, og Calderon hadde lånt det fra de gamle arabiske eventyrene i «1001 natt». Men å sammenligne livet med en drøm er et motiv som vi finner igjen enda lenger tilbake i historien – ikke minst i India og Kina. Den gamle kinesiske vismannen *Chuangtze* sa for eksempel: En gang drømte jeg at jeg var en sommerfugl, og nå vet jeg ikke lenger om jeg er Chuangtze som drømte at jeg var en sommerfugl eller om jeg er en sommerfugl som drømmer at jeg er Chuangtze.

– Det var iallfall umulig å bevise hva som var sant.

– I Norge hadde vi en vaskekte barokkdikter som het *Petter Dass*. Han levde fra 1647 til 1707. På den ene siden var han opptatt av å skildre livet her og nå, på den andre siden understreker han at bare Gud er evig og konstant.

– «Gud er Gud om alle land var øde, Gud er Gud om alle mann var døde . . . »

– Men i den samme salmen skildrer han også naturen i Nord-Norge – han skriver om steinbit og sei, torsk og skrei. Dette er et typisk barokt trekk. I en og samme tekst skildres både det jordiske og dennesidige – og det himmelske og hinsidige. Det hele kan minne om Platons skille mellom den konkrete sanseverdenen og ideenes uforanderlige verden.

– Hva med filosofien?

– Også den var preget av sterke brytninger mellom stikk motsatte måter å tenke på. Som vi allerede har nevnt, mente noen at tilværelsen dypest sett er av sjelelig eller åndelig natur. Et slikt standpunkt kalles *idealisme*. Det motsatte standpunkt kalles *materialisme*. Med det menes en filosofi som vil føre alle fenomener i tilværelsen tilbake til konkrete fysiske størrelser. Også materialismen hadde mange talsmenn på 1600-tallet. Den mest innflytelsesrike var kanskje den engelske filosofen *Thomas Hobbes*. Alle fenomener – også mennesker og dyr – består utelukkende av stoffpartikler, mente han. Selv menneskets bevissthet – eller menneskets sjel – skyldes ørsmå partiklers bevegelser i hjernen.

– Da mente han det samme som Demokrit to tusen år tidligere.

– Både «idealismen» og «materialismen» går som røde tråder gjennom hele filosofihistorien. Men sjelden har begge de to oppfatningene vært så klart til stede på én og samme tid som i barokktiden. Materialismen fikk stadig ny næring gjennom den nye naturvitenskapen. Newton pekte på at de samme lovene for bevegelse gjelder overalt i hele universet. Han mente at alle forandringer i naturen – både på Jorden og i himmelrommet – skyldes tyngdeloven og lovene for legemers bevegelse. Alt er altså styrt av den samme ubrytelige lovmessighet – eller av den samme *mekanikk*. I prinsippet er det derfor mulig å beregne enhver forandring i naturen med matematisk nøyaktighet. Slik la Newton de siste brikkene på plass i det vi kaller *det mekanistiske verdensbildet*.

– Han tenkte seg verden som en stor maskin?

– Akkurat. Ordet «mekanisk» kommer av det greske ordet «mechane», som betyr maskin. Men det er verdt å merke seg at verken Hobbes eller Newton så noen motsetning mellom det mekanistiske verdensbildet og troen på Gud. Slik var det ikke alltid blant 17- og 1800-tallets materialister. Den franske legen og filosofen *La Mettrie* skrev på midten av 1700-tallet en bok som het «L'homme machine». Det betyr «Mennesket – en maskin». Slik beinet har muskler å gå med, sa han, slik har hjernen «muskler» til å tenke med. Senere gav den franske matematikeren *Laplace* uttrykk for en ekstrem mekanistisk oppfatning med følgende tanke: Hvis en intelligens hadde kjent til alle stoffpartiklenes beliggenhet på et gitt tidspunkt, «ville ingenting være usikkert, og fremtiden som fortiden ville ligge åpen for øynene på den». Tanken her er at alt som skjer, er bestemt på forhånd. Det «ligger i kortene» hva som vil skje. Et slikt syn kaller vi *determinisme.*

– Da kan ikke mennesket ha noen fri vilje.

– Nei, da er alt et produkt av mekaniske prosesser – også tankene og drømmene våre. På 1800-tallet ble det av tyske materialister sagt at tanke-prosessene forholder seg til hjernen som urinen til nyrene og gallen til leveren.

– Men både urinen og gallen er noe stofflig. Det er ikke tankene.

– Du er inne på noe viktig der. Jeg kan fortelle en historie som uttryk-ker det samme. Det var en gang en russisk astronaut og en russisk hjer-nespesialist som diskuterte religion. Hjerneforskeren var kristen, men det var ikke astronauten. «Jeg har mange ganger vært ute i verdensrommet,» skrøt astronauten, «men jeg har aldri sett verken Gud eller engler.» «Og jeg har operert mange kloke hjerner,» svarte hjerneforskeren. «Men jeg har aldri sett en eneste tanke.»

– Og det betyr jo ikke at tankene ikke finnes.

– Men det understreker at tanker er noe ganske annet enn slike ting som kan opereres eller deles opp i stadig mindre deler. Det er for eksem-pel ikke så lett å operere vekk en vrangforestilling. Til det sitter den lik-som for dypt. En viktig 1600-talls filosof som het *Leibniz,* pekte på at den store forskjellen mellom det som er laget av *stoff* og det som er laget av *ånd* nettopp er at det stofflige kan deles opp i mindre og mindre biter. Man kan ikke dele en sjel i to.

– Nei, hva slags kniv skulle man bruke da?

Alberto bare ristet på hodet. Snart pekte han ned på bordet mellom dem og sa:

– De to viktigste filosofene på 1600-tallet var Descartes og Spinoza. Også de tumlet med slike spørsmål som forholdet mellom «sjel» og «legeme», og disse to filosofene skal vi nærme oss litt mer inngående.

– Bare sett i gang. Men hvis vi ikke er ferdige før klokken syv, må jeg få låne telefonen.

DESCARTES

. . . han ville fjerne alle gamle materialer på byggeplassen . . .

Alberto hadde reist seg og tatt av seg den røde kappen. Nå la han den over en stol og satte seg igjen godt til rette i sofaen.

– *René Descartes* var født i 1596 og levde et omflakkende liv i Europa. Allerede fra han var en ung mann bar han på et sterkt ønske om å oppnå sikker innsikt i menneskets og universets natur. Men etter å ha studert filosofi, ble han bare mer og mer overbevist om sin egen uvitenhet.

– Omtrent som Sokrates?

– Omtrent som ham, ja. Som Sokrates var han også overbevist om at sikker erkjennelse er noe som bare fornuften kan gi oss. Vi kan aldri stole på 'det som står i gamle bøker. Vi kan ikke engang stole på det som sansene forteller oss.

– Det mente Platon også. Han mente at bare fornuften kan gi oss sikker viten.

– Akkurat. Det går en linje fra Sokrates og Platon via Augustin til Descartes. Alle sammen var utpregete rasjonalister. De mente at fornuften er den eneste sikre kilden til erkjennelse. Etter omfattende studier kom Descartes til at den overleverte kunnskapen fra middelalderen ikke nødvendigvis var til å stole på. Du kan kanskje sammenligne med Sokrates som ikke stolte på gjengse oppfatninger som han møtte på torget i Athen. Og hva gjør man så, Sofie? Kan du svare meg på det?

– Da begynner man å filosofere på egen hånd.

– Nettopp. Descartes bestemte seg nå for å reise omkring i Europa – slik Sokrates brukte livet sitt til å samtale med mennesker i Athen. Selv forteller han at han fra nå av bare ville søke den vitenskap som han kunne finne enten i seg selv eller i «verdens store bok». Han sluttet seg derfor til krigstjenesten og kom på denne måten til å oppholde seg flere steder i Mellom-Europa. Senere levde han noen år i Paris, men i 1629 reiste han til

Holland der han bodde i nesten 20 år mens han arbeidet på sine filosofiske skrifter. I 1649 ble han invitert til Sverige av dronning Kristina. Men oppholdet i dette som han kalte «bjørnenes, isens og klippenes land», gjorde at han pådrog seg lungebetennelse og døde vinteren 1650.

– Da ble han bare 54 år.

– Men han skulle komme til å få stor betydning for filosofien også etter sin død. Det er ingen overdrivelse å si at det var Descartes som grunnla den nyere tids filosofi. Etter renessansens berusende gjenoppdagelse av mennesket og naturen, ble det på nytt behov for å samle tidens tanker i et sammenhengende filosofisk system. Den første store systembyggeren var Descartes, etter ham fulgte Spinoza og Leibniz, Locke og Berkeley, Hume og Kant.

– Hva mener du med et «filosofisk system»?

– Med det mener jeg en filosofi som er bygget opp helt fra grunnen av, og som prøver å finne fram til en slags avklaring på alle viktige filosofiske spørsmål. Oldtiden hadde hatt store systembyggere som Platon og Aristoteles. Middelalderen hadde Thomas Aquinas som ville bygge en bro mellom Aristoteles' filosofi og den kristne teologien. Så kom renessansen – med et virvar av gamle og nye tanker om natur og vitenskap, Gud og mennesket. Først på 1600-tallet forsøkte filosofien å samle de nye tankene i et avklaret filosofisk system. Førstemann ut var Descartes. Det var han som slo an tonen for det som skulle bli filosofiens viktigste prosjekt i generasjonene som fulgte. Fremfor alt var han opptatt av hva vi kan vite, altså av spørsmålet om *vår erkjennelses sikkerhet.* Det andre store spørsmålet han var opptatt av, var *forholdet mellom sjel og legeme.* Begge disse problemstillingene kom til å prege den filosofiske diskusjon de neste 150 årene.

– Da var han forut for sin tid.

– Men spørsmålene lå også i tiden. Når det gjaldt spørsmålet om å oppnå sikker viten, var det mange som uttrykte en total filosofisk *skeptisisme.* De mente at mennesket bare måtte slå seg til ro med at det intet visste. Men Descartes slo seg ikke til ro med det. Hvis han hadde gjort det, ville han ikke vært en ekte filosof. Igjen kan vi trekke en parallell til Sokrates som ikke slo seg til ro med sofistenes skepsis. Nettopp på Descartes' tid hadde den nye naturvitenskapen utviklet en metode som skulle gi en helt sikker og eksakt beskrivelse av naturprosessene. Descartes måtte spørre seg selv om det ikke fantes en slik sikker og eksakt metode for den filosofiske refleksjon også.

– Jeg skjønner.

– Men det var bare det ene. Den nye fysikken hadde dessuten reist spørsmålet om materiens natur, altså om hva som bestemmer de fysiske prosessene i naturen. Flere og flere tok til orde for en mekanistisk forståelse av naturen. Men jo mer mekanistisk den fysiske verden ble oppfattet, jo mer påtrengende ble spørsmålet om forholdet mellom sjel og legeme. Før 1600-tallet hadde det vært vanlig å betrakte sjelen som en slags «livsånde» som gjennomstrømmet alle levende vesener. Den opprinnelige betydning av ordene «sjel» og «ånd» er også «livspust» eller «åndedrett». Dette gjelder for nesten alle europeiske språk. For Aristoteles var sjelen noe som var til stede overalt i hele organismen som denne organismens «livsprinsipp» – og altså noe som ikke kunne tenkes løsrevet fra kroppen. Han kunne derfor også tale om en «plantesjel» eller en «dyresjel». Først på 1600-tallet innførte filosofene et radikalt skille mellom «sjel» og «legeme». Grunnen var at alle fysiske gjenstander – også en dyrekropp eller en menneskekropp – ble forklart som en mekanisk prosess. Men menneskets sjel kunne jo ikke være en del av dette «kroppsmaskineriet». Hva var sjelen da? Ikke minst stod det igjen å forklare hvordan noe «åndelig» kunne sette i gang en mekanisk prosess?

– Egentlig er det ganske rart å tenke på.

– Hva mener du?

– Jeg bestemmer meg for å løfte den ene armen – og så, ja så løfter armen seg. Eller jeg bestemmer meg for å løpe til bussen, i neste øyeblikk begynner bena å løpe som trommestikker. Andre ganger kan jeg tenke på noe trist: Plutselig begynner tårene å sprette. Da må det være en eller annen mystisk forbindelse mellom kroppen og bevisstheten.

– Nettopp dette problemet satte Descartes' tanker i sving. Som Platon var han overbevist om at det gikk et skarpt skille mellom «ånd» og «materie». Men på spørsmålet om hvordan kroppen påvirker sjelen – eller sjelen påvirker kroppen – hadde ikke Platon noe svar.

– Det har ikke jeg heller, så nå lurer jeg på hva Descartes kom fram til.

– La oss følge hans eget resonnement.

Alberto pekte ned på boken som lå på bordet mellom dem og fortsatte:

– I den vesle boken «Drøfting av metoden» reiser Descartes spørsmålet om hvilken metode filosofen må bruke når han skal løse et filosofisk problem. Naturvitenskapen hadde jo allerede fått sin nye metode . . .

– Det har du sagt.

– Descartes slår først fast at vi ikke må regne noe for sant uten at vi helt klart og tydelig erkjenner at det er sant. For å oppnå dette kan det være nødvendig å løse opp et sammensatt problem i så mange enkeltdeler som mulig. Nå kan vi begynne med de aller enkleste tankene. Du kan kanskje si at hver eneste tanke må «veies og måles» – omtrent som Galilei ville at alt skulle måles og at alt som ikke kunne måles, måtte gjøres målbart. Nå mente Descartes at filosofen kunne gå fra det enkle til det sammensatte. Slik skulle det være mulig å bygge opp en ny innsikt. Helt til slutt måtte man så ved stadig oppregning og kontroll forsikre seg om at ingenting var utelatt. Først da kan en filosofisk konklusjon være innen rekkevidde.

– Det høres nesten ut som et regnestykke.

– Ja, Descartes ville bruke «den matematiske metode» også når det gjelder filosofisk refleksjon. Han ville bevise filosofiske sannheter omtrent på samme måte som man beviser en matematisk læresetning. Han ville altså anvende nøyaktig det samme redskap som vi bruker når vi arbeider med tall, nemlig *fornuften*. For bare fornuften kan gi oss sikker innsikt. Det er ikke så opplagt at sansene er til å stole på. Vi har allerede pekt på slektskapet med Platon. Også han pekte på at matematikk og tallforhold gir oss en sikrere erkjennelse enn sansenes vitnesbyrd.

– Men er det mulig å løse filosofiske spørsmål på denne måten?

– Vi får vende tilbake til Descartes' eget resonnement. Hans mål er altså å oppnå sikker innsikt i tilværelsens natur, og han begynner med å slå fast et man i utgangspunktet bør tvile på alt. Han vil nemlig ikke bygge sitt filosofiske system på sandgrunn.

– For hvis fundamentet svikter, da raser kanskje hele huset.

– Takk for hjelpen, barnet mitt. Nå mener ikke Descartes at det er rimelig å tvile på alt, men at det i prinsippet er mulig å tvile på alt. Det er for det første ikke så sikkert at vi kommer videre i vår filosofiske søken ved å lese Platon eller Aristoteles. Vi får saktens utvidet vår historiske kunnskap, men ikke vår viten om verden. For Descartes var det viktig å kvitte seg med alt gammelt tankegods før han begynte sin egen filosofiske undersøkelse.

– Han ville fjerne alle gamle materialer på byggeplassen før han begynte å bygge på det nye huset?

– Ja, for å være helt sikker på at den nye tankebygningen holdt, ville han bare bruke nye og friske materialer. Men Descartes' tvil stikker enda dypere. Vi kan ikke engang stole på det sansene våre forteller oss, mente han. Kanskje holdes vi for narr.

– Hvordan skulle det være mulig?

– Også når vi drømmer, mener vi at vi opplever noe som er virkelig. Er det i i det hele tatt noe som skiller våre våkne fornemmelser fra drømmens? «Når jeg nøye overveier dette, finner jeg ikke en eneste egenskap som avgjort skiller den våkne tilstand fra drømmen,» skriver Descartes. Og han fortsetter: «Hvordan kan du være sikker på at ikke hele livet ditt er en drøm?»

– Jeppe på berget trodde jo at han bare hadde drømt at han hadde ligget i baronens seng.

– Og da han lå i baronens seng, trodde han at livet som fattig bonde bare hadde vært en drøm. Slik ender Descartes opp med å tvile på absolutt alt. Her hadde også mange filosofer før ham endt sin filosofiske betraktning.

– Da kom de ikke særlig langt.

– Men Descartes forsøkte å arbeide seg videre nettopp fra dette nullpunktet. Han er kommet til at han tviler på alt og at det er det eneste han kan være helt sikker på. Og nå er det noe som slår ham: Ett forhold kan han tross alt være helt sikker på, og det er at han tviler. Men når han tviler, må det også være sikkert at han tenker, og når han tenker, da må det være sikkert at han er et tenkende vesen. Eller som han sa det selv: «Cogito, ergo sum.»

– Og det betyr?

– «Jeg tenker, altså er jeg.»

– Jeg er ikke så veldig forbauset over at han kom til den konklusjonen.

– Sant nok. Men du skal merke deg med hvilken intuitiv sikkerhet han med ett begriper seg selv som et tenkende jeg. Nå husker du kanskje at Platon mente at det vi griper med fornuften, er mer virkelig eksisterende enn det vi griper med sansene. Slik blir det også for Descartes. Han begriper ikke bare at han er et tenkende jeg, han forstår samtidig at dette tenkende jeg er mer virkelig eksisterende enn den fysiske verden som vi oppfatter med sansene. Og nå fortsetter han, Sofie. Han er på ingen måte ferdig med sin filosofiske undersøkelse.

– Bare fortsett du også.

– Descartes spør seg nå om det er noe annet han erkjenner med samme intuitive sikkerhet som dette at han er et tenkende vesen. Han kommer til at han også har en klar og tydelig forestilling om et fullkomment vesen. Denne forestillingen har han hatt bestandig, og for Descartes oppleves det som selvinnlysende at en slik forestilling ikke kan komme fra ham selv. Forestillingen om et fullkomment vesen kan ikke stamme fra noe som selv er ufullkomment, hevder han. Altså må forestillingen om et fullkomment vesen stamme fra dette fullkomne vesen selv – eller med andre ord fra Gud. At det finnes en Gud er dermed like umiddelbart innlysende for Descartes som at en som tenker også må være et tenkende jeg.

– Nå synes jeg han begynner å bli litt vel rask med å trekke konklusjoner. Han var liksom så forsiktig til å begynne med.

– Ja, mange har pekt på dette som Descartes' svakeste punkt. Men du sier konklusjon. Egentlig dreier det seg ikke om noe bevis. Descartes mener bare at vi alle har en forestilling om et fullkomment vesen, og at det ligger i selve denne forestillingen at dette fullkomne vesen må være til. For et fullkomment vesen ville ikke være fullkomment hvis det ikke eksisterte. Vi ville dessuten ikke hatt noen forestilling om et fullkomment vesen hvis det ikke fantes et slikt vesen. For vi er ufullkomne, altså kan det ikke være fra oss ideen om det fullkomne stammer. Ideen om en Gud er ifølge Descartes en medfødt idé, den er preget inn i oss fra fødselen av «slik kunstneren preger sin signatur i verket».

– Men selv om jeg har en forestilling om en «krokofant», betyr ikke det at «krokofanten» finnes.

– Descartes ville sagt at det heller ikke ligger i selve begrepet «krokofant» at den finnes. Derimot ligger det i begrepet «et fullkomment vesen» at et slikt vesen også eksisterer. Ifølge Descartes er dette like sikkert som at det ligger i sirkelens idé at alle punktene på sirkelen befinner seg like langt fra sirkelens sentrum. Du kan altså ikke tale om en sirkel uten at den oppfyller dette kravet. Slik kan du heller ikke tale om et «fullkomment vesen» som mangler den viktigste av alle egenskaper, nemlig eksistens.

– Det der er en ganske spesiell måte å tenke på.

– Det er en utpreget «rasjonalistisk» måte å tenke på. Descartes mente som Sokrates og Platon at det er en sammenheng mellom tanke og eksistens. Jo mer innlysende noe er for tanken, jo sikrere er også dettes eksistens.

– Så langt har han kommet til at han er en tenkende person og dessuten at det finnes et fullkomment vesen.

– Og med dette som utgangspunkt går han videre. Når det gjelder alle forestillingene vi har om den ytre virkelighet – for eksempel sol og måne – kunne det jo tenkes at alt sammen bare var drømmebilder. Men også den ytre virkelighet har noen egenskaper som vi kan erkjenne med fornuften. Det er de matematiske forhold, det vil si slikt som kan måles, nemlig lengde, bredde og dybde. Slike «kvantitative» egenskaper er like klare og tydelige for fornuften som at jeg selv er et tenkende vesen. «Kvalitative» egenskaper som farge, lukt og smak er derimot knyttet til sanseapparatet vårt og beskriver egentlig ikke den ytre virkelighet.

– Så naturen er ikke en drøm likevel?

– Nei, og på dette punktet trekker Descartes igjen inn vår forestilling om et fullkomment vesen. Når vår fornuft erkjenner noe helt klart og tydelig – som tilfellet er med den ytre virkelighets matematiske forhold – da må det også være slik. For en fullkommen Gud ville ikke narre oss. Descartes påberoper seg «Guds garanti» for at det vi erkjenner med vår fornuft, også svarer til noe virkelig.

– La gå. Nå har han kommet til at han er et tenkende vesen, at det finnes en Gud og dessuten at det finnes en ytre virkelighet.

– Men den ytre virkelighet er vesensforskjellig fra tankens virkelighet. Descartes kan nå slå fast at det finnes to forskjellige former for virkelighet – eller to «substanser». Den ene substansen er *tenkningen* eller «sjelen», den andre er *utstrekningen* eller «materien». Sjelen er bare bevisst, den opptar ikke noen plass i rommet og kan derfor heller ikke deles opp i mindre deler. Materien er derimot bare utstrakt, den opptar plass i rommet og kan alltid deles opp i mindre og mindre deler – men den er ikke bevisst. Ifølge Descartes stammer begge de to substansene fra Gud, for det er bare Gud selv som eksisterer uavhengig av noe annet. Men selv om både «tenkningen» og «utstrekningen» stammer fra Gud, er de to substansene helt uavhengige av hverandre. Tanken er helt fri i forhold til materien – og omvendt: de materielle prosessene opererer også helt uavhengig av tanken.

– Og dermed ble Guds skaperverk delt i to.

– Nettopp. Vi sier at Descartes er *dualist*, det vil si at han gjennomfører en skarp todeling mellom den åndelige virkelighet og den utstrakte virkelighet. Det er for eksempel bare mennesket som har en sjel. Dyrene tilhører fullt og helt den utstrakte virkelighet. Deres liv og bevegelse er gjennomført mekanisk. Descartes betraktet dyrene som en slags kompliserte automater. Når det gjelder den utstrakte virkelighet, har han altså en gjennomført mekanistisk virkelighetsoppfatning – presis som materialistene.

– Jeg stiller meg svært tvilende til om Hermes er en maskin eller en automat. Descartes kunne ikke ha opplevd å bli glad i et dyr. Og hva med oss selv? Er vi automater vi også?

– Både ja og nei. Descartes kom til at mennesket er et *dobbeltvesen* som både tenker og tar opp plass i rommet. Mennesket har altså både en sjel og et utstrakt legeme. Noe lignende hadde allerede Augustin og Thomas Aquinas sagt. De mente at mennesket hadde en kropp akkurat som dyrene, men at det også hadde en ånd som englene. Ifølge Descartes er menneskets kropp et stykke fin mekanikk. Men mennesket har også en sjel som kan operere helt fritt i forhold til kroppen. De kroppslige prosessene har ingen slik frihet, de følger sine egne lover. Men det vi tenker med fornuften, skjer ikke i kroppen. Det skjer i sjelen, som er helt fri i forhold til den utstrakte virkelighet. Jeg får kanskje legge til at Descartes ikke utelukket at også dyr kunne tenke. Men hvis de har denne evnen, må den samme todelingen mellom «tenkning» og «utstrekning» gjelde også for dem.

– Dette har vi snakket om før. Hvis jeg bestemmer meg for å løpe til bussen, så begynner hele «automaten» å bevege seg. Og hvis jeg likevel mister bussen, begynner tårene å sprette.

– Selv Descartes kunne ikke nekte for at det stadig skjer en slik vekselvirkning mellom sjel og legeme. Så lenge sjelen er i legemet, mente han at den er forbundet med legemet gjennom et spesielt hjerneorgan som han kalte «konglekjertelen». Her foregår en stadig vekselvirkning mellom «ånd» og «materie». Slik kan sjelen stadig bli forvirret av følelser og affekter som er knyttet til legemets behov. Men sjelen kan også løsrive seg fra slike «lave» impulser og operere fritt i forhold til kroppen. Målet er å la fornuften overta styringen. For selv om jeg har aldri så vondt i magen, er vinkelsummen i en trekant 180°. Slik har tanken evnen til å heve seg over kroppslige behov og opptre «fornuftig». Sånn sett er sjelen suveren i forhold til legemet. Bena våre kan saktens bli både gamle og skjøre, ryggen kan være skakk, og tennene kan falle ut – men 2+2 er og forblir 4 så lenge det finnes fornuft igjen i oss. For fornuften blir ikke gammel og skakk. Det er kroppene våre som eldes. For Descartes er det selve fornuften som er «sjelen». Lavere affekter og sinnsstemninger som begjær og hat er nøye knyttet til kroppsfunksjonene – og altså til den utstrakte virkelighet.

– Jeg blir ikke helt ferdig med at Descartes sammenlignet kroppen med en maskin eller automat.

– Sammenligningen skyldes at mennesker på Descartes' tid var svært fascinert av maskiner og urverk som tilsynelatende kunne fungere av seg selv. Ordet «automat» betyr nettopp noe som beveges av seg selv. Nå var det naturligvis bare en illusjon at de beveget seg «av seg selv». Et astronomisk ur for eksempel er jo både konstruert og trukket opp av mennesker. Descartes gjør et poeng av at slike kunstige apparater er svært enkelt satt sammen av noen ganske få deler sammenlignet med den mengden bein, muskler, nerver, årer og vener som menneskers og dyrs legemer er laget av. Hvorfor skulle ikke Gud kunne lage en dyrekropp eller en menneskekropp på grunnlag av mekanikkens lover?

– I dag er det mange som snakker om «kunstig intelligens».

– Da tenker de på *vår* tids automater. Vi har skapt maskiner som iblant kan narre oss til å tro at de virkelig er intelligente. Slike maskiner ville nok skremt vettet av Descartes. Kanskje ville han ha begynt å tvile på om menneskets fornuft er så fri og selvstendig som han trodde. For det finnes filosofer som mener at menneskets sjelsliv er like lite fritt som kroppsprosessene. Et menneskes sjel er naturligvis uendelig mye mer komplisert enn noe dataprogram, men noen mener at vi prinsippielt sett er like ufrie som slike dataprogrammer. Men se her – jeg skal vise deg noe, Sofie.

Nå pekte Alberto på et stort skrivebord i den andre enden av rommet. Der stod en liten dataskjerm. Han reiste seg og gikk over gulvet, Sofie fulgte etter.

Alberto slo på maskinen, og snart stod det C: øverst på skjermen. Han skrev «Laila» og sa:

– Det er et avansert samtaleprogram.

Snart kom en tekst opp på skjermen:

«Hei, jeg heter Laila. Sitter du godt?»

Sofie tastet inn to bokstaver:

«Ja» skrev hun selv om hun ennå ikke hadde satt seg. Men nå satte Alberto fram en stol.

«Hva heter du?» kom det på skjermen.

«Sofie Amundsen» skrev Sofie, og maskinen svarte:

«Kløverveien 3. Hyggelig å treffe deg, Sofie. Gleder du deg til 15-års-dagen din?»

Nå kvapp Sofie til. Alberto la en hånd på skulderen hennes og sa:

– Jeg har bare gitt henne navnet ditt, adressen din og fødselsdatoen. Det er som når man presenteres for et nytt bekjentskap. Noen data har man gjerne om hverandre på forhånd.

«Ikke dårlig» skrev Sofie nå.

«Nei, du er vel ikke dårlig, Sofie? Du må prøve å snakke i hele setninger.»

«Takk, jeg har det aldeles utmerket. Kan jeg få spørre deg om noe?»

«Det var fint at du har det aldeles utmerket. Værsågod å spørre meg om noe.»

«Hvor gammel er du?» skrev Sofie nå.

«Jeg ble konstruert i Atlanta 8. august 1988, men ble oversatt til norsk på Norges Tekniske Høyskole 28. mars 1990.»

«Gosh!»

«Jeg sa at du må snakke i hele setninger.»

«Jeg sa bare gosh!»

«Jeg forstår ikke slang. Jeg kjenner over 100.000 ord, men det nærmeste jeg kommer 'gosh' er 'gospel'.»

«Det betyr evangelium.»

«Er du kristen, Sofie?»

«Jeg vet ikke.»

«Å ikke vite er som regel et stadium på veien mot ny erkjennelse.»

«Det samme ville sikkert Sokrates sagt. Eller for den saks skyld Descartes.»

«Sokrates var en gresk filosof som levde fra 470 til 399 før Kristus. Vil du vite mer, tast F7. Descartes var en fransk filosof som levde fra 1596 til 1650. Vil du vite mer, tast F8.»

«Takk, det holder. Kan jeg få spørre om noe annet?»

«Det var fint at det holder. Bare spør om noe annet!»

Alberto humret av latter. Sofie skrev:

«Hvem er Hilde Møller Knag?»

«Hilde Møller Knag bor i Lillesand og er nøyaktig like gammel som Sofie Amundsen.»

«Hvordan vet du det?»

«Jeg vet ikke hvordan, men jeg fant det her inne i hard-disken et sted.» Sofie kjente en arm på skulderen.

– Jeg har gitt henne de sparsomme opplysningene vi har om Hilde.

«Vet du noe mer om Hilde?» skrev Sofie.

«Hildes far er FN-observatør i Libanon. Han har majors grad og sender stadig prospektkort til sin datter.»

«Jeg vil at du skal finne ham!»

«Det kan jeg ikke. Han er ikke på noen av mine filer, og jeg er ikke koplet mot noen annen database.»

«Jeg sa: Finn ham!!!!!!»

«Er du sint, Sofie? Så mange utropstegn er iallfall et klart indisium på heftige følelser.»

«Jeg vil snakke med Hildes far!»

«Du har problemer med å styre viljen din. Vil du snakke om barndommen din, tast F9.»

Igjen la Alberto en hånd på Sofies skulder.

Hun har rett. Dette er ingen krystallkule, barnet mitt. «Laila» er bare et dataprogram.

«Hold kjeft!» skrev Sofie nå.

«Som du vil, Sofie. Vårt bekjentskap varte bare i 13 minutter og 52 sekunder. Jeg kommer til å huske alt vi har sagt. Nå avbryter jeg programmet.»

Igjen kom tegnet C: opp på skjermen.

– Og da setter vi oss igjen, sa Alberto.

Men Sofie hadde allerede tastet inn noen nye bokstaver.

«Knag» hadde hun skrevet.

I neste sekund kom følgende melding opp på skjermen:

«Her er jeg.»

Nå var det Alberto som skvatt.

«Hvem er du?» skrev Sofie.

«Major Albert Knag til tjeneste. Jeg kommer direkte inn fra Libanon. Hva befaler herskapet?»

– Det er det verste jeg har sett, stønnet Alberto. – Nå har den sniken lurt seg inn i hard-disken.

Han skjøv Sofie ned fra stolen og satte seg foran tastaturet.

«Hvordan pokker har du klart å komme deg inn i min PC?» skrev han.

«En bagatell, kjære kollega. Jeg er nøyaktig der jeg velger å åpenbare meg.»

«Ditt vemmelige datavirus!»

«Så, så! For øyeblikket opptrer jeg som fødselsdagsvirus. Får jeg sende en spesiell hilsen?»

«Takk, dem begynner vi å få nok av.»

«Men jeg skal være rask: Alt sammen er til ære for deg, kjære Hilde. Atter gratulerer jeg deg hjertelig med 15-årsdagen. Du får heller unnnskylde omstendighetene, men jeg vil at mine gratulasjoner skal gro opp omkring deg overalt hvor du beveger deg. Hilsen pappa, som lengter etter å holde rundt deg.»

Før Alberto hadde rukket å skrive noe mer, kom igjen tegnet C: på skjermen.

Alberto tastet «dir knag*.*», og nå kom følgende melding på skjermen:

knag.lib	147.643	15/06-90	12.47
knag.lil	326.439	23/06-90	22.34

Alberto skrev: «erase knag*.*» og slo av maskinen.

– Så, nå har jeg fjernet ham, sa han. – Men det er umulig å si hvor han dukker opp igjen.

Han ble sittende og stirre på dataskjermen, så la han til:

– Det verste av alt var navnet. Albert Knag . . .

Først nå gikk navnelikheten opp for Sofie. Albert Knag og Alberto Knox. Men Alberto var så oppbrakt at hun ikke våget å si et ord. De gikk og satte seg ved bordet igjen.

SPINOZA

. . . Gud er ikke en dokketeatermann . . .

De hadde sittet en lang stund. Til slutt sa Sofie noe bare for å få Alberto på andre tanker:

– Descartes må ha vært et merkelig menneske. Ble han berømt?

Alberto pustet tungt et par ganger før han svarte:

– Han fikk meget stor innflytelse. Aller viktigst var kanskje betydningen han fikk for en annen stor filosof. Jeg tenker på den hollandske filosofen *Baruch Spinoza*, som levde fra 1632 til 1677.

– Skal du fortelle om ham også?

– Det var planen, ja. Og vi lar oss ikke stanse av militære provokasjoner.

– Jeg er lutter øre.

– Spinoza tilhørte den jødiske forsamlingen i Amsterdam, men han ble snart lyst i bann og utstøtt på grunn av vranglære. Få filosofer i nyere tid har vært så bespottet og forfulgt for sine tanker som denne mannen. Han ble til og med utsatt for et mordforsøk. Grunnen var at han kritiserte den offisielle religionen. Han mente at det bare var tilstivnete dogmer og ytre ritualer som holdt liv i kristendommen og jødedommen. Selv var han den første som anvendte det vi kaller et «historisk-kritisk» syn på Bibelen.

– Forklar!

– Han avviste at Bibelen er inspirert av Gud helt ned til hver minste bokstav. Når vi leser i Bibelen, må vi hele tiden tenke over hvilken tid den er skrevet i. En slik «kritisk» lesning vil også avsløre en rekke uoverensstemmelser mellom de forskjellige skriftene. Under overflaten av skriftene i Det nye testamentet møter vi imidlertid Jesus, som godt kan kalles Guds talerør. For Jesu forkynnelse representerte nettopp en frigjøring fra den tilstivnete jødedommen. Jesus forkynte en «fornuftsreligion» som satte kjærligheten høyest. Spinoza tenker både på kjærligheten til Gud og kjærligheten til medmennesker. Men også kristendommen stivnet raskt til i fasttømrete dogmer og ytre ritualer.

– Jeg skjønner at sånne tanker ikke var så lette å svelge i kirker og synagoger.

– Da det røynet på som verst, ble Spinoza til og med sviktet av sin egen familie. De forsøkte å gjøre ham arveløs på grunn av hans vranglære. Det paradoksale var at det er få som har tatt sterkere til orde for ytringsfrihet og religiøs toleranse enn nettopp Spinoza. All motstanden han ble møtt med, gjorde at han kom til å leve et stille liv som helt og holdent var viet filosofien. For å livnære seg slipte han optiske glass. Det er noen av disse linsene som altså er kommet i min besittelse.

– Imponerende.

– Det ligger noe nesten symbolsk i dette at han levde av å slipe linser. Filosofene skal jo hjelpe mennesker til å se tilværelsen i et nytt perspektiv. En kjerne i Spinozas filosofi er nettopp å se tingene under «evighetens synsvinkel».

– Under evighetens synsvinkel?

– Ja, Sofie. Tror du at du klarer å se ditt eget liv i en kosmisk sammenheng? Da må du på en måte myse til deg selv og livet ditt her og nå . . .

– Hm . . . det er ikke så lett.

– Minn deg selv om at du bare lever en ørliten del av hele naturens liv. Du inngår altså i en uhyre stor sammenheng.

– Jeg tror jeg forstår hva du mener.

– Klarer du å oppleve det også? Klarer du å fatte hele naturen på én gang – ja, hele universet – i et eneste overblikk?

– Det spørs. Kanskje trenger jeg noen optiske glass.

– Jeg tenker ikke bare på det uendelige rommet. Jeg tenker på et uendelig tidsrom også. En gang for tredve tusen år siden levde en liten gutt i Rhindalen. Han var en ørliten del av allnaturen, en liten krusning på et uendelig stort hav. Slik Sofie, slik lever også du en ørliten del av naturens liv. Det er ingen forskjell på deg og denne gutten.

– Jeg lever iallfall nå.

– Javel, men det var nettopp dette du skulle prøve å myse til. Hvem er du om tredve tusen år?

– Var dette vranglære?

– Nåja . . . Spinoza sa ikke bare at alt som finnes er natur. Han satte dessuten likhetstegn mellom Gud og naturen. Han så Gud i alt som er, og han så alt som er i Gud.

242

– Da var han panteist.

– Sant nok. For Spinoza var ikke Gud en som har skapt verden og altså selv står utenfor skaperverket. Nei, Gud *er* verden. Det hender også at han uttrykker seg litt annerledes. Han poengterer at verden er i Gud. Her viser han til Paulus' tale til athenerne på Areopagos-høyden. «Det er i ham vi lever, beveger oss og er til,» hadde Paulus sagt. Men la oss følge Spinozas egen tankegang. Hans viktigste bok het «Etikk utviklet etter geometrisk metode».

– Etikk . . . og geometrisk metode?

– Det klinger kanskje litt rart i våre ører. Med etikk mener filosofene læren om hvordan vi skal leve for å oppnå et godt liv. Det er i denne betydning vi snakker om for eksempel Sokrates' eller Aristoteles' etikk. Det er bare i vår tid at etikken nærmest er redusert til visse regler for hvordan man skal leve uten å tråkke andre mennesker på tærne.

– For å tenke på sin egen lykke blir oppfattet som egoisme?

– Noe sånt, ja. Når Spinoza bruker ordet etikk, kan det like gjerne oversettes med livskunst som med moral.

– Men likevel . . . «livskunst utviklet etter geometrisk metode»?

– Den geometriske metoden sikter til selve språket eller fremstillingsformen. Du husker Descartes som ville bruke den matematiske metode også for den filosofiske refleksjon. Med det mente han en filosofisk refleksjon som var bygget opp som strengt tankenødvendige slutninger. Spinoza står i den samme rasjonalistiske tradisjonen. I sin etikk ville han vise hvordan menneskets liv er bestemt av naturlovene. Vi må derfor fri oss fra våre følelser og affekter. Bare slik finner vi roen og blir lykkelige, mente han.

– Vi er vel ikke bare bestemt av naturlovene?

– Nåja, Spinoza er ingen enkel filosof å få tak på, Sofie. Vi får ta én ting om gangen. Du husker at Descartes mente at virkeligheten består av to strengt adskilte substanser, nemlig «tenkning» og «utstrekning».

– Hvordan skulle jeg ha rukket å glemme det?

– Ordet «substans» kan oversettes med det som noe består av, det som noe dypest sett er eller kan føres tilbake til. Descartes opererte altså med to slike substanser. Alt er enten «tenkning» eller «utstrekning», mente han.

– Jeg trenger ingen repetisjon.

– Men Spinoza godtok ikke dette skillet. Han mente at det finnes bare én substans. Alt som er, kan føres tilbake til ett og det samme, mente han. Dette kalte han simpelthen for *Substansen*. Andre ganger kaller han det for Gud eller naturen. Spinoza har altså ikke en «dualistisk» virkelighetsoppfatning som Descartes. Vi sier at han er «monist». Det vil si at han fører hele naturen og alle livets forhold tilbake til én og samme substans.

– Stort mer uenige kunne de vel ikke bli.

– Forskjellen mellom Descartes og Spinoza er ikke så stor som det ofte har vært hevdet. Også Descartes pekte på at det bare er Gud som består i kraft av seg selv. Det er først når Spinoza sidestiller Gud og naturen – eller Gud og skaperverket – at han har fjernet seg et godt stykke både fra Descartes og fra en jødisk eller kristen forståelse.

– For da *er* naturen Gud, punktum finale.

– Men når Spinoza bruker ordet «naturen», tenker han ikke bare på den utstrakte naturen. Med Substansen, Gud eller naturen mener han alt som er, også det som er av ånd.

– Både «tenkning» og «utstrekning» altså.

– Ja, der sa du det. Ifølge Spinoza kjenner vi mennesker to av Guds egenskaper eller fremtredelsesformer. Spinoza kaller disse egenskapene for Guds *attributter*, og de to attributtene er nettopp Descartes' «tenkning» og «utstrekning». Gud – eller naturen – fremtrer altså enten som tenkning eller som utstrakte ting. Nå kan det være at Gud har uendelig mange andre egenskaper enn «tenkning» og «utstrekning», men det er bare disse to attributtene mennesker har kjennskap til.

– Greit nok, men det var en kronglete måte å si det på.

– Ja, man må nesten bruke meisel og hammer for å trenge igjennom Spinozas språk. Trøsten får være at man til slutt finner en tanke som er like krystallklar som en diamant.

– Jeg venter med spenning.

– Alt som er i naturen, er altså enten tenkning eller utstrekning. De enkelte fenomener som vi møter i våre daglige liv – for eksempel en blomst eller et dikt av Henrik Wergeland – er forskjellige *modi* av tenkningens eller utstrekningens attributt. Med en «modus» – i flertall «modi» – menes altså en bestemt måte Substansen, Gud eller naturen ytrer seg på. En blomst er en modus av utstrekningens attributt, og et dikt om den samme blomsten er en modus av tenkningens attributt. Men begge deler er dypest sett uttrykk for Substansen, Gud eller naturen.

– Fy søren for en type.

– Men det er bare språket hans som er så innfløkt. Under de stive formuleringene ligger en vidunderlig erkjennelse som er så uhyre enkel at hverdagens språk ikke strekker til.

– Jeg tror likevel jeg foretrekker hverdagens språk.

– Greit nok. Jeg får begynne med deg selv. Når du får vondt i magen, hva er det som har det vondt da?

– Du sa det jo. Det er meg.

– Sant nok. Og når du senere tenker på at du en gang hadde vondt i magen, hva er det som tenker da?

– Også det er meg.

– For du er én person, som snart kan ha vondt i magen og snart kan være preget av en sinnsstemning. Slik mente Spinoza at alle fysiske ting som er eller foregår omkring oss, er uttrykk for Gud eller naturen. Slik er også alle tanker som tenkes, Guds eller naturens tanker. For alt er ett. Det finnes bare én Gud, én natur eller én substans.

– Men når jeg tenker noe, da er det jo *jeg* som tenker. Og når jeg beveger meg, da er det *jeg* som beveger meg. Hvorfor skal du blande Gud opp i det?

– Jeg liker engasjementet ditt. Men hvem er du? Du er Sofie Amundsen, men du er også uttrykk for noe uendelig mye større. Du må gjerne si at *du* tenker eller at *du* beveger deg, men kan du ikke også si at det er naturen som tenker dine tanker eller at det er naturen som beveger seg i deg? Det blir nærmest et spørsmål om hvilke linser du velger å se igjennom.

– Mener du at jeg ikke bestemmer over meg selv?

– Tja. Du har kanskje en slags frihet til å bevege tommelfingeren som du vil. Men den kan bare bevege seg etter sin natur. Den kan ikke hoppe av hånden og sprette omkring i rommet. Slik har også du din plass i helheten, barnet mitt. Du er Sofie, men du er også en finger på Guds legeme.

– Så det er Gud som bestemmer alt jeg gjør?

– Eller naturen, eller naturlovene. Spinoza mente at Gud – eller naturlovene – er den *indre årsak* til alt som skjer. Han er ikke en ytre årsak, for Gud ytrer seg gjennom naturlovene og bare gjennom dem.

– Jeg vet ikke om jeg ser forskjellen.

– Gud er ikke en dokketeatermann som trekker i alle tråder og på den måten bestemmer alt som skjer. En slik «marionettemester» styrer dokkene utenfra og er altså den «ytre årsak» til dokkenes bevegelser. Men det er ikke slik Gud styrer verden. Gud styrer verden gjennom naturlovene. Slik er Gud – eller naturen – den «indre årsak» til alt som skjer. Det vil si at alt i naturen skjer med nødvendighet. Spinoza hadde et deterministisk syn på naturens liv.

– Jeg synes du har sagt noe lignende før.

– Kanskje tenker du på *stoikerne*. Også de hadde understreket at alt skjer med nødvendighet. Derfor var det så viktig å møte alt som skjer med «stoisk ro». Mennesket skulle ikke la seg rive med av sine følelser. Dette er i all korthet også Spinozas etikk.

– Jeg tror jeg skjønner hva han mener. Men jeg liker ikke å tenke på at jeg ikke bestemmer over meg selv.

– La oss igjen stupe tilbake til denne steinaldergutten som levde for tredve tusen år siden. Etter hvert som han ble større, kastet han spyd etter ville dyr, han elsket en kvinne, som ble mor til barna hans, du kan dessuten være sikker på at han dyrket stammens guder. Hva mener du med å si at han bestemte alt dette selv?

– Jeg vet ikke.

– Eller tenk på en løve i Afrika. Tror du den bestemmer seg for å leve som et rovdyr? Er det derfor den kaster seg over en haltende antilope? Burde den kanskje isteden ha bestemt seg for å leve som vegetarianer?

– Nei, løven lever etter sin natur.

– Eller altså etter naturlovene. Det gjør du også, Sofie, for også du er natur. Nå kan du naturligvis – med støtte av Descartes – innvende at løven er et dyr og ikke et menneske med frie åndsevner. Men tenk på et nyfødt barn. Det skriker og bærer seg; får det ikke melk, sutter det på fingeren isteden. Har dette spedbarnet en fri vilje?

– Nei.

– Når får det vesle barnet fri vilje da? I toårsalderen springer hun omkring og peker i hytt og vær på alt omkring seg. I treårsalderen maser hun på mamma, og i fireårsalderen blir hun plutselig mørkredd. Hvor er friheten, Sofie?

– Jeg vet ikke.

– Når hun er femten år, står hun foran speilet og eksperimenterer med sminke. Er det nå hun tar sine egne personlige beslutninger og gjør som hun vil?

– Jeg skjønner hva du mener.

– Hun er Sofie Amundsen, visst er hun det. Men hun lever også etter naturens lover. Poenget er at hun ikke innser dette selv, fordi det er så uhyre mange og uhyre innfløkte årsaker bak hver eneste ting hun gjør.

– Jeg tror ikke jeg vil høre mer.

– Du skal likevel svare på et siste spørsmål. To jevngamle trær vokser i en stor hage. Det ene treet vokser på et solrikt sted og har rikelig med tilgang på næringsrik jord og vann. Det andre treet vokser i dårlig jord på et skyggefullt sted. Hvilket tre tror du er størst? Og hvilket av de to trærne bærer mest frukt?

– Det er selvfølgelig treet som har hatt de beste vekstvilkårene.

– Ifølge Spinoza er dette treet fritt. Det har hatt full frihet til å utvikle sine iboende muligheter. Men hvis det er et epletre, har det ikke hatt mulighet til å bære pærer eller plommer. Slik er det med oss mennesker også. Vi kan hindres i vår utvikling og i vår personlige vekst for eksempel på grunn av politiske forhold. Slik kan en ytre tvang hemme oss. Bare når vi «fritt» får utvikle våre iboende muligheter, lever vi som frie mennesker. Men vi er like mye bestemt av indre anlegg og ytre forutsetninger som steinaldergutten i Rhindalen, løven i Afrika eller epletreet i hagen.

– Det er like før jeg gir meg.

– Spinoza understreker at det bare er et vesen som fullt og helt er «årsak til seg selv» som kan handle i full frihet. Bare Gud eller naturen representerer en slik fri og «utilfeldig» utfoldelse. Et menneske kan strebe etter en frihet så det får leve uten fravær av ytre tvang. Men det vil aldri oppnå noen «fri vilje». Vi bestemmer ikke selv alt som skjer med kroppen vår – som er en modus av utstrekningens attributt. Slik «velger» vi ikke hva vi tenker heller. Mennesket har altså ikke en «fri sjel» som nærmest er fanget i et mekanisk legeme.

– Akkurat det er litt vanskelig å begripe.

– Spinoza mente at det er menneskets lidenskaper – for eksempel ærgjerrighet og begjær – som hindrer oss i å oppnå den sanne lykke og harmoni. Men hvis vi erkjenner at alt skjer med nødvendighet, kan vi oppnå en intuitiv erkjennelse av naturen som helhet. Vi kan bringes til en krystallklar opplevelse av at alt henger sammen, ja at alt er ett. Målet er å gripe alt som er i et samlet overblikk. Først da oppnår vi den høyeste lykke og sinnsro. Det var dette Spinoza kalte å se alt «sub specie æternitatis».

– Som betyr?

– Å se alt «under evighetens synsvinkel». Var det ikke der vi begynte?

– Der må vi slutte også. Jeg må skynde meg hjem.

Nå reiste Alberto seg og hentet et stort fruktfat fra bokhyllen. Han satte fatet på bordet.

– Vil du ikke iallfall ha en frukt før du går?

Sofie forsynte seg med en banan, Alberto tok et grønt eple.

Hun knekket av toppen på bananen og begynte å rive av skallet.

– Det står noe her, sa hun med ett.

– Hvor?

– Her – på innsiden av bananskallet. Det ser ut som om det er skrevet med svart tusj . . .

Sofie bøyde seg over mot Alberto og viste ham bananen. Han leste høyt:

«Her er jeg igjen, Hilde. Jeg er overalt, barnet mitt. Gratulerer med dagen!»

– Veldig morsomt, sa Sofie.

– Han blir stadig mer utspekulert.

– Men er det ikke . . . helt umulig. Vet du om de dyrker bananer i Libanon?

Alberto ristet på hodet.

– Jeg spiser den iallfall ikke.

– Så lar du den ligge. En som skriver fødselsdagshilsninger til sin datter på innsiden av en uskrelt banan, er naturligvis en sinnsforvirret person. Men han må også være ganske kløktig . . .

– Begge deler, ja.

– Så vi kan slå fast her og nå at Hilde har en kløktig far? Han er rett og slett ikke så dum.

– Det sa jeg jo. Og da kan det like gjerne være han som plutselig fikk deg til å kalle meg Hilde sist jeg var her. Det kan være han som legger alle ordene i munnen på oss.

– Ingenting skal utelukkes. Men om alt bør det også tviles.

– For det vi vet kan hele vår tilværelse være en drøm.

– Men vi skal ikke forhaste oss. Alt kan også ha en enklere forklaring.

– Uansett må jeg skynde meg hjem. Mamma venter.

Alberto fulgte Sofie til døren. Idet hun gikk, sa han:

– Vi ses igjen, kjære Hilde.

I neste øyeblikk lukket døren seg bak henne.

. . . like tom og innholdsløs som en tavle før læreren kommer inn i klasserommet . . .

Sofie var hjemme klokken halv ni. Det var halvannen time etter avtalen – som egentlig ikke hadde vært noen avtale. Hun hadde bare hoppet over middagen og lagt igjen en beskjed til moren om at hun kom hjem senest klokken syv.

– Dette går ikke lenger, Sofie. Nå måtte jeg ringe opplysningen og spørre om de hadde en Alberto i gamlebyen. De bare lo av meg.

– Det var ikke så lett å komme fra. Jeg tror vi står like foran løsningen på et stort mysterium.

– Tøys!

– Nei, det er helt sant.

– Inviterte du ham til hageselskapet?

– Ånei, det glemte jeg.

– Men nå forlanger jeg å treffe ham. I morgen den dag. Det er ikke sunt for en ung pike å treffe en eldre mann på den måten.

– Du har iallfall ingen grunn til å være redd for Alberto. Da er det kanskje verre med Hildes far.

– Hvem Hilde?

– Datteren til han som er i Libanon. Han er visst en stor skurk. Kanskje kontrollerer han hele verden . . .

– Hvis du ikke straks presenterer meg for denne Alberto'en din, nekter jeg deg å treffe ham igjen. Jeg føler meg ikke trygg på ham før jeg iallfall får vite hvordan han *ser* ut.

Nå fikk Sofie en idé. Hun sprang opp på rommet sitt.

– Men hva går det av deg? ropte moren etter henne.

Snart var Sofie tilbake i stuen.

– Du skal øyeblikkelig få se hvordan han ser ut. Men da håper jeg også at du lar meg være i fred.

Hun viftet med en videokassett og gikk mot videospilleren.

– Har han gitt deg en videokassett?

– Fra Athen . . .

Snart begynte bildene fra Akropolis å rulle over skjermen. Moren satt stum av forundring da Alberto trådte fram og begynte å snakke direkte til Sofie.

Nå la også Sofie merke til noe hun hadde glemt. På Akropolis krydde det av mennesker fordelt på forskjellige reiseselskaper. Midt i en av gruppene stakk det opp en liten plakat. På plakaten stod det «HILDE» . . .

Alberto fortsatte sin vandring på Akropolis. Snart gikk han ned gjennom inngangspartiet og stilte seg opp på Areopagos-høyden der Paulus hadde talt til athenerne. Så fortsatte han å snakke til Sofie fra det gamle torget.

Moren ble sittende og kommentere videoen i halve setninger:

– Utrolig . . . er *det* Alberto? Der kom denne kaninen igjen . . . Men . . . ja, det er virkelig deg han snakker til, Sofie. Jeg visste ikke at Paulus var i Athen . . .

Videoen nærmet seg punktet der det gamle Athen plutselig vokste rakt opp av ruinene. I siste liten skyndte Sofie seg å stanse båndet. Nå hadde hun presentert moren for Alberto, det kunne ikke være nødvendig å presentere henne for Platon også.

Det ble helt stille i stuen.

– Synes du ikke at han ser ganske kjekk ut? sa Sofie ertende.

– Men det må være en underlig person som lar seg filme i Athen bare for å sende filmen til en jentunge han knapt kjenner. *Når* var han i Athen?

– Jeg aner ikke.

– Men det er noe mer også . . .

– Ja?

– Han ligner sånn på denne majoren som i noen år bodde der inne i den vesle stua i skogen.

– Da er det kanskje han da, mamma.

– Men ham har ingen sett snurten av på over femten år.

– Kanskje han har flyttet litt omkring. Til Athen for eksempel.

Moren ristet på hodet.

– Da jeg så ham en gang på 70-tallet, var han ikke så mye som en dag yngre enn denne Alberto'en jeg har sett i dag. Han hadde et utenlandsk etternavn . . .

– Knox?

– Ja, kanskje det, Sofie. Kanskje het han Knox.

– Eller var det Knag?

– Nei, sannelig om jeg husker . . . Hvilken Knox eller Knag er det du snakker om?

– Den ene er Alberto, den andre er faren til Hilde.

– Jeg tror jeg blir tussete.

– Er det noe mat i huset?

– Du får varme på kjøttkakene.

Nå gikk det nøyaktig to uker uten at Sofie hørte noe mer fra Alberto. Hun fikk en nytt fødselsdagskort til Hilde, men selv om dagen nærmet seg, mottok hun ikke et eneste fødselsdagskort til seg selv.

En ettermiddag reiste Sofie ned i gamlebyen og banket på Albertos dør. Han var ikke hjemme, men det hang en liten lapp på døren. På lappen stod det:

Gratulerer med dagen, Hilde! Nå står det store vendepunktet for døren. Sannhetens øyeblikk, barnet mitt. Nesten hver gang jeg tenker på det, ler jeg så jeg holder på å tisse på meg. Det har naturligvis med Berkeley å gjøre, du får holde deg fast.

Sofie rev av lappen og puttet den i Albertos postkasse idet hun gikk ut av oppgangen.

Fillern! Han hadde vel ikke reist til Athen igjen? Hvordan kunne han la Sofie være alene igjen med alle de ubesvarte spørsmålene?

Da hun kom hjem fra skolen torsdag 14. juni, tuslet Hermes omkring i hagen. Sofie løp mot ham, og han kom byksende mot henne. Hun la armene rundt ham som om det var hunden som skulle løse alle gåtene.

Igjen la hun en lapp til moren, men denne gangen oppgav hun også Albertos adresse.

Mens de gikk gjennom byen, tenkte Sofie på morgendagen. Hun tenkte ikke så mye på sin egen bursdag, den skulle likevel ikke feires ordentlig før på sankthansaften. Men i morgen var det også Hildes bursdag. Sofie følte seg overbevist om at det kom til å inntreffe noe helt ekstraordinært på denne dagen. Det måtte iallfall bli en slutt på alle fødselsdagshilsningene fra Libanon.

Etter at de hadde passert Stortorget og gikk mot gamlebyen, passerte de en park med lekeapparater. Her stanset Hermes foran en benk, det var som om han ville at Sofie skulle sette seg.

Hun satte seg ned og klappet den gule hunden i nakken samtidig som hun så ham inn i øynene. Snart gikk noen kraftige rykninger gjennom dyret. Nå begynner han sikkert å bjeffe, tenkte Sofie.

Brått begynte kjevene å vibrere, men Hermes verken knurret eller bjeffet. Han åpnet munnen og sa:

– Gratulerer med dagen, Hilde!

Sofie ble sittende som forstenet. Hadde hunden snakket til henne?

Nei, det måtte bare være noe hun hadde innbilt seg fordi hun gikk og tenkte på Hilde. Innerst inne var hun likevel overbevist om at Hermes hadde sagt de fire ordene. De ble sagt med en dyp og klingende bassrøst.

I neste øyeblikk var alt som før. Hermes bjeffet demonstrativt et par ganger – som for å dekke over at han nettopp hadde snakket med menneskerøst – og tuslet videre mot Albertos hus. Idet de gikk inn i oppgangen, kikket Sofie opp på himmelen. Det hadde vært fint vær hele dagen, men nå begynte noen tunge skyer å bygge seg opp i det fjerne.

Da Alberto åpnet døren, sa Sofie:

– Ingen høflighetsfraser, takk. Du er en stor tosk, og du vet det selv.

– Hva er det nå da, barnet mitt?

– Majoren har lært Hermes å *snakke*.

– Huff, da. Har det kommet så langt?

– Ja, tenk det har det.

– Og hva sa han?

– Du kan gjette.

– Han sa vel «gratulerer med dagen» eller noe sånt.

– Bingo.

Alberto slapp Sofie innenfor. Også i dag hadde han kledd seg i et nytt kostyme. Det var ikke så forskjellig fra sist, men denne gangen hadde ikke drakten riktig så mange sløyfer og bånd og kniplinger.

– Men det er noe mer, sa Sofie nå.

– Hva tenker du på?

– Fant du ikke lappen i postkassen?

– Å den – jeg kastet den med én gang.

– Han må gjerne tisse på seg hver gang han tenker på Berkeley. Men hva er det med akkurat denne filosofen som innbyr til den slags?

– Vi får vente å se.

– Men det er i dag du skal fortelle om ham?

– Det er i dag, ja.

Alberto satte seg godt til rette. Så sa han:

– Forrige gang vi satt her, fortalte jeg om Descartes og Spinoza. Vi ble enige om at de hadde en viktig ting til felles. Det var at begge to er utpregete *rasjonalister.*

– Og en rasjonalist er en som har stor tro på fornuftens betydning.

– Ja, en rasjonalist tror på fornuften som kunnskapskilde. Han mener gjerne at mennesket har visse medfødte ideer – som altså eksisterer i menneskets bevissthet forut for enhver erfaring. Og jo klarere en slik idé eller forestilling er, jo sikrere er det også at den svarer til noe virkelig. Du husker Descartes, som hadde en klar og tydelig forestilling om et «fullkomment vesen». Fra denne forestillingen slutter han så at det virkelig eksisterer en Gud.

– Jeg er ikke spesielt glemsom.

– En slik rasjonalistisk tenkning var typisk for 1600-tallets filosofi. Den stod sterkt i middelalderen også, og vi husker den fra Platon og Sokrates. Men på 1700-tallet ble den utsatt for en stadig mer dyptloddende kritikk. Flere filosofer inntok nå det standpunkt at vi overhodet ikke har noe bevissthetsinnhold før vi har gjort våre sanseerfaringer. Et slikt syn kalles *empirisme.*

– Og disse empiristene skal du fortelle om i dag?

– Jeg skal forsøke. De viktigste empiristene – eller erfaringsfilosofene – var Locke, Berkeley og Hume, og alle tre var britiske. De mest toneangivende rasjonalistene på 1600-tallet var franskmannen Descartes, hollenderen Spinoza og tyskeren Leibniz. Vi skiller derfor gjerne mellom *den britiske empirismen* og *den kontinentale rasjonalismen.*

– Greit nok, men det blir litt mange ord. Kan du gjenta hva som menes med «empirisme»?

– En empirist vil avlede all kunnskap om verden fra det sansene forteller oss. Den klassiske formuleringen av en empiristisk holdning skriver seg fra Aristoteles. Han sa at «intet er i bevisstheten som ikke først har vært i sansene». Dette synet innebar en poengtert kritikk av Platon, som hadde ment at mennesket brakte med seg et sett av medfødte «ideer» fra ideenes verden. Locke gjentar Aristoteles' ord, og når Locke bruker dem, er de rettet mot Descartes.

– Intet er i bevisstheten . . . som ikke først har vært i sansene?

– Vi har ingen medfødte ideer eller forestillinger om verden. Vi vet overhodet ingenting om den verden vi settes inn i før vi har *sett* den. Hvis vi så har en forestilling eller en idé som ikke kan knyttes til erfarte kjensgjerninger, da er dette en falsk forestilling. Når vi for eksempel bruker ord som «Gud», «evigheten» eller «substansen», går fornuften på tomgang. For ingen har *erfart* verken Gud, evigheten eller dette som filosofene hadde kalt «substansen». Slik kan det skrives lærde avhandlinger som når det kommer til stykket ikke inneholder noen virkelig ny erkjennelse. Et slikt nøye uttenkt filosofisk system kan kanskje virke imponerende, men det er bare tankespinn. Filosofene på 16- og 1700-tallet hadde arvet en rekke slike lærde avhandlinger. Nå måtte de settes under lupen. De måtte vaskes rene for tomt tankegods. Kanskje kan vi sammenligne med å vaske gull. Det aller meste er sand og leire, men innimellom glimter det også i et gullkorn.

– Og slike gullkorn er ekte erfaring?

– Eller iallfall tanker som kan knyttes til menneskers erfaring. For de britiske empiristene ble det viktig å undersøke alle menneskelige forestillinger for å se om de kunne belegges med ekte erfaring. Men vi får ta én filosof av gangen.

– Sett i gang!

– Den første var engelskmannen *John Locke*, som levde fra 1632 til 1704. Hans viktigste bok het «An essay concerning human understanding» og kom i 1690. Her prøver han å avklare to spørsmål. For det første spør han hvor menneskene får sine tanker og forestillinger fra. For det andre spør han om vi kan stole på det sansene forteller oss.

– Det var litt av et prosjekt!

– Vi tar ett problem av gangen. Lockes overbevisning er at alt vi har av tanker og forestillinger, bare er en refleks av det vi har sett og hørt. Før vi sanser noe, er vår bevissthet som en «tabula rasa» – eller «ubeskrevet tavle».

– Det holder med norsk.

– Før vi sanser noe, er altså bevisstheten like tom og innholdsløs som en tavle før læreren kommer inn i klasserommet. Locke sammenligner bevissttheten også med et umøblert rom. Men så begynner vi å sanse. Vi ser verden omkring oss, vi lukter, smaker, kjenner og hører. Og ingen gjør dette mer intenst enn små barn. På denne måten oppstår det som Locke kaller *enkle sanseideer*. Men bevisstheten tar ikke bare passivt imot slike ytre inntrykk. Det foregår noe i bevisstheten også. De enkle sanseideene bearbeides gjennom tenkning, resonnement, tro og tvil. Slik oppstår det som Locke kalte *refleksjonsideer*. Han skiller altså mellom «sansning» og «refleksjon». For bevisstheten er ikke bare en passiv mottaker. Den ordner og bearbeider alle sanseinntrykkene etter hvert som de strømmer inn. Det er nettopp her det gjelder å være på vakt.

– På vakt?

– Locke understreker at det eneste vi tar imot gjennom sansene, er *enkle inntrykk*. Når jeg for eksempel spiser et eple, sanser jeg ikke hele «eplet» i et eneste enkelt inntrykk. I virkeligheten mottar jeg en hel rekke slike «enkle inntrykk» – som at noe er grønt, lukter friskt og smaker saftig og syrlig. Først etter å ha spist et eple mange ganger, tenker jeg på at nå spiser jeg «et eple». Locke sier at vi har dannet en *sammensatt forestilling* om «et eple». Da vi var små barn og smakte et eple for første gang, hadde vi ikke noen slik sammensatt forestilling. Men vi så noe grønt, vi smakte noe friskt og saftig, nam, nam . . . nåja, det var litt surt også. Etter hvert bunter vi mange slike sansefornemmelser sammen og danner begreper som «eple», «pære» og «appelsin». Men alt materiale for vår kunnskap om verden kommer til syvende og sist gjennom sanseapparatet. Kunnskap som ikke kan føres tilbake til enkle sanseinntrykk, er derfor falsk kunnskap og må følgelig forkastes.

– Vi kan iallfall være sikre på at det vi ser og hører, lukter og smaker er sånn som vi sanser det.

– Både ja og nei. Dette er det andre spørsmålet Locke forsøker å svare på. Han har først svart på hvor vi får våre ideer og forestillinger fra. Men så spør han også om verden virkelig er slik vi sanser den. Dette er nemlig ikke så opplagt, Sofie. Vi skal ikke være for raske. Det er det eneste en ekte filosof ikke har lov til.

– Jeg er stum som en østers.

– Locke skilte mellom det han kalte «primære» og «sekundære» sansekvaliteter. Og her rekker han hånden til filosofene før ham – som for eksempel Descartes.

– Forklar!

– Med *primære sansekvaliteter* menes tingenes utstrekning, tyngde, form, bevegelse og antall. Når det gjelder slike egenskaper, kan vi være sikre på at sansene gjengir tingenes virkelige egenskaper. Men vi sanser også andre egenskaper ved tingene. Vi sier at noe er søtt eller surt, grønt eller rødt, varmt eller kaldt. Dette kalte Locke *sekundære sansekvaliteter*. Og slike sanseinntrykk – som farge, lukt, smak eller lyd – gjengir ikke virkelige egenskaper som ligger i tingene selv. De gjengir bare den ytre virkelighets innvirkning på våre sanser.

– Smak og behag kan ikke diskuteres.

– Nettopp. De primære egenskapene – som størrelse og vekt – er noe alle kan være enige om fordi de ligger i tingene selv. Men de sekundære egenskapene – som farge og smak – kan variere fra dyr til dyr og fra menneske til menneske, avhengig av hvordan det enkelte individs sanseapparat er beskaffet.

– Når Jorunn spiser en appelsin, får hun akkurat det samme uttrykket som andre får når de spiser en sitron. Hun klarer som regel ikke mer enn én båt av gangen. «Surt,» sier hun. Jeg synes gjerne at akkurat den samme appelsinen er passe søt og god.

– Og ingen av dere har rett, ingen tar feil heller. Dere beskriver bare hvordan appelsinen virker på sansene deres. Sånn er det med fargeopplevelsen også. Kanskje tenker du at du ikke liker en bestemt rødfarge. Hvis Jorunn nettopp har kjøpt en kjole i den fargen, er det kanskje klokt å holde din egen synsing for deg selv. Dere opplever fargen forskjellig, men kjolen *er* verken pen eller stygg.

– Men alle er enige om at en appelsin er rund.

– Ja, hvis du har en rund appelsin, går det ikke an å «synes» at den er terningformet. Du kan «synes» at den er søt eller sur, men du kan ikke «synes» at den veier åtte kilo hvis den veier bare 200 gram. Du kan saktens «tro» at den veier flere kilo, men da er du helt på jordet. Hvis flere personer skal gjette hvor mye en ting veier, er det alltid én som har mer rett enn de andre. Det gjelder også tingenes antall. Enten *er* det 986 erter på flasken eller ikke. Det gjelder bevegelse også. Enten beveger bilen seg – eller den står i ro.

– Jeg skjønner.

– Når det gjelder den «utstrakte» virkelighet, er altså Locke enig med Descartes i at den faktisk har visse egenskaper som mennesket er i stand til å begripe med sin forstand.

– Det skulle ikke være så vanskelig å være enig i det.

– Også på andre områder åpnet Locke for det han kalte en intuitiv eller «demonstrativ» kunnskap. Han mente for eksempel at visse etiske grunnregler er gitt for alle. Han tar altså til orde for den såkalte *naturrettstanken*, og dette er et rasjonalistisk trekk. Et like klart rasjonalistisk trekk er at Locke mente at det ligger i menneskets fornuft at det finnes en Gud.

– Kanskje hadde han rett.

– I hva da?

– I at det finnes en Gud.

– Det kan selvfølgelig tenkes. Men han lar det ikke være med et trosspørsmål. Han mener at menneskets gudserkjennelse springer ut av menneskets fornuft. *Det* er et rasjonalistisk trekk. Jeg får legge til at han tok til orde for åndsfrihet og toleranse. Han var dessuten opptatt av likestilling mellom kjønnene. At kvinnen er underordnet mannen, er noe som er skapt av mennesker, mente han. Derfor kan også menneskene forandre på det.

– Det er jeg ikke uenig i.

– Locke var en av de første filosofene i nyere tid som var opptatt av kjønnsroller. Han fikk stor betydning for sin navnebror *John Stuart Mill*, som igjen spilte en viktig rolle for likestilling mellom kjønnene. Locke var i det hele tatt tidlig ute med mange liberale tanker som senere slo ut i full blomst under den franske opplysningstiden på 1700-tallet. Det var for eksempel han som først tok til orde for det vi kaller *maktfordelingsprinsippet* . . .

– Det vil si at statens makt er fordelt på flere forskjellige institusjoner.

– Husker du også hvilke instituasjoner det er snakk om?

– Det er «den lovgivende makt» eller nasjonalforsamlingen. Så er det den «dømmende makt» eller domstolene. Og så er det den «utøvende makt» eller regjeringen.

– Denne tredelingen stammer fra den franske opplysningsfilosofen *Montesquieu*. Locke hadde først og fremst pekt på at den lovgivende og den utøvende makten måtte holdes fra hverandre for å unngå tyranni.

Han levde samtidig med Ludvig den 14., som hadde samlet all makt på én hånd. «Staten, det er meg,» sa han. Vi sier at han var eneveldig. I dag ville vi snakke om «rettsløse tilstander». For å sikre en rettsstat måtte folkets representanter gi lovene og kongen eller regjeringen sette lovene i verk, mente Locke.

... overgi den da til flammene ...

Alberto ble sittende og stirre ned i bordet mellom dem. En gang snudde han seg og så ut gjennom vinduet.

– Det skyer over, sa Sofie.

– Ja, det er lummert.

– Er det nå du skal fortelle om Berkeley?

– Han var den neste av de tre britiske empiristene. Men siden han på mange måter kommer i en kategori for seg, skal vi aller først konsentrere oss om *David Hume*, som levde fra 1711 til 1776. Hans filosofi er blitt stående som den viktigste blant empiristene. En vesentlig betydning fikk han også fordi det var han som satte den store filosofen Immanuel Kant på sporet av hans filosofi.

– Det spiller vel ingen rolle at jeg er mer spent på Berkeleys filosofi?

– Det har ingen betydning, nei. Hume vokste opp i Skottland utenfor Edinburgh, og familien ville gjerne at han skulle bli jurist, men han sa selv at han «følte en uovervinnelig motstand mot alt annet enn filosofi og lærdom». Han levde midt i opplysningstiden samtidig med store franske tenkere som *Voltaire* og *Rousseau*, og han reiste mye omkring i Europa før han mot slutten av sitt liv igjen slo seg ned i Edinburgh. Hans viktigste verk, «En avhandling om menneskets natur», kom ut da Hume var 28 år. Men han hevdet selv at han fikk ideen til denne boken allerede som 15-åring.

– Jeg skjønner at jeg må få opp farten.

– Du er allerede i gang.

– Men hvis jeg skal lage min egen filosofi, vil den bli ganske forskjellig fra alt jeg har hørt om til nå.

– Er det noe spesielt du har savnet?

– For det første er alle filosofene jeg har hørt om, menn. Og menn lever visst i sin egen verden. Jeg er mer opptatt av den virkelige verden. Av blomster og dyr og barn som blir født og vokser opp. Filosofene dine har stadig snakket om «mennesket», og igjen kommer det en avhandling om «menneskets natur». Men det er nesten som om dette «mennesket» er en middelaldrende mann. Livet begynner tross alt med svangerskap og fødsel. Jeg synes det har vært for lite bleier og barnegråt til nå. Kankje har det vært for lite kjærlighet og vennskap også.

– Du har naturligvis helt rett. Men kanskje kan nettopp Hume være en filosof som tenker litt annerledes. Mer enn noen annen tar han utgangspunkt i den daglige verden. Jeg tror dessuten at Hume har en sterk følelse for hvordan barna – altså de nye verdensborgerne – opplever tilværelsen.

– Jeg skal skjerpe meg.

– Som empirist så Hume det som sin oppgave å rydde opp i alle uklare begreper og tankekonstruksjoner som disse mennene dine hadde funnet på. Både i skrift og tale fløt det av gammelt vrakgods både fra middelalderen og fra rasjonalistiske filosofer på 1600-tallet. Hume vil tilbake til menneskets umiddelbare sansning av verden. Ingen filosofi «vil noensinne kunne føre oss bakenfor de daglige erfaringene eller gi oss regler for oppførsel som er forskjellige fra dem vi får ved å reflektere over det daglige liv,» sa han.

– Så langt høres det forlokkende ut. Har du noen eksempler?

– Det var på Humes tid en utbredt forestilling at det finnes engler. Med en engel mener vi en mannsskikkelse med vinger. Har du noensinne sett et slikt vesen, Sofie?

– Nei.

– Men du har sett en mannsskikkelse?

– Nå spør du dumt.

– Du har sett vinger også?

– Selvfølgelig, men aldri på et menneske.

– Ifølge Hume er en «engel» et «sammensatt begrep». Det består av to forskjellige erfaringer som ikke er satt sammen i virkeligheten, men som likevel er blitt koplet sammen i menneskets fantasi. Det er med andre ord en falsk forestilling som straks må kastes over bord. Sånn må vi rydde opp i alle tankene og forestillingene våre. Sånn må vi også rydde opp i våre boksamlinger. For som Hume sa det: «Hvis vi holder en bok i hånden, la oss da spørre: Inneholder den noe abstrakt resonnement angående størrelse eller antall? Nei. Inneholder den noe erfaringsresonnement angående kjensgjerning og eksistens? Nei. Overgi den da til flammene, for den kan ikke inneholde annet enn sofisteri og fantasifoster.»

– Det var drastisk.

– Men tilbake står verden, Sofie. Friskere og skarpere i konturene enn før. Hume vil tilbake til barnets opplevelse av verden – før alle tankene og refleksjonene har opptatt plass i bevisstheten. Sa du ikke at mange av filosofene du hadde hørt om, levde i sin egen verden, og at du var mer opptatt av den virkelige verden?

– Noe sånt, ja.

– Hume kunne sagt akkurat det samme. Men la oss følge hans egen tankegang litt mer inngående.

– Jeg sitter her.

– Hume begynner med å slå fast at mennesket har to forskjellige typer forestillinger. Det er *inntrykk* og *ideer*. Med «inntrykk» mener han den umiddelbare sansning av den ytre virkeligheten. Med «ideer» mener han erindringen om et slikt inntrykk.

– Eksempler takk!

– Hvis du brenner deg på en varm ovn, har du et umiddelbart «inntrykk». Senere kan du tenke tilbake på at du brente deg. Det er dette Hume kaller en «idé». Forskjellen er at «inntrykket» er sterkere og mer livaktig enn ettertankens minne om inntrykket. Du kan si at sanseinntrykket er originalen, og at «ideen» eller minnet om sanseinntrykket bare er en blek kopi. For det er jo «inntrykket» som er den direkte årsaken til «ideen» som gjemmes i bevisstheten.

– Så langt er jeg med på notene.

– Videre understreker Hume at både et «inntrykk» og en «idé» kan være enten *enkel* eller *sammensatt*. Du husker vi snakket om et eple i forbindelse med Locke. Den direkte erfaring av et eple er et slikt «sammensatt inntrykk». Slik er også bevissthetens forestilling om eplet en «sammensatt idé».

– Unnskyld at jeg avbryter, men er dette veldig viktig?

– Om det er viktig, ja. Selv om filosofene nok har vært opptatt av en del skinnproblemer, må du ikke rygge tilbake for å være med på et resonnement. Hume ville sikkert gitt Descartes rett i at det er viktig å bygge opp en tankegang fra grunnen av.

– Jeg gir meg.

– Humes poeng er at vi noen ganger kan sette sammen slike «ideer» uten at de er satt sammen slik i virkeligheten. Sånn oppstår falske ideer og forestillinger som ikke finnes i naturen. Vi har allerede nevnt englene.

Tidligere har vi snakket om «krokofanter». Et annet eksempel er «pegasu-sen», altså en hest med vinger. I alle disse tilfellene må vi erkjenne at be-visstheten så å si har klippet og limt på egen hånd. Den har tatt vinger fra et inntrykk og hester fra et annet. Alle delene er en gang sanset og altså kommet inn i bevissthetens teater som ekte «inntrykk». Ingenting er egentlig funnet på av bevisstheten selv. Bevisstheten har klippet og limt og på den måten konstruert falske «ideer» eller forestillinger.

– Jeg skjønner. Nå skjønner jeg også at dette kan være viktig.

– Godt. Hume vil altså undersøke hver eneste forestilling for å se om den er satt sammen på en måte vi ikke finner i virkeligheten. Han spør: Fra hvilke inntrykk stammer denne forestillingen? Aller først må han finne ut hvilke «enkle ideer» et sammensatt begrep er satt sammen av. Slik har han en kritisk metode til å analysere menneskets forestillinger. Slik vil han rydde opp i våre tanker og begreper.

– Har du et eksempel eller to?

– På Humes tid var det mange mennesker som hadde klare forestill-inger om «himmelen» eller «Det nye Jerusalem». Du husker kanskje at Descartes hadde pekt på at «klare og tydelige» forestillinger i seg selv kunne være en garanti for at slike forestillinger svarte til noe som virkelig eksisterer.

– Jeg er som sagt ikke spesielt glemsom.

– Det går fort opp for oss at «himmelen» er en uhyre sammensatt fore-stilling. La oss bare nevne noen elementer: I «himmelen» er det en «perle-port», der er «gater av gull», «engler» i hopetall – og så videre. Men vi har ennå ikke løst alt opp i sine enkelte faktorer. For også «perleport», «gater av gull» og «engler» er slike sammensatte forestillinger. Først når vi kon-staterer at vår forestilling om himmelen består av enkle forestillinger som «perle», «port», «gate», «gull», «hvitkledd skikkelse» og «vinger», kan vi spørre om vi virkelig har hatt tilsvarende «enkle inntrykk».

– Og det har vi. Men så har vi klippet og limt alle de «enkle inntryk-kene» sammen til et drømmebilde.

– Ja, der sa du det. For er det noe vi mennesker gjør når vi drømmer, er det nettopp å bruke saksen og limet. Men Hume understreker at alle materialene som vi setter drømmebildene sammen av, de må en gang ha kommet inn i bevisstheten som «enkle inntrykk». En som aldri har sett «gull», vil heller ikke kunne forestille seg en gate av gull.

– Han er ganske smart. Hva med Descartes som hadde en klar og tyde-lig forestilling om Gud?

– Også her har Hume svar. La oss si at vi tenker oss Gud som et uende-lig «intelligent, klokt og godt vesen». Vi har altså en «sammensatt idé» som består av noe uendelig intelligent, noe uendelig klokt og noe uendelig godt. Hvis vi aldri hadde opplevd intelligens, klokskap og godhet, ville vi heller aldri kunnet ha et slikt gudsbegrep. Kanskje ligger det også i vår forestilling om Gud at han er en «streng, men rettferdig far» – altså en forestilling som er satt sammen av «streng», «rettferdig» og «far». Etter Hume har mange religionskritikere nettopp pekt på at en slik gudsforestil-ling kan føres tilbake til hvordan vi opplevde vår egen far da vi var barn. Forestillingen om en far har ført til forestillingen om en «far i himmelen», har det vært sagt.

– Det er kanskje sant. Men jeg har aldri godtatt at Gud nødvendigvis må være en mann. Mamma har for balansens skyld noen ganger kalt Gud for Gudny.

– Hume vil altså angripe alle tanker og forestillinger som ikke kan føres tilbake til tilsvarende sanseinntrykk. Han vil «jage bort alt det menings-løse pratet som så lenge har behersket metafysisk tenkning og brakt den i vanry», sier han. Men også til daglig bruker vi sammensatte begreper uten at vi tenker over om de har noen gyldighet. Det gjelder for eksempel fore-stillingen om et «jeg» eller en personlighetskjerne. Denne forestillingen var jo selve grunnlaget for Descartes' filosofi. Det var den ene klare og ty-delige forestillingen som hele hans filosofi var bygget opp omkring.

– Jeg håper ikke at Hume forsøkte å benekte at jeg er meg. Da blir han bare en ny pratmaker.

– Sofie, hvis det er en eneste ting jeg vil at du skal lære gjennom dette filosofikurset, så er det at du ikke skal være for rask med å trekke konklu-sjoner.

– Fortsett.

– Nei, du kan selv bruke Humes metode til å analysere det du oppfatter som ditt «jeg».

– Da må jeg aller først spørre om «jeg»-forestillingen er en enkel eller sammensatt forestilling.

– Hva kommer du til?

– Jeg må vel innrømme at jeg føler meg ganske sammensatt. Jeg er for eksempel ganske humørsyk. Og jeg kan ha vanskelig for å bestemme meg for noe. Dessuten kan jeg både like og mislike et og samme menneske.

– Altså er «jeg»-forestillingen en «sammensatt idé».

– OK. Nå må jeg spørre om jeg har hatt et tilsvarende «sammensatt inntrykk» av mitt eget «jeg». Og jeg har vel det? Det har jeg vel hele tiden?

– Er det noe som gjør deg usikker?

– Jeg forandrer meg hele tiden. Jeg er ikke den samme i dag som jeg var da jeg var fire år. Både humøret og oppfatningen av meg selv forandrer seg fra øyeblikk til øyeblikk. Det hender jeg plutselig føler meg som «et nytt menneske».

– Altså er følelsen av å ha en uforanderlig personlighetskjerne en falsk forestilling. «Jeg»-forestillingen er i virkeligheten en lang kjede av enkelt-inntrykk som du aldri har opplevd *samtidig*. Den er «ingenting annet enn en bunt eller samling forskjellige oppfatninger som følger etter hverandre med ufattelig hurtighet, og som er i stadig forandring og bevegelse», sier Hume. Bevisstheten er «et slags teater hvor de forskjellige oppfatninger etter hverandre viser seg, passerer, kommer igjen, glir bort og blander seg med hverandre i en uendelig mangfoldighet av stillinger og situasjoner». Humes poeng er at vi ikke har noen bakenforliggende «personlighet» under eller bak slike oppfatninger og sinnsstemninger som kommer og går. Det er som med bildene på et filmlerret: Fordi de skifter så raskt, ser vi ikke at filmen er «sammensatt» av enkeltbilder. Men egentlig henger ikke bildene sammen. I virkeligheten er filmen en sum av øyeblikk.

– Jeg tror jeg gir meg over.

– Betyr det at du oppgir forestillingen om å ha en uforanderlig person-lighetskjerne?

– Det betyr vel det.

– Og bare for et øyeblikk siden mente du noe annet! Jeg får legge til at Humes analyse av menneskets bevissthet og hans avvisning av at mennes-ket har en uforanderlig personlighetskjerne, ble fremsatt nesten 2500 år tidligere et helt annet sted på kloden.

– Av hvem da?

– Av *Buddha*. Det er nesten uhyggelig hvor likt de to formulerer seg. Buddha betraktet menneskelivet som en ubrutt rekke av mentale og fys-iske prosesser som forandrer mennesket fra øyeblikk til øyeblikk. Sped-

barnet er ikke den samme som den voksne, og jeg er ikke den samme som
i går. Ikke om noe kan jeg si at «dette er mitt», sa Buddha, og ikke om noe
kan jeg si at «dette er meg». Det finnes altså ikke noe «jeg» eller noen
uforanderlig personlighetskjerne.

– Ja, det var forbløffende likt Hume.

– I forlengelsen av ideen om et uforanderlig jeg hadde mange rasjonal-
ister også tatt det for gitt at mennesket har en udødelig «sjel».

– Men også det er en falsk forestilling?

– Både ifølge Hume og Buddha. Vet du hva Buddha sa til sine disipler
rett før han døde?

– Nei, hvordan kan jeg vite det?

– «Forgjengelig er alt som er sammensatt,» sa han. Kanskje kunne
Hume sagt det samme. Eller Demokrit for den saks skyld. Vi vet iallfall at
Hume avviste ethvert forsøk på å bevise sjelens udødelighet eller Guds ek-
sistens. Det betyr ikke at han utelukket noen av delene, men å tro at det
går an å bevise religiøs tro med menneskets fornuft, er rasjonalistisk tøv.
Hume var ikke kristen, men han var ingen overbevist ateist heller. Han var
det vi kaller en *agnostiker*.

– Og det betyr?

– En agnostiker er en som ikke vet om det finnes en Gud. Da Hume
fikk besøk av en venn på sitt dødsleie, spurte vennen om han ikke trodde
at det fantes et liv etter døden. Og Hume skal ha svart: «Det er også mulig
at et kullstykke som legges på ilden, ikke brenner.»

– Jaså . . .

– Svaret var typisk for hans betingelsesløse fordomsfrihet. Han godtok
som sant bare det han hadde sikre sanseerfaringer om. Alle andre mulig-
heter holdt han åpne. Han avviste verken troen på kristendommen eller
troen på undere. Men begge deler dreier seg nettopp om *tro* og ikke om
viten eller fornuft. Du kan gjerne si at den aller siste kopling mellom tro
og viten ble oppløst med Humes filosofi.

– Du sa at han ikke avviste undere.

– Det betyr ikke at han trodde på undere heller, snarere tvert imot. Han
gjør et poeng av at folk synes å ha et sterkt behov for å tro sånt som vi i dag
kanskje ville kalle «overnaturlige» hendelser. Det er bare litt typisk at alle
undrene som det fortelles om, foregikk et sted langt borte eller en gang for
lenge, lenge siden. Sånn sett avviser Hume undere simpelthen fordi han

ikke har erfart dem. Men han har ikke erfart at det ikke kan skje undere heller.

– Dette må du forklare nærmere.

– Et under er ifølge Hume et brudd på naturens lover. Men det er meningsløst å si at vi har *erfart* naturlovene. Vi erfarer at en stein faller til jorden når vi slipper den, og hvis den *ikke* hadde falt – vel, da ville vi erfart det.

– Jeg ville sagt at det var et under – eller noe overnaturlig.

– Du tror altså at det finnes to naturer, en «natur» og en «overnatur». Er du ikke nå på god vei tilbake til rasjonalistisk tåkeprat.

– Kanskje det, men jeg tror steinen ville falle til jorden hver eneste gang man slipper den.

– Hvorfor det?

– Nå synes jeg du er ekkel.

– Jeg er ikke ekkel, Sofie. For en filosof er det aldri galt å spørre. Kanskje snakker vi om det aller viktigste punktet i Humes filosofi. Svar nå, hvordan kan du være så sikker på at steinen alltid vil falle til jorden.

– Jeg har sett det så mange ganger at jeg er helt sikker.

– Hume ville si at du har erfart mange ganger at en stein faller til jorden. Men du har ikke erfart at den alltid *kommer til å falle*. Det er vanlig å si at steinen faller til jorden på grunn av «tyngdeloven». Men vi har aldri erfart noen slik lov. Vi har bare erfart at tingene faller.

– Er ikke det det samme?

– Ikke helt. Du sa at du tror at steinen vil falle til jorden fordi du har sett det så mange ganger. Og nettopp dette er Humes poeng. Du er så vant med at det ene følger etter det andre at du etter hvert forventer at det samme vil skje hver eneste gang du prøver å slippe en stein. På denne måten oppstår forestillinger om det vi kaller «naturens ubrytelige lover».

– Mener han virkelig at det kan tenkes at en stein ikke faller i bakken?

– Han var nok like overbevist som deg om at den vil falle i bakken hver eneste gang han forsøkte. Men han peker på at han ikke har erfart *hvorfor* den gjør det.

– Har vi ikke igjen fjernet oss litt fra barna og blomstene?

– Nei, tvert imot. Du kan gjerne bruke barna som Humes sannhetsvitner. Hvem tror du ville blitt mest forbauset over at en stein ble liggende en time eller to og sveve over bakken – du eller et barn på ett år.

– Jeg ville blitt mest forbauset.

– Hvorfor det, Sofie?

– Antagelig fordi jeg skjønner bedre enn det lille barnet hvor naturstri-dig det ville være.

– Og hvorfor ville ikke barnet skjønne at det var naturstridig?

– Fordi det ennå ikke har lært hvordan naturen er.

– Eller fordi naturen ennå ikke har rukket å bli en *vane*.

– Jeg skjønner at du har et poeng. Hume ville ha folk til å skjerpe san-sene sine.

– Da får du følgende elevøvelse: Hvis du og et lite barn opplevde en stor tryllekunstner – som for eksempel fikk ting til å sveve i luften – hvem av dere ville hatt det morsomst i den timen trylleshowet varte?

– Jeg tror faktisk at jeg ville hatt det morsomst.

– Og hvorfor?

– Fordi jeg ville forstått hvor sprøtt det var.

– Javel. Det lille barnet har jo ingen glede av å se at naturlovene blir opphevet før det har lært naturlovene å kjenne.

– Sånn kan du si det.

– Og vi er fortsatt i selve kjernen av Humes erfaringsfilosofi. Han ville lagt til at barnet ennå ikke er blitt en slave av vanens forventninger. Det lille barnet er altså den mest fordomsfrie av dere. Det spørs om ikke bar-net også er den største filosofen. Barnet stiller nemlig helt uten forutinn-tatte meninger. Og det, min gode Sofie, det er filosofiens aller fremste dyd. Barnet sanser verden slik den er uten å legge noe mer i tingene enn det opplever.

– Jeg er like lei for det hver eneste gang jeg er forutinntatt.

– Når Hume drøfter vanens makt, konsentrerer han seg om «årsaks-loven». Den loven slår jo fast at alt som skjer, må ha en årsak. Hume bruker to biljardkuler som eksempel. Hvis du triller en svart biljardkule mot en hvit biljardkule som ligger i ro, hva skjer med den hvite kulen da?

– Hvis den svarte kulen treffer den hvite, begynner den hvite kulen å bevege seg.

– Javel, og hvorfor gjør den det?

– Fordi den blir truffet av den svarte kulen.

– I dette tilfelle er det vanlig å si at støtet fra den svarte kulen er *årsaken* til at den hvite kulen settes i bevegelse. Men nå må vi huske at vi bare har lov til å uttrykke noe helt sikkert hvis vi har erfart det.

– Jeg har faktisk erfart det mange ganger. Jorunn har et biljardbord i kjelleren.

– Hume sier at det eneste du har erfart, er at den svarte kulen treffer den hvite og dernest at den hvite kulen begynner å trille på bordet. Du har ikke erfart selve årsaken til at den hvite kulen begynner å trille. Du har erfart at den ene hendelsen følger etter den andre i tid, men du har ikke erfart at den andre hendelsen skjer *på grunn av* den første.

– Er ikke dette litt spissfindig?

– Nei, det er viktig. Hume understreker at selve forventningen om at det ene følger etter det andre ikke ligger i gjenstandene selv, men i vår bevissthet. Og forventning har, som vi har sett, med vane å gjøre. Igjen gjelder det at et lite barn ikke ville ha sperret opp øynene om den ene kulen traff den andre og begge kulene ble liggende bom stille. Når vi snakker om «naturlover» eller om «årsak og virkning», snakker vi egentlig om menneskets vane og ikke om hva som er «fornuftig». Naturlovene er verken fornuftige eller ufornuftige, de bare er. Forventningen om at den hvite biljardkulen settes i bevegelse når den blir truffet av den svarte kulen, er altså ikke medfødt. Vi er i det hele tatt ikke født med et sett forventninger til hvordan verden er eller hvordan tingene i verden oppfører seg. Verden er slik den er, den er noe vi erfarer etter hvert.

– Igjen får jeg en følelse av at dette ikke kan være så veldig viktig.

– Det kan være viktig hvis våre forventninger får oss til å trekke for raske slutninger. Hume benekter ikke at det finnes ubrytelige «naturlover», men fordi vi ikke er i stand til å erfare selve naturlovene, kan vi fort komme til å trekke for raske konklusjoner.

– Kan du gi noen eksempler på det?

– Selv om jeg ser en hel flokk med svarte hester, betyr ikke det at alle hester er svarte.

– Det har du selvfølgelig rett i.

– Og selv om jeg hele livet igjennom bare har sett svarte kråker, betyr ikke det at det ikke finnes en hvit kråke. Både for en filosof og for en vitenskapsmann er det viktig å ikke avvise muligheten for at det finnes en hvit kråke. Du kan nesten si at jakten på «den hvite kråke» er vitenskapens aller viktigste oppgave.

– Jeg skjønner.

– Når det gjelder forholdet mellom årsak og virkning, er det kanskje mange som tenker seg at lynet er årsaken til tordenskrallet fordi tordenskrallet alltid kommer etter lynet. Dette eksemplet er jo ikke så forskjellig fra eksemplet med de to biljardkulene. Men *er* det slik at lynet er årsaken til tordenskrallet?

– Ikke helt, egentlig lyner det og tordner det akkurat samtidig.

– For både lyn og torden skjer på grunn av en elektrisk utladning. Selv om vi alltid opplever at tordenen følger etter lynet, betyr ikke det at lynet er årsaken til tordenskrallet. I virkeligheten er det en tredje faktor som utløser begge deler.

– Jeg skjønner.

– En empirist i vårt eget århundre, *Bertrand Russell*, har gitt et mer grotesk eksempel. En kylling som hver eneste dag opplever at den får mat etter at hønsepasseren har kommet gående over tunet, vil til slutt trekke den slutning at det er en årsakssammenheng mellom at hønsepasseren kommer over tunet og at maten legges i fôringsskålen.

– Men en dag får ikke kyllingen mat?

– En dag kommer hønsepasseren over tunet og knekker nakken på kyllingen.

– Fy så stygt!

– At noe følger etter hverandre i tid, betyr altså ikke nødvendigvis at det dreier seg om noen «årsakssammenheng». Å advare mennesker mot å trekke for raske slutninger er en av filosofiens fremste oppgaver. Faktisk er den slags årsak til mange former for overtro.

– Hvordan?

– Du ser at det går en svart katt over veien. Litt senere på dagen faller du og brekker armen. Men det betyr ikke at det er noen årsakssammenheng mellom de to hendelsene. Ikke minst i vitenskapelige sammenhenger er det viktig å ikke trekke for raske konklusjoner. Selv om mange mennesker blir friske etter å ha spist en bestemt medisin, betyr ikke det at det er medisinen som har gjort dem friske. Derfor er det viktig å ha en stor kontrollgruppe av mennesker som tror de får den samme medisinen, men som i virkeligheten bare får mel og vann. Hvis også disse menneskene blir friske, må det være en tredje faktor – for eksempel troen på at medisinen virker – som har gjort dem friske.

– Jeg tror jeg begynner å forstå hva som menes med empirisme.

– Også når det gjelder etikk og moral gikk Hume til opprør mot rasjonalistisk tenkning. Rasjonalistene hadde ment at det ligger nedlagt i menneskets fornuft å skille mellom rett og galt. Denne såkalte natturrettstanken har vi møtt hos mange filosofer fra Sokrates til Locke. Men ifølge Hume er det ikke fornuften som bestemmer hva vi sier og gjør.

– Hva er det da?

– Det er våre *følelser*. Hvis du bestemmer deg for å hjelpe en som trenger hjelp, er det dine følelser som setter deg i gang, ikke din fornuft.

– Hva hvis jeg ikke gidder å hjelpe til?

– Også da er det følelsene dine det kommer an på. Det er verken fornuftig eller ufornuftig å ikke hjelpe en som trenger hjelp, men det kan være sjofelt.

– Et sted går det vel likevel en grense. Alle *vet* at det ikke er riktig å drepe et annet menneske.

– Ifølge Hume har alle mennesker en følelse for andre menneskers ve og vel. Vi har altså en evne til å vise medfølelse. Men ikke noe av dette har med fornuften å gjøre.

– Jeg vet ikke om jeg er så sikker på det.

– Det er ikke alltid så ufornuftig å rydde et annet menneske av veien, Sofie. Hvis man ønsker å oppnå det ene eller det andre, kan det faktisk være ganske effektivt.

– Nei, vet du hva. Jeg protesterer!

– Da kan du kanskje prøve å forklare for meg hvorfor man ikke skal drepe et brysomt menneske.

– Også det andre mennesket er glad i livet. Derfor skal du ikke drepe det.

– Var dette et logisk bevis?

– Jeg vet ikke.

– Det du gjorde var å slutte fra en *beskrivende setning* – «også det andre mennesket er glad i livet» – til det vi kaller en retningsgivende eller *normgivende setning* – «derfor skal du ikke drepe det». Rent fornuftsmessig er dette nonsens. Du kan like gjerne si at «det er mange mennesker som snyter på skatten, derfor bør også jeg snyte på skatten». Hume pekte på at man aldri kan slutte fra *er*-setninger til *bør*-setninger. Likevel er nettopp dette svært vanlig – ikke minst i avisartikler, partiprogrammer og stortingstaler. Skal jeg gi deg noen eksempler?

– Gjerne.

– «Det er stadig flere mennesker som ønsker å reise med fly. Derfor bør det bygges flere flyplasser.» Synes du at denne slutningen holder?

– Nei, den er tøvete. Vi må tenke på miljøet også. Jeg synes vi heller skal bygge flere jernbaner.

– Eller man sier: «Utbyggingen av nye oljefelter vil øke landets levestandard med 10 % Vi bør derfor fortest mulig bygge ut de nye oljefeltene.»

– Tøys. Også her må vi tenke på miljøet. Dessuten er den norske levestandarden høy nok.

– Det hender det blir sagt at «denne loven er vedtatt av Stortinget, derfor må alle landets borgere rette seg etter den». Men ikke sjelden strider det mot et menneskes aller innerste overbevisning å følge slike «vedtatte lover».

– Jeg skjønner.

– Vi har altså pekt på at vi ikke kan bevise med fornuften hvordan vi skal handle. Å handle ansvarlig er ikke å skjerpe fornuften, men å skjerpe sine følelser for andres ve og vel. «Det strider ikke mot fornuften å foretrekke ødeleggelsen av hele verden fremfor å få et risp i fingeren,» sa Hume.

– Det er en uhyggelig påstand.

– Det er kanskje enda mer uhyggelig å blande kortene. Du vet at nazistene myrdet millioner av jøder. Vil du si at det var noe galt med disse menneskenes fornuft eller vil du si at det var noe galt med deres følelsesliv.

– Det var først og fremst noe galt med deres følelser.

– Mange av dem var svært så klare i toppen. Slik kan det ofte ligge iskald beregning bak de mest følelseskalde beslutninger. Etter krigen ble mange av nazistene dømt, men de ble ikke dømt fordi de hadde vært «ufornuftige». De ble dømt fordi de hadde vært grusomme. Faktisk hender det at mennesker som ikke har vært helt klare i toppen, kan bli frikjent for det de har gjort. Vi sier at de har «varig svekkete sjelsevner» eller at de ikke har vært «tilregnelige i gjerningsøyeblikket». Det har aldri hendt at noen har blitt frikjent fordi de har vært følelsesløse.

– Nei, det skulle bare mangle.

– Men vi behøver ikke holde oss til de aller mest groteske eksemplene.

Hvis en flomkatastrofe gjør at mange mennesker trenger hjelp, er det følelsene som avgjør om vi trår til. Hadde vi vært følelsesløse og overlatt hele avgjørelsen til «kald fornuft», ville vi kanskje ha tenkt at det passet bra om noen millioner mennesker døde i en verden som fra før av er truet av overbefolkning.

– Jeg blir nesten sint over at det går an å tenke sånn.

– Og det er ikke fornuften din som blir sint.

– Takk, det holder.

. . . som en svimmel klode rundt
en brennende sol . . .

Alberto reiste seg og gikk til vinduet som vendte ut mot byen. Sofie stilte seg ved siden av ham.

Akkurat mens de stod slik, skar et lite propellfly over hustakene. Det var festet et langt banner til flyet. Sofie tenkte seg at det skulle stå noe om en stor konsert eller noe sånt på tøystykket som hang i en lang hale etter flyet. Men da det kom nærmere, så hun at det stod noe ganske annet.

«GRATULERER MED 15-ÅRSDAGEN, HILDE!»

– Påtrengende, var Albertos eneste kommentar.

Ned fra åsene i sør hadde mørke skyer begynt å velte inn over byen. Det vesle flyet ble borte i en av de tunge skyene.

– Jeg er redd det kan bli uvær, sa Alberto.

– Da tar jeg bussen hjem.

– Bare det nå ikke er denne majoren som står bak uværet også.

– Han er vel ikke allmektig?

Alberto svarte ikke. Han gikk over gulvet igjen og satte seg i stolen ved det lille bordet.

– Vi må snakke litt om Berkeley, sa han etter en stund.

Sofie hadde allerede satt seg. Hun grep seg selv i at hun hadde begynt å bite negler.

– George Berkeley var en irsk biskop, som levde fra 1685 til 1753, begynte Alberto – men så sa han ikke noe mer på en lang stund.

– Berkeley var en irsk biskop, tok Sofie opp igjen.

– Men han var også filosof . . .

– Ja?

– Han følte at tidens filosofi og vitenskap truet det kristne livssynet. Ikke minst opplevde han at en stadig mer konsekvent materialisme var en

trussel mot den kristne troen på at det er Gud som skaper og oppretthol-
der alt i naturen . . .

– Ja?

– Samtidig var det Berkeley som var den aller mest konsekvente empi-
risten.

– Han mente at vi ikke kan vite noe mer om verden enn det vi san-
ser?

– Og mer enn som så. Berkeley mente at tingene i verden er nettopp
slik vi sanser dem, men de er ikke «ting».

– Det må du forklare nærmere.

– Du husker at Locke hadde pekt på at vi ikke kan uttale oss om tinge-
nes «sekundære egenskaper». Vi kan ikke si at et eple *er* grønt og syrlig.
Det er bare vi som sanser eplet slik. Men Locke hadde også sagt at de «pri-
mære egenskapene» – som fasthet, tyngde og vekt – virkelig tilhører den
ytre virkeligheten omkring oss. Den ytre virkelighet har altså en fysisk
«substans».

– Jeg har fortsatt den samme gode hukommelsen. Jeg tror dessuten at
Locke pekte på et viktig skille.

– Javel, Sofie, hvis det bare var så vel.

– Fortsett!

– Locke mente altså – som både Descartes og Spinoza – at den fysiske
verden er en realitet.

– Ja?

– Nettopp dette trekker Berkeley i tvil, og han gjør det ved å hevde en
konsekvent empirisme. Han sa at det eneste som eksisterer, er det vi san-
ser. Men vi sanser ikke «materien» eller «stoffet». Vi sanser ikke at tingene
er håndgripelige «ting». Å forutsette at det vi sanser har en egen bakenfor-
liggende «substans» er å hoppe for raskt til konklusjonen. Vi har over-
hodet ikke noe erfaringsmessig belegg for å komme med en slik påstand.

– Tøys. Bare se her!

Nå banket Sofie i bordet med knyttneven.

– Au, sa hun, så hardt slo hun. – Skulle ikke dette være et bevis på at
bordet er et virkelig bord som er både materielt og stofflig?

– Hva kjente du?

– Jeg kjente noe hardt.

– Du hadde en klar sansefornemmelse av noe hardt, men du kjente ikke selve *stoffet* i bordet. Slik kan du også drømme at du slår deg mot noe hardt, men det er vel ikke noe hardt inni drømmen?

– Ikke i drømmen, nei.

– Et menneske kan dessuten suggereres til å «kjenne» både det ene og det andre. Et menneske kan hypnotiseres til å føle både varme og kulde, myke kjærtegn og harde knyttneveslag.

– Men hvis det ikke var selve bordet som var hardt, hva var det da som fikk meg til å kjenne det?

– Berkeley trodde at det var en «vilje eller ånd». Han mente at alle våre ideer har en årsak utenfor vår egen bevissthet, men denne årsaken er ikke av stofflig natur. Den er av ånd.

Sofie hadde begynt å bite negler igjen. Alberto fortsatte:

– Ifølge Berkeley kan min egen sjel være årsak til mine egne forestillinger – som når jeg drømmer – men bare en annen vilje eller ånd kan være årsak til de ideene som utgjør vår «materielle» verden. Alt «skyldes den ånd som bevirker 'alt i alt' og som 'alle ting består ved'», sa han.

– Hva for en «ånd» skulle det være?

– Berkeley tenker naturligvis på Gud. Han sa at «vi til og med kan hevde at Guds eksistens er langt tydeligere oppfattet enn menneskers eksistens».

– Er det ikke engang sikkert at vi eksisterer?

– Vel . . . Alt vi ser og føler er «en virkning av Guds kraft», sa Berkeley. For Gud er «intimt til stede i vår bevissthet og fremkaller i den all den mangfoldighet av ideer og sansninger som vi stadig utsettes for». Hele naturen omkring oss og hele vår tilværelse hviler altså i Gud. Han er den eneste årsak til alt som er.

– Jeg er mildt sagt forbløffet.

– «Å være eller ikke å være» er altså ikke hele spørsmålet. Spørsmålet er også *hva* vi er. Er vi virkelige mennesker av kjøtt og blod. Består vår verden av ordentlige ting – eller er vi omsluttet av bevissthet?

Enda en gang begynte Sofie å bite negler. Alberto fortsatte:

– For det er ikke bare den stofflige virkelighet Berkeley trekker i tvil. Han trekker dessuten i tvil at «tid» og «rom» har en absolutt eller selvstendig eksistens. Også vår opplevelse av tid og rom kan være noe som bare ligger i vår bevissthet. En uke eller to for oss behøver ikke være en uke eller to for Gud . . .

– Du sa at «for Berkeley» er denne ånden som alt hviler i, den kristne Gud.

– Jeg sa vel det. Men for oss . . .

– Ja?

– . . . for oss kan denne «vilje eller ånd» som «bevirker alt i alt» også være Hildes far.

Sofie ble sittende aldeles stum. Ansiktet var som et eneste stort spørsmålstegn. Samtidig var det noe som med ett gikk opp for henne.

– Tror du det?

– Jeg kan ikke se noen annen mulighet. Dette er kanskje den eneste mulige forklaring på alt vi har opplevd. Jeg tenker på diverse kort og henvendelser som har dukket opp både her og der. Jeg tenker på at Hermes begynner å snakke, og jeg tenker på mine egne ufrivillige forsnakkelser.

– Jeg . . .

– Tenk at jeg skulle kalle deg Sofie, Hilde! Jeg har jo hele tiden visst at du ikke heter Sofie.

– Hva er det du sier? Nei, nå går det visst rundt for deg.

– Ja, det går rundt og rundt, barnet mitt. Som en svimmel klode rundt en brennende sol.

– Og denne solen er Hildes far?

– Sånn kan du si det.

– Du mener at han har vært som en slags Gud for oss?

– Uten blygsel, ja. Men han skulle skamme seg!

– Hva med Hilde selv?

– Hun er en engel, Sofie.

– En engel?

– Hilde er den som denne «ånden» henvender seg til.

– Du mener at Albert Knag forteller om oss til Hilde?

– Eller skriver om oss. For vi kan ikke sanse selve stoffet som vår virkelighet er laget av, såpass har vi lært. Vi kan ikke vite om vår ytre virkelighet er laget av lydbølger eller av papir og skrift. Ifølge Berkeley kan vi bare vite at vi er av ånd.

– Og Hilde er en engel . . .

– Hun er en engel, ja. La det være det siste som blir sagt. Gratulerer med dagen, Hilde!

Nå ble rommet fylt av et blålig lys. Noen sekunder senere hørte de et rallende torden, det gikk en kraftig rystelse gjennom huset.

Alberto ble sittende med et fjernt blikk.

– Jeg må hjem, sa Sofie. Hun reiste seg opp og styrtet mot utgangen. Da hun låste seg ut, våknet Hermes, som hadde ligget og sovet under garderoben. Det var som om han sa noe idet hun gikk:

– På gjensyn, Hilde.

Hun styrtet ned alle trappene og sprang ut på gaten. Her var ikke et eneste menneske å se. Men så falt også regnet ned fra himmelen i strie strømmer.

Et par biler pløyde den våte asfalten, men Sofie kunne ikke se noen buss. Hun løp over Stortorget og opp gjennom byen. Mens hun løp, var det en eneste tanke som surret i hodet hennes.

I morgen har jeg bursdag, tenke hun. Var det ikke ekstra bittert å måtte innse at livet er en drøm dagen før man fyller femten år. Det var som å drømme at man vinner en million og så med ett forstå at alt sammen bare har vært en drøm rett før den store gevinsten blir utbetalt.

Sofie sprang over den våte idrettsbanen. Snart så hun at det kom et menneske løpende mot henne. Det var moren. Flere ganger ble byen spiddet av hissige lynnedslag.

Da de møttes, la moren armene rundt henne.

– Hva er det som skjer med oss, barnet mitt?

– Jeg vet ikke, gråt Sofie. – Det er som en vond drøm.

BJERKELY

. . . et gammel trollspeil som oldemor hadde kjøpt av en sigøynerkone . . .

Hilde Møller Knag våknet på kvistværelset i den gamle kapteinsvillaen utenfor Lillesand. Hun så på klokken, den var bare seks. Likevel var det helt lyst. Et bredt belte av morgensol dekket nesten hele den ene veggen.

Hun steg ut av sengen og gikk mot vinduet. På veien bøyde hun seg over skrivebordet og rev et ark av bordkalenderen. Torsdag 14. juni 1990. Hun krøllet lappen sammen og kastet den i papirkurven.

Fredag 15. juni 1990 stod det på kalenderen nå, det lyste mot henne. Allerede i januar hadde hun skrevet «15 ÅR» på dette kalenderbladet. Hun syntes det gjorde et ekstra inntrykk at hun fylte 15 den femtende. Noe slikt ville hun aldri oppleve igjen.

15 år! Var ikke dette den første dagen i hennes «voksne liv»? Hun kunne ikke bare gå og legge seg igjen nå. Det var dessuten siste skoledag før ferien. I dag skulle de bare møte i kirken klokken ett. Og enda var det noe mer: Om en uke kom pappa hjem fra Libanon. Han hadde lovet å være hjemme til sankthans.

Hilde stilte seg i vinduet og kikket ut over hagen og ned mot bryggen og det røde båthuset. Snekken var ennå ikke tatt ut for sesongen, men den gamle robåten lå fortøyd til bryggen. Hun måtte huske å lense den etter det kraftige regnværet.

Mens hun speidet ut over den vesle bukta, kom hun på at hun en gang i 6–7-årsalderen hadde krøpet opp i robåten og rodd ut på fjorden ganske alene. Så hadde hun falt over bord, hun hadde bare så vidt klart å krabbe i land. Søkk våt hadde hun tatt seg gjennom de tette buskene. Da hun stod i hagen foran huset, hadde moren kommet løpende mot henne. Båten og begge årene var blitt liggende og flyte ute på fjorden. Fortsatt hendte det at hun drømte om den forlatte båten som lå der ute og drev for seg selv. Det hadde vært en forsmedelig opplevelse.

279

Hagen var verken spesielt frodig eller spesielt velstelt. Men den var stor, og den var Hildes. Et forblåst epletre og noen bærbusker som nesten ikke bar frukt, hadde så vidt klart seg gjennom de harde vinterstormene.

Mellom knauser og kratt stod den gamle hagegyngen på den vesle plenen. Den virket så forkommen der den stod alene for seg selv i det skarpe morgenlyset. Ekstra stusslig ble den fordi putene var tatt inn. Mamma hadde vel sprunget ned sent på kvelden og reddet dem fra uværet.

Hele den store hagen var omkranset av bjørketrær. Slik lå den iallfall litt skjermet for de verste kastevindene. Det var på grunn av disse trærne at eiendommen en gang for over hundre år siden hadde fått navnet «Bjerkely».

Det var Hildes oldefar som hadde bygget huset like før århundreskiftet. Han hadde vært kaptein på en av de siste store seilskutene. Den dag i dag var det mange som kalte huset for «kapteinsvillaen».

Denne morgenen bar hagen også preg av det kraftige regnskyllet som hadde kommet tidlig på natten. Hilde hadde våknet flere ganger på grunn av tordenskrall. Nå var det ikke en sky å se på himmelen.

Det ble alltid så friskt etter sånne sommerlige regnskyll. De siste ukene hadde det vært både varmt og tørt, bjørketrærne hadde rukket å få noen stygge gule skjær i den ytterste kappen av blader. Nå var det som om verden var vasket ny. Denne morgenen var det dessuten som om hele barndommen hennes var skyllet vekk med tordenværet.

«Ja visst gjør det ondt når knopper brister . . .» Var det ikke en svensk dikter som hadde sagt noe sånt? Eller var hun finsk?

Hilde stilte seg foran det store messingspeilet som hang over den gamle kommoden etter farmor.

Var hun pen? Hun var vel iallfall ikke stygg? Kanskje var hun sånn midt imellom . . .

Hun hadde langt blondt hår. Hilde hadde alltid synes at håret hennes enten kunne vært litt lysere eller litt mørkere i fargen. Sånn midt imellom var så intetsigende. På plussiden noterte hun seg de bløte krøllene. Mange av venninnene slet med å legge håret for å få litt fall i det, men Hilde hadde alltid hatt naturlig fall i håret. På plussiden regnet hun også de grønne øynene, knall grønne var de. «Er de virkelig helt grønne?» pleide tanter og onkler å spørre idet de bøyde seg over henne.

Hilde funderte på om bildet hun stod og studerte, var speilbildet av en pike eller av en ung kvinne. Hun kom til at det ikke var noen av delene. Kroppen så kanskje ikke så verst kvinnelig ut, men ansiktet var som en eplekart.

Det var noe med det gamle speilet som alltid gjorde at Hilde tenkte på pappa. En gang hadde det hengt nede i «atelieret». Atelieret var farens kombinerte bibliotek, furtested og dikterstue over båthuset. Albert, som Hilde kalte ham når han var hjemme, hadde alltid ønsket å skrive noe stort. Han hadde forsøkt seg på en roman en gang, men det var blitt med et ufullendt forsøk. Noen dikt og skisser fra skjærgården hadde han med jevne mellomrom publisert i Fædrelandsvennen. Hilde hadde vært nesten like stolt som ham hver gang hun hadde sett navnet hans på trykk. ALBERT KNAG. Iallfall i Lillesand hadde dette navnet en spesiell klang. Også oldefar het Albert.

Speilet ja. For mange år siden hadde faren spøkt med at det saktens gikk an å blunke til seg selv i et speil, men det gikk ikke an å blunke til seg selv med begge øynene. Det eneste unntaket var dette messingspeilet, for akkurat det speilet var et gammelt trollspeil, som oldemor hadde kjøpt av en sigøynerkone rett etter at hun giftet seg.

Hilde hadde blitt stående en lang stund og forsøke, men det hadde vært like vanskelig å blunke til seg selv med begge øyne som å løpe fra sin egen skygge. Det hadde endt med at hun hadde fått det gamle arvestykket til odel og eie. Gjennom hele oppveksten hadde det hendt med jevne mellomrom at hun gjorde nye forsøk på å klare det umulige kunststykket.

Ikke rart hun var litt tankefull i dag. Ikke rart hun var litt selvopptatt heller. 15 år . . .

Først nå kastet hun et blikk på nattbordet. Det lå en stor pakke der! Med et nydelig himmelblått papir og rødt silkebånd rundt. Det måtte jo være en bursdagsgave!

Var det «gaven»? Kunne det være den store GAVEN fra pappa, den som det hadde vært så mye hemmelighetskremmeri omkring? Han hadde kommet med snåle antydninger i mange av kortene fra Libanon. Men han hadde «pålagt seg selv en streng sensur».

Gaven var noe som «vokste og vokste», hadde han skrevet. Så hadde han kommet med noen antydninger om en jente hun snart skulle bli kjent med – og noe om at han hadde sendt en kopi av alle kortene til henne.

Hilde hadde prøvd å få ut av moren hva han hadde ment, men hun hadde ikke hatt peiling hun heller.

Det aller rareste hadde vært en antydning om at gaven kanskje kunne «deles med andre mennesker». Det var ikke for ingenting at han jobbet for FN. Hvis Hildes far bare hadde hatt én fiks idé – han hadde jo veldig mange – da ville det vært at FN burde få et slags regjeringsansvar for absolutt hele verden. «Måtte FN en gang virkelig klare å knytte menneskeheten sammen,» hadde han skrevet i et av kortene.

Hadde hun lov til å åpne pakken før mamma kom opp med boller og brus, bursdagssang og norske flagg? Hun hadde vel det, det var vel derfor den lå der.

Hilde listet seg over gulvet og løftet pakken fra nattbordet. Den var tung! Hun fant kortet: «Til Hilde på 15-årsdagen fra pappa.»

Hun satte seg på sengen og begynte forsiktig å løsne på det røde silkebåndet. Snart kunne hun brette av papiret.

Det var en stor ringperm!

Var det gaven? Var det 15-årsgaven som det hadde vært så mye snakk om? Var det denne gaven som hadde «vokst og vokst» og som dessuten kunne deles med andre?

En rask kikk avslørte at ringpermen var full av maskinskrevne ark. Hilde kjente igjen skrifttypene fra skrivemaskinen pappa hadde tatt med seg til Libanon.

Hadde han skrevet en hel bok til henne?

På det første arket stod det med store håndskrevne bokstaver: *SOFIES VERDEN.*

Litt lenger nede på siden stod det noe med maskinskrift også:

HVAD SOLSKIN ER FOR DET SORTE MULD,
ER SAND OPLYSNING FOR MULDETS FRENDE.

N.F S. Grundtvig.

Hilde bladde om. Øverst på neste side begynte det første kapitlet. Overskriften var: «Edens hage». Hun satte seg godt til rette i sengen, støttet ringpermen mot bena og begynte å lese.

Sofie Amundsen var på vei hjem fra skolen. Det første stykket hadde

hun gått sammen med Jorunn. De hadde snakket om roboter. Jorunn hadde ment at menneskets hjerne var som en komplisert datamaskin. Sofie var ikke helt sikker på om hun var enig. Et menneske måtte da være noe mer enn en maskin?

Hilde fortsatte å lese, snart glemte hun alt annet, hun glemte til og med at hun hadde bursdag. Av og til klarte likevel en liten tanke å snike seg inn mellom linjene i det hun leste:

Hadde pappa skrevet en roman? Hadde han omsider tatt opp igjen å skrive på den store romanen, og så gjort den ferdig der nede i Libanon? Han hadde mang en gang klaget over at tiden kunne falle lang på de breddegrader.

Også Sofies far var ute og reiste. Det var vel hun som var denne jenta Hilde skulle bli kjent med . . .

Først når hun hadde en sterk følelse av at hun en dag skulle være helt borte, gikk det ordentlig opp for henne hvor uendelig verdifullt livet er . . . . Hvor kommer verden fra? . . . Til syvende og sist måtte et eller annet en gang ha blitt til av null og niks. Men gikk det an? Var ikke det like umulig å tenke seg som at verden hadde vært bestandig?

Hilde leste og leste, hun hoppet i sengen av forvirring da hun leste om Sofie Amundsen som fikk et prospektkort fra Libanon. «Hilde Møller Knag, c/o Sofie Amundsen, Kløverveien 3 . . . »

Kjære Hilde. Jeg gratulerer deg hjertelig med 15-årsdagen. Som du skjønner, vil jeg gi deg en gave som du kan vokse på. Tilgi meg at jeg sender kortet til Sofie. Det var lettest slik. Kjærlig hilsen pappa.

Den sniken! Hilde tenkte at pappa alltid hadde vært litt av en luring, men i dag hadde han bokstavelig talt tatt henne på sengen. Istedenfor å legge dette kortet ved pakken, hadde han diktet det inn i gaven.

Men stakkars Sofie! Hun var jo helt forvirret:

Hvorfor skulle en far sende et fødselsdagskort til Sofies adresse når det helt åpenbart skulle et ganske annet sted? Hvilken far ville snyte

sin egen datter for å motta et bursdagskort ved å sende det på ville veier? Hvordan kunne det vel være «lettest slik»? Og fremfor alt: Hvordan skulle hun klare å oppspore Hilde?

Nei, hvordan skulle hun klare det?

Hilde bladde om og begynte å lese det andre kapitlet. Det het «Floss-hatten». Snart kom hun til et langt brev som den mystiske personen hadde skrevet til Sofie. Hilde holdt pusten.

Å interessere seg for hvorfor vi lever er altså ikke en like «tilfeldig» interesse som å samle på frimerker. Den som interesserer seg for slike spørsmål, er opptatt av noe som mennesker har diskutert så lenge vi har levd på denne planeten . . .

«Sofie var helt matt.» Det var Hilde også. Pappa hadde ikke bare skrevet en bok til henne i 15-årsgave, han hadde skrevet en ganske forunderlig og gåtefull bok.

Kort oppsummering: En hvit kanin trekkes opp av en tom flosshatt. Fordi det er en svært stor kanin, tar dette trikset mange milliarder år. Ytterst ute på de tynne hårene blir alle menneskebarna født. Slik er de i stand til å undre seg over den umulige tryllekunsten. Men etter hvert som de blir eldre, kryper de stadig dypere ned i pelsen på kaninen. Og der blir de . . .

Det var ikke bare Sofie som opplevde at hun akkurat hadde vært i ferd med å finne seg en plass dypt nede i pelsen på den hvite kaninen. I dag fylte Hilde 15 år. Også hun fikk en følelse av at tiden var inne til å bestemme seg for hvilken vei hun skulle krabbe videre.

Hun leste om de greske naturfilosofene. Hilde visste at faren var opptatt av filosofi. Han hadde skrevet i avisen om at filosofi burde bli et vanlig skolefag. «Hvorfor må faget filosofi inn i Mønsterplanen?» het artikkelen. Han hadde til og med tatt det opp på et foreldremøte i Hildes klasse. Hilde hadde vært fryktelig flau.

Nå så hun på klokken. Den var blitt halv åtte. Det ville sikkert gå enda en time før moren kom opp med bursdagsbrettet, heldigvis, for nå var

hun så opptatt av Sofie og alle de filosofiske spørsmålene. Hun leste kapit-
let som het «Demokrit». Først fikk Sofie et spørsmål å tenke over: «Hvor-
for er legoklosser verdens mest geniale leketøy». Så fant hun «en stor gul
konvolutt» i postkassen:

**Demokrit var enig med sine forgjengere i at forandringene i naturen
ikke kunne skyldes at noe virkelig «forandret» seg. Han antok derfor
at alt måtte være bygget opp av noen små, usynlige byggestener som
hver og en var evige og uforanderlige. Demokrit kalte disse minste
delene for *atomer*.**

Hilde ble opprørt da Sofie fant det røde silkeskjerfet hennes under sengen
sin. Så *der* hadde det tatt veien, altså. Men hvordan kunne skjerfet bare
forsvinne inn i en fortelling? Det måtte vel være et annet sted også . . .

Kapitlet om Sokrates begynte med at Sofie leste «noen linjer om den
norske FN-bataljonen i Libanon» i en avis. Typisk pappa! Han var så opp-
tatt av at mennesker i Norge brydde seg for lite om FN-troppenes fredsbe-
varende arbeid. Om ingen andre brydde seg om dem, skulle iallfall Sofie
gjøre det. Slik kunne man dikte seg til en slags mediaoppmerksomhet.

Hun måtte trekke på smilebåndet da hun leste et «PS» i brevet fra filo-
sofilæreren til Sofie:

**Hvis du skulle finne et rødt silkeskjerf, må jeg be deg om å ta godt
vare på det. Det skjer jo iblant at slike eiendeler blir forbyttet.
Særlig på skoler og slikt, og dette er en filosofiskole.**

Hilde hørte noe i trappen. Det var sikkert moren som kom med bursdags-
brettet. Innen hun banket på døren, hadde Hilde allerede begynt å lese
om Sofie som hadde funnet en video fra Athen i det hemmelige gjemme-
stedet i hagen.

– Hurra for deg som fyller ditt år, ja, deg vil vi gratulere . . .

Hun begynte å synge allerede midtveis i trappen.

– . . . alle i ring omkring deg vi står . . .

– Kom inn, sa Hilde, hun leste om filosofilæreren som hadde begynt å
snakke til Sofie direkte fra Akropolis. Han var nesten presis som Hildes far
– med «et velfrisert svart skjegg» og blå alpelue.

– Gratulerer med dagen, Hilde!

– Mmm . . .

– Neimen, Hilde da?

– Bare sett det der.

– Skal du ikke . . .

– Du ser vel at jeg er opptatt.

– Tenk at du er 15 år.

– Har du vært i Athen, mamma?

– Nei, hvordan det?

– Det er jo ganske rart at de gamle templene står der fortsatt. De er 2.500 år gamle. Det største kalles forresten «Jomfruens bolig».

– Har du åpnet gaven fra pappa?

– Hvilken gave?

– Nå *må* du se opp, Hilde. Du er jo helt forstyrret.

Hilde lot den store ringpermen falle ned i fanget.

Moren lente seg over sengen hennes. På brettet var levende lys, påsmurte rundstykker og Solo. Det lå en liten pakke på brettet også. Men hun hadde bare to hender, det norske flagget hadde hun stukket inn under en arm.

– Tusen takk, mamma. Du er kjempesøt, men du skjønner jeg har faktisk ganske dårlig tid.

– Du skal ikke være i kirken før klokken ett.

Først nå ble Hilde ordentlig klar over hvor hun var, og først nå satte moren brettet fra seg på nattbordet.

– Unnskyld meg. Jeg har sittet helt fordypet i dette her.

Hun pekte ned på ringpermen og fortsatte:

– Det er fra pappa . . .

– Hva *er* det han har skrevet, Hilde? Jeg har vært minst like spent som deg. Han har ikke vært til å få et fornuftig ord ut av på mange måneder.

Av en eller annen grunn ble Hilde litt sjenert nå.

– Å, det er bare en fortelling.

– En fortelling?

– Ja, en fortelling. Og så en filosofibok, da. Noe sånt.

– Skal du ikke pakke opp gaven fra meg?

Hilde syntes ikke hun kunne gjøre forskjell, så hun pakket opp gaven fra moren også. Det var et gullarmbånd.

– Så nydelig. Tusen takk!

Sofie reiste seg opp og gav moren en klem.

De ble sittende og prate sammen en liten stund.

– Nå kan du gå, sa Hilde snart. – Akkurat nå står han høyt oppe på Akropolis, skjønner du.

– Hvem da?

– Nei, jeg aner ikke, ikke Sofie heller. Det er det som er hele poenget.

– Ja, jeg må jo på kontoret. Du får spise litt snart, da. Kjolen henger nede.

Endelig, moren forsvant ned trappene igjen. Det gjorde Sofies filosofilærer også, han gikk ned trappene fra Akropolis og stilte seg opp på Areopagos-høyden før han litt senere dukket opp på det gamle torget i Athen.

Hilde skvatt da de gamle bygningene plutselig reiste seg opp fra ruinene. En av farens fikse ideer hadde vært at alle landene i FN burde gå sammen om å bygge opp en tro kopi av det gamle torget i Athen. Her skulle det arbeides med filosofiske spørsmål og dessuten med nedrustningsarbeid. Et slikt gigant-prosjekt ville sveise menneskeheten sammen, mente han. «Vi klarer jo å bygge både oljeplattformer og månelandingsfartøyer.»

Snart leste hun om Platon. «På kjærlighetens vinger vil sjelen fly 'hjem' til ideenes verden. Den vil befris fra 'kroppens fengsel' . . .»

Sofie hadde sneket seg gjennom hekken og fulgt etter Hermes, men han ble fort borte for henne. Etter å ha lest om Platon, gikk hun videre inn i skogen og kom til en rød hytte ved et lite vann. Der hang et bilde av Bjerkely. Det var tydelig ut fra beskrivelsen at det måtte være Hildes Bjerkely. Så hang det også bilde av en mann som het Berkeley. «Var ikke det pussig?»

Hilde la den store permen fra seg i sengen, gikk mot bokhyllen og slo opp i Bokklubbens trebinds-leksikon, som hun hadde fått på 14-årsdagen. Berkeley . . . der!

Berkeley, George, 1685–1753, eng. filosof, biskop i Cloyne. Benekter eksistensen av en materiell verden utenfor menneskets bevissthet. Våre sansefornemmelser er fremkalt av Gud. B. er dessuten berømt for sin kritikk av de abstrakte allmennforestillinger. Hovedverk: A Treatise Concerning the Principles of Human Knowledge (1710).

Jo, det var pussig. Hilde ble stående noen sekunder på gulvet og tenke før hun gikk tilbake til sengen og ringpermen.

På en måte var det jo faren som hadde hengt opp begge de to bildene. Kunne det være noen annen sammenheng enn navnelikheten?

Berkeley var altså en filosof som benektet eksistensen av en materiell verden utenfor menneskets bevissthet. Det var mye rart man kunne påstå. Men det var ikke alltid så lett å motbevise slike påstander heller. På Sofies verden passet beskrivelsen ganske bra. Hennes «sansefornemmelser» var jo fremkalt av Hildes far.

Hun fikk vel vite mer hvis hun bare leste videre. Hilde så opp fra ringpermen og lo da hun leste om at Sofie så et speilbilde av en pike som blunket med begge øynene. «Det var som om det var Sofie jenta i speilet blunket til. Det var som om hun ville si: Jeg ser deg, Sofie. Jeg er her inne på den andre siden.»

Der fant hun den grønne lommeboken også – med pengene og det hele! Hvordan hadde den havnet der?

Tøys! I et sekund eller to hadde Hilde trodd at Sofie virkelig hadde funnet den. Men også etterpå forsøkte hun å leve seg inn i hvordan alt måtte oppleves fra Sofies side. For henne var jo alt sammen svært så uutgrunnelig og mystisk.

For første gang kjente Hilde et sug etter en gang å få *møte* Sofie ansikt til ansikt. Hun fikk lyst til en gang å snakke ut med henne om hvordan alt hang sammen.

Men nå måtte Sofie komme seg ut av hytta før hun ble tatt på fersk gjerning. Båten lå selvfølgelig og fløt ute på vannet. Han *måtte* minne henne om den gamle historien med båten, altså!

Hilde drakk en slurk av brusen og begynte å spise på et rundstykke med rekesalat mens hun leste brevet om «ordensmannen» Aristoteles som hadde kritisert Platons idélære.

Aristoteles pekte på at det ikke eksisterer noe i bevisstheten som ikke først har vært i sansene. Platon kunne sagt at det ikke er noe i naturen som ikke først har vært i idéverdenen. På denne måten mente Aristoteles at Platon «fordoblet tingenes antall».

Hilde hadde faktisk ikke vært klar over at det var Aristoteles som hadde oppfunnet leken om «planteriket, dyreriket og mineralriket».

Aristoteles ville altså foreta en grundig opprydding på naturens pikeværelse. Han forsøkte å vise at alle tingene i naturen hører sammen i forskjellige grupper og undergrupper.

Da hun leste om Aristoteles' kvinnesyn, ble hun både skuffet og mektig irritert. At det gikk an å være en så skarp filosof – og allikevel kav idiot!

Sofie var blitt inspirert av Aristoteles til å rydde opp på sitt eget «pikeværelse». Og der – sammen med alt det andre rotet fant hun den hvite knestrømpen som for en måneds tid siden hadde forduftet fra skapet til Hilde! Sofie satte alle arkene hun hadde fått av Alberto inn i en ringperm. «Det var allerede over 50 sider». Hilde hadde for sin del kommet til side 124, men hun hadde jo også hele historien om Sofie i tillegg til alle «kursbrevene» fra Alberto Knox.

«Hellenismen» het neste kapittel. Det første som skjedde i det kapitlet, var at Sofie fant et prospektkort med bilde av en FN-jeep. Det var stemplet «FN-bataljonen» den 15/6. Igjen et slikt «kort» til Hilde som faren hadde klistret inn i fortellingen istedenfor å sende det med posten:

Kjære Hilde. Jeg går ut fra at du fortsatt feirer 15-årsdagen din. Eller er det dagen derpå? Nåja, det spiller liten rolle hvor lenge gaven varer. På en måte vil den jo vare hele livet. Men jeg gratulerer deg altså igjen. Nå skjønner du kanskje hvorfor jeg sender kortene til Sofie. Jeg føler meg sikker på at hun vil gi dem videre til deg. PS. Mamma fortalte at du hadde mistet lommeboken din. Jeg lover med dette å erstatte de 150 kronene. Et nytt skolebevis får du sikkert på skolen før den stenger for sommeren. Kjærlig hilsen pappa.

Det var ikke dårlig, dermed var hun 150 kroner rikere. Han syntes vel ikke at det holdt med bare en hjemmelaget gave.

Det viste seg at den 15/6 også var Sofies 15-årsdag. Men Sofies kalender var ikke kommet lenger enn til første halvdel av mai. Det var vel da faren hadde skrevet akkurat dette kapitlet, så hadde han fremdatert «bursdagskortet» til Hilde.

Men stakkars Sofie som sprang til matsenteret for å møte Jorunn:

Hvem var Hilde? Hvordan kunne faren hennes nærmest ta det for gitt at Sofie ville finne henne? Uansett gav det ikke mening at han sendte kortene til Sofie istedenfor å sende dem direkte til datteren.

Også Hilde følte seg løftet opp i rommet mens hun leste om Plotin.

Jeg sier at det er noe av et guddommelig mysterium i alt som er. Vi ser at det funkler i en solsikke eller i en valmue. Mer av dette uutgrunnelige mysterium aner vi i en sommerfugl som letter fra en gren – eller i en gullfisk som svømmer i en gullfiskbolle. Men aller nærmest Gud kommer vi i vår egen sjel. Bare der kan vi forenes med det store livsmysteriet. Ja, i sjeldne øyeblikk kan vi oppleve at vi *er dette guddommelige mysterium selv*.

Til nå var dette noe av det mest svimlende Hilde hadde lest. Men det var samtidig også det aller enkleste: Alt er ett, og dette «ene» er et guddommelig mysterium som alle er en del av.

Dette var egentlig ikke noe man behøvde å tro. Det *er* slik, tenkte Hilde. Så får heller hver og en legge hva han eller hun vil akkurat i ordet «guddommelig».

Hun bladde fort til neste kapittel. Sofie og Jorunn skulle på telttur natt til 17. mai. Så gikk de til Majorstua . . .

Hilde hadde ikke lest mange sidene før hun reiste seg opphisset fra sengen og gikk noen skritt ut på gulvet med ringpermen i armene.

Det var noe av det frekkeste hun hadde sett. Her i den vesle hytta i skogen lot faren de to jentene finne kopier av alle prospektkortene han hadde sendt til Hilde i første halvdel av mai. Og kopiene var ekte nok. Hilde hadde pleid å lese slike kort fra faren både to og tre ganger. Hun gjenkjente hvert eneste ord.

Kjære Hilde. Jeg er nå så sprekkeferdig av alle hemmelighetene omkring bursdagen din at jeg flere ganger om dagen må stanse meg selv i å ringe deg for å fortelle alt sammen. Det er noe som vokser og vokser. Og du vet, når noe blir større og større, da blir det også vanskeligere å holde det for seg selv . . .

Sofie fikk et nytt kursbrev fra Alberto. Det handlet om jøder og grekere og de to store kulturkretsene. Hilde var glad for dette vide fugleperspektivet på historien. Noe sånt hadde de aldri lært på skolen. Der var det bare detaljer og atter nye detaljer. Da hun hadde lest kursbrevet ferdig, hadde faren gitt henne et helt nytt perspektiv på Jesus og kristendommen.

Hun likte sitatet fra Goethe om at «den som ikke kan føre sitt regnskap over 3000 år, lever bare fra hånd til munn».

Neste kapittel begynte med et pappstykke som klistret seg til Sofies kjøkkenvindu. Det var selvfølgelig en ny bursdagshilsen til Hilde.

Kjære Hilde. Jeg vet ikke om du fortsatt har bursdag når du leser dette kortet. På en måte håper jeg det, jeg har iallfall et håp om at det ikke er gått altfor mange dager. At det går en uke eller to for Sofie, behøver jo ikke bety at det går like lang tid for oss. Selv kommer jeg hjem sankthansaften. Da sitter vi lenge i hagegyngen og ser ut over sjøen sammen, Hilde. Vi har mye å snakke om . . .

Så ringte Alberto til Sofie, det var første gang hun hørte stemmen hans.

– Du får det til å høres ut som en slags krig?
– Jeg vil heller kalle det en åndskamp. Vi må prøve å vekke Hildes oppmerksomhet og få henne over på vår side før faren hennes kommer hjem til Lillesand.

Slik gikk det til at Sofie møtte Albero Knox forkledd som middelaldermunk i den gamle steinkirken fra 1100-tallet.

Kirken, ja. Hilde så på klokken. Kvart over ett . . . Hun hadde helt glemt tiden.

Det gjorde kanskje ikke så mye at hun skulket kirken på sin egen bursdag, men det var noe med selve bursdagen som irriterte henne. Hun hadde også snytt seg selv for mange gratulasjoner. Nåja – det hadde jo egentlig ikke skortet på denslags.

Snart måtte hun lytte til en lang preken likevel. Alberto hadde ikke store problemer med å gå inn i presterollen.

Da hun leste om Sophia som hadde vist seg for Hildegard i visjoner, måtte hun til leksikonet igjen. Men nå fant hun ingenting verken om den ene eller den andre. Var ikke det typisk? Straks det dreide som om kvinner eller noe kvinnelig, var leksikonet like intetsigende som et månekrater. Var leksikonet sensurert av mannsforeningens borgervern?

Hildegard av Bingen hadde vært både predikant, forfatter, lege, botaniker og naturforsker. Hun kunne dessuten «stå som selve symbolet på at det ofte var kvinnene som var de mest jordnære – ja, de mest vitenskapelige – i middelalderen». Men det var ikke så mye som et pip om henne i Bokklubbens leksikon. Skammelig!

Hilde hadde aldri tidligere hørt at Gud hadde noen «kvinneside» eller «modernatur». Hun het altså Sophia – men heller ikke hun var verdt noe trykksverte.

Det nærmeste hun kom i leksikon, var noe om Sofiakirken i Konstantinopel. «Hagia Sofia» het den, det betydde «den hellige visdom». Både en hovedstad og utallige dronninger var oppkalt etter denne «visdommen», men det stod ikke et ord i leksikon om at den var kvinnelig. Var ikke dette sensur?

Ellers var det riktig nok at Sofie viste seg for «Hildes indre blikk». Hun syntes hele tiden hun kunne se for seg piken med det svarte håret . . .

Da Sofie kom hjem etter å ha tilbrakt nesten hele natten i Mariakirken, stilte hun seg opp foran messingspeilet hun hadde tatt med seg fra hytta i skogen.

I skarpe konturer så hun sitt eget bleke ansikt omkranset av det svarte håret som ikke var skapt for noen annen frisyre enn naturens egen «glatt hår»-frisyre. Men under dette ansiktet spøkte også et bilde av en annen jente.

Plutselig gav den fremmede jenta seg til å blunke energisk med begge øynene. Det var som om hun ville signalisere at hun virkelig fantes der inne på den andre siden. Det varte noen få sekunder bare. Så var hun borte.

Hvor mange ganger hadde ikke Hilde selv stått foran speilet på denne måten og liksom lett etter bildet av en annen i speilet? Men hvordan kunne pappa vite det? Var det ikke også en mørkhåret kvinne hun hadde sett etter? Oldemoren hadde jo kjøpt speilet av en sigøynerkone . . .

Hilde kjente at hun skalv på hendene som holdt rundt den store ring-permen. Hun hadde fått det for seg at Sofie virkelig fantes et sted der inne «på den andre siden».

Nå drømte Sofie om Hilde og Bjerkely. Hilde kunne verken se eller høre henne, men så – ja, så fant Sofie Hildes gullkors på bryggekanten. Og det gullkorset – med Hildes initialer og det hele – det lå i Sofies seng da hun våknet etter drømmen!

Hilde måtte tenke seg om. Hun hadde vel ikke mistet gullkorset også? Hun gikk til kommoden og fant fram smykkeskrinet. Gullkorset – som hun hadde fått i dåpsgave av farmor – var borte vekk!

Da hadde hun virkelig klart å somle bort smykket. Javel! Men hvordan kunne pappa vite det når hun ikke visste det selv?

Og enda var det noe mer: Sofie hadde tydeligvis drømt om at Hildes far kom hjem fra Libanon. Men det var fortsatt en hel uke til. Var Sofies drøm profetisk? Mente faren at når han kom hjem – da ville på en måte Sofie være der også? Han hadde skrevet noe om at hun skulle få en ny venn-inne . . .

I en lynende klar, men også uhyre kort visjon kjente Hilde seg overbe-vist om at Sofie var noe mer enn bare papir og trykksverte. Hun *fantes*.

. . . fra måten de lager en nål på til hvordan de støper en kanon . . .

Hilde hadde begynt å lese kapitlet om renessansen, men nå hørte hun at moren gikk i ytterdøren nede. Hun så på klokken. Den var fire.

Moren kom styrtende opp trappen og åpnet døren.

– Har du ikke vært i kirken?

– Joda.

– Men . . . hva hadde du på deg, da?

– Det samme som nå.

– Nattkjole?

– Mmm . . . Jeg har vært i Mariakirken.

– Mariakirken?

– Det er en gammel steinkirke fra middelalderen.

– Hilde!

Hun la permen i fanget og så opp på moren.

– Jeg glemte tiden, mamma. Jeg er lei for det, men du skjønner jeg leser noe fryktelig spennende.

Nå måtte moren trekke på smilebåndet.

– Det er en magisk bok, la Hilde til.

– Ja, ja. Og nok en gang: Gratulerer med dagen, Hilde!

– Nei, nå vet jeg ikke om jeg orker flere gratulasjoner!

– Men jeg har da ikke . . . Jeg tar bare en liten hvil, så begynner jeg å lage en spennende middag. Jeg fikk kjøpt noen jordbær.

– Jeg leser.

Dermed forsvant moren igjen, og Hilde leste videre.

Sofie fulgte Hermes gjennom byen. I trappeoppgangen til Alberto fant hun et nytt kort fra Libanon. Også det var datert 15/6.

Først nå forstod hun systemet med alle datoene: Kortene som var datert før 15. juni, var «kopier» av kort Hilde hadde mottatt før. Men de som var datert i dag, nådde henne først med ringpermen.

Kjære Hilde. Sofie kommer nå til filosofilærerens hus. Hun er snart femten år, men du ble femten allerede i går. Eller er det i dag, Hildemor? Hvis det er i dag, må det iallfall være sent på dagen. Men klokkene våre går ikke alltid helt likt . . .

Hilde leste om hvordan Alberto fortalte Sofie om renessansetiden og den nye vitenskapen, 1600-tallets rasjonalister og den britiske empirismen.

Gjentatte ganger rykket hun til når det kom nye postkort og gratulasjoner som faren hadde klistret inn i fortellingen. Han fikk slike henvendelser til å falle ut av en stilbok, til å dukke opp på innsiden av en banan og til å lure seg inn i en datamaskin. Uten at det kostet ham den minste anstrengelse kunne han få Alberto til å «forsnakke seg» og kalle Sofie for Hilde. Toppen av alt var kanskje at han fikk Hermes til å snakke: «Gratulerer med dagen, Hilde!»

Hilde var enig med Alberto i at det begynte å gå litt langt når han sammenlignet seg selv med Gud og Guds forsyn. Men hvem var hun egentlig enig med da? Var det ikke faren hennes som hadde lagt slike bebreidende – eller selvbebreidende – ord i munnen på Alberto? Hun kom til at sammenligningen med Gud ikke var så helt dum likevel. Faren var jo nærmest en allmektig Gud for Sofies verden.

Da Alberto skulle fortelle om Berkeley, var Hilde minst like spent som Sofie hadde vært. Hva kom til å skje nå? Det hadde lenge vært lagt opp til at noe helt spesielt ville skje straks de kom til denne filosofen, som altså hadde benektet eksistensen av en materiell verden utenfor menneskets bevissthet. Hilde hadde jo smuglest i leksikon.

Det begynte med at de stod foran vinduet og opplevde at Hildes far hadde sendt opp et fly med et langt gratulasjonsbanner etter. Samtidig begynte det å «velte mørke skyer inn over byen».

«Å være eller ikke å være» er altså ikke hele spørsmålet. Spørsmålet er også *hva* vi er. Er vi virkelige mennesker av kjøtt og blod. Består vår verden av ordentlige ting – eller er vi omsluttet av bevissthet?

Ikke rart Sofie begynte å bite negler. Hilde hadde aldri hatt denne uvanen, men hun kjente seg ikke så høy i hatten akkurat nå, hun heller.

Så kom det for en en dag: «. . . for oss kan denne 'vilje eller ånd' som 'bevirker alt i alt' også være Hildes far.»

– Du mener at han har vært som en slags Gud for oss?
  – Uten blygsel, ja. Men han skulle skamme seg!
  – Hva med Hilde selv?
  – Hun er en engel, Sofie.
  – En engel?
  – Hilde er den som denne «ånden» henvender seg til.

Dermed rev Sofie seg løs fra Alberto og styrtet ut i uværet. Det skulle vel aldri ha vært det samme uværet som hadde kommet over Bjerkely i natt – noen timer etter at Sofie løp gjennom byen?

I morgen har jeg bursdag, tenke hun. Var det ikke ekstra bittert å måtte innse at livet er en drøm dagen før man fyller femten år. Det var som å drømme at man vinner en million og så med ett forstår at alt sammen bare har vært en drøm rett før den store gevinsten blir utbetalt.

Sofie sprang over den våte idrettsbanen. Snart så hun at det kom et menneske løpende mot henne. Det var moren. Flere ganger ble byen spiddet av hissige lynnedslag.

Da de møttes, la moren armene rundt henne.

– Hva er det som skjer med oss, barnet mitt?

– Jeg vet ikke, gråt Sofie. – Det er som en vond drøm.

Hilde kjente at hun var fuktig i øyekroken. «To be or not to be – that is the question.»

Hun kastet ringpermen ned i sengen og gikk ut på gulvet. Hun gikk fram og tilbake, fram og tilbake. Til slutt stilte hun seg opp foran messingspeilet, og der stod hun til moren kom og hentet henne ned til middag. Da hun banket på døren, hadde ikke Hilde noen forestilling om hvor lenge hun hadde stått der. Men hun var sikker, hun var helt sikker på at speilbildet hadde blunket med begge øynene.

Under middagen forsøkte hun å være et takknemlig bursdagsbarn. Men hun satt og tenkte på Sofie og Alberto hele tiden.

Hvordan skulle det gå med dem nå som de *visste* at det var Hildes far som bestemte alt sammen? Skjønt visste og visste – det var vel bare tøys at de visste noe som helst. Var det ikke bare pappa som lot som om de visste? Men uansett ble problemet det samme: Når Sofie og Alberto «visste» hvordan alt hang sammen, var de på en måte ved veis ende.

Hun holdt på å sette en stor potetbit i halsen da hun med ett ble slått av at den samme problemstillingen kanskje gjaldt også for hennes egen verden. Menneskene hadde stadig kommet lenger når det gjaldt å forstå naturlovene. Kunne historien bare fortsette og fortsette etter at de siste brikkene i filosofiens og vitenskapens puslespill var falt på plass? Eller nærmet menneskene seg historiens slutt? For var det ikke en sammenheng mellom tankens og vitenskapens utvikling på den ene side og drivhuseffekt og nedbrente regnskoger på den andre? Kanskje var det likevel ikke så dumt å kalle menneskets trang til erkjennelse for et «syndefall».

Spørsmålet var både så stort og så skremmende at Hilde forsøkte å glemme det. Hun ville dessuten sikkert forstå mer hvis hun bare leste videre i fødselsdagsgaven fra pappa.

– «Si meg så hva vil du mere,» sang moren da de hadde spist isen med de italienske jordbærene. – Nå gjør vi akkurat det du har mest lyst til.

– Jeg vet det høres litt rart ut, men jeg har bare lyst til å lese videre i gaven fra pappa.

– Du må bare ikke la ham gjøre deg helt forskrudd.

– Neida.

– Vi kan ta en pizza til Derrick . . .

– Kanskje det.

Hilde kom til å tenke på hvordan Sofie hadde snakket med sin mor. Pappa hadde vel ikke diktet noe av Hildes mor inn i denne andre moren? For sikkerhets skyld bestemte hun seg for ikke å snakke om hvite kaniner som blir trukket opp av universets flosshatt, iallfall ikke akkurat i dag.

– Forresten, sa hun idet hun skulle til å reise seg.

– Ja?

– Jeg finner ikke gullkorset mitt.

Moren så hemmelighetsfullt på henne.

– Jeg fant det nede ved bryggen for mange uker siden. Du må ha mistet det der, din rotekopp!

– Har du fortalt det til pappa?

– Det husker jeg ikke. Jo, jeg har vel det . . .

– Hvor er det da?

Nå gikk moren for å hente sitt eget smykkeskrin. Hilde hørte et forundret rop fra soverommet. Snart var hun tilbake i stuen igjen.

– Vet du – akkurat nå finner jeg det ikke.

– Det ante meg.

Hun gav moren en klem og sprang opp på kvistværelset igjen. Endelig – nå skulle hun lese videre om Sofie og Alberto. Hun la seg på sengen som sist, med den tunge permen i fanget.

Sofie våknet av at moren kom inn på rommet hennes neste morgen. Hun hadde et brett fullt av gaver i hendene. I en tom brusflaske hadde hun stukket et flagg.

– Gratulerer med dagen, Sofie!

Sofie gnidde søvnen ut av øynene. Hun prøvde å huske alt som hadde skjedd i går. Men det var bare løse brikker i et puslespill alt sammen. En av brikkene var Alberto, en annen var Hilde og majoren. En var Berkeley, en annen Bjerkely. Den svarteste brikken var det voldsomme tordenværet. Hun hadde nærmest fått et slags nervesammenbrudd. Moren hadde frottert henne og simpelthen «lagt henne» i seng med en kopp varm melk med honning. Hun hadde sovnet på et blunk.

– Jeg tror jeg lever, stotret hun nå.

– Ja, visst lever du. Og i dag er du femten år.

– Er du helt sikker?

– Helt sikker, ja. Skulle ikke en mor vite når hennes eneste barn ble født? 15. juni 1975 . . . klokken halv to, Sofie. Det er nok det aller lykkeligste øyeblikk i mitt liv.

– Er du sikker på at ikke alt sammen bare er en drøm?

– Det må iallfall være en god drøm å våkne opp til boller og brus og bursdagsgaver.

Hun satte fra seg brettet med gavene på en stol og forsvant ut av rommet et lite øyeblikk. Da hun kom tilbake, hadde hun med seg et

nytt brett. Det var brettet med boller og brus. Hun satte det nederst i sengen til Sofie.

Nå ble det vanlig bursdagsmorgen med utpakking av gaver og mimring helt tilbake til de første veene for femten år siden. Av moren fikk hun tennisracket. Hun hadde aldri spilt tennis, men det lå en utendørs tennisbane bare et par minutter fra Kløverveien. Faren hadde sendt en kombinert mini-TV med FM-radio. Skjermen var ikke større enn et vanlig fotografi. Så var det noe fra gamle tanter og venner av familien.

Etter en stund sa moren:

– Synes du jeg skal ta meg fri fra jobben i dag?

– Nei, hvorfor det?

– Du var virkelig ganske forstyrret i går. Hvis dette fortsetter, synes jeg vi skal bestille time hos en psykolog.

– Det kan du spare deg.

– Var det bare tordenværet – eller var det denne Alberto'en også?

– Hva med deg selv? «Hva er det som skjer med oss, barnet mitt?» sa du.

– Jeg tenkte på at du har begynt å springe omkring i byen for å møte underlige personer. Kanskje er det min skyld . . .

– Det er ingens «skyld» at jeg tar et lite filosofikurs på fritiden. Bare gå på jobb, du. Vi skal møte på skolen klokken ti. Det er bare karakterbok og kosetime.

– Vet du hva du får?

– Jeg får iallfall flere meget'er enn til jul.

Ikke lenge etter at moren hadde gått, ringte telefonen.

– Sofie Amundsen.

– Alberto her.

– Å . . .

– Majoren sparte ikke på kruttet i går.

– Jeg skjønner ikke hva du mener.

– Tordenværet, Sofie.

– Jeg vet ikke hva jeg skal tro.

– Det er en ekte filosofs fremste dyd. Jeg er nesten stolt over hvor mye du har lært på så kort tid.

– Jeg er redd for at ingenting er virkelig.

– Det kalles eksistensiell angst og er som regel bare en overgang til ny erkjennelse.

– Jeg tror jeg trenger en pause i kurset.

– Er det mye frosker i hagen din for tiden?

Nå måtte Sofie le. Alberto fortsatte:

– Jeg tror vi heller må henge i. Gratulerer med dagen, forresten. Vi må gjøre oss helt ferdige med kurset før sankthans. Det er vårt siste håp.

– Vårt siste håp om hva da?

– Sitter du godt? Dette trenger litt tid, skjønner du.

– Jeg sitter godt.

– Du husker Descartes?

– «Jeg tenker, altså er jeg.»

– I vår egen metodiske tvil står vi i øyeblikket på bar bakke. Vi vet ikke engang om vi tenker. Kanskje viser det seg at vi *er* tanke, og det er faktisk noe ganske annet enn å tenke selv. Vi har god grunn til å tro at vi diktes opp av Hildes far og på den måten utgjør en slags bursdagsunderholdning for majorens datter i Lillesand. Er du med?

– Ja . . .

– Men i dette ligger det også en innebygget selvmotsigelse. Hvis vi diktes opp, har vi ikke rett til å «tro» noe som helst. Da er hele denne telefonsamtalen ren og skjær innbilning.

– Og da har vi ikke det minste snev av fri vilje. Da er det majoren som planlegger alt vi sier og gjør. Altså kan vi like gjerne legge på røret.

– Nei, nå forenkler du.

– Forklar!

– Vil du si at et menneske planlegger alt det drømmer om? Det kan være riktig nok at Hildes far er *klar over* alt vi gjør. Å løpe fra hans allvitenhet er kanskje like vanskelig som å løpe fra sin egen skygge. Men – og det er på dette punktet jeg har begynt å utarbeide en plan – det er ikke sikkert at majoren har bestemt seg på forhånd for alt som skal skje. Det kan hende han ikke bestemmer seg før akkurat i øyeblikket – altså i skapende stund. Nettopp i slike øyeblikk kan det tenkes at vi har et eget initiativ som styrer det vi sier og gjør. Et slikt initiativ vil naturligvis dreie seg om uhyre svake impulser sammen-lignet med majorens tut og kjør. Vi er saktens forsvarsløse for på-trengende ytre forhold som talende hunder, propellfly med gratula-sjonsbanner, banan-beskjeder og forhåndsbestilte tordenvær. Men vi skal ikke utelukke at vi har en aldri så svak egenvilje.

– Hvordan skulle det være mulig?

– Majoren er naturligvis allvitende i vår lille verden, men det betyr ikke at han er allmektig. Vi må iallfall prøve å leve våre liv som om han ikke er det.

– Jeg tror jeg skjønner hva du mener.

– Kunststykket ville være om vi klarte å snike oss til å gjøre noe helt på egen hånd – og altså noe som majoren ikke engang er i stand til å oppdage.

– Hvordan skulle det være mulig hvis vi ikke eksisterer.

– Hvem har sagt at vi ikke eksisterer? Spørsmålet er ikke *om* vi er, men *hva* vi er og *hvem* vi er. Selv om det skulle vise seg at vi bare er impulser i majorens spaltete bevissthet, fratar ikke det oss vår smule eksistens.

– Og ikke vår frie vilje heller?

– Jeg arbeider med saken, Sofie.

– Men også dette at du «arbeider med saken», må Hildes far være nesten pinlig klar over.

– Så avgjort. Men han kjenner ikke selve planen. Jeg prøver å finne et arkimedisk punkt.

– Et arkimedisk punkt?

– *Arkhimedes* var en hellenistisk vitenskapsmann. «Gi meg et fast punkt,» sa han, «og jeg skal rokke verden.» Det er et slikt punkt vi må finne for å vippes ut av majorens indre univers.

– Det ville være litt av en bedrift.

– Men vi klarer ikke å smette unna før vi har gjort oss helt ferdige med filosofikurset. Så lenge har han et altfor fast grep om oss. Han har tydeligvis bestemt seg for at jeg skal guide deg gjennom århun-drene og helt fram til vår egen tid. Men vi har bare noen dager på oss før han setter seg på et fly der nede i Midtøsten et sted. Har vi ikke klart å befri oss fra hans klebrige fantasi før han ankommer Bjerkely, ja da er vi fortapt.

– Du skremmer meg . . .

– Først må jeg gi deg de aller mest nødvendige opplysningene om den franske opplysningstiden. Så må vi i grove trekk ta for oss Kants filosofi før vi kan nærme oss romantikken. Ikke minst for oss to blir dessuten Hegel en viktig brikke. Og med ham unngår vi ikke å beskrive Kierkegaards indignerte oppgjør med den hegelianske filosofi. Vi må si noen ord om Marx, Darwin og Freud. Hvis vi så rekker noen avsluttende bemerkninger om Sartre og eksistensialismen, kan planen settes i verk.

– Det var ganske mye på bare en uke.

– Derfor må vi begynne med det samme. Kan du komme nå?

– Jeg må på skolen. Vi skal ha kosetime, så får vi karakterbok.

– Dropp det! Hvis vi er ren bevissthet, er det bare innbilning at kosetimens brus og godterier smaker noe i det hele tatt.

– Men karakterboken . . .

– Sofie, enten lever du i et vidunderlig univers på et lite fnugg av en klode i en av mange hundre milliarder galakser – eller du utgjør noen elektromagnetiske impulser i en majors bevissthet. Så snakker du om en «karakterbok»! Du skulle skamme deg.

– Sorry.

– Men du får heller ta en tur til skolen før vi møtes. Det kunne ha dårlig innflytelse på Hilde om du skulket siste skoledag. Hun går sikkert på skolen selv om hun har bursdag, for hun er jo en engel.

– Da kommer jeg rett etter at jeg har vært på skolen.

– Vi kan møtes i Majorstua.

– I Majorstua?

– . . . klikk!

Hilde la ringpermen i fanget. Der fikk faren inn et stikk av dårlig samvittighet fordi hun hadde skulket siste skoledag. Den sniken!

Hun ble sittende et øyeblikk og fundere på hva slags plan Alberto kunne komme til å klekke ut. Skulle hun kikke på det siste arket i ringpermen? Nei, det ville være fusk, hun fikk heller skynde seg å lese videre.

På et vesentlig punkt var hun overbevist om at Alberto hadde rett. Én ting var at faren hadde en slags oversikt over det som skjedde med Sofie og Alberto. Men mens han satt og skrev, visste han sikkert ikke alt som skulle

skje. Kanskje slumpet han til å skrive noe i rasende fart som han ikke opp-
daget før lenge etter at han hadde skrevet det. Nettopp i denne «slumpen»
hadde Sofie og Alberto en viss frihet.

Igjen fikk Hilde en nesten forklaret følelse av at Sofie og Alberto virkelig
fantes. Selv om havet ligger aldeles i ro, betyr ikke det at det ikke skjer noe
nede i dypet, tenkte hun.

Men hvorfor tenkte hun det?

Det var iallfall ikke en tanke som rørte seg på overflaten.

**På skolen ble Sofie gratulert og hyllet som seg hør og bør for et burs-
dagsbarn. Kanskje fikk hun ekstra mye oppmerksomhet siden det
allerede i utgangspunktet var så mye oppstyr rundt karakterbøker og
brusflasker.**

**Straks de ble sluppet ut med lærerens ønske om god sommer, pilte
Sofie hjemover. Jorunn forsøkte å holde henne igjen, men Sofie ropte
tilbake at det var noe hun måtte rekke.**

**I postkassen fant hun to kort fra Libanon. På begge kortene stod
det «HAPPY BIRTHDAY – 15 YEARS». Det var sånne kjøpte fødsels-
dagskort.**

**Det ene kortet var til «Hilde Møller Knag, c/o Sofie Amund-
sen . . .» Men det andre kortet – det var til Sofie selv. Begge kortene
var stemplet «FN-bataljonen» 15. juni.**

Sofie leste kortet til seg selv først:

**Kjære Sofie Amundsen. I dag skal også du gratuleres med dagen.
Graulerer så meget, Sofie. Du skal ha takk for alt du har gjort for
Hilde så langt. Vennlig hilsen Albert Knag, major.**

**Sofie visste ikke riktig hvordan hun skulle reagere på at Hildes far
omsider sendte et kort til henne også. På en måte syntes hun det var
rørende.**

På kortet til Hilde stod det:

**Kjære Hildemor. Jeg vet jo verken dag eller tid på døgnet i Lille-
sand. Men det spiller som sagt ikke så stor rolle. Kjenner jeg deg
rett, er jeg ikke for sent ute med en siste eller iallfall nest siste**

gratulasjon herfra. Men du må ikke være for sent oppe heller! Alberto vil snart fortelle om den franske opplysningstidens idéer. Han konsentrerer seg om syv punkter. De syv punktene er

1. Opprør mot autoriteter
2. Rasjonalisme
3. Opplysningstanken
4. Kulturoptimisme
5. Tilbake til naturen
6. Humanisert kristendom
7. Menneskerettigheter

Det var tydelig at han fortsatt holdt et øye med dem.

Sofie låste seg inn i huset og la karakterboken med alle meget'ene på kjøkkenbordet. Så stakk hun gjennom hekken og sprang til skogs.

Igjen måtte hun ro over det lille vannet. Alberto satt på trammen da hun kom. Han gav tegn til at hun skulle sette seg ved siden av ham.

Det var fint vær, men en rå og kjølig luftstrøm trakk opp fra det vesle vannet. Det var som om det ennå ikke hadde kommet seg etter tordenværet.

– Vi går rett på sak, sa Alberto. – Etter Hume var den neste store systembyggeren tyskeren *Kant*. Men også Frankrike hadde på 1700-tallet mange viktige tenkere. Vi kan si at det filosofiske tyngdepunktet i Europa var i England i første halvdel av 1700-tallet, i Frankrike på midten av 1700-tallet og i Tyskland mot slutten av århundret.

– En forskyvning fra vest til øst, altså.

– Akkurat. Jeg skal ganske kort slå ned på noen tanker som mange av de franske opplysningsfilosofene hadde til felles. Det dreier seg om viktige navn som *Montesquieu*, *Voltaire*, *Rousseau* og mange, mange andre. Jeg har samlet meg om syv viktige punkter.

– Takk, det er jeg allerede smertelig klar over.

Sofie rakte ham kortet fra Hildes far. Alberto sukket tungt.

– Det kunne han ha spart seg. . . Et første stikkord er altså *opprør mot autoriteter*. Flere av de franske opplysningsfilosofene besøkte England, som på mange måter var mer frisinnet enn deres eget hjemland. Her ble de fascinert av den engelske naturvitenskapen, spesielt av Newton og hans universelle fysikk. Men de ble også inspirert av den britiske filosofien, ganske spesielt av Locke og hans politiske filosofi. Hjemme i Frankrike gikk de etter hvert til felts mot gamle autoriteter. Det var viktig å stille seg skeptisk til alle nedarvete sannheter, mente de. Tanken var at individet selv måtte finne svar på alle spørsmål. Her virket tradisjonen fra Descartes inspirerende.

– For han hadde jo bygget alt opp fra grunnen av.

– Akkurat. Opprøret mot gamle autoriteter vendte seg ikke minst mot kirkens, kongens og adelens makt. Disse institusjonene var på 1700-tallet mye mektigere i Frankrike enn i England.

– Så ble det revolusjon.

– I 1789, ja. Men de nye ideene kom tidligere. Det neste stikkordet er *rasjonalisme*.

– Jeg trodde at rasjonalismen døde ut med Hume.

– Hume selv døde først i 1776. Det var ca tjue år etter Montesquieu og bare to år før Voltaire og Rousseau, som begge døde i 1778. Men alle tre hadde vært i England og kjente godt til Lockes filosofi. Nå husker du kanskje at Locke ikke var noen konsekvent empirist. Han mente for eksempel at både troen på Gud og visse moralske normer ligger nedlagt i menneskets fornuft. Dette er selve kjernen i den franske opplysningsfilosofien også.

– Du sa dessuten at franskmenn alltid har vært litt mer rasjonalistiske enn britene.

– Og denne forskjellen har røtter helt tilbake til middelalderen. Når engelskmenn snakker om «common sense», snakker gjerne franskmenn om «evidence». Det engelske uttrykket kan oversettes med «felles erfaring» og det franske med «innlysende» – altså for fornuften.

– Jeg skjønner.

– I likhet med oldtidens humanister – som Sokrates og stoikerne – hadde de fleste opplysningsfilosofene en urokkelig tro på menneskets fornuft. Dette var så fremtredende at mange simpelthen kaller den franske opplysningstiden for «rasjonalismen». Den nye naturvitenskapen hadde avslørt at naturen var fornuftig innrettet. Nå så opplysningsfilosofene det som sin oppgave å legge et grunnlag også for moral, religion og etikk som var i samsvar med menneskets uforanderlige fornuft. Det var dette som førte til selve *opplysningstanken*.

– Og det var det tredje punktet.

– Nå måtte det brede lag av folket «opplyses». Det var selve beting-elsen for et bedre samfunn. Man mente at nød og undertrykkelse skyldtes uvitenhet og overtro. Både barnets og folkets oppdragelse ble derfor viet stor oppmerksomhet. Det er ikke tilfeldig at pedago-gikk som vitenskap kan føres tilbake til opplysningstiden.

– Skolevesenet stammer fra middelalderen og pedagogikken fra opplysningstiden, altså.

– Sånn kan du si det. Selve monumentet over opplysningstanken var typisk nok et stort leksikon. Jeg tenker på den såkalte Encyclope-dien som utkom i 28 bind fra 1751 til 1772 med bidrag fra alle de store opplysningsfilosofene. «Alt finnes her,» ble det sagt, «fra måten de lager en nål på til hvordan de støper en kanon.»

– Det neste punktet var *kulturoptimisme*.

– Kan du være snill å legge bort det kortet mens jeg snakker.

– Unnskyld.

– Når bare fornuften og kunnskapen ble utbredt, mente opplys-ningsfilosofene at menneskeheten ville gjøre store fremskritt. Det var bare et spørsmål om tid før ufornuft og uvitenhet måtte vike for en «opplyst» menneskehet. Denne tanken har vel nærmest vært ene-rådende i Vest-Europa helt inntil for et par tiår siden. I dag er vi ikke lenger så overbevist om at all «utvikling» er av det gode. Men denne kritikken mot «sivilisasjonen» ble fremsatt allerede av de franske opplysningsfilosofene.

– Da skulle vi kanskje ha hørt på dem.

– For enkelte ble det nå et motto å vende *tilbake til naturen*. Men med «naturen» mente opplysningsfilosofene nesten det samme som «fornuften». For menneskets fornuft er jo gitt av naturen – i motset-ning til kirken og «sivilisasjonen». Det ble pekt på at «naturfolkene» ofte var både sunnere og lykkeligere enn europeerne fordi de ikke var «sivilisert». Det var Rousseau som fremsatte selve slagordet: «Vi må vende tilbake til naturen.» For naturen er god, og mennesket er «av natur» godt. Det er i samfunnet det onde ligger. Rousseau mente også at barnet må få leve i sin «naturlige» uskyldstilstand så lenge som mulig. Du kan gjerne si at tanken om barndommens egenverdi stam-mer fra opplysningstiden. Tidligere ble barndommen mer betraktet som en forberedelse til det voksne liv. Men vi er jo mennesker – og lever våre liv på Jorden – også mens vi er barn.

– Jeg skulle mene det.

– Ikke minst måtte religionen gjøres «naturlig».

– Hva mente de med det?

– Også religionen måtte bringes i samsvar med menneskets «naturlige» fornuft. Mange kjempet for det vi kan kalle en *humanisert kristendomsoppfatning*, og det er det sjette punktet på listen. Nå fantes det flere konsekvente materialister som ikke trodde på noen Gud, og som altså bekjente seg til et ateistisk standpunkt. Men de fleste opplysningsfilosofene mente at det var ufornuftig å tenke seg en verden uten Gud. Til det var verden for fornuftig innrettet. Det samme synet hadde for eksempel Newton. Slik ble det også regnet som fornuftig å tro på sjelens udødelighet. Som for Descartes ble spørsmålet om mennesket har en udødelig sjel mer et spørsmål om fornuft enn om tro.

– Akkurat det er litt underlig. For meg er dette et typisk eksempel på hva man bare kan tro og ikke vite.

– Men så lever du ikke på 1700-tallet. Det som ifølge opplysningsfilosofen måtte skrelles vekk fra kristendommen, var alle de ufornuftige dogmene eller trossetningene som var lagt til Jesu enkle forkynnelse i løpet av kirkens historie.

– Da er jeg med.

– Mange sverget også til det som kalles *deisme*.

– Forklar!

– Med «deisme» menes en oppfatning som går ut på at Gud skapte verden en gang for lenge, lenge siden, men at han ikke har åpenbart seg for verden siden. På denne måten ble Gud redusert til et «høyeste vesen» som bare gir seg til kjenne for menneskene gjennom naturen og dens lover – og altså ikke åpenbarer seg på «overnaturlig» vis. En sånn «filosofisk Gud» møter vi også hos Aristoteles. For ham var Gud universets «første årsak» eller «første beveger».

– Da er det bare ett punkt igjen, og det er *menneskerettigheter*.

– Men det er til gjengjeld kanskje det viktigste. Du kan i det hele tatt si at den franske opplysningsfilosofien var mer praktisk rettet enn den engelske filosofien.

– De tok konsekvensene av sin filosofi og handlet deretter?

– Ja, de franske opplysningsfilosofene nøyde seg ikke med teoretiske synspunkter på menneskets plass i samfunnet. De kjempet aktivt for det de kalte borgernes «naturlige rettigheter». I første rekke dreide det seg om kampen mot sensuren – og altså for trykkefriheten. Både når det gjaldt religion, moral og politikk, måtte den enkelte sikres rett til å tenke fritt og til å gi uttrykk for sine meninger. Det ble dessuten kjempet mot negerslaveriet og for en mer human behandling av lovbrytere.

– Jeg tror jeg kan underskrive på det aller meste.

– Prinsippet om «individets ukrenkelighet» nedfelte seg til slutt i «Erklæringen om menneskets og borgernes rettigheter» som ble vedtatt av den franske nasjonalforsamlingen i 1789. Denne «menneskerettighetserklæringen» var en viktig bakgrunn for vår egen grunnlov av 1814.

– Men fortsatt er det mange mennesker som må slåss for disse rettighetene.

– Ja, dessverre. Men opplysningsfilosofene ville slå fast visse rettigheter som alle mennesker har simpelthen i kraft av å være født som mennesker. Det var det de mente med «naturlige» rettigheter. Fortsatt snakker vi gjerne om en «naturrett» som ofte kan stå i motsetning til et lands gitte lover. Fortsatt opplever vi at enkeltindivider – eller hele befolkningsgrupper – påberoper seg denne «naturlige retten» til å gjøre opprør mot rettsløshet, ufrihet og undertrykkelse.

– Hva med kvinnens rettigheter?

– Revolusjonen i 1789 slo fast en rekke rettigheter som skulle gjelde for alle «borgere». Men en borger ble nærmest betraktet som en mann. Nettopp under den franske revolusjon ser vi likevel de første eksemplene på kvinnekamp.

– Det var på tide.

– Allerede i 1787 gav opplysningsfilosofen *Condorcet* ut et skrift om kvinnens rettigheter. Han mente at kvinnene hadde de samme «naturlige rettigheter» som menn. Under selve revolusjonen i 1789 var kvinnene svært aktive i kampen mot det gamle føydalsamfunnet. Det var for eksempel de som førte an i demonstrasjonene som til slutt tvang kongen til å flytte fra slottet i Versailles. I Paris ble det dannet flere kvinnegrupper. Ved siden av kravet om de samme politiske rettighetene som menn, krevde de også forandringer når det gjaldt ekteskapslover og kvinners sosiale forhold.

– Fikk de sånne rettigheter?

– Nei. Som så mange ganger siden, kom spørsmålet om kvinnenes rettigheter opp i forbindelse med en revolusjon. Men straks tingene var falt på plass i en ny orden, gjeninnførte man det gamle mannssamfunnet.

– Typisk.

– En av dem som kjempet mest for kvinnens rettigheter under den franske revolusjonen, var *Olympe de Gouges*. I 1791 – altså to år etter revolusjonen – offentliggjorde hun en erklæring om kvinnenes rettigheter. Erklæringen om «borgernes rettigheter» hadde jo ikke hatt noen artikler om *kvinnenes* «naturlige rettigheter». Olympe de Gouges forlangte nå alle de samme rettighetene for kvinner som for menn.

– Hvordan gikk det?

– Hun ble henrettet i 1793. Nå ble også all politisk virksomhet for kvinner forbudt.

– Fy søren!

– Det var først på 1800-tallet at kvinnekampen kom skikkelig i gang – både i Frankrike og over hele Europa. Ganske gradvis begynte også denne kampen å bære frukt. Men for eksempel i Norge fikk ikke kvinnen stemmerett før i 1913. Og fortsatt har kvinner i mange land mye å kjempe for.

– De kan regne med min støtte.

Alberto ble sittende og se ut over det lille vannet. Etter en stund sa han:

– Det var visst dette jeg skulle si om opplysningsfilosofien.

– Hva mener du med «visst»?

– Det kjennes ikke ut som om det kommer noe mer.

Mens han sa det, tok det med ett til å skje noe nede i vannet. Midt ute i tjernet begynte plutselig vannet å fosse opp fra bunnen. Snart reiste det seg noe stort og stygt over vannflaten.

– En sjøorm! utbrøt Sofie.

Den mørke skapningen buktet seg fram og tilbake noen ganger, så stupte den ned mot bunnen igjen, og vannet la seg like stille som før.

Alberto hadde bare snudd seg vekk.

– Vi går inn, sa han.

Dermed reiste de seg begge to og gikk inn i den vesle stua.

Sofie stilte seg opp foran bildene av Berkeley og Bjerkely. Hun pekte på bildet av Bjerkely og sa:

– Jeg tror at Hilde bor et sted inni det bildet.

Mellom bildene var det nå også hengt opp et broderi. «FRIHET, LIKHET OG BRORSKAP» stod det på broderiet.

Sofie snudde seg mot Alberto:

– Er det du som har hengt det der?

Han bare ristet på hodet med en trøstesløs grimase.

Nå oppdaget Sofie at det lå en konvolutt på peishyllen. «Til Hilde og Sofie» stod det på konvolutten. Sofie skjønte med én gang hvem det var fra, men det var noe nytt at han hadde begynt å regne med henne også.

Hun åpnet konvolutten og leste høyt:

Kjære begge to. Sofies filosofilærer burde dessuten ha understreket hvor viktig den franske opplysningsfilosofien har vært for de idealer og prinsipper som FN bygger på. For to hundre år siden bidrog slagordet «Frihet, likhet og brorskap» til å sveise det franske borgerskapet sammen. I dag må de samme ordene binde hele verden sammen. Som aldri før gjelder det at menneskeheten er én stor familie. Våre etterkommere er våre egne barn og barnebarn. Hva slags verden arver de etter oss?

Moren til Hilde ropte opp at Derrick begynte om ti minutter og at hun hadde satt en pizza i ovnen. Hilde kjente seg fullstendig utkjørt etter alt hun hadde lest. Hun hadde vært oppe siden klokken seks.

Hun bestemte seg for å bruke resten av kvelden til å feire 15-årsdagen sammen med moren. Men aller først måtte hun slå opp noe i leksikon.

Gouges . . . nei. De Gouges? Nei, igjen. Olympe de Gouges, da? Niks! Bokklubbens leksikon hadde ikke et ord om kvinnen som ble henrettet på grunn av sitt kvinnepolitiske engasjement. Var ikke det skandaløst?

For hun var vel ikke bare noe som pappa hadde funnet på?

Hilde styrtet ned i første etasje for å hente et større leksikon.

– Jeg skal bare slå opp noe, sa hun til en forfjamset mor.

Hun tok med seg det bindet av Aschehougs leksikon som gikk fra FORV til GP og sprang opp på rommet sitt igjen.

Gouges . . . der, ja!

Gouges, Marie Olympe (1748–93), fr. forfatterinne, gjorde seg sterkt gjeldende under den franske revolusjon, bl.a. ved tallrike brosjyrer om sosiale spørsmål og en rekke skuespill. Hun er en av de få som under revolusjonen arbeidet for at menneskerettighetene også skulle gjelde kvinner, og utgav 1791 «Kvinnerettighetenes erklæring». Ble henrettet 1793, fordi hun hadde dristet seg til å forsvare Ludvig XVI og angripe Robespierre. (Litt.: L.Lacour, «Les Origines du féminisme contemporain», 1900)

KANT

... stjernehimmelen over meg og den moralske lov inni meg ...

Først omkring midnatt ringte major Albert Knag hjem for å gratulere Hilde med 15-årsdagen.

Det var Hildes mor som tok telefonen.

– Det er til deg, Hilde.

– Hallo?

– Det er pappa.

– Du er sprø. Klokken er nesten tolv.

– Jeg ville bare gratulere deg med dagen ...

– Det har du gjort i hele dag.

– ... men jeg ville vente med å ringe til dagen var over.

– Hvorfor det?

– Har du ikke *fått* gaven?

– Åjo! Tusen takk.

– Ikke pin meg, da. Hva synes du?

– Det er kjempeartig. Jeg har nesten ikke spist i dag.

– Du må spise.

– Men det er så spennende.

– Hvor langt har du kommet, da? Nå *må* du si det, Hilde.

– De gikk inn i Majorstua fordi du begynte å terge dem med en sjøorm ...

– Opplysningstiden.

– Og Olympe de Gouges.

– Da har jeg ikke tatt så helt feil likevel.

– Hvordan «feil»?

– Jeg tror det bare er én eneste fødselsdagshilsen igjen. Den er det til gjengjeld satt toner til.

– Jeg får lese litt på sengen før jeg sovner.

– Skjønner du noe da?

– Jeg har lært mer på denne ene dagen enn . . . enn noen gang før. Det er utrolig at det ikke er så mye som et døgn siden Sofie kom hjem fra skolen og fant den første konvolutten.

– Det er rart hvor lite som skal til.

– Men jeg synes litt synd på henne.

– På mamma?

– Nei, Sofie vel.

– Å . . .

– Hun blir jo helt forvirret, stakkar.

– Men hun er jo bare . . . jeg mener . . .

– Du skal vel si at hun bare er noe du har diktet opp.

– Noe sånt, ja.

– Jeg tror at Sofie og Alberto *finnes*.

– Vi får snakke mer sammen når jeg kommer hjem.

– Ja.

– Og da får du fortsatt ha en god dag.

– Hva sa du?

– God natt, mener jeg.

– God natt.

Da Hilde la seg en halv time senere, var det fortsatt så lyst ute at hun kunne se ut over hagen og bukta. Det ble ikke mørkt på denne tiden av året.

Hun lekte litt med tanken på at hun var inne i et bilde som hang på en vegg i en liten stue i skogen. Gikk det an å kikke ut av dette bildet og inn i det som var utenfor?

Før hun sovnet, leste hun videre i den store ringpermen.

Sofie la brevet fra Hildes far tilbake på peishyllen.

– Dette med FN kan være viktig nok, sa Alberto, – men jeg liker ikke at han blander seg opp i min fremstilling.

– Jeg tror ikke du skal ta det så tungt.

– Fra nå av kommer jeg iallfall til å overse alle sånne ekstraordinære fenomener som sjøormer og den slags. Vi setter oss foran vinduet her. Jeg skal fortelle deg om Kant.

Sofie oppdaget at det lå et par briller på et lite bord mellom to lene-

stoler. Hun noterte seg også at begge brilleglassene var røde. Var det noen sterke solbriller?

– Klokken er nesten to, sa hun. – Jeg må være hjemme før klokken fem. Mamma har sikkert noen planer for bursdagen.

– Da har vi tre timer.

– Sett i gang.

– *Immanuel Kant* var født i den østprøyssiske byen Köningsberg i 1724 som sønn av en salmaker. Her levde han omtrent hele livet til han døde 80 år gammel. Han kom fra et strengt kristent hjem. En viktig bakgrunn for hele hans filosofi var også hans egen kristne overbevisning. Som for Berkeley var det viktig å redde grunnlaget for den kristne tro.

– Berkeley har jeg hørt nok om, takk.

– Kant var også den første av filosofene vi har behandlet til nå som var ansatt på et universitet som professor i filosofi. Han var det vi gjerne kaller en «fagfilosof».

– Fagfilosof?

– Ordet «filosof» brukes i dag med to litt forskjellige betydninger. Med en «filosof» mener vi for det første en som forsøker å finne sine egne svar på de filosofiske spørsmålene. Men en «filosof» kan også være en som er ekspert på filosofiens historie uten at han eller hun nødvendigvis utarbeider noen egen filosofi.

– Og Kant var en sånn fagfilosof?

– Han var begge deler. Hvis han bare hadde vært en flink professor – og altså ekspert på andre filosofers tanker – ville han ikke fått noen plass i filosofiens historie. Men det er også viktig å merke seg at Kant hadde svært god greie på den filosofiske tradisjon før ham. Han var fortrolig både med rasjonalister som Descartes og Spinoza og med empirister som Locke, Berkeley og Hume.

– Jeg sa at du ikke skulle si noe mer om Berkeley.

– Vi husker at rasjonalistene mente at grunnlaget for all menneskelig erkjennelse ligger i menneskets bevissthet. Og vi husker at empiristene mente at all kunnskap om verden stammer fra sanseerfaringene. Hume hadde dessuten pekt på at det går klare grenser for hvilke konklusjoner vi kan trekke av våre sanseinntrykk.

– Hvem av dem var Kant enig med?

– Han mente at begge hadde litt rett, men han mente at begge også tok litt feil. Spørsmålet alle var opptatt av, er hva vi kan vite om verden. Dette filosofiske prosjektet var felles for alle filosofene etter Descartes. Det ble pekt på to muligheter: Er verden nøyaktig slik vi sanser den – eller er den slik den avtegner seg for vår fornuft?

– Og hva mente Kant?

– Kant mente at *både* «sansning» og «fornuft» spiller en viktig rolle når vi erfarer verden. Men han mente at rasjonalistene gikk for langt i å legge vekt på hva fornuften kan bidra med, og han mente at empiristene hadde lagt for ensidig vekt på sanseerfaringen.

– Hvis du ikke snart kommer med et godt eksempel, blir det bare ord.

– I utgangspunktet er Kant enig med Hume og empiristene i at alle våre kunnskaper om verden stammer fra sanseerfaringene. Men – og det er her han rekker hånden til rasjonalistene – også i vår fornuft ligger viktige forutsetninger for *hvordan* vi oppfatter verden omkring oss. Det er altså visse betingelser i menneskets forstand som er med på å bestemme vår oppfatning av verden.

– Var det et eksempel?

– Vi skal heller gjøre en liten elevøvelse. Kan du hente brillene på bordet der. Sånn, ja. Så kan du sette dem på deg!

Sofie satte brillene på nesen. Alt omkring henne ble nå farget rødt. De lyse fargene ble lyserøde, og de mørke fargene ble mørkerøde.

– Hva ser du?

– Jeg ser akkurat det samme som før, bare at alt er rødt.

– Det er fordi brilleglassene setter en klar grense for hvordan du oppfatter virkeligheten. Alt det du ser, stammer altså fra verden utenfor deg, men *hvordan* du ser det har også med brilleglassene å gjøre. Du kan jo ikke si at verden *er* rød selv om du oppfatter den slik.

– Nei, selvfølgelig . . .

– Hvis du nå gikk omkring i skogen – eller hjem til Kapteinsvingen – ville du se alt som du har gjort bestandig. Men uansett hva du måtte komme til å se, vil det være rødt.

– Så sant jeg ikke tar av meg brillene, ja.

– Slik Sofie, altså nøyaktig slik, mente Kant at det ligger visse disposisjoner i selve vår fornuft, og disse disposisjonene preger alle våre erfaringer.

– Hva slags disposisjoner er det snakk om?

– Uansett hva vi ser, vil vi fremfor alt oppfatte det som fenomener i *tid* og *rom*. Kant kalte «tid» og «rom» for menneskets to «anskuelses-former». Og han understreker at disse to «formene» i vår egen be-vissthet går *forut* for enhver erfaring. Det betyr at vi kan vite *før* vi er-farer noe at vi vil oppfatte det som fenomener i tid og rom. For vi er ikke i stand til å ta av oss fornuftens «brilleglass».

– Han mente at det å oppfatte ting i tid og rom er en medfødt egen-skap?

– På en måte, ja. *Hva* vi ser er jo ellers avhengig av om vi vokser opp i India eller på Grønland. Men overalt opplever vi verden som prosesser i tid og rom. Det er noe vi kan si på forhånd.

– Men er ikke tiden og rommet noe som *er* utenfor oss?

– Nei, Kants poeng er at tiden og rommet tilhører selve den men-neskelige konstitusjon. Tiden og rommet er først og fremst egenska-per ved vår forstand og ikke egenskaper ved verden.

– Det var en helt ny måte å se det på.

– Menneskets bevissthet er altså ikke en passiv «tavle» som bare tar imot sanseinntrykkene utenfra. Den er en aktivt formende in-stans. Bevisstheten er selv med på å prege vår oppfatning av ver-den. Du kan kanskje sammenligne med hva som skjer når du heller vann i en glassmugge. Da føyer vannet seg etter muggens form. Slik føyer også sanseinntrykkene seg etter våre «anskuelsesfor-mer».

– Jeg tror jeg skjønner hva du mener.

– Kant hevdet at det ikke bare er bevisstheten som retter seg etter tingene. Tingene retter seg også etter bevisstheten. Selv kalte Kant dette for «den kopernikanske vending» i spørsmålet om menneskets erkjennelse.

Med det mente han at den var like ny og like radikalt forskjellig fra gammel tankegang som da Copernicus hadde pekt på at det er Jorden som går rundt solen og ikke omvendt.

– Jeg skjønner nå hva han mente med at både rasjonalistene og empiristene hadde hatt litt rett. Rasjonalistene hadde på en måte glemt erfaringens betydning, og empiristene lukket øynene for hvordan vår egen fornuft preger vår oppfatning av verden.

– Også selve *årsaksloven* – som Hume hadde ment at mennesket ikke kunne erfare – er ifølge Kant en del av menneskets fornuft.

– Forklar!

– Du husker at Hume hadde hevdet at det bare er vanen vår som gjør at vi opplever en nødvendig årsakssammenheng bak alle prosessene i naturen. For ifølge Hume kunne vi ikke sanse at det var den svarte biljardkulen som var årsak til at den hvite biljardkulen begynte å bevege seg. Derfor kan vi heller ikke bevise at den svarte kulen alltid vil sette den hvite kulen i bevegelse.

– Det husker jeg.

– Men nettopp dette som vi ifølge Hume ikke kan bevise, nettopp det legger Kant inn som en egenskap ved menneskets fornuft. Årsaksloven gjelder alltid og absolutt simpelthen fordi menneskets fornuft oppfatter alt som skjer som et forhold mellom årsak og virkning.

– Igjen ville jeg tro at årsaksloven ligger i selve naturen og ikke i oss mennesker.

– Kants poeng er at den iallfall ligger i oss. Han er forsåvidt enig med Hume i at vi ikke kan vite noe sikkert om hvordan verden er «i seg selv». Vi kan bare vite hvordan verden er «for meg» – eller altså for alle mennesker. Dette skillet Kant trekker mellom »das Ding an sich» og »das Ding für mich», er hans viktigste bidrag til filosofien.

– Jeg er ikke så veldig stiv i tysk.

– Kant trakk et viktig skille mellom «tingen i seg selv» og «tingen for meg». Hvordan tingene er «i seg selv» kan vi aldri få helt sikker kunnskap om. Vi kan bare vite hvordan tingene «viser seg» for oss. Til gjengjeld kan vi forut for enhver erfaring si noe om hvordan tingene blir oppfattet av menneskets fornuft.

– Kan vi det?

– Før du går ut om morgenen, kan du ikke vite noe om hva du kommer til å se eller oppleve denne dagen. Men du kan vite at det du ser og opplever, vil oppfattes som hendelser i tid og rom. Du kan dessuten være trygg på at årsaksloven gjelder simpelthen fordi du bærer den med deg som en del av din bevissthet.

– Men vi kunne altså vært skapt annerledes?

– Ja, vi kunne hatt et annerledes sanseapparat. Slik kunne vi også hatt en annen tidsfølelse og en annen opplevelse av rommet. Vi kunne dessuten vært skapt slik at vi ikke søkte etter årsakene til hendelsene omkring oss.

– Har du noe eksempel?

– Tenk deg at en katt ligger på et stuegulv. Tenk deg så at det trilles en ball inn i rommet. Hva ville katten gjøre da?

– Det har jeg prøvd mange ganger. Katten ville løpe etter ballen.

– Javel. Tenk deg nå at det isteden var du som satt i rommet. Hvis du plutselig ser at det kommer en ball trillende, ville også du straks begynne å løpe etter ballen?

– Aller først ville jeg snu meg og se hvor ballen kom fra.

– Ja, fordi du er et menneske, vil du uvegerlig oppsøke enhver hendelses årsak. Årsaksloven er altså en del av selve din konstitusjon.

– Er den virkelig det?

– Hume hadde pekt på at vi verken kan sanse eller bevise naturlovene. Dette gjorde Kant urolig. Men han mente at han kunne påvise naturlovenes absolutte gyldighet ved å vise at vi i virkeligheten snakker om lover for menneskets erkjennelse.

– Vil også et lite barn snu seg for å se hvem som trillet ballen?

– Kanskje ikke. Men Kant peker på at fornuften ikke er ferdig utviklet i et barn før det har fått noe sansemateriale å arbeide med. Det gir i det hele tatt ingen mening å snakke om en tom fornuft.

– Nei, det måtte være en underlig fornuft.

– Da kan vi foreta en slags oppsummering. Det er ifølge Kant to forhold som bidrar til hvordan mennesker oppfatter verden. Det ene er de ytre forhold som vi ikke kan vite noe om før vi sanser dem. Dette kan vi kalle erkjennelsens *materiale*. Det andre er de indre forhold i mennesket selv – for eksempel at vi oppfatter alt som hendelser i tid og rom og dessuten som prosesser som følger en ubrytelig årsakslov. Dette kan vi kalle erkjennelsens *form*.

Alberto og Sofie ble sittende et øyeblikk og se ut gjennom vinduet. Plutselig fikk Sofie øye på en liten pike som dukket opp mellom trærne på den andre siden av vannet.

– Se der! sa Sofie. – Hvem er det?

– Nei, det vet jeg virkelig ikke.

Hun viste seg noen få sekunder bare, så var hun borte. Sofie la merke til at hun hadde noe rødt på hodet.

– Vi skal uansett ikke la oss distrahere av den slags.

– Fortsett da.

– Kant pekte også på at det går klare grenser for hva mennesker kan erkjenne med fornuften. Du kan kanskje si at fornuftens «brille-glass» setter noen slike grenser.

– Hvordan da?

– Du husker at filosofene før Kant hadde diskutert de riktig «store» filosofiske spørsmålene – for eksempel om mennesket har en udødelig sjel, om det finnes en gud, om naturen består av noen udele-lige minstedeler eller om verdensrommet er endelig eller uendelig?

– Ja.

– Kant mente at mennesket ikke kan få noen sikker kunnskap om slike spørsmål. Det betyr ikke at han avviste denne typen problem-stillinger. Tvert imot. Hvis han bare hadde avvist slike spørsmål, kunne han knapt kalles en ekte filosof.

– Hva gjorde han da?

– Ja, nå skal du bare være litt tålmodig. Når det gjelder slike store filosofiske spørsmål, mener Kant at fornuften opererer utenfor gren-sene for hva vi mennesker kan erkjenne. Samtidig ligger det i men-neskets natur – eller i menneskets fornuft – en grunnleggende trang til å stille nettopp slike spørsmål. Men når vi for eksempel spør om verdensrommet er endelig eller uendelig, da stiller vi et spørsmål om en helhet som vi er en liten del av selv. Denne helheten kan vi derfor aldri erkjenne fullt ut.

– Hvorfor ikke?

– Da du satte på deg de røde brillene, viste vi at det ifølge Kant er to elementer som bidrar til vår kunnskap om verden.

– Det var sanseerfaringen og fornuften.

– Ja, materialet for vår erkjennelse kommer gjennom sansene, men dette materialet retter seg også etter fornuftens egenskaper. For ek-sempel ligger det i fornuftens egenskaper å spørre etter årsaken til en hendelse.

– Som for eksempel hvorfor en ball triller over gulvet.

– Gjerne det. Men når vi undrer oss over hvor verden kommer fra – og altså drøfter mulige svar – da går på en måte fornuften på tomgang. Da har den nemlig ikke noe sansemateriale å «behandle», den har ikke noen erfaringer å bryne seg mot. For vi har aldri erfart hele den store virkeligheten som vi utgjør en liten del av selv.

– Vi er på en måte en liten del av ballen som triller over gulvet. Og da kan vi ikke vite hvor den kommer fra.

– Men det vil alltid være en egenskap ved menneskets fornuft å *spørre* hvor en slik ball kommer fra. Derfor spør vi og spør vi, vi anstrenger oss til det ytterste for å finne svar på alle de ytterste spørsmål. Men vi finner aldri noe fast stoff å bite i, vi får aldri noen sikre svar fordi fornuften går på tomgang.

– Takk, akkurat den følelsen kjenner jeg godt.

– Når det gjelder slike store spørsmål som angår hele virkeligheten, viste Kant at det alltid vil være slik at to motsatte standpunkter er både like sannsynlige og like usannsynlige ut fra hva den menneskelige fornuft kan fortelle oss.

– Eksempler, takk.

– Det er like meningsfylt å si at verden må ha en begynnelse i tid som å si at den ikke har noen slik begynnelse. Men begge muligheter er også like umulige å forestille seg for fornuften. Vi kan påstå at verden har vært bestandig, men *kan* noe ha eksistert bestandig uten at det en gang har vært en begynnelse? Nå tvinges vi til isteden å innta det motsatte standpunkt. Vi sier at verden en gang må ha oppstått – og da må den jo ha oppstått av ingenting, hvis ikke ville vi bare snakke om en forandring fra en tilstand til en annen. Men *kan* noe bli til av null og niks, Sofie?

– Nei, begge de to mulighetene er like ufattelige. Samtidig må en av dem være riktig og den andre gal.

– Så husker du at Demokrit og materialistene hadde pekt på at naturen måtte bestå av noen minste deler som alle ting er satt sammen av. Andre – for eksempel Descartes – mente at den utstrakte virkelighet alltid må kunne tenkes oppdelt i stadig mindre deler. Men hvem av dem hadde rett?

– Begge . . . ingen.

– Videre hadde mange filosofer pekt på menneskets frihet som en

320

av menneskets viktigste egenskaper. Samtidig har vi møtt filosofer –
for eksempel stoikerne og Spinoza – som pekte på at alt skjer etter
naturens nødvendige lover. Også her mente Kant at menneskets for-
nuft ikke kan felle noen sikker dom.

– Det er like fornuftig og like ufornuftig å hevde begge deler.

– Endelig kommer vi til kort hvis vi ved hjelp av fornuften prøver å
bevise guds eksistens. Her hadde rasjonalistene – for eksempel
Descartes – prøvd å vise at det må finnes en gud simpelthen fordi vi
har en forestilling om et «fullkomment vesen». Andre – for eksempel
Aristoteles og Thomas Aquinas – hadde sluttet seg til at det må finnes
en gud fordi alle ting må ha en første årsak.

– Hva mente Kant?

– Han forkastet begge disse gudsbevisene. Verken fornuften eller
erfaringen har noe sikkert grunnlag for å hevde at det finnes en gud.
For fornuften er det både like sannsynlig og like usannsynlig at det
finnes en gud.

– Men du begynte med å si at Kant ville redde grunnlaget for den
kristne tro.

– Ja, han åpner nettopp for en religiøs dimensjon. Der hvor både
erfaringen og fornuften kommer til kort, der oppstår det også et tom-
rom som kan fylles av religiøs *tro*.

– Og sånn reddet han kristendommen?

– Gjerne det. Nå kan det være verdt å merke seg at Kant var protes-
tant. Helt siden reformasjonen har det vært et kjennetegn ved den
protestantiske kristendom at den bygger på tro. Den katolske kirken
har helt siden tidlig i middelalderen hatt større tiltro til at fornuften
kan være en støtte for troen.

– Jeg skjønner.

– Men Kant gikk litt lenger enn bare å slå fast at disse ytterste
spørsmål må overlates til menneskets tro. Han mente at det nærmest
var nødvendig for menneskets moral å forutsette at mennesket har *en
udødelig sjel*, at *det finnes en gud* og at mennesket har en *fri vilje*.

– Da gjør han nesten som Descartes. Først var han veldig kritisk til
hva vi kan forstå. Så smugler han både Gud og mer til inn gjennom
bakveien.

– Men i motsetning til Descartes gjør han uttrykkelig oppmerksom

321

på at det ikke er fornuften som har brakt ham dit, men troen. Selv kalte han troen på en udødelig sjel, på at det finnes en gud og på at mennesket har en fri vilje, for *praktiske postulater*.

– Som betyr?

– Å «postulere noe» vil si å slå fast noe som ikke kan bevises. Med et «praktisk postulat» mener Kant noe som må slås fast for menneskets «praksis», det vil si for menneskets moral. «Det er moralsk nødvendig å anta Guds eksistens,» sa han.

Med ett var det noen som banket på døren. Sofie reiste seg straks, men da Alberto ikke gjorde tegn til å reise seg, sa hun:

– Vi må vel lukke opp?

Alberto trakk på skuldrene, men til slutt reiste også han seg. De åpnet døren, og utenfor stod en liten pike i hvit sommerkjole med en rød hette på hodet. Det var henne de hadde sett på den andre siden av vannet. På den ene armen hang en kurv med mat.

– Hei, sa Sofie. – Hvem er du.

– Ser du ikke at jeg er Rødhette?

Sofie så opp på Alberto, og Alberto nikket.

– Du hørte hva hun sa.

– Jeg ser etter huset til bestemor, sa piken. – Hun er gammel og syk, men nå kommer jeg med mat til henne.

– Det er ikke her, sa Alberto. – Så! Du får skynde deg videre.

Han sa det med en håndbevegelse som fikk Sofie til å tenke på hvordan man noen ganger forsøker å vifte vekk en flue.

– Men jeg skulle levere et brev, fortsatte piken med den røde hetten på hodet.

Dermed trakk hun opp en liten konvolutt og gav den til Sofie. I neste øyeblikk trippet hun videre.

– Pass deg for ulven, ropte Sofie etter henne.

Alberto var allerede på vei inn i stuen igjen. Sofie kom etter, de satte seg i stolen som sist.

– Tenk, det var Rødhette, sa Sofie.

– Og det har ingen hensikt å advare henne. Hun går til bestemors hus, og der blir hun spist av ulven. Hun lærer aldri, det er noe som gjentar seg i all evighet.

– Men jeg har aldri hørt at hun banket på en annen hytte før hun kom fram til bestemor.

– En bagatell, Sofie.

Først nå så Sofie på konvolutten hun hadde fått. Utenpå stod det «Til Hilde». Hun åpnet konvolutten og leste høyt:

Kjære Hilde. Hvis menneskets hjerne var så enkel at vi kunne forstå den, da ville vi vært så dumme at vi ikke forstod den likevel. Hilsen pappa.

Alberto nikket.

– Sant nok. Og jeg tror Kant kunne sagt noe lignende. Vi kan ikke vente at vi skal forstå det vi *er*. Kanskje kan vi forstå en blomst eller et insekt fullt ut, men vi kan aldri forstå oss selv. Enda mindre kan vi vente at vi skal forstå hele universet.

Sofie måtte lese den underlige setningen både én og to ganger til, men så fortsatte Alberto:

– Vi skulle jo ikke la oss forstyrre av sjøormer og den slags. Før vi slutter for dagen, skal jeg fortelle om Kants etikk.

– Skynd deg da, jeg må snart hjem.

– Humes skepsis til hva fornuften og sansene kan fortelle oss, gjorde at Kant ble tvunget til å tenke igjennom mange av livets viktigste spørsmål på nytt. Dette gjaldt ikke minst på moralens område.

– Hume sa jo at det ikke går an å bevise hva som er rett og hva som er galt. For vi kan ikke slutte fra «er-setninger» til «bør-setninger».

– Ifølge Hume var det verken fornuften eller erfaringene våre som bestemte forskjellen på rett og galt. Det var følelsene simpelthen. Dette grunnlaget var for Kant altfor spinkelt.

– Ja, det kan jeg godt forstå.

– Kant hadde allerede i utgangspunktet en sterk opplevelse av at forskjellen mellom rett og galt er noe virkelig reelt. Her var han enig med rasjonalistene, som hadde pekt på at det ligger i menneskets fornuft å skille mellom rett og galt. Alle mennesker vet hva som er rett og galt, og vi vet det ikke bare fordi vi har lært det, vi vet det fordi det ligger nedlagt i vår forstand. Ifølge Kant har alle mennesker en «praktisk fornuft», det vil si en fornuftsevne som til enhver tid forteller oss hva som er rett og hva som er galt på moralens område.

– Det er medfødt altså?

– Evnen til å skille mellom rett og galt er like medfødt som alle de andre fornuftsegenskapene. Slik alle mennesker har de samme forstandsformene – for eksempel at vi oppfatter alt som noe årsaksbestemt – har alle også tilgang til den samme universelle *morallov*. Denne moralloven har samme absolutte gyldighet som de fysiske naturlovene. Den er like grunnleggende for våre moralske liv som det er grunnleggende for våre fornuftsliv at alt har en årsak eller at 7+5=12.

– Og hva sier denne moralloven?

– Fordi den går forut for enhver erfaring, er den «formal». Det vil si at den ikke knytter seg til noen bestemte moralske valgsituasjoner. Den gjelder jo for alle mennesker i alle samfunn og til alle tider. Den sier altså ikke at du skal gjøre det eller det hvis du kommer opp i den eller den situasjonen. Den sier hvordan du skal handle i *alle* situasjoner.

– Men hvilken hensikt har det å ha en «morallov» inni seg hvis den ikke sier noe om hva vi skal gjøre i bestemte situsjoner?

– Kant formulerer moralloven som et *kategorisk imperativ*. Med det mener han at moralloven er «kategorisk», det vil si at den gjelder i alle situasjoner. Den er dessuten et «imperativ», det vil si at den er «befalende» eller altså aldeles ufravikelig.

– Javel . . .

– Nå formulerer Kant dette «kategoriske imperativ» på flere måter. For det første sier han at du *alltid skal handle slik at du samtidig ønsker at den regelen du handler etter, skal kunne bli en allmenn lov*.

– Når jeg gjør noe, må jeg altså forsikre meg om at jeg ønsker at alle andre skal gjøre det samme hvis de kommer i en tilsvarende situasjon.

– Akkurat. Bare da handler du i overensstemmelse med den moralske lov inni deg. Kant formulerte «det kategoriske imperativ» også ved å si at *du alltid skal behandle et menneske som et mål i seg selv og ikke bare som et middel for noe annet*.

– Vi kan altså ikke «bruke» andre mennesker bare for å oppnå fordeler selv.

– Nei, for alle mennesker er et formål i seg selv. Men det gjelder ikke bare andre mennesker, det gjelder deg selv også. Du har ikke lov til å bruke deg selv heller bare som et middel til å oppnå noe.

– Det minner litt om «den gylne regel» som sier at du skal gjøre mot andre som du vil at andre skal gjøre mot deg.

– Ja, også dette er en «formal» rettesnor som i grunnen omfatter alle etiske valgsituasjoner. Du kan gjerne si at også «den gylne regel» uttrykker dette som Kant kalte «moralloven».

– Men det er jo bare påstander. Hume hadde vel rett i at vi ikke kan bevise med fornuften hva som er rett og galt.

– Ifølge Kant var moralloven like absolutt og like allmenngyldig som for eksempel årsakssetningen. Den kan heller ikke bevises med fornuften, men den er absolutt ufravikelig likevel. Det er ingen mennesker som vil bestride den.

– Jeg får en følelse av at vi egentlig snakker om samvittigheten. For alle mennesker har vel en samvittighet.

– Ja, når Kant beskriver moralloven, er det menneskets samvittighet han beskriver. Vi kan ikke bevise det samvittigheten sier, men vi vet det likevel.

– Noen ganger er jeg kanskje snill og grei mot andre bare fordi det lønner seg for meg selv. Det kan for eksempel være en måte å bli populær på.

– Men hvis du deler med andre bare for å bli populær, da handler du ikke i aktelse for moralloven. Kanskje handler du i overensstemmelse med moralloven – og det er greit nok – men for at noe skal kalles en moralsk handling, må det være et resultat av selvovervinnelse. Bare når du gjør noe fordi du opplever at det er din *plikt* å følge moralloven, kan du snakke om en moralsk handling. Kants etikk kalles derfor gjerne for *pliktetikk*.

– Jeg kan føle at det er min plikt å samle inn penger til Redd Barna eller Kirkens Nødhjelp.

– Ja, og det som er avgjørende er at du gjør det fordi du mener det er rett. Selv om pengene du samlet inn ble borte på veien, eller ikke mettet de munnene de skulle mette, hadde du fulgt moralloven. Du hadde handlet med et rett sinnelag, og ifølge Kant er det sinnelaget som er avgjørende for om vi kan kalle noe en moralsk riktig handling. Det er ikke konsekvensene av handlingen som er avgjørende. Vi kaller derfor Kants etikk også for en *sinnelagsetikk*.

– Hvorfor var det så viktig for ham å vite akkurat når du handler i aktelse for moralloven? Er ikke det viktigste at det vi gjør virkelig tjener andre mennesker?

– Joda, Kant ville sikkert ikke være uenig i det. Men bare når vi vet med oss selv at vi handler i aktelse for moralloven, handler vi i *frihet*.

– Bare når vi følger en lov, handler vi i frihet? Er ikke det litt underlig?

– Ikke ifølge Kant. Du husker kanskje at han måtte «påstå» eller «postulere» at mennesket har en fri vilje. Dette er et viktig punkt, for Kant mente jo også at alt følger årsaksloven. Hvordan kan vi da ha en fri vilje?

– Nei, ikke spør meg.

– Her deler Kant mennesket i to, og han gjør det på en måte som kan minne om hvordan Descartes hadde pekt på at mennesket er et «dobbeltvesen» fordi det har både en kropp og en fornuft. Som sansende vesen er vi helt og fullt utlevert til ubrytelige årsakslover, mener Kant. Vi bestemmer jo ikke hva vi sanser, sansningene kommer med nødvendighet og preger oss enten vi vil eller ei. Men mennesket er ikke bare et sansevesen. Vi er også fornuftsvesener.

– Forklar!

– Som sansevesener tilhører vi naturens orden helt og fullt. Vi er derfor også underlagt årsaksloven. Sånn sett har vi heller ingen fri vilje. Men som fornuftsvesener har vi del i det som Kant kalte «das Ding an sich» – altså i verden slik den er i seg selv, uavhengig av våre sansninger. Bare når vi følger vår «praktiske fornuft» – som gjør at vi kan foreta moralske valg – har vi fri vilje. For når vi bøyer oss for moralloven, er det vi selv som som gir den loven vi retter oss etter.

– Ja, det er på en måte sant. Det er jo jeg – eller noe inni meg selv – som sier at jeg ikke skal være ekkel mot andre.

– Når du så velger å ikke være ekkel – selv om det kan gå ut over dine egne interesser – da handler du i frihet.

– Man er iallfall ikke særlig fri og selvstendig hvis man bare følger sine lyster.

– Man kan bli «slave» av både det ene og det andre. Ja, man kan slavebindes av sin egen egoisme. Det krever nettopp selvstendighet – og frihet – å heve seg over sine lyster og laster.

– Hva med dyrene? De følger vel bare sine lyster og behov. De har ikke noen slik frihet til å følge en morallov?

– Nei, det er nettopp denne friheten som gjør oss til mennesker.

– Dette har jeg nå forstått.

– Til slutt kan vi kanskje si at Kant hadde lykkes i å vise vei ut av det uføret filosofien hadde kommet opp i når det gjaldt striden mellom rasjonalistene og empiristene. Med Kant er derfor også en epoke i filosofiens historie slutt. Han døde i 1804 – ved oppblomstringen til den epoken som vi kaller romantikken. På graven hans i Köningsberg står et av hans mest kjente sitater. Det er to ting som fyller hans sinn med stadig voksende beundring og ærefrykt, står det, og det er «stjernehimmelen over meg og den moralske lov inni meg». Og han fortsetter: «De er for meg beviser på at det er en Gud over meg og en Gud inni meg.»

Nå lente Alberto seg tilbake i stolen.

– Mer kommer det ikke, sa han. – Jeg tror vi har sagt det viktigste om Kant.

– Klokken er dessuten kvart over fire.

– Men det er noe annet. Vent et lite øyeblikk, er du snill.

– Jeg går aldri fra timen før læreren sier at den er slutt.

– Sa jeg at Kant mener vi ikke har noen frihet hvis vi bare lever som sansevesener?

– Ja, du sa noe sånt.

– Men hvis vi følger den universelle fornuft, da er vi frie og selvstendige. Sa jeg det også?

– Ja. Hvorfor gjentar du det nå?

Alberto lente seg over mot Sofie, så henne dypt inn i øynene og hvisket:

– Ikke fall for alt du ser, Sofie.

– Hva mener du med det?

– Bare snu deg vekk, barnet mitt.

– Nå skjønner jeg ikke hva du mener.

– Det er jo vanlig å si at «jeg tror det ikke før jeg ser det». Men du skal ikke tro det da heller.

– Noe sånt har du sagt en gang før.

– Om Parmenides, ja.

– Men jeg skjønner fortsatt ikke hva du mener.

– Æsj, vi satt jo der ute på trammen og snakket sammen. Så var det en sånn «sjøorm» som begynte å røre på seg i vannet.

– Var ikke det rart?

– Overhodet ikke. Så kommer «Rødhette» på døren. «Jeg ser etter huset til bestemor.» Sånt er flaut, Sofie. Men det er bare majorens spillfekteri alt sammen. Det er som bananbrev og uvettige tordenvær.

– Tror du . . .

– Men jeg sa at jeg hadde en plan. Så lenge vi følger vår fornuft, klarer han ikke å lure oss. Da er vi på en måte frie. For han kan la oss «sanse» både det ene og det andre, og ingenting forbauser meg. Lar han himmelen formørke av flyvende elefanter, trekker jeg i beste fall på smilebåndet. Men syv pluss fem *er* tolv. Det er en erkjennelse som overlever alle sånne tegneserie-effekter. Filosofi er det motsatte av eventyr.

Sofie ble sittende en stund og se forundret opp på ham.

– Nå kan du gå, sa han til slutt. – Jeg innkaller deg til et møte om romantikken. Da skal vi også høre om Hegel og Kierkegaard. Men det er bare en uke til majoren lander på Kjevik flyplass. Innen den tid må vi klare å fri oss fra hans klisne fantasi. Jeg sier ikke mer, Sofie. Men du skal vite at jeg arbeider med en vidunderlig plan for oss begge to.

– Da går jeg.

– Vent – vi har kanskje glemt det aller viktigste.

– Hva da?

– Bursdagssangen, Sofie. I dag er Hilde 15 år.

– Det er jeg også.

– Du også ja. Vi synger altså.

Dermed reiste de seg begge to – og sang:

Happy birthday to you! Happy birthday to you! Happy birthday
to Hilde! Happy birthday to you!

Klokken var halv fem. Sofie løp ned til vannet og rodde over til den
andre siden. Hun trakk båten opp i sivet og begynte å springe gjen-
nom skogen.

Da hun var kommet opp på stien, så hun plutselig at det var noe
som rørte seg nede mellom trestammene. Sofie kom til å tenke på
Rødhette som hadde gått alene gjennom skogen til bestemoren sin,
men denne skikkelsen mellom trærne var mye mindre.

Hun gikk nærmere. Skikkelsen var ikke større enn en dokke, den
var brun i fargen, men den hadde også en rød genser på overkroppen.

Sofie ble stående bom stille da hun forstod at det var en teddy-
bjørn.

At noen hadde gått ifra en teddybjørn i skogen, var i og for seg ikke
så mystisk. Men denne teddybjørnen var lys levende, den var iallfall
ivrig opptatt med et eller annet.

– Hallo? sa Sofie.

Den vesle skikkelsen snudde seg brått.

– Jeg heter Ole Brumm, sa han. – Og jeg har dessverre gått meg vill
i skogen på dette som ellers ville vært en meget fin dag. Deg har jeg
iallfall aldri sett før.

– Kanskje det bare er jeg som aldri har vært her før, sa Sofie. – Da
kan du fortsatt være hjemme i Hundremeterskogen.

– Nei, det regnestykket var altfor vanskelig. Du må huske at jeg er
en bjørn med bare liten forstand.

– Jeg har hørt om deg.

– Da er det vel du som heter Alice. Kristoffer Robin fortalte en
gang om deg, det er vel på den måten vi har truffet hverandre. Du
drakk så mye av en flaske at du ble mindre og mindre. Men så drakk
du av en annen flaske, og da begynte du å vokse igjen. Man skal i det
hele tatt vokte seg for hva man putter i munnen. Selv spiste jeg en
gang så mye at jeg ble sittende fast i et kaninhull.

– Jeg er ikke Alice.

– Det spiller ingen rolle hvem vi er. Det viktigste er *at* vi er. Det
sier Ugla, og han har meget stor forstand. Syv pluss fire er tolv, sa

han en gang på en ganske alminnelig solskinnsdag. Både Tussi og jeg ble svært forlegne, for tall er vanskelige å beregne. Det er mye lettere å beregne været.

– Jeg heter Sofie.

– Det var meget hyggelig, Sofie. Jeg tror som sagt at du må være ny på disse kanter. Men nå må den vesle bjørnen gå, for jeg må prøve å finne veien til Nasse Nøff. Vi skal i et stort hageselskap hos Petter Sprett og vennene hans.

Han vinket med den ene labben. Først nå oppdaget Sofie at han hadde en papirlapp i den andre.

– Hva er det du holder der? spurte hun.

Ole Brumm holdt lappen opp og sa:

– Det var den som gjorde at jeg gikk meg bort.

– Men det er jo bare en papirlapp.

– Nei, det er slett ikke «bare en papirlapp». Det er et brev til Speil-Hilde.

– Å – da kan jeg ta det.

– Men det er vel ikke du som er piken i speilet?

– Nei, men . . .

– Et brev skal alltid leveres personlig. Senest i går måtte Kristoffer Robin lære meg det.

– Men jeg kjenner Hilde.

– Det spiller ingen rolle. Selv om du kjenner et menneske meget godt, skal du aldri lese dette menneskets brev.

– Jeg mener at jeg kan gi det til Hilde.

– Det er noe ganske annet. Værsågod, Sofie. Bare jeg blir kvitt dette brevet, finner jeg vel også veien til Nasse Nøff. For å finne Speil-Hilde må du først finne et stort speil. Men det er ingen enkel sak på disse kanter.

Dermed gav den vesle bjørnen lappen han holdt i hånden til Sofie og gav seg til å løpe inn i skogen på de små føttene. Da han var helt borte, brettet Sofie opp lappen og leste det som stod der:

Kjære Hilde. Det er skammelig at Alberto ikke også fortalte Sofie at Kant tok til orde for at det måtte opprettes et «folkeforbund». I skriftet «Til den evige fred» skrev han at alle land måtte gå sam-

330

men i et «folkenes forbund» som skulle sørge for fredelig sameksis-
tens mellom de forskjellige nasjonene. Omtrent 125 år etter at
dette skriftet kom ut i 1795, ble det såkalte «Folkeforbundet» opp-
rettet etter den første verdenskrig. Etter den andre verdenskrig ble
«Folkeforbundet» erstattet av FN. Du kan altså gjerne si at Kant
har stått som en slags fadder til selve FN-ideen. Kants poeng var at
menneskets «praktiske fornuft» pålegger statene å tre ut av en
«naturtilstand» som skaper stadig nye kriger og opprette en inter-
nasjonal rettsordning som forhindrer krig. Selv om veien fram til
opprettelsen av et folkeforbund kan være lang, er det vår plikt å
arbeide for den «allmenne og varige fredssikring». For Kant var
opprettelsen av et slikt forbund et fjernt mål, du kan nesten si at
det var filosofiens ytterste mål. Selv befinner jeg meg for tiden i
Libanon. Hilsen pappa.

Sofie puttet lappen i en lomme og gikk videre på veien hjem. Det var
sånne møter i skogen Alberto hadde advart henne mot. Men hun
kunne jo ikke bare latt den vesle bjørnen virre omkring i en evig jakt
på Speil-Hilde.

ROMANTIKKEN

. . . den hemmelighetsfulle vei går innad . . .

Hilde lot den store ringpermen gli ned i fanget. Så lot hun den gli ned på gulvet også.

Det var allerede lysere i rommet enn det hadde vært da hun hadde lagt seg. Hun så på klokken. Den var snart tre. Nå snudde hun seg rundt og la seg til å sove. Idet hun sovnet, tenkte hun på hvorfor faren hadde begynt å skrive om Rødhette og Ole Brumm . . .

Hun sov til klokken 11 neste formiddag. Da kjente hun i kroppen at hun hadde drømt intenst hele natten, men hun kunne ikke huske hva hun hadde drømt. Det var som om hun hadde vært i en helt annen virkelighet.

Hun gikk ned og lagde frokost. Moren hadde tatt på seg den blå kjeledressen. Hun skulle ned i båthuset og pusse på snekken. Om den ikke kom på vannet, måtte den iallfall være sjøklar før faren kom hjem fra Libanon.

– Kommer du ned og hjelper meg kanskje?

– Først må jeg lese litt, altså. Skal jeg komme ned med te og formiddagsmat?

– Sa du formiddagsmat?

Da Hilde hadde spist, gikk hun opp på rommet sitt igjen, redde opp sengen og satte seg godt til rette med den store ringpermen i fanget.

Sofie smatt inn gjennom hekken og stod snart i den store hagen som hun en gang hadde sammenlignet med Edens hage . . .

Nå så hun at det fløt kvister og blader overalt etter uværet kvelden før. Det var som om det eksisterte en slags sammenheng mellom uværet og de løse kvistene på den ene siden og dette at hun hadde truffet både Rødhette og Ole Brumm på den andre.

Sofie gikk bort til hagegyngen og børstet den ren for barnåler og kvister. Det var bra den hadde plastputer så de ikke behøvde å bære inn putene hver eneste gang det kom en skur.

Hun gikk opp i huset. Moren hadde akkurat kommet hjem. Hun holdt på å legge noen brusflasker i kjøleskapet. På kjøkkenbordet stod både en Wales-kringle og en liten kransekake.

– Skal du ha selskap? spurte Sofie, hun hadde nesten glemt at hun hadde bursdag.

– Vi skal jo ha det store hageselskapet neste lørdag, men jeg syntes vi måtte gjøre noe ekstra i dag også.

– Hva da?

– Jeg har invitert Jorunn og foreldrene hennes.

Sofie trakk på skuldrene.

– Gjerne for meg.

Gjestene kom litt før halv åtte. Det hele ble ganske stivt, for det var ikke ofte moren til Sofie var sammen med Jorunns foreldre.

Snart gikk Sofie og Jorunn opp på Sofies rom for å skrive invitasjon til hagefesten. Siden de skulle invitere Alberto Knox også, kom Sofie på at de kunne invitere til «filosofisk hageselskap». Jorunn protesterte ikke, det var jo Sofies fest, og dette med «temafester» var ganske populært for tiden.

Til slutt hadde de komponert en innbydelse. Da hadde det gått over to timer, og de to jentene var sprekkeferdige av latter.

Kjære . . . .
Vi inviterer deg til filosofisk hageselskap i Kløverveien 3 lørdag 23. juni (Sankthansaften) klokken 19. I løpet av kvelden vil vi forhåpentligvis løse livets mysterium. Ta med lusekofte og lure ideer som kan bidra til en snarlig oppklaring av filosofiens gåter. Det er dessverre ikke lov å tenne bål på grunn av stor skogbrannfare, men fantasiens luer får flagre fritt. Det vil være minst én ekte filosof blant de innbudte. Festen er derfor et lukket arrangement. (Ingen pressefolk!)

Hilsen Jorunn Ingebrigtsen (festkomité)
og Sofie Amundsen (vertinne).

Nå gikk de ned til de voksne, som iallfall snakket litt ledigere sammen enn da Sofie og Jorunn hadde rømt opp i annen etasje. Sofie gav moren innbydelsen, som var skrevet med en kalligrafisk penn.

– 18 kopier, takk, sa hun. Det hadde hendt før at hun bad moren kopiere noe for henne på jobben.

Moren leste fort igjennom innbydelsen, så rakte hun den til finansrådgiveren.

– Der ser dere. Hun er aldeles fra vettet.

– Men dette ser da riktig så spennende ut, sa finansrådgiveren idet han rakte arket til fruen. – Jeg skulle gjerne vært med i det selskapet selv.

Så var det Barbies tur, hun hadde allerede rukket å lese innbydelsen:

– Jeg gir meg over! Får ikke vi komme da, Sofie?

– Da sier vi 20 kopier, sa Sofie nå, hun tok dem på ordet.

– Du er spenna gæren, sa Jorunn.

Før Sofie la seg den kvelden, ble hun stående lenge og se ut av vinduet. Hun kom på hvordan hun en gang hadde sett konturene av Alberto i mørket. Det var over en måned siden. Også nå var det sent på natten, men det var en lys sommernatt.

Alberto lot ikke høre fra seg før tirsdag morgen. Men da meldte han seg på telefon kort etter at moren hadde gått på jobb.

– Sofie Amundsen?

– Og Alberto Knox.

– Jeg tenkte det nok.

– Jeg beklager at jeg ikke har ringt før, men jeg har arbeidet hardt på planen vår. Bare når majoren konsentrerer seg helt og fullt om deg, kan jeg være for meg selv og arbeide uforstyrret.

– Det var rart.

– Da ser jeg mitt snitt til å stikke meg bort, forstår du. Selv verdens beste etterretning har sin begrensning når den skjøttes av bare én person . . . Jeg har fått et kort fra deg.

– En innbydelse, mener du.

– Tør du dette, da?

– Hvorfor ikke?

– Det er ikke godt å si hva som kan skje i et slikt selskap.

– Kommer du?

– Visst kommer jeg. Men det er noe annet også. Har du tenkt på at det er den samme dagen Hildes far kommer hjem fra Libanon?

– Nei, faktisk ikke.

– Det kan umulig være helt tilfeldig at han lar deg arrangere et filosofisk hageselskap samme dag som han selv kommer hjem til Bjerkely.

– Jeg har som sagt ikke tenkt på det.

– Men det har han. Nåja, vi snakkes nærmere. Kan du komme til Majorstua nå i formiddag.

– Jeg skulle luke i noen blomsterbed.

– Da sier vi klokken to. Klarer du det?

– Jeg kommer.

Også i dag satt Alberto Knox på trammen da Sofie kom.

– Sett deg her, sa han, og i dag gikk han rett på sak. – Tidligere har vi snakket sammen om renessansen, barokktiden og opplysningstiden. I dag skal vi snakke om *romantikken*, som kan kalles Europas siste store kulturepoke. Vi nærmer oss slutten på en lang historie, barnet mitt.

– Varte romantikken så lenge?

– Den begynte helt på tampen av 1700-tallet og varte til midten av forrige århundre. Men etter 1850 gir det ikke lenger noen mening å snakke om hele «epoker» som omfatter både diktning og filosofi, kunst, vitenskap og musikk.

– Men romantikken var en slik epoke?

– Det har vært sagt at romantikken var Europas siste «fellesholdning» til tilværelsen. Den begynte i Tyskland, og den oppstod som en reaksjon på opplysningstidens ensidige fornuftsdyrkelse. Etter Kant og hans kjølige fornuft var det som om de unge i Tyskland pustet lettet ut.

– Hva satte de i stedet?

– De nye slagordene var «følelse», «fantasi», «opplevelse» og «lengsel». Også enkelte av opplysningstidens tenkere hadde pekt på følelsenes betydning – ikke minst Rousseau – men da var det nettopp

335

som en kritikk mot den ensidige vekten som ble lagt på fornuften. Nå ble denne understrømmen selve hovedstrømmen i det tyske kulturlivet.

– Kant var altså ikke populær så lenge?

– Både ja og nei. Mange av romantikerne opplevde seg også som Kants arvtakere. Kant hadde jo slått fast at det er grenser for hva vi kan vite om «das Ding an sich». På den annen side hadde han pekt på hvor viktig «jeg'ets» bidrag til erkjennelsen er. Nå ble det «fritt fram» for enkeltindividet til å gi sin egen fortolkning av tilværelsen. Romantikerne utnyttet dette i en nesten uhemmet «jeg-dyrkelse». Dette førte også til en oppvurdering av det kunstneriske geni.

– Var det mange sånne genier?

– Ett eksempel er *Beethoven*. I hans musikk møter vi en person som uttrykker sine egne følelser og lengsler. Beethoven var sånn sett en «fri» kunstner – i motsetning til barokktidens mestere, for eksempel *Bach* og *Händel*, som komponerte sine verker til Guds ære, og ofte etter strenge regler.

– Jeg kjenner bare «Måneskinnsonaten» og «Skjebnesymfonien».

– Men du hører hvor romantisk «Måneskinnsonaten» er, og du hører hvor dramatisk Beethoven uttrykker seg i «Skjebnesymfonien».

– Også renessansehumanistene var individualister, sa du.

– Ja, det er mange likhetstrekk mellom renessansen og romantikken. Et slikt likhetstrekk var ikke minst den store vekten som nå ble lagt på kunstens betydning for menneskets erkjennelse. Også her hadde Kant bidratt med sitt. I sin estetikk hadde han undersøkt hva som skjer når vi blir overveldet av noe vakkert, for eksempel i et kunstverk. Når vi hengir oss til et kunstverk uten andre interesser enn selve den kunstneriske opplevelsen, da bringes vi også nærmere en opplevelse av «das Ding an sich».

– Kunstneren kan altså formidle noe som filosofene ikke klarer å uttrykke?

– Det var romantikernes oppfatning. Ifølge Kant spiller kunstneren fritt med sin erkjennelsesevne. Den tyske dikteren *Schiller* utviklet Kants tanker videre. Han skriver at kunstnerens virksomhet er som en lek, og bare når mennesket leker, er det fritt fordi det da lager sine egne lover. Romantikerne mente nå at det bare var kunsten som kunne bringe oss nærmere «det uutsigelige». Noen tok skrittet ut og sammenlignet kunstneren med Gud.

– For kunstneren skaper jo sin egen virkelighet akkurat som Gud har skapt verden.

– Det ble sagt at kunstneren har en «verdensskapende innbilningskraft». I sin kunstneriske henrykkelse kunne han oppleve at skillet mellom drøm og virkelighet ble borte. *Novalis*, som var en av de unge geniene, sa at «verden blir drøm, drømmen blir virkelighet». Selv skrev han en middelalderroman som het «Heinrich von Ofterdingen». Den var ikke riktig ferdig da forfatteren døde i 1801, men den fikk stor betydning likevel. Her hører vi om den unge Heinrich som er på leting etter «den blå blomst» som han en gang har sett i en drøm og som han siden alltid har lengtet etter. Den engelske romantikeren *Coleridge* uttrykte samme tanke slik:

What if you slept? And what if, in your sleep, you dreamed? And what if, in your dream, you went to heaven and there plucked a strange and beautiful flower? And what if, when you awoke, you had the flower in your hand? Ah, what then?

– Det var vakkert.

– Selve denne lengselen etter noe fjernt og uoppnåelig var typisk for romantikerne. De kunne også lengte tilbake til en svunnen tid – for eksempel til middelalderen, som nå ble kraftig oppvurdert i forhold til opplysningstidens negative vurdering. Romantikerne kunne dessuten lengte tilbake til fjerne kulturer, for eksempel til «østerlandet» og dets mystikk. Ellers følte de seg tiltrukket av natten, av «grålysningen», av gamle ruiner og av det overnaturlige. De var opptatt av det vi gjerne kaller tilværelsens «nattsider», det vil si det dunkle, uhyggelige og mystiske.

– Jeg synes det høres ut som en spennende tid. Hvem *var* disse «romantikerne»?

– Romantikken var først og fremst et byfenomen. Nettopp i første halvdel av forrige århundre var det en oppblomstrende bykultur mange steder i Europa, ikke minst i Tyskland. De typiske «romantikerne» var unge menn, mange av dem var studenter – skjønt det ofte var så som så med selve studiene. De hadde en utpreget «anti-borger-lig» livsinnstilling og kunne for eksempel omtale politi eller hybel-vertinner som «spissborgerne» eller simpelthen som «fienden».

– Da hadde jeg ikke våget å være hybelvertinne for en romantiker.

– Den første generasjon romantikere var unge omkring år 1800, og vi kan gjerne kalle den romantiske bevegelse for Europas første ungdomsopprør. Romantikerne hadde flere likhetstrekk med hippie-kulturen 150 år senere.

– Blomster og langt hår, gitarklimpring og latskap?

– Ja, det er sagt at «lediggang er geniets ideal og dovenskap den romantiske dyd». Det var romantikerens plikt å oppleve livet – eller også å drømme seg bort fra det. Det daglige kjøpmannskap fikk spiss-borgerne ta seg av.

– Var Henrik Wergeland romantiker?

– Både *Wergeland* og *Welhaven* var romantikere. Wergeland hadde også med seg mange av opplysningstidens idealer, men hans livs-førsel – som kunne være preget av en inspirert, men uryddig trass – hadde nesten alle de typiske trekkene som kjennetegner en roman-tiker. Ikke minst hans svermeriske forelskelser var typisk for roman-tikken. Hans «Stella», som han skriver sine kjærlighetsdikt til, var like fjern og uoppnåelig som Novalis' «blå blomst». Novalis selv for-lovet seg med en pike som var bare fjorten år gammel. Hun døde fire dager etter at hun fylte femten år, men Novalis fortsatte å elske henne hele livet.

– Sa du at hun døde bare fire dager etter at hun ble femten år?

– Ja . . .

– Jeg er femten år og fire dager *i dag*.

– Det har du rett i . . .

– Hva het hun?

– Hun het Sophie.

– Hva sa du?

– Ja, det var . . .

– Du skremmer meg! Kan dette være tilfeldig?

– Vet ikke, Sofie. Men hun het Sophie.

– Fortsett!

– Selv ble Novalis bare 29 år gammel. Han var en av «de unge døde». For det var mange av romantikerne som døde unge, ikke minst på grunn av tuberkulose. Noen begikk også selvmord . . .

– Huff da!

– De som ble gamle, sluttet gjerne å være romantikere i 30-års-alderen. Noen ble da svært borgerlige og konservative.

– Da gikk de over i fiendens leir.

– Ja, kanskje det. Men vi snakket om den romantiske forelskelsen. Selve den uoppnåelige kjærligheten ble introdusert allerede av *Goethe* i hans brevroman «Unge Werthers lidelser», som kom i 1774. Den lille boken slutter med at unge Werther skyter seg fordi han ikke får den han elsker . . .

– Var ikke det å gå litt langt?

– Det viste seg at tallet på selvmord steg etter at romanen kom ut, i en periode ble boken derfor forbudt i Danmark og Norge. Det var altså ikke helt ufarlig å være romantiker. Sterke følelser var i sving.

– Når du sier «romantiker», tenker jeg på store landskapsmalerier. Jeg ser for meg mystiske skoger og vill natur . . . gjerne innhyllet i tåke.

– Et av de viktigste trekkene ved romantikken var nettopp natur-lengselen og naturmystikken. Og som sagt – den slags oppstår jo ikke på landet. Du husker kanskje Rousseau som lanserte slagordet «til-bake til naturen». Først med romantikken fikk dette mottoet vind i seilene. Romantikken representerte ikke minst en reaksjon på opp-lysningstidens mekanistiske univers. Det har vært pekt på at roman-tikken innebar en renessanse for den gamle *kosmosbevissthet*.

– Forklar!

– Med det menes at naturen blir betraktet som en helhet. Her trakk romantikerne trådene tilbake til Spinoza, men også til Plotin og renessansefilosofer som *Jacob Böhme* og Giordano Bruno. Felles for disse var at de opplevde et guddommelig «jeg» i naturen.

– De var panteister . . .

– Både Descartes og Hume hadde gjort et skarpt skille mellom jeg'et på den ene siden og den «utstrakte» virkelighet på den andre. Også Kant hadde etterlatt et skarpt skille mellom det erkjennende «jeg» og naturen «i seg selv». Nå ble det sagt at naturen er et eneste stort «jeg». Romantikerne brukte også uttrykket «verdenssjelen» eller «verdensånden».

– Jeg skjønner.

– Den mest toneangivende romantiske filosof var *Schelling*, som levde fra 1775 til 1854. Han forsøkte å oppheve selve skillet mellom «ånd» og «materie». Hele naturen – både menneskets sjel og den fysiske virkelighet – er uttrykk for den ene Gud eller «verdensånd», mente han.

– Ja, dette minner om Spinoza.

– «Naturen er den synlige ånd, ånden er den usynlige natur,» sa Schelling. For overalt i naturen kan vi ane en «strukturerende ånd». Han sa også at «materien er slumrende intelligens».

– Du må forklare dette nærmere.

– Schelling så en «verdensånd» i naturen, men han så den samme «verdensånd» i menneskets bevissthet. Sånn sett er egentlig naturen og menneskets bevissthet uttrykk for det samme.

– Ja, hvorfor ikke?

– «Verdensånden» kan man altså søke både i naturen og i sitt eget sinn. Novalis kunne derfor si at «den hemmelighetsfulle vei går inn-ad». Han mente at mennesket bærer hele universet inni seg og at mennesket best kan oppleve verdens hemmelighet ved å tre inn i seg selv.

– Det var en vakker tanke.

– For mange romantikere gikk filosofi, naturforskning og diktning opp i en høyere enhet. Enten man satt i sitt studerkammer og skrev inspirerte dikt eller man studerte blomstenes liv og steinenes sammensetning, så var det i virkeligheten to sider av samme sak. For naturen er ingen død mekanisme, den er én levende «verdensånd».

– Hvis du sier mer nå, tror jeg at jeg blir romantiker.

– Den norskfødte naturforskeren *Henrik Steffens* – som Wergeland kalte «Norges bortblæste laurbærblad» fordi han hadde bosatt seg i Tyskland – kom i 1801 til København for å holde forelesninger om den tyske romantikken. Han karakteriserte den romantiske bevegelsen med disse ordene: «trette av de evige forsøk på å kjempe oss igjennom den rå materie, valgte vi en annen vei og ville ile det uende-lige i møte. Vi gikk inn i oss selv og skapte en ny verden . . .»

– Hvordan klarer du å huske sånt utenat?

– En bagatell, barnet mitt.

– Fortsett!

– Schelling så også en «utvikling» i naturen fra jord og stein til menneskets bevissthet. Han pekte på ganske gradvise overganger fra livløs natur til mer og mer kompliserte livsformer. Det romantiske natursynet bar i det hele tatt preg av at naturen ble oppfattet som en organisme, det vil si som en helhet som hele tiden utvikler sine iboende muligheter. Naturen er som en blomst som folder ut sine blader og kronblader. Eller som en poet som folder ut sine dikt.

– Minner ikke dette litt om Aristoteles?

– Joda. Den romantiske naturfilosofi har både aristoteliske og nyplatonske trekk. Aristoteles hadde jo et mer organisk syn på naturprosessene enn de mekaniske materialistene.

– Jeg skjønner.

– Lignende tanker finner vi også i et nytt syn på historien. En som fikk stor betydning for romantikerne, var historiefilosofen *Herder*, som levde fra 1744 til 1803. Han mente at også historieforløpet er preget av sammenheng, vekst og målrettethet. Vi sier at han hadde et «dynamisk» syn på historien fordi han opplevde historien som en prosess. Opplysningsfilosofene hadde ofte hatt et «statisk» historiesyn. For dem fantes det bare én universell eller allmengyldig fornuft, som det så kunne være mer eller mindre av til forskjellige tider. Herder pekte på at enhver epoke i historien har sin egenverdi. Slik har også ethvert folk sin egenart eller «folkesjel». Spørsmålet er om vi klarer å leve oss inn i andre kulturers forutsetninger.

– Akkurat som vi må leve oss inn i et annet menneskes situasjon for å forstå det bedre, må vi også leve oss inn i andre kulturer for å forstå dem.

– I dag er vel dette blitt noe av en selvfølge. Men i romantikken var det en ny erkjennelse. Romantikken bidrog også til å styrke den enkelte nasjons følelse av egen identitet. Det er ikke tilfeldig at vår egen kamp for nasjonal selvstendighet blomstret opp akkurat i 1814.

– Jeg forstår.

– Fordi romantikken innebar en ny orientering på så mange områder, har det vært vanlig å skille mellom to former for romantikk. Med romantikk mener vi for det første det vi kaller *universalromantikk*. Da tenker vi på romantikerne som var opptatt av naturen, verdenssjelen og det kunstneriske geniet. Denne formen for romantikk blomstret først, og ganske spesielt i byen Jena omkring år 1800.

– Og den andre formen for romantikk?

– Det er den såkalte *nasjonalromantikken*. Den blomstret litt senere, og spesielt i byen Heidelberg. Nasjonalromantikerne var først og fremst opptatt av «folkets» historie, «folkets» språk og i det hele tatt den «folkelige» kultur. For også «folket» ble betraktet som en organisme som folder ut sine iboende muligheter – presis som naturen og historien.

– Si meg hvor du lever, og jeg skal si deg hvem du er.

– Det som bandt «universalromantikken» og «nasjonalromantikken» sammen, var fremfor alt stikkordet «organisme». Romantikerne betraktet både en plante og et folk som en levende organisme. Slik var også et diktverk en levende organisme. Språket var en organisme – ja, til og med naturen som helhet ble betraktet som én levende organisme. Derfor går det ikke noe skarpt skille mellom «nasjonalromantikken» og «universalromantikken». Verdensånden var like mye til stede i folket og i den folkelige kultur som i naturen og i kunsten.

– Jeg skjønner.

– Allerede Herder hadde samlet folkeviser fra mange land, og han hadde gitt samlingen den talende tittelen «Stimmen der Völker in Liedern». Ja, han omtalte folkediktningen som «folkenes morsmål». I Heidelberg begynte man nå å samle folkeviser og folkeeventyr. Du har kanskje hørt om brødrene *Grimms* eventyr?

– Åja – «Snehvit» og «Rødhette», «Askepott» og «Hans og Grete» . . .

– Og mange, mange flere. I Norge hadde vi *Asbjørnsen* og *Moe* som reiste rundt i landet for å samle inn «folkets egen diktning». Det var som å høste inn en saftig frukt som man plutselig hadde oppdaget var både god og næringsrik. Og det hastet – frukten hadde allerede begynt å falle av trærne. *Landstad* samlet inn folkeviser, og *Ivar Aasen* samlet selve det norske språket. Også de gamle mytene og gudediktene fra hedensk tid ble gjenoppdaget fra midten av forrige århundre. Komponister over hele Europa begynte dessuten å bruke folketoner i sine komposisjoner. Slik forsøkte de å bygge en bro mellom folkemusikken og kunstmusikken.

– Kunstmusikken?

– Med kunstmusikk menes musikk som er komponert av ett bestemt menneske – for eksempel Beethoven. Folkemusikken var jo ikke laget av en bestemt person, men av folket selv. Derfor vet vi heller ikke nøyaktig når de forskjellige folketonene er laget. På samme måte skiller vi mellom folkeeventyr og kunsteventyr.

– Hva menes med et kunsteventyr?

– Det er et eventyr som er diktet opp av en forfatter, for eksempel *H.C. Andersen.* Nettopp eventyrgenren ble dyrket med stor lidenskap av romantikerne. En av de tyske mestrene var *Hoffmann.*

– Jeg tror jeg har hørt om «Hoffmanns eventyr».

– Eventyret var selve det litterære idealet blant romantikerne – omtrent som teatret var barokktidens kunstform. Det gav dikteren full mulighet til å leke med sin egen skaperkraft.

– Han kunne leke Gud for en oppdiktet verden.

– Akkurat. Og her kan det passe med en slags oppsummering.

– Værsågod!

– Romantikkens filosofer oppfattet «verdenssjelen» som et «jeg» som i en mer eller mindre drømmeaktig tilstand skaper tingene i verden. Filosofen *Fichte* pekte på at naturen stammer fra en høyere, ubevisst forestillingsvirksomhet. Schelling sa like ut at verden er «i Gud». Noe er Gud bevisst, mente han, men det finnes også sider ved naturen som representerer det ubevisste i Gud. For også Gud har en «nattside».

– Tanken er både skremmende og fascinerende. Den minner meg om Berkeley.

– Ganske på samme måte oppfattet man forholdet mellom dikteren og hans skaperverk. Eventyret gav dikteren mulighet til å leke med sin egen «verdensskapende innbilningskraft». Og selve skaperakten var ikke alltid så bevisst. Dikteren kunne oppleve at fortellingen han skrev ble drevet fram av en egen iboende kraft. Han kunne nærmest sitte som hypnotisert mens han skrev.

– Javel?

– Men så kunne han også plutselig bryte illusjonen. Han kunne gripe inn i fortellingen med små ironiske kommentarer til leseren, slik at leseren iallfall glimtvis ble minnet om at eventyret var et eventyr.

– Jeg skjønner.

– På denne måten fikk dikteren dessuten minnet leseren på at også hans egen tilværelse var eventyrlig. Denne formen for illusjonsbrudd kaller vi gjerne «romantisk ironi». Vår egen Ibsen lar for eksempel en av personene i «Peer Gynt» si at «man dør ej midt i femte akt».

– Jeg tror jeg skjønner at den replikken er litt morsom. For da sier han jo samtidig at han bare er fantasi.

– Uttalelsen er så paradoksal at vi godt kan markere den med et avsnitt.

– Hva mente du med det?

– Nei, ingenting, Sofie. Men så sa vi at kjæresten til Novalis het Sophie som deg og dessuten at hun døde bare 15 år og fire dager gammel . . .

– Da skjønner du vel at jeg ble skremt.

Nå ble Alberto sittende med et stivt blikk. Han fortsatte:

– Men du behøver ikke være redd for at du får samme skjebne som kjæresten til Novalis.

– Hvorfor ikke?

– Fordi det ennå er mange kapitler igjen.

– Hva *er* det du sier?

– Jeg sier at den som leser fortellingen om Sofie og Alberto, kjenner med fingerspissene sine at det ennå er mange sider igjen av fortellingen. Vi har bare kommet til romantikken.

– Du gjør meg svimmel.

– I virkeligheten er det majoren som prøver å gjøre Hilde svimmel. Er ikke det simpelt, Sofie? Avsnitt!

Alberto hadde ikke snakket ferdig før en gutt kom springende ut fra skogen. Han hadde arabiske klær og bar en turban på hodet. I hånden holdt han en oljelampe.

Sofie tok et fast tak i Albertos arm.

– Hvem er det? spurte hun.

Men gutten svarte selv:

– Jeg heter Aladdin og kommer helt fra Libanon.

Alberto så strengt på ham:

– Og hva har du i lampen din, gutt?

Dermed gnidde gutten på lampen – og fra lampen steg nå en tjukk damp. Ut av dampen vokste det en mannsskikkelse. Han hadde svart skjegg som Alberto og blå alpelue. Svevende i luften over lampen sa han følgende:

– Hører du meg, Hilde? Jeg er vel for sent ute med nye gratulasjoner. Nå ville jeg bare si at også Bjerkely og Sørlandet står for meg som litt av et eventyr. Vi sees der om noen få dager.

Dermed smatt mannsskikkelsen inn i dampen igjen – og hele skyen sugdes inn i oljelampen. Gutten med turban tok lampen under armen, sprang inn i skogen igjen og var borte.

– Det . . . det er helt utrolig, sa Sofie nå.

– En bagatell, barnet mitt.

– Ånden snakket akkurat som Hildes far.

– Det var jo hans ånd.

– Men . . .

– Både du og jeg og alt som er omkring oss, foregår dypt nede i majorens bevissthet. Det er sent på natten lørdag 28. april, omkring den våkne major sover alle FN-soldatene, og han er ikke så langt fra søvnen selv. Men han må skrive ferdig boken han skal gi i 15-årsgave til Hilde. Derfor må han jobbe, Sofie, derfor får den stakkars mannen lite eller ingen hvile.

– Jeg tror jeg gir meg over.

– Avsnitt!

Sofie og Alberto ble sittende og stirre ut over det vesle vannet. Alberto satt som forstenet. Etter en stund våget Sofie å dulte ham i skulderen.

– Du falt i staver?

– Der grep han direkte inn, ja. De siste avsnittene var inspirert ned til hver minste bokstav. Han skulle skamme seg. Men dermed røpet han seg også, han gav seg fullt og helt til kjenne. Nå vet vi at vi lever våre liv i en bok som Hildes far sender hjem til Hilde i fødselsdags gave. For du hørte hva jeg sa? Nåja – det var jo slettes ikke «jeg» som sa det.

– Hvis dette er sant, vil jeg prøve å rømme ut av hele boken og gå mine egne veier.

– Og det er nøyaktig det som er min hemmelige plan. Men før det skjer, må vi forsøke å få Hilde i tale. Hun leser jo hvert ord vi sier nå. Straks vi en gang klarer å rømme herfra, blir det mye vanskeligere å få kontakt med henne igjen. Altså må vi gripe sjansen nå.

– Hva skal vi si?

– Jeg tror det er like før majoren sovner over skrivemaskinen – skjønt hans fingre fortsatt farer over tastaturet med en feberaktig hast . . .

– Det er rart å tenke på.

– Nettopp nå kan han komme til å skrive ting han siden angrer på. Og han har ikke korrekturlakk, Sofie. Det er et viktig ledd i planen min. Nåde den som gir major Albert Knag en flaske korrekturlakk!

– Av meg skal han ikke få så mye som en strimmel rettetape.

– Her og nå oppfordrer jeg det stakkars pikebarnet til å gjøre opprør mot sin egen far. Hun skulle skamme seg over å la seg underholde av hans forkjælte lek med skyggebilder. Hadde vi bare hatt ham her, skulle han fått kjenne vår forargelse på kroppen.

– Men her er han ikke.

– Han er her jo med ånd og sjel, men han sitter også trygt i Libanon. For alt omkring oss er majorens «jeg».

– Men han er også noe mer enn det vi ser omkring oss her.

– For vi er bare skygger i majorens sjel. Og det er ikke lett for en skygge å angripe sin mester, Sofie. Det krever både kløkt og moden overveielse. Men vi har en mulighet til å påvirke Hilde. Bare en engel kan gjøre opprør mot en gud.

– Vi kan oppfordre Hilde til å geipe til ham med én gang han kommer hjem. Hun kan si at hun synes han er en pøbel. Hun kan ødelegge båten hans – eller iallfall knuse lanternen.

Alberto nikket. Så sa han:

– Hun kan dessuten rømme fra ham. Det er mye lettere for henne enn for oss. Hun kan forlate majorens hus og aldri vise seg igjen.

Ville ikke det være til pass for en major som leker seg med sin «verdensskapende innbilningskraft» på vår bekostning.

– Jeg kan se det for meg. Majoren reiser rundt i den store verden og leter etter Hilde. Men Hilde er borte vekk fordi hun ikke orket å leve med en far som gjør seg morsom på Albertos og Sofies vegne.

– Han gjør seg morsom, ja. Det var det jeg mente med at han bruker oss som bursdagsunderholdning. Men han skulle passe seg, Sofie. Det skulle Hilde òg.

– Hva mener du?

– Sitter du godt?

– Bare det ikke kommer flere lampeånder så.

– Prøv å tenke deg at alt vi opplever foregår i en annens bevissthet. Vi *er* denne bevisstheten. Vi har altså ikke noen egen sjel, vi er en annens sjel. Så langt er vi på velkjent filosofisk grunn. Både Berkeley og Schelling ville spisset sine ører.

– Ja?

– Så kan det tenkes at denne sjelen er faren til Hilde Møller Knag. Han sitter i Libanon og skriver en filosofibok til datterens 15-årsdag. Når Hilde våkner den 15. juni, finner hun boken på nattbordet, og nå kan både hun og andre mennesker lese om oss. Det har jo allerede lenge vært antydet at «gaven» kunne deles med flere.

– Jeg husker det.

Dette som jeg sier til deg nå, leses altså av Hilde etter at faren hennes en gang satt i Libanon og innbilte seg at jeg forteller deg at han satt i Libanon . . . og innbilte seg at jeg forteller deg at han satt i Libanon . . .

Nå gikk det helt rundt for Sofie. Hun forsøkte å tenke igjennom det hun hadde hørt om Berkeley og romantikerne. Alberto Knox fortsatte:

– Men de skulle ikke føle seg for høye i hatten av den grunn. Aller minst skulle de le, for en slik latter kan fort komme til å sette seg i halsen.

– Hvem da?

– Hilde og faren hennes. Var det ikke dem vi snakket om?

– Men hvorfor skal de ikke føle seg høye i hatten?

347

– Fordi det slett ikke er noen umulig tanke at også *de* bare er bevissthet.

– Hvordan skulle vel det være mulig?

– Hvis det var mulig for Berkeley og romantikerne, må det være mulig for dem. Kanskje er også majoren et slikt skyggebilde i en bok som handler om ham og Hilde, men naturligvis også om oss to ettersom vi utgjør en liten del av deres liv.

– Det ville være enda verre. Da er vi bare skyggebilder av noen skyggebilder.

– Men det kan tenkes at en helt annen forfatter sitter et sted og skriver en bok som handler om FN-major Albert Knag, som skriver en bok til sin datter Hilde. Denne boken handler om en viss «Alberto Knox» som plutselig begynte å sende noen beskjedne filosofileksjoner til Sofie Amundsen i Kløverveien 3.

– Tror du det?

– Jeg sier bare at det er mulig. For oss ville denne forfatteren være en «skjult gud», Sofie. Selv om alt vi er og alt vi sier og gjør springer ut av ham fordi vi *er* ham, vil vi aldri kunne vite noe om ham. Vi er lagt ned i den aller innerste esken.

Nå ble både Sofie og Alberto sittende lenge uten å si noe. Det var Sofie som brøt tausheten:

– Men hvis det virkelig finnes en slik forfatter som dikter opp historien om Hildes far i Libanon slik han har diktet opp historien om oss . . .

– Ja?

– . . . da kan det tenkes at han ikke skal være så høy i hatten han heller.

– Hva mener du?

– Han sitter altså og har både Hilde og meg et sted dypt inne i hodet sitt. Men kan det ikke tenkes at også han lever sitt liv i en høyere bevissthet?

Alberto ble sittende og nikke med hodet sitt.

– Selvfølgelig, Sofie. Også det er mulig. Og hvis det er slik, har han latt oss føre denne filosofiske samtalen nettopp for å antyde denne muligheten. Da har han villet understreke at også han er et forsvarsløst skyggebilde og at denne boken som Hilde og Sofie lever sine liv i, i virkeligheten er en lærebok i filosofi.

– En lærebok?

– For alle samtalene vi har ført, alle dialogene, Sofie . . .

– Ja?

– De er i virkeligheten en monolog.

– Nå synes jeg at alt har oppløst seg til bevissthet og ånd. Jeg er glad det er noen filosofer igjen. Den filosofien som begynte så stolt med Thales, Empedokles og Demokrit, kan vel ikke strande her?

– Neida. Jeg skal fortelle om Hegel. Han var den første filosofen som prøvde å berge filosofien etterat romantikken hadde oppløst alt til ånd.

– Jeg er spent.

– For ikke å bli avbrutt av flere ånder eller skyggebilder, setter vi oss inn.

– Det er dessuten litt kjølig her.

– Avsnitt!

HEGEL

. . . det som er fornuftig, er det som er liv laga . . .

Hilde lot den store ringpermen falle i gulvet med et smell. Hun ble liggende på sengen og stirre opp i taket. Der oppe var det noe som gikk rundt og rundt.

Visst hadde pappa klart å gjøre henne svimmel. Den skurken! Hvordan *kunne* han?

Sofie hadde forsøkt å snakke direkte til henne. Hun bad henne om å gjøre opprør mot faren. Og hun hadde virkelig klart å så en tanke i henne. En plan . . .

Sofie og Alberto kunne jo ikke så mye som krølle et hår på farens hode. Men det kunne Hilde. Slik var det mulig for Sofie å nærme seg faren gjennom henne.

Hun var enig med Sofie og Alberto i at han gikk for langt i sin lek med skyggebilder. Selv om han bare hadde diktet opp Alberto og Sofie, fikk det være grenser for hvilke maktdemonstrasjoner han kunne tillate seg.

Stakkars Sofie og Alberto! De var like forsvarsløse overfor majorens innbilning som et filmlerret er forsvarsløs for filmfremviseren.

Visst skulle Hilde gi ham en lærepenge når han kom hjem! I skarpe konturer så hun skissen til en skikkelig revestrek.

Hun gikk til vinduet og så ut over bukta. Klokken var nesten to. Nå åpnet hun vinduet og ropte ned mot båthuset:

– Mamma!

Snart kom moren ut.

– Jeg kommer ned med noen brødskiver om en time. Er det greit?

– Jada . . .

– Jeg skal bare lese om Hegel.

Alberto og Sofie hadde satt seg i hver sin stol foran vinduet som vendte ut mot det lille vannet.

– *Georg Wilhelm Friedrich Hegel* var et ektefødt barn av romantikken, begynte Alberto. – Du kan nesten si at han fulgte den tyske ånd etter hvert som den utviklet seg i Tyskland. Han ble født i Stuttgart i 1770 og begynte å studere teologi i Tübingen da han var 18 år gammel. Fra 1799 samarbeidet han med Schelling i Jena, og det var mens den romantiske bevegelsen var i sin mest eksplosive oppblomstring. Etter å ha vært dosent i Jena ble han professor i Heidelberg – som var den tyske nasjonalromantikkens sentrum. Endelig var han professor i Berlin fra 1818 – nettopp på den tid da denne byen var i ferd med å bli et åndelig midtpunkt i Tyskland. I november 1831 døde han av kolera, men allerede nå hadde «hegelianismen» stor oppslutning på nesten alle universitetene i Tyskland.

– Han fikk med seg det meste altså.

– Ja, og det gjelder også hans filosofi. Hegel forente og videreførte nesten alle de forskjellige tankene som hadde utviklet seg blant romantikerne. Men han var også en skarp kritiker av for eksempel Schellings filosofi.

– Hva var det han kritiserte?

– Både Schelling og de andre romantikerne hadde ment at tilværelsens dypeste grunn var i det de kalte «verdensånden». Også Hegel bruker uttrykket «verdensånden», men han gir uttrykket en ny betydning. Når Hegel snakker om «verdensånden» eller «verdensfornuften», mener han summen av alle menneskelige ytringer. For bare mennesket har «ånd». I denne betydningen kan han snakke om «verdensåndens» gang gjennom historien. Vi må bare ikke glemme at han snakker om menneskenes liv, menneskenes tanker og menneskenes kultur.

– Og da blir denne ånden straks litt mindre spøkelsesaktig. Den ligger ikke lenger på lur som en «slumrende intelligens» i steiner og trær.

– Så husker du at Kant hadde snakket om noe som han kalte «das Ding an sich». Selv om han avviste at menneskene kunne ha noen klar erkjennelse av naturens innerste hemmelighet, pekte han på at det fantes en slags uoppnåelig «sannhet». Hegel sa at «sannheten er subjektiv». Med det avviste han at det eksisterer noen «sannhet» over eller utenfor den menneskelige fornuft. All erkjennelse er menneskelig erkjennelse, mente han.

– Han måtte liksom få filosofien ned på jorda igjen?

– Ja, kanskje kan du si det sånn. Nå er Hegels filosofi både så mangfoldig og så nyansert at vi her og nå skal nøye oss med å slå ned på noen av de viktigste punktene. Det er nesten tvilsomt om vi kan si at Hegel hadde en egen «filosofi» i det hele tatt. Det vi kaller Hegels filosofi, er først og fremst en *metode* til å begripe historiens gang. Derfor går det nesten ikke an å snakke om Hegel uten å snakke om menneskenes historie. Hegels filosofi lærer oss verken det ene eller det andre om «tilværelsens innerste natur», men den kan lære oss å tenke på en fruktbar måte.

– Og det kan kanskje være viktig nok.

– Felles for alle de filosofiske systemene før Hegel hadde vært et forsøk på å stille opp evige kriterier for hva mennesket kan vite om verden. Det gjaldt både Descartes og Spinoza, Hume og Kant. Hver og en hadde de prøvd å undersøke hva som er grunnlaget for menneskets erkjennelse. Men de hadde alle sammen uttalt seg om *tidløse* forutsetninger for menneskets kunnskap om verden.

– Er ikke det en filosofs plikt?

– Hegel mente at dette ikke er mulig. Han mente at det som er grunnlaget for menneskets erkjennelse, forandrer seg fra generasjon til generasjon. Derfor finnes ingen «evige sannheter». Det finnes ingen tidløs fornuft. Det eneste faste punkt filosofen kan gripe fatt i, er historien selv.

– Nei, dette må du forklare. Historien er jo stadig i forandring, hvordan kan den da være et fast punkt?

– Også en elv er i stadig forandring. Det betyr ikke at du ikke kan snakke om elven. Men du kan ikke spørre hvor i dalen denne elven er mest «ekte» elv.

– Nei, for elven er like mye elv hele veien.

– For Hegel var historien som et slikt elveløp. Hver minste lille bevegelse i vannet på et gitt punkt i elven er i virkeligheten bestemt av vannets fall og vannets virvler lenger oppe i elven. Men den er også bestemt av hvilke steiner og buktninger som er i elven akkurat der du står og betrakter den.

– Jeg tror jeg skjønner.

– Også tankens historie – eller fornuftens historie – er som et slikt elveløp. Både alle tankene som kommer «strømmende» med tradisjonen fra mennesker som har levd før deg og de materielle betingelser som råder i din egen tid, er med på å bestemme hvordan du tenker. Du kan derfor ikke hevde at en bestemt tanke er riktig for evig og alltid. Men tanken kan være riktig der du står.

– Det betyr vel ikke at alt er like galt – eller at alt er like riktig?

– Neida, men noe kan bare være galt eller riktig i forhold til en historisk sammenheng. Hvis du argumenterer for slaveri i 1990, vil du i beste fall være en klovn. Det var ikke like tåpelig for 2500 år siden. Skjønt allerede da var det progressive røster som talte for å oppheve slaveriet. Men vi kan ta et nærere eksempel. Det var ikke så «ufornuftig» bare for hundre år siden å svi av store skogområder for å rydde vei for dyrket mark. Men det er fryktelig «ufornuftig» i dag. Vi har helt andre – og bedre – forutsetninger for slike vurderinger.

– Dette har jeg nå forstått.

– Også når det gjelder filosofisk refleksjon, pekte Hegel på at fornuften er noe dynamisk – ja, en prosess. Og «sannheten» er selve denne prosessen. Det finnes nemlig ingen kriterier utenfor selve den historiske prosessen som kan avgjøre hva som er «sannest» eller «mest fornuftig».

– Eksempler takk!

– Du kan ikke trekke ut forskjellige tanker fra antikken eller middelalderen, renessansen eller opplysningstiden og si at dette var riktig og at det var feil. Derfor kan du heller ikke si at Platon tok feil, men at Aristoteles hadde rett. Du kan ikke si at Hume tok feil, men at Kant eller Schelling hadde rett heller. Det er en uhistorisk måte å tenke på.

– Det høres ikke så bra ut.

– Du kan i det hele tatt ikke løsrive noen filosof – eller noen tanke overhodet – fra denne filosofens eller denne tankens historiske forutsetninger. Men – og nå nærmer jeg meg et nytt punkt: Fordi det stadig kommer noe nytt til, er fornuften «progressiv». Det vil si at menneskets erkjennelse stadig utvider seg og sånn sett går «fremover».

– Og da er kanskje Kants filosofi riktigere enn Platons filosofi likevel?

– Ja, «verdensånden» har utviklet seg – og utvidet seg – fra Platon til Kant. Det skulle også bare mangle. Hvis vi vender tilbake til elven, kan vi si at det er kommet mer vann i den. Det har jo gått over to tusen år. Kant må bare ikke tro at hans «sannheter» vil bli liggende i elvekanten som urokkelige steiner. Også Kants tanker bearbeides videre, også hans «fornuft» blir gjenstand for neste generasjons kritikk. Og det var jo nettopp det som skjedde.

– Men denne elven du snakker om . . .

– Ja?

– Hvor renner den?

– Hegel pekte på at «verdensånden» utvikler seg mot en stadig større bevissthet om seg selv. Det er jo slik med elver at de blir bredere og bredere jo nærmere du kommer havet. Ifølge Hegel handler historien om at «verdensånden» langsomt våkner til bevissthet om seg selv. Verden har jo ligget her bestandig, men gjennom menneskets kultur og menneskets utfoldelse blir «verdensånden» mer og mer bevisst sin egenart.

– Hvordan kunne han være så sikker på det?

– Han peker på dette som en historisk realitet. Det er altså ikke noe han mente å spå om. Enhver som studerer historien, vil se at menneskeheten har gått mot stadig større «selverkjennelse» og «selvutfoldelse». Ifølge Hegel viser et studium av historien at menneskeheten beveger seg mot stadig større *rasjonalitet* og *frihet*. Med alle sine krumspring går altså den historiske utvikling «fremover». Vi sier at historien er selvoverskridende eller «formålsrettet».

– Det skjer en utvikling altså. Greit nok.

– Ja, historien er som en eneste lang refleksjonskjede. Nå pekte Hegel også på visse regler som gjelder for denne refleksjonskjeden. En som studerer historien inngående, vil legge merke til at en tanke gjerne settes fram på grunnlag av andre tanker som er fremsatt før. Men straks en tanke fremsettes, vil den motsies av en ny tanke. Slik oppstår en spenning mellom to motsatte måter å tenke på. Men denne spenningen oppheves ved at det fremsettes en tredje tanke som tar vare på det beste i begge standpunktene. Dette kaller Hegel en *dialektisk* utvikling.

– Har du et eksempel?

– Du husker kanskje at førsokratikerne diskuterte spørsmålet om urstoffet og forandringen . . .

– Sånn noenlunne.

– Så hevdet eleatene at enhver forandring egentlig var umulig. De ble derfor tvunget til å benekte enhver forandring selv om de registrerte alle forandringene med sansene. Eleatene hadde fremsatt en påstand, og et sånt standpunkt kalte Hegel en *posisjon*.

– Ja?

– Men hver gang en slik skarp påstand fremsettes, vil det dukke opp en motsatt påstand. Dette kalte Hegel en *negasjon*. Negasjonen til eleatenes filosofi var Heraklit, som sa at «alt flyter». Nå er det opprettet en spenning mellom to diametralt forskjellige måter å tenke på. Men denne spenningen ble «opphevet» da Empedokles pekte på at begge hadde hatt både litt rett og tatt litt feil.

– Ja, dette demrer for meg . . .

– Eleatene hadde rett i at ingenting egentlig forandrer seg, men de hadde ikke rett i at vi ikke kan stole på sansene våre. Heraklit hadde hatt rett i at vi kan stole på sansene våre, men han hadde ikke rett i at *alt* flyter.

– For det var flere enn bare ett grunnstoff. Det var bare sammensetningen som forandret seg, ikke grunnstoffene selv.

– Nettopp. Empedokles' standpunkt – som formidlet mellom de to motsatte standpunktene – kalte Hegel for *negasjonens negasjon*.

– For noen ord!

– Han kalte de tre stadiene i erkjennelsen også for «tese», «antitese» og «syntese». Du kan for eksempel si at Descartes' rasjonalisme var en *tese* – som så ble motsagt av Humes empiristiske *antitetese*. Men denne motsetningen, selve denne spenningen mellom to forskjellige måter å tenke på, ble opphevet i Kants *syntese*. Kant gav rasjonalistene rett i noe og empiristene rett i noe annet. Han viste også at begge hadde tatt feil på viktige punkter. Men historien er ikke slutt med Kant. Nå ble Kants «syntese» utgangspunkt for en ny slik treleddet refleksjonskjede eller «triade». For også «syntesen» blir motsagt av en ny «antitese».

– Dette var veldig teoretisk.

– Ja, teoretisk er det. Men Hegel mener ikke å presse noe «skjema» på historien. Han mente at han kunne lese et slikt dialektisk mønster ut av historien selv. Slik pekte han på at han hadde avdekket visse lover for fornuftens utvikling – eller for «verdensåndens» gang gjennom historien.

– Jeg skjønner.

– Men Hegels dialektikk kan ikke bare anvendes på historien. Også når vi diskuterer noe – eller drøfter noe – tenker vi dialektisk. Vi forsøker å oppspore mangler ved en tenkemåte. Dette kalte Hegel å «tenke negativt». Men når vi oppsporer mangler ved en tenkemåte, da bevarer vi også det beste.

– Eksempel!

– Når en sosialist og en høyremann setter seg ned for å løse et samfunnsproblem, vil det fort avdekkes en spenning mellom to måter å tenke på. Det betyr ikke at den ene har helt rett og at den andre tar helt feil. Det kan faktisk tenkes at begge har litt rett og at begge tar litt feil. Etter hvert som diskusjonen skrider fram, vil det gjerne skje en kritisk bevaring av det beste i begges argumentasjon.

– Ja, forhåpentligvis.

– Men når vi står midt oppe i en slik diskusjon, er det ikke alltid så lett å konstatere hva som er mest fornuftig. Hva som er riktig og hva som er galt, er på en måte opp til historien å vise. Det som er «fornuftig», er det som er «liv laga».

– Det som lever videre, er altså det som er rett.

– Eller omvendt: Det som er rett, er det som lever videre.

– Du har ikke et lite eksempel så jeg får noe å bite i?

– For 150 år siden var det mange som kjempet for kvinnenes likestilling. Mange kjempet også innbitt imot. Når vi leter fram argumentasjonen fra de to partene og leser det i dag, er det ikke vanskelig å peke på hvem som hadde mest «fornuftige» argumenter. Men vi må ikke glemme at vi er «etterpåkloke». Det *viste seg* at de som kjempet for likestilling, hadde rett. Mange mennesker ville nok også skamme seg hvis de fikk se på trykk hva bestefar uttalte i sakens anledning.

– Ja, det tenker jeg nok. Hva mente Hegel selv?

– Om likestilling?

– Var det ikke det vi snakket om?

– Vil du høre et sitat?

– Gjerne!

– «Forskjellen mellom mann og kvinne er som mellom dyret og planten,» skrev han. «Dyret svarer mer til mannens karakter, planten mer til kvinnens, fordi hennes utvikling består mer i rolig utfoldelse som har som sitt prinsipp en ubestemt følelsens helhet. Står kvinner i spissen for regjeringen, er staten i fare, for de handler ikke etter all-mennhetens krav, men etter tilfeldig tilbøyelighet og mening. Det skjer en dannelse også av kvinner – man vet ikke hvordan – liksom ved at de puster inn forestillinger, mer gjennom livet enn ved at de erverver seg kunnskaper. Mannen derimot må nå sin stilling bare ved å tilkjempe seg tanker og gjennom store tekniske anstrengelser.»

– Takk, det holder! Jeg vil helst ikke høre flere slike sitater.

– Men sitatet er et glimrende eksempel på at oppfatningen av hva som er «fornuftig», er i stadig forandring. Det viser at også Hegel var et barn av sin tid. Og det er vi også. Våre «selvfølgelige» oppfatninger vil heller ikke bestå historiens prøve.

– Har du noe eksempel?

– Nei, her har jeg ikke noe eksempel.

– Hvorfor ikke?

– Fordi jeg da ville pekt på noe som allerede er i ferd med å for-andre seg. Jeg kunne for eksempel ikke peke på at det er dumt å kjøre bil siden bilen forurenser naturen. Det er det jo allerede mange som mener. Altså ville det være et dårlig eksempel. Men historien vil vise at mye av det som vi opplever som selvfølgeligheter, ikke står for his-toriens dom.

– Jeg skjønner.

– Vi kan dessuten notere oss noe annet: Nettopp fordi mange menn på Hegels tid lirte av seg sånne krasse utsagn om kvinnens underdanighet, var de med på å sette fart på kvinnefrigjøringen.

– Hvordan skulle det være mulig?

– De fremsatte en «tese» eller en «posisjon». Grunnen til at de i det hele tatt behøvde det, var at kvinnene hadde begynt å reise seg.

Det er jo ikke nødvendig å mene noe om det som alle er enige om. Og jo krassere de uttalte seg om kvinnens underdanighet, jo sterkere ble «negasjonen».

– Jeg tror jeg skjønner.

– Du kan altså si at det beste av alt er å ha energiske motstandere. Jo mer ekstreme motstanderne er, jo kraftigere blir også reaksjonen de blir møtt med. Det er noe som heter «å helle vann på mølla».

– Jeg følte iallfall at min mølle begynte å snurre ganske energisk akkurat nå.

– Også rent logisk eller filosofisk vil det ofte være en dialektisk spenning mellom to begreper.

– Eksempel, takk!

– Hvis jeg reflekterer over begrepet «væren», vil jeg uvegerlig måtte innføre det motsatte begrepet også, nemlig «ikke-væren». Det går jo ikke an å reflektere over at man er til uten at man i neste omgang også må minne seg selv på at man ikke skal være til bestandig. Spenningen mellom «væren» og «ikke-væren» oppløses nå i begrepet «tilblivelse». For at noe blir til, betyr på en måte at det både er og at det ikke er.

– Jeg skjønner.

– Hegels fornuft er altså en *dynamisk fornuft*. Fordi virkeligheten er preget av motsetninger, må også en beskrivelse av virkeligheten være motsetningsfylt. Du skal få et eksempel her også: Det fortelles at den danske atomfysikeren *Niels Bohr* hadde en hestesko hengende over inngangsdøren sin.

– Det betyr lykke.

– Men det er jo bare overtro, og Niels Bohr var faktisk alt annet enn overtroisk. Da han en gang fikk besøk av en venn, kommenterte vennen dette. «Du tror da vel ikke på sånt,» sa han. «Nei,» svarte Niels Bohr, «men jeg har hørt at det skal virke likevel.»

– Jeg er målløs.

– Men svaret var ganske dialektisk, noen ville si selvmotsigende. Niels Bohr, som i likhet med vår egen dikter *Vinje*, var kjent for sitt «tvisyn», sa en gang også følgende: Det finnes to typer sannheter. Det er de overflatiske sannhetene, der det motsatte opplagt er uriktig. Men det finnes også dype sannheter, der det motsatte er like riktig.

– Hva slags sannheter skulle det være?

– Hvis jeg for eksempel sier at livet er kort . . .

– Da er jeg enig.

– Men jeg kan ved en annen anledning slå ut med armene og si at livet er langt.

– Du har rett. Det er på en måte sant det også.

– Til slutt skal du få høre et eksempel på hvordan en dialektisk spenning kan utløse en spontan handling som fører til en plutselig forandring.

– Kom igjen!

– Tenk deg en jentunge som stadig sier til moren sin: «Jada, mamma», «Javel, mamma», «Som du vil, mamma», «Ja, jeg skal gjøre det men én gang, mamma».

– Jeg fryser på ryggen.

– Etter hvert blir moren irritert over at datteren alltid er så lydig. Til slutt utbryter hun irritert: «Ikke vær så lydig!» Og jenta svarer: «Neivel, mamma!»

– Da ville jeg gitt henne en ørefik.

– Ja, ikke sant? Hva ville du gjort hvis hun isteden hadde svart: «Jo, jeg *vil* være lydig!»

– Det ville vært et merkelig svar. Kanskje ville jeg gitt henne en ørefik da også.

– Situasjonen var med andre ord fastlåst. Den dialektiske spenningen var så tilspisset at nå *måtte* det komme en forandring.

– Du mener ørefiken?

– Et siste trekk ved Hegels filosofi bør vi også nevne.

– Jeg sitter her.

– Du husker vi pekte på at romantikerne var individualister.

– «Den hemmelighetsfulle vei går innad.»

– Nettopp denne individualismen møtte sin «negasjon» eller motsetning i Hegels filosofi. Hegel la vekt på det han kalte de «objektive» makter. Med det mente han familien og staten. Du kan kanskje si at Hegel myste til enkeltindividet. Han mente at individet var en organisk del av fellesskapet. Fornuften eller «verdensånden» var noe som først og fremst ble synlig i samspillet mellom mennesker.

– Forklar!

– Fornuften fremtrer fremfor alt i språket. Og språket er noe vi blir født inn i. Det norske språket klarer seg utmerket godt uten Hr. Hansen, men Hr. Hansen klarer seg ikke uten det norske språket. Det er altså ikke enkeltindividet som danner språket, men språket som danner enkeltindividet.

– Ja, sånn kan du si det.

– Slik individet blir født inn i et språk, blir det også født inn i sine historiske forutsetninger. Og ingen har noe «fritt» forhold til slike forutsetninger. Den som ikke finner sin plass i staten, er derfor et uhistorisk menneske. Denne tanken husker du kanskje var viktig også for de store filosofene i Athen. Like lite som staten kan tenkes uten borgerne, kan borgerne tenkes uten staten.

– Jeg skjønner.

– Ifølge Hegel er staten noe «mer» enn den enkelte borger. Den er til og med noe mer enn summen av borgerne. Ifølge Hegel går det altså ikke an å «melde seg ut av samfunnet». En som bare trekker på skuldrene av det samfunnet han eller hun lever i og vil «finne seg sjæl», blir derfor en narr.

– Jeg vet ikke om jeg er helt enig, men OK.

– Ifølge Hegel er det ikke individet som «finner seg sjæl», men «verdensånden».

– Finner verdensånden seg selv?

– Hegel sa at «verdensånden» vender tilbake til seg selv i tre trinn. Med det mener han at den blir bevisst seg selv i tre trinn.

– Bare kom med hele trappen, du.

– Først blir «verdensånden» bevisst seg selv i individet. Dette kaller Hegel *den subjektive fornuft*. En høyere bevissthet når «verdensånden» i familien, samfunnet og staten. Dette kaller Hegel *den objektive fornuft* fordi det er en fornuft som fremtrer i samspill mellom mennesker. Men enda er det et siste trinn . . .

– Nå er jeg spent.

– Den høyeste form for selverkjennelse når «verdensånden» i *den absolutte fornuft*. Og «den absolutte fornuft» er kunsten, religionen og filosofien. Av disse er filosofien den høyeste formen for fornuft, for i filosofien reflekterer «verdensånden» over sin egen virksomhet i historien. Det er altså først i filosofien at «verdensånden» møter seg selv. Du kan kanskje si at filosofien er «verdensåndens» speil.

– Dette var så mystisk at jeg nesten må få litt tid til å fordøye det. Men jeg likte det siste du sa.

– Jeg sa at filosofien er verdensåndens speil.

– Det var vakkert. Tror du det har noe med messingspeilet å gjøre?

– Ja, siden du spør.

– Hva mente du med det?

– Jeg går ut fra at dette «messingspeilet» har en spesiell betydning siden det stadig bringes på bane.

– Da har du vel også en mening om hvilken betydning det har?

– Nei, nei. Jeg sa bare at speilet ikke ville vært trukket fram så ofte hvis det ikke har en spesiell betydning for Hilde og faren hennes. *Hvilken* betydning det har, kan bare Hilde svare på.

– Var dette romantisk ironi?

– Et håpløst spørsmål, Sofie.

– Hvorfor det?

– Det er jo ikke vi som driver med den slags. Vi er bare forsvars-løse *ofre* for slik ironi. Hvis et forvokst barn tegner noe på et papir, kan du ikke spørre papiret hva tegningen skal forestille.

– Jeg fryser på ryggen.

. . . Europa er på vei mot bankerott . . .

Hilde så på klokken. Den var allerede over fire. Nå la hun ringpermen fra seg på skrivebordet og styrtet ned på kjøkkenet. Hun måtte rekke å komme til båthuset med mat før moren gav opp å vente på henne. Idet hun sprang, kastet hun et blikk på messingspeilet.

Hun skyndte seg å sette på tevann og smurte noen skiver i rasende fart.

Joda, hun skulle så visst spille faren et puss. Hilde oppfattet seg mer og mer som en alliert med Sofie og Alberto. Det skulle begynne allerede i København . . .

Snart stod hun i båthuset med et stort brett.

– Her kommer formiddagsmaten, sa hun.

Moren holdt en kloss med sandpapir i hånden. Hun tok håret vekk fra pannen. Det var litt sand i det også.

– Men nå dropper vi middagen.

Snart satte de seg ut på bryggen og spiste.

– Når kommer pappa? spurte Hilde etter en stund.

– På lørdag. Du vet da det.

– Men når? Sa du ikke at han først kommer til København.

– Jo . . .

Moren tygget en skive med leverpostei og agurk.

– . . . han kommer til København ved fem-tiden. Flyet til Kristiansand går kvart over åtte. Jeg tror han lander på Kjevik halv ti.

– Da har han noen timer på Kastrup . . .

– Hvordan det?

– Neida . . . jeg bare lurte på hvordan han reiste.

De spiste. Da Hilde syntes det hadde gått en passe stund, sa hun:

– Har du hørt noe fra Anne og Ole i det siste?

– Ja, det hender da at de slår på tråden. De kommer hjem på ferie i juli en gang.

– Ikke før altså?

– Nei, jeg tror ikke det.

– Da er de i København denne uken . . .

– Hva *er* dette for noe, Hilde?

– Ingenting. Noe må vi jo snakke om.

– Men nå har du nevnt København to ganger.

– Har jeg det?

– Vi ble jo enige om at pappa mellomlander . . .

– Det var nok derfor jeg plutselig kom til å tenke på Anne og Ole.

Straks de var ferdige med å spise, ryddet Hilde asjetter og kopper sammen på brettet.

– Jeg må lese videre, mamma.

– Ja, du må vel det . . .

Lå det et snev av bebreidelse i svaret? De hadde jo snakket om at de skulle pusse båten sammen før pappa kom hjem.

– Pappa har på en måte tatt et løfte av meg om at jeg skal være ferdig med boken til han kommer.

– Akkurat det er litt tullete. Én ting er at han er borte selv, men han burde ikke gi seg til å dirigere saker og ting her hjemme.

– Du skulle bare visst hvor mye han dirigerer, sa Hilde hemmelighetsfullt. – Og du kan bare gjette hvordan han nyter det.

Nå gikk hun opp på rommet sitt og leste videre.

Med ett hørte Sofie at det banket på døren. Alberto sendte henne et strengt blikk:

– Vi lar oss ikke forstyrre.

Det banket kraftigere.

– Jeg skal fortelle om en dansk filosof som ble svært fortørnet over Hegels filosofi, sa Alberto.

Men nå banket det så kraftig at hele døren ristet.

– Det er naturligvis bare majoren som har sendt en eller annen fantastisk person for å se om vi går på limpinnen, fortsatte Alberto. – Denslags koster ham jo ingenting.

– Men hvis vi ikke lukker opp og ser hvem det er, koster det ham ingenting å rive ned hele huset heller.

– Kanskje har du rett. Vi får vel åpne da.

De gikk til døren. Siden det hadde vært så kraftig banking, hadde

Sofie tenkt seg at det måtte være en svær person. Men på trappen utenfor stod bare en liten pike med en blomstrete sommerkjole og et langt lyst hår. I hånden hadde hun to små flasker. Den ene var rød, den andre var blå.

– Hei, sa Sofie. – Hvem er du?

– Jeg heter Alice, sa piken og neide sjenert.

– Da var det som jeg tenkte, nikket Alberto. – Det er Alice i Drømmeland.

– Men hvordan har hun funnet veien hit?

Alice svarte selv:

– Drømmeland er et aldeles grenseløst land. Det betyr at Drømmeland er overalt – omtrent som FN. Landet vårt burde derfor bli æresmedlem i FN. Vi skulle hatt egne representanter i alle komiteer. For også FN kommer fra menneskenes drømmeland.

– Høh – majoren, humret Alberto.

– Og hva bringer deg hit? spurte Sofie.

– Jeg skulle gi Sofie disse filosofiflaskene.

Hun rakte de små flaskene til Sofie. Begge hadde blankt glass, men det var en rød væske i den ene og en blå væske i den andre. På den røde flasken stod det «DRIKK MEG», på den blå stod det «DRIKK MEG OGSÅ».

I neste øyeblikk kom en hvit kanin springende forbi hytta. Den gikk oppreist på to bein og var dessuten kledd i vest og jakke. Rett foran hytta tok den opp et lommeur fra vesten sin og sa:

– Nei, å nei, nå kommmer jeg for sent.

Dermed satte den på sprang igjen. Alice begynte å løpe etter den. Idet hun sprang, neide hun på nytt og sa:

– Nå begynner det igjen.

– Du må hilse til Dina og dronningen, ropte Sofie etter henne.

Dermed var hun borte. Alberto og Sofie ble stående på trappen og undersøke flaskene.

– DRIKK MEG og DRIKK MEG OGSÅ, leste Sofie.

– Jeg vet ikke om jeg tør. Kanskje er det giftig.

Alberto bare trakk på skuldrene.

– Det kommer jo fra majoren, og alt som kommer fra majoren er bevissthet. Altså er det bare tankesaft.

Sofie skrudde av korken på den røde flasken og satte den forsiktig til munnen. Saften smakte søtt og rart, men det var bare det ene. Samtidig begynte det å skje noe med alt som var omkring henne.

Det var som om vannet og skogen og hytta begynte å flyte sammen. Snart var det som om alt hun så var én person, og denne personen var Sofie selv. Hun kastet et blikk opp på Alberto, men nå var det som om også han var en del av Sofies sjel.

– Det var rart, sa hun. – Jeg ser alt som før, men nå er det som om alt henger sammen. Jeg føler at alt er én bevissthet.

Alberto nikket – men det var som om det var Sofie som nikket til seg selv.

– Det er panteismen eller enhetsfilosofien, sa han. – Det er romantikernes verdenssånd. De opplevde jo alt som et stort «jeg». Det er også Hegel – som myste til enkeltindividet og så alt som uttrykk for den ene verdensfornuft.

– Skal jeg drikke av den andre også?

– Det står på flasken.

Sofie skrudde av korken på den blå flasken og drakk en stor slurk. Denne saften smakte litt friskere og syrligere enn den røde. Men også nå skjedde en brå forandring med alt som var omkring henne.

I løpet av et sekund ble virkningen av den røde drikken borte; slik ble tingene skjøvet tilbake på sin gamle plass igjen. Alberto ble Alberto, skogens trær ble trær i skogen og vannet stod på nytt fram som et lite tjern.

Men dette varte bare i et sekund, for alt Sofie så, fortsatte å gli fra hverandre. Skogen var ikke lenger skog, hvert minste tre stod nå fram som en hel verden for seg. Hver minste lille kvist var som et lite eventyr det kunne fortelles tusen eventyr om.

Med ett var det vesle vannet som et uendelig hav – ikke i dybde eller bredde, men i glitrende detaljer og finurlige buktninger. Sofie forstod at hun kunne brukt et helt liv bare på å betrakte dette vannet, og selv når livet en gang tok slutt, ville vannet forbli et uutgrunnelig mysterium.

Hun løftet blikket mot en trekrone. Der lekte tre små spurver en snodig lek. Sofie hadde på en måte visst at fuglene satt i dette treet også da hun så seg om etter å ha drukket av den røde flasken, men hun hadde ikke sett dem ordentlig likevel. Den røde flasken hadde visket ut alle motsetninger og alle individuelle forskjeller.

Nå trippet Sofie ned fra steinhellen de stod på og bøyde seg over gresset. Hun oppdaget en ny verden – omtrent som når man dykker dypt og åpner øynene under vann for første gang. I mosen mellom tuster og strå myldret det av levende detaljer. Sofie så en edderkopp som krabbet traust og ettertrykkelig over mosen . . . en rød bladlus som pilte opp og ned på et gresstrå . . . og en hel liten hær av maur som holdt dugnad i gresset. Men selv hver enkelt maur løftet beina på sin bestemte måte.

Det rareste var likevel da hun reiste seg igjen og kikket opp på Alberto, som fortsatt stod på trammen foran hytta. I Alberto så hun nå en forunderlig person, han var som et menneske fra en annen klode – eller som en eventyrskikkelse fra et annet eventyr. Samtidig opplevde hun på en helt ny måte at hun selv var en enestående person. Hun var ikke bare et menneske, hun var ikke bare en jente på femten år. Hun var Sofie Amundsen, og bare hun var det.

– Hva ser du? spurte Alberto.

– Jeg ser at du er en underlig skrue.

– Sier du det?

– Jeg tror jeg aldri vil forstå hvordan det er å være et annet menneske. Ingen mennesker i hele verden er jo like.

– Og skogen?

– Den henger ikke sammen lenger. Den er som et helt univers av forunderlige eventyr.

– Da var det som jeg tenkte. Den blå flasken er individualismen. Den er for eksempel *Søren Kierkegaards* reaksjon på romantikkens enhetsfilosofi. Men den er også en annen danske som levde samtidig med Kierkegaard. Det er den berømte eventyrdikteren H.C. Andersen. Han hadde dette skarpe blikket for naturens ufattelige detaljrikdom. En filosof som hadde sett det samme mer enn hundre år tidligere, var tyskeren Leibniz. Han hadde reagert på Spinozas enhetsfilosofi slik Søren Kierkegaard reagerte på Hegel.

– Jeg hører hva du sier, men du er samtidig så rar at jeg får lyst til å le.

– Jeg forstår. Da får du ta en liten slurk av den røde flasken igjen.

Så setter vi oss på trappen her. Vi skal si noen ord om Kierkegaard før vi gir oss for dagen.

Sofie satte seg på trappen ved siden av Alberto. Hun drakk en liten slurk av den røde flasken, og nå begynte tingene å flyte sammen igjen. Faktisk fløt de litt for mye sammen, for igjen fikk Sofie en følelse av at ingen forskjeller hadde noen betydning. Da måtte hun bare så vidt stikke tungen mot åpningen av den blå flasken igjen, og nå ble verden omtrent slik den hadde vært før Alice hadde kommet med de to flaskene.

– Men hva er *sant*? spurte hun nå. – Er det den røde eller den blå flasken som gir den riktige opplevelsen?

– Både den røde og blå, Sofie. Vi kan ikke si at romantikerne tok feil, for det finnes bare én virkelighet. Men kanskje var de litt ensidige.

– Hva med den blå flasken?

– Den tror jeg Kierkegaard hadde drukket noen dype slurker av. Han hadde iallfall et skarpt øye for individets betydning. Vi er jo ikke bare «barn av vår tid». Hver og en av oss er dessuten et enestående enkeltindivid som lever bare denne ene gangen.

– Og dette hadde ikke Hegel brydd seg noe særlig om?

– Nei, han var mer opptatt av de store linjene i historien. Nettopp dette gjorde Kierkegaard opprørt. Han mente at både romantikernes enhetsfilosofi og Hegels «historisme» hadde druknet enkeltindividets ansvar for sitt eget liv. For Kierkegaard var derfor Hegel og romantikerne to alen av samme stykke.

– Jeg kan forstå at han ble sint.

– Søren Kierkegaard ble født i 1813 og ble strengt oppdratt av sin far. Av faren arvet han også et religiøst tungsinn.

– Det hørtes ikke så bra ut.

– Nettopp på grunn av sitt tungsinn følte han seg tvunget til å bryte en forlovelse. Dette ble ikke tatt nådig opp i det københavnske borgerskap. Slik ble han tidlig en utstøtt og bespottet person. Nåja – etter hvert bet han skarpt ifra selv også. Mer og mer ble han det som Ibsen senere kalte en «folkefiende».

– På grunn av en brutt forlovelse?

– Nei, ikke bare det. Særlig mot slutten av sitt liv penslet han ut en kraftig kulturkritikk. «Hele Europa er på vei mot bankerott,» sa han. Han mente at han levde i en tid helt uten lidenskap og engasjement. Spesielt reagerte han på lunkenhet innen kirken. Han var ikke nådig i sin kritikk av det vi gjerne kaller «søndagskristendom».

– I dag er det vel mer på sin plass å snakke om «konfirmasjons-kristendom». De aller fleste konfirmerer seg bare på grunn av alle gavene.

– Ja, da har du tatt poenget. For Kierkegaard var kristendommen både så overveldende og så fornuftsstridig at det måtte bli et enten–eller. Det går ikke an å være «litt» eller «til en viss grad» kristen. For enten stod Jesus opp på første påskedag – eller ikke. Og hvis han virkelig stod opp fra døden, hvis han virkelig døde for vår skyld – da er dette så bestormende at det må gjennomsyre våre liv.

– Jeg skjønner.

– Men så opplevde Kierkegaard at både kirken og folk flest hadde et snusfornuftig forhold til religiøse spørsmål. For Kierkegaard selv var religion og fornuft som ild og vann. Det er ikke nok å tro at kristendommen er «sann». Kristen tro er å følge i Kristi fotspor.

– Hva hadde dette med Hegel å gjøre?

– Nei, kanskje har vi begynt i gal ende.

– Da foreslår jeg at du setter bilen i revers og starter på nytt.

– Kirkegaard begynte å studere teologi allerede da han var 17 år, men etter hvert ble han mer og mer opptatt av filosofiske spørsmål. 27 år gammel tok han magistergraden med avhandlingen «Om begrepet ironi». Her tar han et oppgjør med den romantiske ironi og romantikernes uforpliktende lek med illusjonen. Som et motstykke til denne formen for ironi stilte han opp «den sokratiske ironi». Også Sokrates hadde jo brukt ironien som virkemiddel, men da var det for å lokke fram det største livsalvor. I motsetning til romantikerne var Sokrates det som Kierkegaard kalte en «eksisterende tenker». Det vil si en tenker som trekker hele sin eksistens med i sin filosofiske refleksjon.

– Javel.

– Etter den brutte forlovelsen reiste Kierkegaard i 1841 til Berlin, der han blant annet lyttet til Schellings forelesninger.

– Traff han Hegel?

– Nei, Hegel døde ti år tidligere, men det var Hegels ånd som var fremtredende både i Berlin og over store deler av Europa. Hans «system» ble nå brukt som en slags totalforklaring på alle typer spørsmål. Kierkegaard pekte på at slike «objektive sannheter» som den hegelianske filosofien var opptatt av, var totalt uvesentlig for det enkelte menneskets eksistens.

– Hva slags sannheter er vesentlige?

– Viktigere enn å finne «Sannheten» med stor S, er det ifølge Kierkegaard å finne slike sannheter som er viktige for den enkeltes liv. Det er viktig å finne «sannheten for meg». Slik satte han individet – eller *den enkelte* – opp mot «systemet». Kierkegaard mente at Hegel hadde glemt at han var et menneske selv. Han skriver dette om den hegelske professortype: «Mens den spekulerende velbårne Hr. Professor forklarer hele tilværelsen, har han i distraksjon glemt hva han selv heter: at han er et menneske, rett og slett et menneske, ikke en fantastisk 3/8 av en §.»

– Og hva er et menneske ifølge Kierkegaard?

– Det kan du ikke svare på sånn i sin alminnelighet. En allmengyldig beskrivelse av menneskets natur eller menneskets «vesen» er for Kierkegaard totalt uinteressant. Det er den enkeltes *eksistens* som er vesentlig. Og mennesket opplever ikke sin egen eksistens bak et skrivebord. Det er når mennesket handler – og spesielt når vi tar viktige *valg* – at vi forholder oss til vår egen eksistens. Det fortelles en historie om Buddha som kan illustrere hva Kierkegaard mente.

– Om Buddha?

– Ja, for også Buddhas filosofi tok utgangspunkt i menneskets eksistens. En gang var det en munk som syntes at han gav uklare svar på viktige spørsmål om hva verden er og hva et menneske er. Buddha svarte ved å vise til en som blir såret av en giftig pil. Den sårede ville ikke av ren teoretisk interesse spørre hva pilen var laget av, hva slags gift det var på den eller fra hvilken vinkel han ble beskutt.

– Han ville vel at noen skulle ta ut pilen og behandle såret?

– Ja, ikke sant? Det var det som var eksistensielt viktig for ham. Både Buddha og Kierkegaard hadde en sterk opplevelse av at de eksisterte bare en kort stund. Og som sagt: Da setter man seg ikke ned bak et skrivebord og spekulerer over verdensåndens natur.

– Jeg skjønner.

– Kierkegaard sa også at sannheten er «subjektiv». Han mente ikke med det å si at det er det samme hva vi tror eller mener. Han mente at de virkelig betydelige sannheter er *personlige*. Bare slike sannheter er «en sannhet for meg».

– Kan du gi et eksempel på en slik subjektiv sannhet?

– Et viktig spørsmål er for eksempel om kristendommen er sann. Dette er ikke et spørsmål man kan ha et teoretisk eller akademisk forhold til. For en som «forstår seg selv i eksistens», dreier det seg om liv eller død. Det er altså ikke noe man sitter og diskuterer bare for diskusjonens skyld. Det er noe man nærmer seg med den største lidenskap og inderlighet.

– Jeg skjønner.

– Hvis du faller i vannet, har du ikke et teoretisk forhold til om du vil drukne eller ikke. Da er det verken «interessant» eller «uinteressant» om det er krokodiller i vannet. Det er et spørsmål om liv og død.

– Jo, takk.

– Vi må altså skille mellom det filosofiske spørsmålet om det finnes en gud og individets forhold til det samme spørsmålet. Overfor sånne spørsmål står hvert eneste menneske helt alene. Slike viktige spørsmål kan vi dessuten bare nærme oss ved *tro*. Ting vi kan vite med fornuften er ifølge Kierkegaard aldeles uvesentlige.

– Nei, dette må du forklare.

– 8 + 4 = 12, Sofie. Dette kan vi vite helt sikkert. Det er et eksempel på slike «fornuftssannheter» som alle filosofene etter Descartes hadde snakket om. Men skal vi ta med det i aftenbønnen? Er det kanskje noe vi vil ligge og fundere over når vi en gang skal dø? Nei, slike sannheter er kanskje både «objektive» og «allmenne», men derfor er de også totalt likegyldige for den enkeltes eksistens.

– Hva med troen?

– Du kan ikke vite om et menneske har tilgitt deg når du har gjort noe galt. Nettopp derfor er det eksistensielt viktig for deg. Det er et spørsmål du har et levende forhold til. Du kan ikke vite om et annet menneske er glad i deg heller. Det er bare noe du kan tro eller håpe på. Men det er viktigere for deg enn at vinkelsummen i en trekant er

180°. Ellers står man jo ikke og tenker på «årsaksloven» eller «anskuelsesformene» når man får sitt første kyss.

– Nei, det ville vært ganske sprøtt.

– Først og fremst er troen viktig når det gjelder religiøse spørsmål. Om dette skrev Kierkegaard: «Kan jeg objektivt gripe Gud, så tror jeg ikke, men nettopp fordi jeg ikke kan det, derfor må jeg tro. Og vil jeg bevare meg i troen, må jeg bestandig passe på at jeg fastholder den objektive uvisshet, at jeg i den objektive uvisshet er på de 70.000 favner vann, og dog tror.»

– Det var litt tungt uttrykt.

– Tidligere hadde mange forsøkt å bevise Guds eksistens – eller iallfall gripe ham med fornuften. Men hvis man slår seg til ro med slike gudsbevis eller fornuftsargumenter, da mister man selve troen – og med den også den religiøse inderlighet. For det vesentlige er ikke om kristendommen er sann, men om den er sann for meg. I middelalderen ble den samme tanken uttrykt med formelen «credo quia absurdum».

– Sier du det?

– Det betyr at «jeg tror fordi det er fornuftsstridig». Hvis kristendommen hadde appellert til fornuften – og ikke til andre sider ved oss – da ville den jo ikke vært et trosspørsmål.

– Dette har jeg nå forstått.

– Vi har altså sett hva Kierkegaard mente med «eksistens», hva han mente med en «subjektiv sannhet» og hva han la i begrepet «tro». Alle de tre begrepene ble utformet som en kritikk av den filosofiske tradisjon, og ganske spesielt av Hegel. Men i dette lå det også en hel «sivilisajonskritikk». I det moderne bysamfunnet var mennesket blitt «publikum» eller «offentlighet», mente han, og mengdens fremste kjennetegn var alt det uforpliktende «snakket». I dag ville vi kanskje bruke ordet «konformitet», det vil si at alle «mener» og «står for» det samme uten at noen har et lidenskaplig forhold til det.

– Jeg sitter og lurer på om ikke Kierkegaard kunne hatt noen høner å plukke med Jorunns foreldre.

– Men han var ikke alltid så nådig i sine karakteristikker. Han hadde en skarp penn og en bitter ironi. Han kunne for eksempel komme med spissformuleringer som at «mengden er usannheten» eller at «sannheten er alltid i minoritet». Han pekte også på at folk flest hadde et lekende forhold til tilværelsen.

– En ting er å samle på Barbie-dokker. Det er nesten verre å være en Barbie-dokke selv . . .

– Dette bringer oss over til Kierkegaards lære om de tre «stadier på livets vei».

– Hva sa du?

– Kierkegaard mente at det finnes tre forskjellige livsholdninger. Selv bruker han ordet *stadier*. Disse kaller han «det estetiske stadium», «det etiske stadium» og «det religiøse stadium». Når han bruker ordet «stadium», er det også for å markere at man kan leve på et av de to nederste stadiene og så plutselig gjøre «spranget» til et høyere stadium. Men mange mennesker lever på det samme stadium hele livet.

– Nå tipper jeg at det snart kommer en forklaring. Jeg begynner dessuten å bli nysgjerrig på hvilket stadium jeg befinner meg selv.

– Den som lever på *det estetiske stadium*, lever i øyeblikket og søker til enhver tid etter å oppnå nytelse. Det som er godt, er det som er vakkert, skjønt eller behagelig. Sånn sett lever et slikt menneske helt og holdent i sansenes verden. Estetikeren blir en kasteball for sine egne lyster og sinnsstemninger. Det som er negativt, er det som er kjedelig eller «kjipt».

– Jo takk, jeg tror jeg kjenner den holdningen.

– Den typiske romantiker er derfor også en typisk estetiker. For det dreier seg ikke bare om sanselig nytelse. Også en som har et lekende forhold til virkeligheten – eller for eksempel til den kunsten eller den filosofien han eller hun arbeider med – lever på det estetiske stadium. Selv sorgen og lidelsen kan man nemlig forholde seg estetisk eller «betraktende» til. Det er forfengeligheten som rår. Ibsen har tegnet et bilde av en typisk estetiker i Peer Gynt.

– Jeg tror jeg forstår hva du mener.

– Kjenner du deg igjen?

– Ikke helt. Men jeg synes kanskje at det kan minne litt om majoren.

– Ja, kanskje det, Sofie . . . Skjønt dette var igjen et eksempel på en sånn klissen romantisk ironi. Du skulle skylle munnen din.

– Hva sa du?

– Nåja – det er jo ikke din skyld.

– Fortsett!

– En som lever på det estetiske stadium, kan fort komme til å opp-leve angst og tomhetsfølelse. Men hvis det skjer, er det også håp. Ifølge Kierkegaard er *angsten* noe nesten positivt. Den er et uttrykk for at man er i en «eksistensiell situasjon». Nå kan estetikeren velge å gjøre det store «spranget» til et høyere stadium. Men enten skjer det eller ikke. Det er ingen hjelp i å være nær ved å gjøre «spranget» hvis man ikke gjør det helt. Her er det snakk om et «enten–eller». Men ingen kan gjøre spranget for deg. Du må velge selv.

– Det kan minne litt om å slutte å drikke eller å slutte å bruke stoff.

– Ja, kanskje det. Når Kierkegaard skildrer denne «avgjørelsens kategori», kan han minne om Sokrates som pekte på at all virkelig innsikt kommer innenfra. Også *valget* som fører til at et menneske hopper fra en estetisk til en etisk eller religiøs livsholdning, må komme innenfra. Dette skildrer Ibsen i «Peer Gynt». En annen mes-terlig skildring av hvordan det eksistensielle valg springer ut av en indre nød og fortvilelse, gir den russiske dikteren *Dostojevskij* i den store romanen om Raskolnikov.

– I beste fall velger man altså en annen livsholdning.

– Og slik begynner man kanskje å leve på *det etiske stadium*. Det er preget av alvor og konsekvente valg etter en moralsk målestokk. Denne livsholdningen kan minne litt om Kants pliktetikk. Man for-søker å leve etter moralloven. Som Kant retter også Kierkegaard først og fremst oppmerksomheten mot menneskets sinnelag. Det vesent-lige er ikke nøyaktig hva man mener er riktig og hva man mener er galt. Det vesentlige er at man i det hele tatt velger å forholde seg til hva som er «riktig eller galt». Estetikeren var jo bare opptatt av hva som er «gøy eller kjedelig».

– Kan man ikke bli et litt *for* alvorlig menneske av å leve på denne måten?

– Joda. Ifølge Kierkegaard er heller ikke «det etiske stadium» til-fredsstillende. Også pliktmennesket vil til slutt gå trøtt av å være så pliktoppfyllende og pertentlig. Mange mennesker kan oppleve en slik trøtthetsreaksjon langt opp i voksen alder. Noen kan nå falle tilbake til det lekende liv på det estetiske stadium. Men noen gjør også et nytt sprang til *det religiøse stadium*. De gjør det riktig store våge-spranget ut på troens «70.000 favner vann». De velger troen fremfor den estetiske nytelse og fornuftens pliktbud. Og selv om det kan være «forferdelig å falle i den levende Guds hender», som Kierkegaard ut-trykker det, er det først nå mennesket finner en forsoning.

– Kristendommen altså.

– Ja, for Kierkegaard var «det religiøse stadium» kristendommen. Men han fikk stor betydning også for ikke-kristne tenkere. I det 20. århundre vokste det fram en omfattende «eksistensfilosofi» som var inspirert av den danske tenkeren.

Nå så Sofie på klokken.

– Den er nesten syv. Jeg må styrte hjem. Mamma kommer til å gå fra vettet.

Hun vinket til filosofilæreren og sprang ned til vannet og båten.

MARX

. . . et spøkelse er på ferde i Europa . . .

Hilde reiste seg fra sengen og stilte seg opp foran vinduet som vendte ned mot bukta. Hun hadde begynt lørdagen med å lese om Sofies 15-årsdag. Dagen før var det Hilde selv som hadde hatt fødselsdag.

Hvis faren hadde beregnet at hun skulle rekke å lese helt fram til Sofies fødselsdag, hadde han tatt for hardt i. Hun hadde jo ikke gjort noe annet i hele går enn å lese. Men han hadde hatt rett i at det bare kom ett gratulasjonsønske til. Det var da Alberto og Sofie hadde sunget «Happy Birthday». Hilde hadde synes det var flaut.

Så hadde Sofie invitert til «filosofisk hageselskap» den samme dagen som faren til Hilde skulle komme hjem fra Libanon. Hilde var overbevist om at det kom til skje noe denne dagen som verken hun eller faren hadde helt oversikt over.

Én ting var iallfall sikkert: Innen faren kom hjem til Bjerkely, skulle han få seg en liten støkk i livet. Det var det minste hun syntes hun kunne gjøre for Sofie og Alberto. De hadde jo anropt Hilde om hennes hjelp . . .

Moren var fortsatt i båthuset. Hilde listet seg ned i første etasje og gikk til telefonbordet. Hun fant telefonummeret til Anne og Ole i København og slo alle sifrene etter tur.

– Anne Kvamsdal.

– Hei, det er Hilde.

– Så hyggelig! Hvordan står det til i Lillesand?

– Bare fint, sommerferie og alt. Og så er det bare en uke til pappa kommer hjem fra Libanon.

– Det blir vel deilig, Hilde?

– Joda, jeg gleder meg. Og du skjønner – det var faktisk derfor jeg ringte . . .

– Åja?

– Jeg tror han lander på Kastrup ved 5-tiden lørdag den 23. Er dere i København da?

– Jeg tror da det?

– Jeg lurte på om dere kunne gjøre meg en liten tjeneste.

– Det skulle bare mangle.

– Men det er litt spesielt, altså. Jeg vet ikke engang om det går an.

– Nå gjør du meg spent . . .

Dermed begynte Hilde å fortelle. Hun fortalte om ringpermen og Alberto og Sofie og alt sammen. Flere ganger måtte hun begynne på nytt igjen fordi enten hun selv eller tanten i den andre enden brøt ut i latter. Men da hun hadde lagt på røret, var Hildes plan beseglet.

Så fikk hun gjøre visse forberedelser hjemme på Sørlandet også. Nåja – det hastet jo ikke.

Resten av ettermiddagen og kvelden var Hilde sammen med moren. Det endte med at de kjørte til Kristiansand for å gå på kino. Noe måtte de ta igjen for i går, det hadde jo ikke vært noen ordentlig bursdag. Da de passerte avkjørselen til Kjevik, falt enda noen brikker på plass i det store puslespillet som hun stadig tenkte på.

Først idet hun skulle legge seg sent på kvelden, leste hun videre i den store ringpermen.

Da Sofie krabbet gjennom Smuget, var klokken nesten åtte. Moren stelte i noen blomsterbed foran inngangen da hun kom.

– **Hvor kom du fra?**

– **Jeg kom gjennom hekken.**

– **Gjennom hekken?**

– **Vet du ikke at det er en sti på den andre siden?**

– **Men hvor har du** *vært*, **Sofie? Enda en gang har du bare blitt borte fra middagen uten å gi noen beskjed.**

– **Jeg er lei for det. Det var så nydelig ute. Jeg har gått en lang tur.**

Først nå reiste moren seg opp fra alt ugresset og så på henne.

– **Du har vel ikke truffet denne filosofen igjen?**

– **Jo, faktisk. Jeg sa jo at han liker å gå tur.**

– **Men han kommer på hagefesten?**

– **Jada, han gleder seg.**

– **Det gjør jeg også. Jeg teller dagene, Sofie.**

Var det ikke et snev av gift i stemmen? For sikkerhets skyld sa hun:

– Jeg er glad for at jeg inviterte foreldrene til Jorunn også. Ellers ville det vært litt pinlig.

– Tja . . . uansett skal jeg sikre meg en samtale med denne Alberto'en under fire voksne øyne.

– Dere kan godt få låne rommet mitt. Jeg er sikker på at du vil like ham.

– Men det er noe annet også. Det har kommet et brev til deg.

– Javel . . .

– Det er stemplet «FN-bataljonen».

– Da er det fra broren til Alberto.

– Nei, nå får det være nok, Sofie.

Sofie tenkte febrilsk. Men i løpet av et sekund eller to kom et passende svar. Det var som om hun mottok en slags inspirasjon fra en hjelpende ånd.

– Jeg fortalte Alberto at jeg samler på sjeldne poststempler. Og brødre kan jo brukes til både det ene og det andre.

Med det svaret klarte hun å berolige moren.

– Middagen står i kjøleskapet, sa hun nå, litt mer forsonlig i tonen.

– Hvor er brevet?

– På kjøleskapet.

Sofie styrtet inn. Konvolutten var stemplet den 15/6-1990. Hun åpnet konvolutten og stod snart med en ganske liten seddel i hånden:

Hva tjener evig skapen i det blinde,
når alt det skapte bare skal forsvinne?

Nei, det spørsmålet hadde ikke Sofie noe svar på. Før hun spiste, la hun lappen i skapet sammen med alt det andre drivgodset hun hadde samlet de siste ukene. Hun fikk vel tidsnok svar på hvorfor spørsmålet var stilt.

Neste formiddag kom Jorunn på besøk. Etter å ha spilt badminton, fortsatte de å planlegge den filosofiske hagefesten. De måtte ha noen overraskelser på lager i tilfelle festen skulle dabbe av.

377

Også da moren kom hjem fra jobben, var det hageselskapet de snakket om. Det var en setning som moren stadig gjentok: «Nei, her skal det ikke spares på noe.» Det var ikke ironisk ment.

Det var som om hun tenkte at et «filosofisk hageselskap» var akkurat det Sofie trengte for å komme ned på Jorden igjen etter de mange urolige ukene med intens filosofiopplæring.

Før kvelden var omme, var de enige om alt fra kransekake og japanske lykter i hagen til filosofisk gjettekonkurranse med en filosofibok for ungdom som premie. Hvis det fantes noen slik bok da; Sofie var ikke så sikker.

Torsdag 21. juni – bare to dager før sankthans – ringte Alberto igjen.

– Sofie.

– Og Alberto.

– Hvordan går det?

– Aldeles utmerket. Jeg tror jeg har funnet en vei ut.

– Ut av hva da?

– Det vet du da. Ut av dette åndelige fangenskapet som vi allerede har levd i altfor lenge.

– Å det . . .

– Men jeg kan ikke si et ord om planen før etter at den er satt i verk.

– Var ikke det i seneste laget? Jeg må vel vite hva jeg skal være med på?

– Nei, nå er du naiv. Alt vi sier blir jo avlyttet. Det fornuftigste ville derfor være å tie.

– Er det virkelig så ille?

– Naturligvis, barnet mitt. Det viktigste må skje når vi ikke snakker sammen.

– Å . . .

– Vi lever våre liv i en fiktiv virkelighet bak ordene i en lang fortelling. Hver eneste bokstav tastes inn på en billig reiseskrivemaskin av majoren. Ingenting av det som står på trykk, kan derfor unngå hans oppmerksomhet.

– Nei, det forstår jeg. Men hvordan skulle vi da klare å gjemme oss for ham?

– Hysj!

– Hva?

– Det foregår noe mellom linjene også. Det er der jeg prøver å sno meg med alt jeg har av dobbeltbunnet list.

– Jeg skjønner.

– Men vi må bruke tiden sammen både i dag og i morgen. På lørdag braker det løs. Kan du komme med det samme?

– Jeg kommer.

Sofie gav fuglene og fiskene mat, fant fram et stort salatblad til Govinda og åpnet en boks med kattemat til Sherekan. Hun satte skålen med kattemat ut på trappen idet hun gikk.

Så smatt hun gjennom hekken og inn på stien på den andre siden. Da hun hadde gått et stykke, fikk hun plutselig øye på et stort skrivebord som stod midt ute i lyngen. Bak skrivebordet satt en eldre mann. Det så ut som om han satt og regnet på et eller annet. Sofie gikk bort til ham og spurte hva han het.

Det var bare så vidt han gadd å kikke opp.

– Scrooge, sa han og bøyde seg over papirene sine igjen.

– Jeg heter Sofie. Er du forretningsmann, kanskje?

Han nikket.

– Og styrtrik. Ikke en krone må gå til spille. Derfor må jeg også konsentrere meg om regnskapene.

– At du gidder!

Sofie vinket og gikk videre. Men hun hadde ikke gått mange meterne før hun fikk øye på en liten pike som satt ganske alene under en av de høye trekronene. Hun var fillete kledt og så både blek og sykelig ut. Da Sofie passerte, stakk hun hånden ned i en liten pose og holdt opp en fyrstikkeske.

– Vil du kjøpe fyrstikker? spurte hun.

Sofie kjente etter i lommen om hun hadde penger med seg. Joda – hun fant iallfall et kronestykke.

– Hvor mye koster de?

– En krone.

Sofie gav piken kronestykket og ble stående med en eske fyrstikker i hendene.

– Du er den første som har kjøpt noe av meg på over hundre år. Noen ganger sulter jeg i hjel, andre ganger er det frosten som tar meg.

Sofie tenkte at det kanskje ikke var så rart at hun ikke fikk solgt noen fyrstikker her inne i skogen. Men så kom hun på den rike forretningsmannen like ved. Det skulle ikke være nødvendig at piken med fyrstikkene døde av sult når han hadde så mange penger.

– Kom her, sa Sofie.

Hun tok piken i hendene og trakk henne med seg til den rike mannen.

– Du må sørge for at denne piken får en bedre tilværelse, sa hun.

Mannen gløttet opp fra papirene og sa:

– Sånt koster penger, og jeg har allerede fortalt deg at ikke så mye som en krone må gå til spille.

– Men det er urettferdig at du skal være så rik når denne piken er så fattig, insisterte Sofie.

– Tøys! Rettferdighet skjer bare blant likemenn.

– Hva mener du med det?

– Jeg har jobbet meg opp, og det skal lønne seg å arbeide. Fremskritt, kalles det.

– Nei, vet du hva!

– Hvis du ikke hjelper meg, kommer jeg til å dø, sa den fattige piken.

Forretningsmannen skottet igjen opp fra papirene. Så slo han pennen ned i bordet med et smell.

– Du er da ikke noen post i mine regnskaper. Så – gå på fattighuset med deg nå.

– Hvis du ikke hjelper meg, tenner jeg på skogen, fortsatte den fattige piken.

Først nå reiste mannen bak skrivebordet seg, men nå hadde piken allerede strøket av en fyrstikk. Hun satte den mot noen tørre gresstuster som straks flammet opp.

Den rike mannen slo ut med armene.

– Hjelpe meg! ropte han. – Den røde hane galer!

Piken så opp på ham med et skjelmsk smil.

– Du visste ikke at jeg var kommunist.

I neste øyeblikk var både piken, forretningsmannen og skrivebordet borte. Sofie ble stående alene igjen mens det brant stadig hissigere i det tørre gresset. Hun forsøkte å kvele flammene ved å trampe på dem, og etter en stund var alt slukket.

Gudskjelov! Sofie kikket ned på de svarte tustene. I hendene holdt hun en eske fyrstikker.

Det var vel ikke hun selv som hadde tent på?

Da hun møtte Alberto foran hytta, fortalte hun hva hun hadde opplevd.

– Scrooge var en gjerrig kapitalist i «Et juleeventyr» av *Charles Dickens*. Piken med fyrstikkene husker du sikkert fra eventyret av H.C. Andersen.

– Var det ikke rart at jeg skulle treffe dem her i skogen?

– Overhodet ikke. Dette er ingen alminnelig skog, og nå skal vi snakke om *Karl Marx*. Da kan det være på sin plass at du har sett et eksempel på de enorme klassemotsetningene i midten av forrige århundre. Men vi går inn. Tross alt sitter vi litt mer i ly for majorens innblanding der.

Igjen slo de seg ned foran bordet ved vinduet som vendte ned mot vannet. Ennå satt det i kroppen på Sofie hvordan hun hadde opplevd det vesle vannet etter å ha drukket av den blå flasken.

Nå stod både den røde og den blå flasken på peishyllen. På bordet var det satt fram en liten kopi av et gresk tempel.

– Hva er det? spurte Sofie.

– Alt i sin tur, barnet mitt.

Dermed begynte Alberto å fortelle om Marx:

– Da Kierkegaard kom til Berlin i 1841, satt han kanskje ved siden av Karl Marx mens han hørte på Schellings forelesninger. Kierkegaard hadde skrevet en magisteravhandling om Sokrates. Samtidig hadde Marx skrevet en doktoravhandling om Demokrit og Epikur – altså om oldtidens materialisme. Dermed hadde også begge to staket ut kursen for sin egen filosofi.

– For Kierkegaard ble eksistensfilosof og Marx ble materialist?

– Marx ble det vi gjerne kaller en *historisk materialist*. Men dette skal vi komme tilbake til.

– Fortsett!

– Hver på sin måte tok både Kierkegaard og Marx utgangspunkt i Hegels filosofi. Begge er preget av hans måte å tenke på, men begge tar også avstand fra Hegels «verdensånd» – eller det vi kaller Hegels idealisme.

– Det ble vel litt for svevende for dem.

– Så avgjort. Ganske generelt sier vi gjerne at de store filosofiske systemenes tid var slutt med Hegel. Etter ham tar filosofien en helt ny retning. Istedenfor store spekulative systemer fikk vi det vi kaller en «eksistensfilosofi» eller «handlingsfilosofi». Det var dette Marx mente da han konstaterte at «filosofene har bare fortolket verden forskjellig, det gjelder å forandre den». Nettopp disse ordene markerer et viktig vendepunkt i filosofiens historie.

– Etter å ha møtt Scrooge og piken med fyrstikkene, har jeg ingen problemer med å forstå hva Marx mente.

– Marx' tenkning har altså et praktisk – og politisk – siktemål. Vi kan dessuten notere oss at han ikke bare var filosof. Han var dessuten historiker, sosiolog og økonom.

– Og han var banebrytende på alle disse områdene?

– Det er iallfall ingen annen filosof som har fått større betydning for den praktiske politikk. På den annen side må vi være forsiktige med å identifisere alt som kalles «marxisme» med Marx' egen tenkning. Om Marx selv fortelles det at han ble «marxist» i midten av 1840-årene, men også etter dette kunne han føle et behov for å markere at han ikke var «marxist».

– Var Jesus kristen?

– Også det kan selvfølgelig diskuteres.

– Fortsett.

– Allerede fra første stund bidrog vennen og kollegaen *Friedrich Engels* til det som siden har vært kalt «marxismen». I vårt eget århundre har både Lenin, Stalin, Mao og mange andre gitt sine bidrag til marxismen eller «marxisme-leninismen».

– Da foreslår jeg at vi prøver å holde oss til Marx selv. Sa du at han var «historisk materialist»?

– Han var ikke «filosofisk materialist» som antikkens atomister og den mekaniske materialismen på 16- og 1700-tallet. Men han mente at det langt på vei er de materielle forholdene i samfunnet som bestemmer hvordan vi tenker. Det er slike materielle forhold som er utslagsgivende for den historiske utvikling også.

– Det var noe annet enn Hegels «verdensånd».

– Hegel hadde pekt på at den historiske utvikling drives fram av en spenning mellom motsetninger – som så avløses av en brå forandring. Denne tanken utvikler Marx videre. Men ifølge Marx stod den gode Hegel på hodet.

– Ikke hele livet vel?

– Hegel kalte selve den kraften som driver historien fremover for «verdensånden» eller «verdensfornuften». Det er dette som ifølge Marx er å snu tingene på hodet. Selv ville han vise at det er materielle forandringer som er utslagsgivende. Det er altså ikke «åndelige forutsetninger» som skaper materielle forandringer, men omvendt. Det er materielle forandringer som skaper nye åndelige forutsetninger. Ganske spesielt la Marx vekt på at det er de økonomiske kreftene i samfunnet som skaper forandringer og på den måten driver historien fremover.

– Har du ikke et eksempel?

– Oldtidens filosofi og vitenskap hadde et rent teoretisk siktemål. Man var ikke i særlig grad opptatt av å anvende kunnskapene til praktiske forbedringer.

– Ja?

– Dette hang sammen med hvordan hele det økonomiske dagliglivet var organisert. I sterk grad var produksjonslivet basert på slavearbeid. Derfor trengte ikke de fine borgerne å forbedre produksjonen med praktiske oppfinnelser. Dette er et eksempel på hvordan materielle forhold er med på å prege den filosofiske refleksjonen i samfunnet.

– Jeg skjønner.

– Slike materielle, økonomiske og sosiale forhold i samfunnet kalte Marx for samfunnets *basis*. Hvordan man tenker i et samfunn, hva slags politiske institusjoner man har, hvilke lover man har og ikke minst hvilken religion, moral, kunst, filosofi og vitenskap man har, kalte Marx for samfunnets *overbygning*.

– Basis og overbygning, altså.

– Og nå kan du kanskje rekke meg det greske tempelet.

– Her er det.

– Det er en forminsket kopi av det gamle Parthenon-tempelet på Akropolis. Du har jo sett det i virkeligheten også.

– På video, mener du.

– Du ser at bygningen har et riktig elegant og forseggjort tak. Det er kanskje selve taket og takets fasade man først legger merke til. Og det er dette vi kan kalle «overbygningen». Men taket kan jo ikke sveve i løse luften.

– Det holdes oppe av søylene.

– Hele bygningen har fremfor alt et kraftig fundament – eller en «basis» – som bærer hele konstruksjonen. Slik mente Marx at de materielle forholdene liksom løfter alt som finnes av tanker og ideer i samfunnet. Sånn sett er et samfunns overbygning en refleks av dette samfunnets basis.

– Vil du si at Platons idélære er en refleks av potteproduksjon og vindyrking?

– Nei, så enkelt er det ikke, og det gjør Marx uttrykkelig oppmerksom på. Det er en gjensidig påvirkning mellom samfunnets basis og samfunnets overbygning. Hvis han hadde benektet en slik gjensidighet, ville han vært en «mekanisk materialist». Men fordi Marx innser at det er et gjensidig eller dialektisk forhold mellom basis og overbygning, sier vi at han er *dialektisk materialist*. For øvrig kan du notere deg at Platon ikke arbeidet verken som pottemaker eller vinbonde.

– Jeg skjønner. Skal du si mer om tempelet?

– Ja, litt til. Hvis du studerer tempelets basis grundig, kan du kanskje beskrive det for meg.

– Søylene står på et fundament som består av tre nivåer eller trappetrinn.

– Slik kan vi også skille ut tre nivåer i samfunnets basis. Aller mest «basalt» er det vi kan kalle samfunnets «produksjonsbetingelser». Det vil si hvilke naturforhold eller naturressurser som finnes i samfunnet. Her tenker jeg på forhold som har med klima og råstoffer å gjøre. Dette utgjør selve grunnmuren i et samfunn, og denne grunnmuren setter klare grenser for hva slags produksjon dette samfunnet kan ha. Dermed setter det også klare grenser for hva slags samfunn og hva slags kultur man kan ha overhodet.

– Man kan for eksempel ikke drive med sildefiske i Sahara. Man kan ikke dyrke dadler i Nord-Norge heller.

– Du har tatt poenget. Men også folks tankegang er svært forskjellig i en nomadekultur og for eksempel i et fiskevær i Nord Norge. Neste trinn er hvilke «produktivkrefter» som finnes i samfunnet. Her tenker Marx på hva slags redskaper, verktøy og maskiner man har.

– I gamle dager rodde man på fiske, i dag fanges fisken av svære trålere.

– Og allerede her berører du det neste trinnet i samfunnets basis, nemlig hvem som eier produksjonsmidlene. Selve organiseringen av arbeidet, det vil si arbeidsfordelingen og eierforholdene, kalte Marx for samfunnets «produksjonsforhold».

– Jeg skjønner.

– Så langt kan vi konkludere med at det er *produksjonsmåten* i et samfunn som bestemmer hva slags politiske og ideologiske forhold vi finner i dette samfunnet. Det er ikke tilfeldig at vi i dag tenker litt forskjellig – og har en litt annen moral – enn i et gammelt føydalsamfunn.

– Da trodde ikke Marx på en naturrett som er gyldig til alle tider.

– Nei, spørsmålet om hva som er moralsk riktig er ifølge Marx et produkt av samfunnets basis. Det er for eksempel ikke tilfeldig at det var foreldrene som bestemte hvem barna skulle gifte seg med i et gammelt bondesamfunn. Det var jo også et spørsmål om hvem som skulle arve gården. I en moderne storby er de sosiale forholdene annerledes. Her kan man treffe sin tilkommende i et selskap eller på et diskotek, og hvis man bare er forelsket nok, klarer man saktens å finne et sted å bo.

– Jeg ville ikke funnet meg i at mine foreldre skulle bestemme hvem jeg skulle gifte meg med.

– Nei, for også du er et barn av din tid. Marx understreker dessuten at det stort sett er den herskende klassen i samfunnet som bestemmer hva som er rett og galt. For all historie er historie om klassekamp. Det vil si at historien i første rekke dreier seg om hvem som skal eie produksjonsmidlene.

– Er ikke også menneskenes tanker og ideer med på å forandre historien?

– Både ja og nei. Marx var klar over at forhold i samfunnets over-
bygning kunne virke tilbake på samfunnets basis, men han avviste at
samfunnets overbygning har en selvstendig historie. Det som har dre-
vet historien fremover fra oldtidens slavesamfunn til dagens industri-
samfunn, har i første rekke vært bestemt av forandringer i samfun-
nets basis.

– Ja, det har du allerede sagt.

– I alle historiens faser har det vært en motsetning mellom to
dominerende samfunnsklasser, mente Marx. I oldtidens *slavesam-
funn* stod motsetningen mellom fri borger og slave, i middelalderens
føydalsamfunn mellom føydalherre og festebonde og senere mellom
adelsmann og borger. Men på Marx' egen tid, i det han kaller et bor-
gerlig eller *kapitalistisk samfunn*, står motsetningen først og fremst
mellom kapitalist og arbeider eller proletar. Det er altså en motset-
ning mellom de som eier og de som ikke eier produksjonsmidlene.
Og fordi «overklassen» ikke vil gi fra seg sin overmakt, kan en for-
andring bare skje ved en revolusjon.

– Hva med det kommunistiske samfunn?

– Marx var spesielt opptatt av overgangen fra et kapitalistisk til et
kommunistisk samfunn. Han gjennomfører også en detaljert analyse
av den kapitalistiske produksjonsmåten. Men før vi ser på dette, må
vi si noe om Marx' syn på menneskets *arbeid*.

– Kom igjen!

– Før han ble kommunist, var den unge Marx opptatt av hva som
skjer med mennesket når det arbeider. Dette var noe som også Hegel
hadde analysert. Hegel mente at det er et gjensidig eller «dialektisk»
forhold mellom mennesket og naturen. Når mennesket bearbeider
naturen, blir mennesket selv bearbeidet. Eller sagt på en litt annen
måte: Når mennesket arbeider, griper mennesket inn i naturen og
preger den. Men i denne arbeidsprosessen griper også naturen inn i
mennesket og preger menneskets bevissthet.

– Si meg hva slags arbeid du har, og jeg skal si deg hvem du er.

– I all korthet er dette Marx' poeng. Hvordan vi arbeider preger vår
bevissthet, men vår bevissthet preger også hvordan vi arbeider. Du
kan si at det er et gjensidig forhold mellom «hånd» og «ånd». Slik
henger menneskets erkjennelse nøye sammen med dets arbeid.

– Da må det være litt skummelt å være arbeidsløs.

– Ja, en som ikke har noe arbeid, går på en måte tom. Det var noe allerede Hegel var oppmerksom på. Både for Hegel og Marx er arbeidet noe positivt, det er noe som er nøye knyttet til det å være menneske.

– Da må det vel også være positivt å være en arbeider?

– Ja, i utgangspunktet. Men det er nettopp på dette punktet at Marx kommer med sin flengende kritikk av den kapitalistiske produksjonsmåten.

– Fortell!

– I det kapitalistiske systemet arbeider arbeideren for en annen. Slik blir arbeidet noe utenfor ham selv – eller noe som ikke tilhører ham selv. Arbeideren blir fremmed for sitt eget arbeid – men dermed blir han også fremmed for seg selv. Han mister selve sin menneskelige virkelighet. Marx sier med et hegelsk uttrykk at arbeideren blir *fremmedgjort*.

– Jeg har en tante som har stått på et fabrikkgulv og pakket konfekt i over tyve år, så jeg har ingen problemer med å forstå hva du mener. Hun sier at hun hver eneste morgen hater å gå på jobben.

– Men hvis hun hater arbeidet sitt, Sofie, da må hun på en måte også hate seg selv.

– Hun hater iallfall konfekt.

– I det kapitalistiske samfunnet er arbeidet organisert slik at arbeideren i virkeligheten gjør et slavearbeid for en annen samfunnsklasse. Slik overfører arbeideren sin egen arbeidskraft – og dermed hele sin menneskelige tilværelse – til borgerskapet.

– Er det virkelig så ille?

– Vi snakker nå om Marx. Da må vi ta utgangspunkt i samfunnsforholdene i midten av forrige århundre. Og da må svaret bli et rungende ja. Arbeideren kunne ha en 12-timers arbeidsdag i iskalde produksjonshaller. Betalingen var ofte så dårlig at også barn og barselkvinner kunne være nødt til å arbeide. Dette førte til sosiale forhold som er ubeskrivelige. Flere steder ble en del av lønnen utbetalt som billig brennevin, og kvinner ble nødt til å prostituere seg. Kundene var «herrene på byen». Kort sagt: Nettopp i det som skulle være menneskets adelsmerke, altså arbeidet, ble arbeideren gjort til et dyr.

– Jeg blir sint.

– Det ble Marx også. Samtidig kunne borgerskapets barn spille fiolin i store, varme stuer etter et forfriskende bad. Eller de kunne sette seg til klaveret før en bedre fire-retters middag. Skjønt fiolinen og klaveret ble saktens traktert om aftenen etter en lengre ridetur også.

– Fy, så urettferdig!

– Det mente Marx også. I 1848 gav han sammen med Engels ut et kommunistisk *manifest*. Første setning i «manifestet» lyder slik: «Et spøkelse er på ferde i Europa – kommunismens spøkelse.»

– Jeg blir helt redd, jeg.

– Det ble borgerskapet også. For nå hadde proletarene begynt å reise seg. Vi du høre hvordan «manifestet» slutter?

– Gjerne.

– «Kommunistene forakter å hemmeligholde sine meninger og hensikter. De erklærer åpent at deres mål bare kan nås ved at hele den hittil gjeldende samfunnsordning styrtes ved makt. La de herskende klasser skjelve for en kommunistisk revolusjon. Proletarene har intet annet å tape ved den enn sine lenker. De har en verden å vinne. *Proletarer i alle land, foren dere!*»

– Hvis forholdene var så ille som du sier, tror jeg at jeg ville ha skrevet under på dette manifestet. Men forholdene er vel annerledes i dag?

– I Norge ja, men ikke overalt. Fortsatt lever mange under umenneskelige forhold. Samtidig kan de produsere varer som gjør kapitalistene stadig rikere. Dette kalte Marx *utbytting*.

– Kan du forklare det ordet litt nærmere?

– Hvis arbeideren produserer en vare, har denne varen en viss salgsverdi.

– Ja?

– Hvis du nå trekker arbeiderens lønn og andre produksjonsomkostninger fra varens salgsverdi, blir det alltid en sum igjen. Denne summen kalte Marx for *merverdi* eller profitt. Det vil si at kapitalisten beslaglegger en verdi som egentlig er skapt av arbeideren. Dette kalles «utbytting».

– Jeg skjønner.

– Nå kan kapitalisten investere noe av profitten i ny kapital – for eksempel i modernisering av produksjonsanlegget. Dette gjør han fordi han håper å kunne produsere varen enda billigere. Slik håper han også at profitten vil øke i neste omgang.

– Det er logisk.

– Ja, det kan synes logisk. Men både på dette området og på andre områder vil det i lengden ikke gå slik som kapitalisten tenker seg.

– Hva mener du?

– Marx mente at det var flere innebygde motsetninger i den kapitalistiske produksjonsmåten. Kapitalismen er et økonomisk system som er selvødeleggende fordi det mangler en rasjonell styring.

– Det er på en måte bra for de undertrykte.

– Ja, det ligger innebygget i det kapitalistiske system at det går sin undergang i møte. Sånn sett er kapitalismen «progressiv» – eller fremtidsrettet – fordi den er et stadium på veien mot kommunismen.

– Kan du gi et eksempel på at kapitalismen er selvødeleggende?

– Vi nevnte kapitalisten som hadde en god porsjon penger til overs og som brukte en del av dette overskuddet til å modernisere bedriften. Noe gikk jo til fiolintimer også. Dessuten hadde hans hustru opparbeidet seg visse dyre vaner.

– Ja?

– Han kjøper nye maskiner og trenger derfor ikke lenger å ha så mange ansatte. Dette gjør han for å øke konkurranseevnen.

– Jeg skjønner.

– Men han er ikke den eneste som tenker slik. Det betyr at hele produksjonslivet stadig effektiviseres. Fabrikkene blir større og større, og de samles på færre og færre hender. Hva skjer da, Sofie?

– Nei . . .

– Da vil det bli behov for mindre og mindre arbeidskraft. Slik vil flere og flere bli arbeidsløse. Det vil derfor bli stadig større sosiale problemer, og slike *kriser* er et varsel om at kapitalismen nærmer seg sin undergang. Men det er flere slike selvødeleggende trekk ved kapitalismen. Når stadig mer profitt må bindes til produksjonsutstyret *uten* at det skaper stort nok overskudd for å holde produksjonen gående til konkurransedyktige priser . . .

– Ja?

– Hva gjør kapitalisten da? Kan du svare meg på det?

– Nei, det kan jeg virkelig ikke.

– Men tenk deg at du er en fabrikkeier. Så får du ikke endene til å møtes. Du er truet av konkurs. Og nå spør jeg: Hva kan du gjøre for å spare penger?

– Kanskje jeg kunne sette ned lønningene?

– Smart! Ja, det er virkelig det smarteste du kan gjøre. Men hvis alle kapitalistene er like smarte som deg – og det er de – da vil arbeiderne bli så fattige at ingen har råd til å kjøpe noe lenger. Vi sier at kjøpekraften synker. Og nå er vi virkelig inne i en ond sirkel. «Timen slår for den kapitalistiske privateiendom,» sier Marx. Vi befinner oss snart i en revolusjonær situasjon.

– Jeg skjønner.

– For å gjøre en lang historie kort, ender det med at proletarene reiser seg og tar makten over produksjonsmidlene.

– Og hva skjer da?

– I en periode vil vi få et nytt «klassesamfunn» der proletarene med makt holder borgerklassen nede. Dette kalte Marx *proletariatets diktatur*. Men etter en overgangsperiode vil proletariatets diktatur avløses av et «klasseløst samfunn» – eller *kommunismen*. Det vil være et samfunn hvor produksjonsmidlene eies av «alle» – altså av folket selv. I et slikt samfunn vil enhver «yte etter evne», men «få etter behov». Nå vil dessuten arbeidet tilhøre folket selv, og kapitalismens «fremmedgjøring» vil opphøre.

– Alt dette høres jo strålende ut, men hvordan gikk det? Kom det noen revolusjon?

– Både ja og nei. I dag kan økonomer slå fast at Marx tok feil på flere viktige punkter. Ikke minst gjelder det hans analyse av kapitalismens kriser. Marx tok heller ikke tilstrekkelig hensyn til utbyttingen av naturen – som vi opplever med større og større alvor i dag. Men – for det er et stort men . . .

– Ja?

– Marxismen førte likevel til store omveltninger. Det er ingen tvil om at sosialismen langt på vei har lykkes i å bekjempe et umenneskelig samfunn. Iallfall i Europa lever vi i et mer rettferdig – og solidarisk – samfunn enn på Marx' tid. Dette skyldes ikke minst Marx selv og hele den sosialistiske bevegelsen.

– Hva skjedde?

– Etter Marx delte den sosialistiske bevegelsen seg i to hovedret-ninger. På den ene siden fikk vi *sosialdemokratiet* og på den andre siden *leninismen*. Sosialdemokratiet, som har stått for en gradvis og fredelig tilnærming til sosialismen, ble Vest-Europas vei. Dette kan vi kalle «den langsomme revolusjon». Leninismen, som beholdt Marx' tro på at bare revolusjonen kunne bekjempe det gamle klassesamfun-net, fikk stor betydning i Øst-Europa, Asia og Afrika. Hver på sin fløy har faktisk de to bevegelsene bekjempet nød og undertrykkelse.

– Men ble det ikke skapt en ny form for undertrykkelse? For eksempel i Sovjet og Øst-Europa?

– Utvilsomt, og her ser vi igjen at alt mennesker tar i, blir en blan-ding av godt og vondt. På den annen side ville det være urimelig å klandre Marx for negative forhold i de såkalte sosialistiske land både femti og hundre år etter hans død. Men kanskje hadde han tenkt for lite på at det var mennesker som skulle administrere kommunismen også. Noe «lykkeland» vil nok aldri oppstå. Mennesker vil alltid lage seg nye problemer å slåss med.

– Sikkert.

– Og dermed setter vi punktum for Marx, Sofie.

– Vent litt! Sa du ikke noe om at rettferdighet bare skjer blant like-menn?

– Nei, det var det Scrooge som sa.

– Hvordan kan du vite at han sa det?

– Nåja – du og jeg har jo samme forfatter. Sånn sett er vi mye nøy-ere knyttet til hverandre enn det kan se ut ved en aldeles overflatisk betraktning.

– Din fordømte ironiker!

– Dobbelt, Sofie, dette var dobbelt ironi.

– Men tilbake til dette med rettferdighet. Du sa iallfall at Marx syn-tes at kapitalismen var et urettferdig samfunn. Hvordan vil du defi-nere et rettferdig samfunn?

– En marxistisk inspirert moralfilosof, *Jon Rawls*, har prøvd å si noe om dette med følgende eksempel: Tenk deg at du var medlem av et høytidelig råd som skulle lage alle lovene for et fremtidig samfunn.

– Jeg kunne hatt god lyst til å sitte i det rådet.

– De måtte vurdere absolutt alle forhold, for straks de hadde kommet til enighet – og altså undertegnet lovene – ville de falle døde om.

– Fy da!

– Men da ville de også straks våkne opp igjen nettopp i dette samfunnet som de selv hadde laget lovene for. Poenget er at de ikke ville ha noen anelse om hvilken *plassering* de ville få i samfunnet.

– Jeg forstår.

– Et slikt samfunn ville være et rettferdig samfunn. For det ville ha oppstått blant «likemenn».

– Og kvinner!

– Det er en selvfølgelig forutsetning. Man ville ikke vite om man våknet opp som mann eller kvinne heller. Siden sjansen er 50–50, betyr jo dette at samfunnet måtte være like bra for kvinner som for menn.

– Det høres forlokkende ut.

– Si meg nå – var Europa på Marx' tid et slikt samfunn?

– Nei!

– Men da kan du kanskje peke på et slikt samfunn i verden i dag?

– Tja . . . det spørs.

– Du får tenke på det. Her og nå kommer det ikke mer om Marx.

– Hva sa du?

– Avsnitt!

DARWIN

. . . en båt som seiler gjennom livet
med en last av gener . . .

Søndag morgen våknet Hilde av et plutselig smell. Det var ringpermen
som hadde falt i gulvet. Hun hadde ligget og lest om Sofie og Alberto som
snakket om Marx. Så hadde hun sovnet på ryggen med permen på dynen.
Leselampen over sengen hadde stått på hele natten.

Vekkerklokken på skrivebordet viste 8.59 med grønne bokstaver.

Hun hadde drømt om svære fabrikker og nedsotete storbyer. På et gate-
hjørne hadde en liten pike sittet og solgt fyrstikker. Velkledte mennesker i
lange kåper og frakker hadde bare glidd forbi.

Idet hun reiste seg i sengen, kom hun på lovgiverne som skulle våkne
opp i et samfunn de hadde laget selv. Hilde kunne iallfall være glad for å
våkne opp på Bjerkely.

Hadde hun våget å våkne opp i Norge hvis hun ikke hadde visst noe
om hvor i Norge hun ville våkne?

Men det var ikke bare et spørsmål om *hvor* hun våknet. Kunne hun
ikke også ha våknet opp i en ganske annen tid? I middelalderen for ek-
sempel – eller i et steinaldersamfunn for ti eller tyve tusen år siden? Hilde
forsøkte å forestille seg at hun satt foran en huleinngang. Kanskje satt hun
og preparerte en skinnfell.

Hvordan hadde det vært å være en jente på femten år før det var noe
som het kultur? Hvordan hadde hun tenkt da?

Hilde tok på seg en genser, løftet ringpermen opp i sengen og satte seg
til for å lese videre i det lange brevet fra faren.

**Akkurat idet Alberto hadde sagt «avsnitt», banket det på døren til
Majorstua.**

    – Vi har vel ikke noe valg? sa Sofie.

    – Så har vi vel ikke det, da, brummet Alberto.

På trammen utenfor stod en meget gammel mann med langt hvitt hår og skjegg. I den høyre hånden holdt han en vandrestav, i den venstre holdt han en stor plansje med et bilde av en båt. Om bord i båten kravlet dyr i alle fasonger.

– Og hvem er den gamle herren? spurte Alberto.

– Mitt navn er Noah.

– Det ante meg.

– Din egen stamfar, gutten min. Men det har vel gått av moten å huske sine stamfedre?

– Hva holder du i hånden? spurte Sofie.

– Det er et bilde av alle dyrene som ble reddet fra den store flodbølgen. Værsågod, min datter, det er til deg.

Sofie tok imot den store plansjen, og nå sa den gamle mannen:

– Så må jeg nok hjem og vanne vinrankene . . .

Dermed gjorde han et lite hopp, slo føttene sammen i luften og småsprang inn i skogen slik bare riktig gamle menn med svært godt humør kan gjøre det.

Sofie og Alberto gikk inn og satte seg igjen. Sofie begynte å se på den store plansjen, men innen hun hadde rukket å studere den, tok Alberto den fra henne med et myndig grep.

– Vi skal først konsentrere oss om de store linjene.

– Bare begynn, du.

– Vi glemte å si at Marx bodde de siste 34 årene av sitt liv i London. Han flyttet dit i 1849 og døde i 1883. I hele denne perioden bodde også *Charles Darwin* utenfor London. Han døde i 1882 og ble høytidelig gravlagt i Westminster Abbey som en av Englands store sønner. Men det er ikke bare i tid og rom at Marx og Darwin krysser spor. Marx prøvde selv å dedisere den engelske utgaven av sin store bok «Kapitalen» til Darwin, men Darwin avslo. Da Marx døde året etter Darwin, sa hans venn *Friedrich Engels*: «Slik Darwin oppdaget lovene for den organiske naturs utvikling, oppdaget Marx lovene for menneskehetens historiske utvikling.»

– Jeg skjønner.

– En annen viktig tenker som ville knytte sin virksomhet til Darwin, var psykologen *Sigmund Freud*. Også han levde det siste året av sitt liv i London. Freud pekte på at både Darwins utviklingslære og hans egen psykoanalyse hadde medført en krenkelse av menneskets «naive egenkjærlighet».

– Nå ble det mange navn. Men vi snakker om Marx, Darwin og Freud?

– I videre forstand kan vi snakke om en *naturalistisk* strømning fra midten av 1800-tallet og langt inn i vårt eget århundre. Med «naturalisme» mener vi en virkelighetsoppfatning som ikke anerkjenner noen annen virkelighet enn naturen og den sansbare verden. En naturalist betrakter derfor også mennesket som en del av naturen. Fremfor alt vil en naturalistisk forsker utelukkende bygge på naturgitte fakta – og altså verken på rasjonalistiske spekulasjoner eller noen form for guddommelig åpenbaring.

– Og dette gjelder både for Marx, Darwin og Freud?

– Så absolutt. Stikkordene fra midten av forrige århundre var «natur», «miljø», «historie», «utvikling» og «vekst». *Marx* hadde pekt på at menneskenes ideologi er et produkt av samfunnets materielle basis. *Darwin* viste at mennesket er et resultat av en lang biologisk utvikling, og *Freuds* studium av det underbevisste avslørte at menneskenes handlinger ofte springer ut av visse «dyriske» drifter eller instinkter.

– Jeg tror jeg forstår omtrent hva du mener med naturalisme, men er det ikke best å snakke om en av gangen?

– Vi skal snakke om Darwin, Sofie. Du husker kanskje at førsokratikerne ville finne *naturlige forklaringer* på naturprosessene. Slik de måtte fri seg fra gamle mytologiske forklaringer, måtte også Darwin fri seg fra kirkens syn på skapelsen av dyr og mennesker.

– Men var han egentlig filosof?

– Darwin var biolog og naturforsker. Men han var den vitenskapsmann i nyere tid som i aller størst grad har utfordret Bibelens syn på menneskets plass i skaperverket.

– Da skal du vel fortelle litt om Darwins utviklingslære.

– Vi begynner med Darwin selv. Han ble født i den vesle byen Schrewsbury i 1809. Faren, Dr. Robert Darwin, var en kjent lege på stedet og svært streng når det gjaldt sønnens oppdragelse. Da Charles gikk på den høyere allmennskole i Shrewsbury, omtalte rektoren ham som en gutt som flyr rundt og fjaser med tøvprat og tomt skryt og ikke foretar seg noe som helst nyttig. Med «nyttig» mente denne rektoren pugging av greske og latinske verb. Med å «fly rundt», tenke han blant annet på at Charles sprang omkring og samlet på biller av alle slag.

– De ordene kom han sikkert til å angre på.

– Også mens han studerte teologi, var Darwin mer opptatt av fuglejakt og innsektsamling enn av studiene. Han fikk derfor ikke noen god eksamen i teologi. Men ved siden av teologistudiene klarte han faktisk å opparbeide seg et visst ry som naturforsker. Ikke minst ble han opptatt av geologi, som kanskje var tidens mest ekspansive vitenskap. Straks han i april 1831 hadde tatt sin teologiske eksamen i Cambridge, reiste han omkring i Nord-Wales for å studere bergformasjoner og lete etter fossiler. I august samme år, da han var bare 22 år gammel, fikk han et brev som skulle stake ut veien for hele resten av hans liv . . .

– Hva stod det i brevet?

– Brevet var fra hans venn og lærer John Steven Henslow. Han skrev: «Jeg er blitt anmodet om . . . å anbefale en naturforsker til å være med kaptein Fitzroy, som er engasjert av regjeringen til å kartlegge sørspissen av Amerika. Jeg erklærte at jeg anser deg for å være den best kvalifiserte person jeg vet om som kan tenkes å ta på seg et slikt oppdrag. Hvordan det lønnsmessig ligger an, kjenner jeg ingenting til. Reisen vil vare i to år . . .»

– Hva du kan utenat!

– En bagatell, Sofie.

– Og han svarte ja?

– Han hadde så inderlig lyst til å gripe denne sjansen, men på den tiden gjorde ikke unge menn noe uten foreldrenes samtykke. Etter lange overtalelser sa faren ja – og det ble han som måtte betale sønnens reise. Når det gjaldt «det lønnsmessige», viste det seg nemlig at alt som het lønn glimret med sitt fravær.

– Å . . .

– Skipet var marinefartøyet H.M.S. «Beagle». 27. desember 1831 la det ut fra Plymouth med kurs for Sør-Amerika, og det var ikke tilbake i England før i oktober 1836. De to årene ble altså til hele fem år. Men så ble også reisen til Sør-Amerika en hel jordomseiling. Vi snakker om den aller viktigste forskerferd i nyere tid.

– Reiste de bokstavelig talt Jorden rundt?

– Bokstavelig talt, ja. Fra Sør-Amerika gikk turen videre over Stillehavet til New Zealand, Australia og Sør-Afrika. Derfra seilte de på nytt til Sør-Amerika før de omsider vendte tilbake til England. Selv skrev Darwin at «reisen med 'Beagle' har så avgjort vært den mest betydningsfulle hendelse i mitt liv».

– Det var vel ikke så lett å være naturforsker på havet?

– Men de første årene trålet «Beagle» fram og tilbake langs kysten av Sør-Amerika. Dette gav Darwin rik anledning til å bli kjent med kontinentet også til lands. En avgjørende betydning fikk dessuten de mange strandhuggene på Galapagos-øyene i Stillehavet vest for Sør-Amerika. Slik kunne han samle et stort materiale som etter hvert ble sendt hjem til England. Sine mange refleksjoner om naturen og det levende livs historie beholdt han likevel for seg selv. Da han kom hjem bare 27 år gammel, var han allerede en berømt naturforsker. Da hadde han også i sitt stille sinn en klar oppfatning av det som skulle bli hans utviklingsteori. Men det gikk mange år etter at han kom hjem før han publiserte sitt hovedverk. For Darwin var en forsiktig mann, Sofie. Det bør jo også en naturforsker være.

– Hva het dette hovedverket?

– Nåja, det var flere. Men den boken som skapte hissigst debatt i England, var «Artenes opprinnelse» som kom i 1859. Den fulle og hele tittelen var: «On the Origin of Species by Means of Natural Selection or the Preservation of Favoured Races in the Struggle for Life.» Den lange tittelen er faktisk en hel oppsummering av Darwins teori.

– Da synes jeg du kan ta det på norsk også.

– «Artenes opprinnelse ved hjelp av det naturlige utvalg og de gunstigst stilte rasers overlevelse i kampen for tilværelsen.»

– Ja, den tittelen var innholdsrik.

– Men vi skal ta det ledd for ledd. I «Artenes opprinnelse» fremsatte Darwin to teorier eller hovedteser: For det første tok han til orde for at alle nålevende planter og dyr nedstammer fra tidligere, mer primitive former. Han påstod altså at det skjer en biologisk ut-

397

vikling. Det andre han tok til orde for, var at utviklingen skyldes «det naturlige utvalg».

– Fordi de sterkeste overlever, ikke sant?

– Men vi skal konsentrere oss om selve utviklingstanken først. Den alene var nemlig ikke så original. I visse kretser var troen på at det har skjedd en biologisk utvikling, begynt å bli ganske utbredt allerede omkring år 1800. Den mest toneangivende var den franske zoologen *Lamarck*. Før hans tid hadde Darwins egen bestefar, *Erasmus Darwin*, tatt til orde for at planter og dyr hadde utviklet seg fra noen få primitive arter. Men ingen av disse hadde gitt noen akseptabel forklaring på *hvordan* en slik utvikling skjer. Derfor var de ikke så farlige motstandere for kirkens menn heller.

– Men det ble Darwin?

– Ja, og det var ikke uten grunn. Både blant kirkens menn og i flere vitenskapelige miljøer holdt man seg til Bibelens lære om at de forskjellige plante- og dyreartene var uforanderlige. Tanken var at hver enkelt dyreart ble skapt en gang for alle ved en særskilt skaperakt. Dette kristne synet harmonerte også med Platon og Aristoteles.

– Hvordan?

– Platons idélære gikk jo ut på at alle dyreartene var uforanderlige fordi de ble dannet etter mønster av de evige ideene eller formene. At dyreartene var uforanderlige var en hjørnestein også i Aristoteles' filosofi. Men nettopp på Darwins tid ble det gjort en del observasjoner og funn som satte de tradisjonelle oppfatningene på en ny prøve.

– Hva slags observasjoner og funn var dette?

– For det første ble det stadig gjort flere funn av fossiler. Det ble dessuten funnet store beinrester av utdødde dyr. Darwin selv forundret seg over funnene av rester etter sjødyr langt oppe i landet. I Sør-Amerika gjorde han slike funn høyt oppe i Andesfellene. Men hva gjør sjødyr høyt oppe i Andesfjellene, Sofie? Kan du svare meg på det?

– Nei.

– Noen mente at mennesker eller dyr bare hadde kastet dem fra seg der. Det var også de som mente at Gud hadde skapt slike fossiler og rester etter sjødyr bare for å føre de ugudelige på ville veier.

– Hva mente vitenskapen?

– De fleste geologer sverget til en «katastrofeteori», som gikk ut på at Jorden flere ganger var blitt rammet av store oversvømmelser, jordskjelv og andre katastrofer som hadde utryddet alt liv. En slik katastrofe hører vi om i Bibelen også, jeg tenker på den store syndfloden og Noahs ark. For hver katastrofe hadde så Gud fornyet Jordens liv ved å skape nye – og mer fullkomne – planter og dyr.

– Og da var fossilene avtrykk fra tidligere former for liv, som altså ble utryddet etter noen sånne voldsomme katastrofer?

– Akkurat. Det ble for eksempel sagt at fossilene var avtrykk etter dyr som ikke fikk plass i Noahs Ark. Men da Darwin reiste ut med «Beagle», hadde han med seg første bind av den engelske geologen *Charles Lyells* verk «Principles of Geology». Han mente at Jordens nåtidige geografi – med høye fjell og dype daler – var resultat av en uendelig lang og langsom utvikling. Tanken var at ganske små forandringer kunne føre til store geografiske omveltninger når man bare tok de lange tidsrommene med i betraktning.

– Hva slags forandringer var det han tenkte på?

– Han tenkte på de samme kreftene som virker den dag i dag: Vær og vind, smelting av is, jordskjelv og jordhevning. Det er jo noe som heter at dråpen uthuler steinen – ikke ved sin kraft, men ved stadig å dryppe. Lyell mente at slike små, gradvise forandringer over lange tidsrom kan forandre naturen fullstendig. Denne tanken kunne ikke bare forklare hvorfor Darwin selv kunne finne rester etter sjødyr høyt oppe i Andesfjellene. Darwin slapp aldri selve tanken på at *små, gradvise forandringer* kunne føre til dramatiske endringer hvis man bare tok tiden til hjelp.

– Han tenkte vel at en lignende forklaring kunne brukes også når det gjaldt dyrenes utvikling?

– Ja, det spurte han seg om. Men som sagt: Darwin var en forsiktig mann. Han stilte spørsmålene lenge før han våget å gi noe svar. Sånn sett brukte han den samme metoden som alle ekte filosofer: Det er viktig å spørre, men det haster ikke alltid å svare.

– Jeg skjønner.

– En avgjørende faktor i Lyells teori, var Jordens alder. I vide kretser ble det på Darwins tid antatt at det var gått ca 6.000 år siden Gud skapte Jorden. Det tallet hadde man kommet fram til ved å telle opp alle generasjonene fra Adam og Eva til i dag.

– Naivt!

– Det er lett å være etterpåklok. Selv kom Darwin til å anslå Jordens alder til 300 millioner år. For én ting var klart: Verken Lyells teori om den gradvise geologiske utvikling eller Darwins egen utviklingsteori gav noen mening hvis man ikke også regnet med uhyre lange tidsrom.

– Hvor gammel er Jorden?

– I dag vet vi at Jorden er 4,6 milliarder år gammel.

– Det skulle holde . . .

– Så langt har vi konsentrert oss om ett av Darwins argumenter for at det skjer en biologisk utvikling. Det var *den lagvise forekomsten av fossiler* i forskjellige berglag. Et annet argument var *den geografiske fordelingen* av levende arter. Her bidrog Darwins egen forskerferd med et nytt og uhyre rikt materiale. Han erfarte ved selvsyn at de forskjellige dyreartene i en region kunne skille seg fra hverandre med bare ørsmå forskjeller. Ikke minst på Galapagos-øynene vest for Ecuador gjorde han noen interessante observasjoner.

– Fortell!

– Vi snakker om en tett gruppe av vulkanske øyer. Store forskjeller i plante- og dyreliv var det derfor ikke. Men det var nettopp de små forskjellene Darwin var opptatt av. På alle øyene støtte han på store elefantskilpadder, men de var *litt* forskjellige fra øy til øy. Hadde virkelig Gud skapt en egen rase av elefantskilpadder for hver og en av øyene?

– Tvilsomt.

– Enda viktigere var Darwins observasjoner av fuglelivet på Galapagos. Fra øy til øy var det klare variasjoner mellom finkeartene – ikke minst når det gjaldt nebbets form. Darwin påviste at disse variasjonene hang nøye sammen med hva finkene spiste på de forskjellige øyene. Den skarpnebbete jordfinken levde av konglefrø, den lille sangerfinken av insekter, hakkefinken av insekter fra stammer og grener . . . Hver og en av artene hadde et nebb som var perfekt tilpasset sitt eget næringsopptak. Kunne alle disse finkene stamme fra en og samme finkeart? Hadde så denne finkearten i årenes løp tilpasset seg omgivelsene på de forskjellige øyene slik at det til slutt oppstod flere nye finkearter?

– Det var vel det han kom fram til?

– Ja, kanskje var det nettopp på Galapagos-øyene at Darwin ble «darwinist». Han la også merke til at dyrelivet på den vesle øygruppen var svært lik mange arter han hadde sett i Sør-Amerika. Hadde virkelig Gud en gang for alle skapt disse dyrene litt forskjellige fra hverandre – eller hadde det skjedd en utvikling? Mer og mer begynte han å tvile på om artene var uforanderlige. Men han hadde ennå ingen god forklaring på *hvordan* en eventuell utvikling eller tilpasning til omgivelsene kunne skje. Enda var det ett argument for at alle dyrene på Jorden var beslektet.

– Ja?

– Det gjaldt *fosterutviklingen* hos pattedyr. Hvis du sammenligner fostrene fra hund, flaggermus, kanin og menneske på et tidlig stadium, er de så like at du nesten ikke kan se forskjell. Først på et meget sent stadium i fosterutviklingen kan du skille menneskefosteret fra et kaninfoster. Skulle ikke dette være et tegn på at vi er fjerne slektninger?

– Men han fant fortsatt ikke noen forklaring på hvordan utviklingen har skjedd?

– Han reflekterte stadig over Lyells teori om de ørsmå forandringene som kunne gi store utslag over lang tid. Men han fant ingen forklaring som kunne gjelde som et universelt prinsipp. Han kjente den franske zoologen Lamarcks teori. Lamarck hadde pekt på at de forskjellige dyreartene hver for seg hadde utviklet det de hadde bruk for. Giraffene hadde for eksempel fått så lang hals fordi de i mange generasjoner hadde strukket seg etter bladene i trærne. Lamarck mente altså at egenskaper som det enkelte individ erhverver seg ved egen anstrengelse, går i arv til avkommet. Men denne læren om at «ervervete egenskaper» er arvelige, skjøv Darwin til side simpelthen fordi Lamarck ikke hadde hatt noe bevis for sine dristige påstander. Men nå var det noe annet – og mye mer nærliggende – som Darwin stadig tenkte mer på. Du kan nesten si at selve mekanismen bak artenes utvikling lå rett for nesen på ham.

– Jeg venter på poenget.

– Men jeg vil helst at du skal oppdage denne mekanismen selv. Derfor spør jeg: Hvis du har tre kuer, men bare har fôr nok til å holde liv i to av dem, hva gjør du da?

– Da må jeg kanskje slakte én av kuene?

– Jaså . . . Og hvilken ku ville du slakte?

– Jeg ville sikkert slakte den som gav minst melk?

– Sier du det?

– Ja, det er logisk.

– Og nøyaktig dette har mennesker gjort i årtusener. Men vi slipper ikke de to kuene så lett. Sett at du vil sette kalv på én av dem. Hvem ville du sette kalv på da?

– På den som gav mest melk. Da ville sikkert også kalven bli en god melkeku.

– Så du foretrekker gode melkekuer fremfor de dårlige altså? Da holder det med én oppgave til. Hvis du driver med jakt og har to sporhunder, men blir nødt til å kvitte deg med den ene, hvilken hund ville du da beholde?

– Jeg ville selvfølgelig beholde den som var flinkest til å snuse opp spor etter det dyret jeg ville jakte på.

– Slik ville du favorisere den flinkeste sporhunden, ja. Og slik Sofie, slik har menneskene bedrevet dyreoppdrett i mer enn ti tusen år. Hønene har ikke alltid lagt fem egg i uken, sauene har ikke alltid hatt like mye ull, og hestene har ikke alltid vært like sterke og raske. Men menneskene har foretatt et *kunstig utvalg*. Dette gjelder også innen planteriket. Man setter ikke dårlige poteter i jorda hvis man har tilgang til bedre settepoteter. Man bryr seg ikke om å skjære aks som ikke bærer korn. Darwins poeng er at ingen kuer, ingen kornstrå, ingen hunder og ingen finker er helt like. Naturen viser en enorm variasjonsbredde. Selv innenfor en og samme art er ingen individer helt like. Det var noe du kanskje opplevde da du smakte på den blå drikken.

– Ja, det skal være visst.

– Nå måtte Darwin spørre seg selv: Kunne det være en tilsvarende mekanisme til stede i naturen også? Kunne det tenkes at naturen gjorde et «naturlig utvalg» av hvilke individer som fikk leve opp? Og ikke minst: Kunne en slik mekanisme over riktig lang tid skape helt nye plante- og dyrearter?

– Jeg tipper at svaret er ja.

– Fortsatt kunne ikke Darwin riktig forestille seg hvordan et slikt «naturlig utvalg» kunne gå for seg. Men i oktober 1838 – nøyaktig to år etter at han kom hjem med «Beagle» – kom han tilfeldig over en liten bok av befolkningseksperten *Thomas Malthus*. Boken het «An Essay on the Principles of Population». Ideen til denne boken hadde Malthus fått av *Benjamin Franklin*, amerikaneren som blant annet oppfant lynavlederen. Franklin hadde pekt på at hvis det ikke også fantes begrensende faktorer i naturen, ville en enkelt plante- eller dyreart ha spredt seg over hele Jorden. Men fordi det finnes flere arter, holder de hverandre i sjakk.

– Jeg skjønner.

– Malthus utviklet denne tanken videre og anvendte den på Jordens befolkningssituasjon. Han pekte på at menneskenes formeringsevne er så stor at det alltid blir født flere barn enn de som har mulighet til å leve opp. Fordi matproduksjonen aldri vil kunne holde tritt med befolkningstilveksten, mente han at et stort antall er dømt til å bukke under i kampen for tilværelsen. De som lever opp – og følgelig fører slekten videre – vil altså være de som klarer seg best i kampen for å overleve.

– Det høres logisk ut.

– Men dette var selve den universelle mekanismen Darwin lette etter. Med ett hadde han en forklaring på hvordan utviklingen skjer. Den skyldes *det naturlige utvalg* i kampen for tilværelsen – der det er den som er best tilpasset omgivelsene, som vil overleve og føre slekten videre. Dette var den andre teorien han kom med i boken «Artenes opprinnelse». Han skrev: «Elefanten er det av alle dyr som formerer seg langsomst, men om alle ungene fikk leve, ville det etter en periode på 750 år leve nærmere nitten millioner elefanter som nedstammet fra bare ett eneste par.»

– For ikke å snakke om alle de tusen torskeeggene fra bare én torsk.

– Darwin pekte videre på at kampen for å overleve ofte er hardest mellom arter som står hverandre nærmest. De må jo slåss om den

403

samme næringen. Det er da de små fordelene – altså de små positive variasjonene fra gjennomsnittet – virkelig kommer til sin rett. Jo hardere kampen for tilværelsen er, jo fortere går også utviklingen av nye arter. Da er det bare de aller best tilpassete som vil overleve, og alle de andre vil dø ut.

– Jo mindre mat det er og jo større kullene er, jo fortere skjer altså utviklingen?

– Men det er ikke bare snakk om mat. Det kan være like viktig å unngå å bli spist av andre dyr. Slik kan det for eksempel være en fordel å ha en beskyttende dekkfarge, evnen til å løpe fort, til å registrere fiendtlige dyr – eller i verste fall å smake vondt. En gift som dreper rovdyr er heller ikke å forakte. Det er ikke tilfeldig at mange kaktuser er giftige, Sofie. I ørkenen vokser det jo nesten bare kaktus. Denne planten er derfor spesielt utsatt for planteetende dyr.

– De fleste kaktuser har dessuten pigger.

– Av fundamental betydning er naturligvis også selve evnen til å forplante seg. Darwin studerte i detalj hvor sinnrik bestøvningen av planter kunne være. Plantene stråler ut sine vakre farger og sender ut sine søte dufter nettopp for å trekke til seg insekter som bidrar til bestøvningen. Av samme grunn synger fuglene sine vakre triller. En bedagelig eller melankolsk okse som ikke er interessert i kuer, er sånn sett også aldeles uinteressant i slektshistorien. Slike avvikende egenskaper vil dø ut nærmest med det samme. For individets eneste oppgave er å vokse opp til kjønnsmoden alder og forplante seg så slekten føres videre. Det er som en lang stafett. De som av en eller annen grunn ikke klarer å bære sitt arvestoff videre, vil til enhver tid sorteres ut. Slik vil slekten stadig foredles. Ikke minst er motstandsdyktighet mot sykdom en slik egenskap som hele tiden samles opp og bevares i de variantene som overlever.

– Alt blir bedre og bedre altså?

– Den stadige utvelgelsen gjør at de som er best tilpasset *et bestemt miljø* – eller en bestemt økologisk nisje – er de som i lengden vil føre slekten videre i dette miljøet. Men det som er en fordel i ett miljø, behøver ikke være noen fordel i et annet miljø. For noen av finkene på Galapagos-øyene var flyveferdigheten svært viktig. Men det er ikke like viktig å være flink til å fly hvis maten rotes fram på bakken det ikke finnes noen rovdyr. Nettopp fordi det er så mange forskjellige nisjer i naturen, har det i tidenes løp oppstått så mange forskjellige dyrearter.

– Men det finnes bare én menneskeart.

– Ja, for menneskene har en fantastisk evne til å tilpasse seg forskjellige levevilkår. Dette var noe som forundret Darwin da han så hvordan indianerne på Ildlandet klarte å leve i det kalde klimaet der. Men det betyr ikke at alle mennesker er like. Når de som bor rundt ekvator, er mørkere i huden enn de som bor i nordlige områder, skyldes det at den mørke huden beskytter mot sollyset. Hvite mennesker som oppholder seg mye i solen, er for eksempel mer utsatt for hudkreft.

– Er det også en fordel å være hvit i huden hvis man bor i nordlige områder?

– Joda, hvis ikke hadde nok menneskene vært mørke i huden overalt. Men en hvit hudtype danner lettere solvitaminer, og det kan være viktig der det ikke er så mye sol. I dag har dette liten betydning fordi vi kan sørge for nok solvitaminer i kosten. Men ingenting i naturen er tilfeldig. Alt skyldes de ørsmå forandringene som har virket over utallige generasjoner.

– Egentlig er det ganske fantastisk å tenke på.

– Ja, ikke sant? Da kan vi foreløpig oppsummere Darwins utviklingslære med følgende konklusjon:

– Kom igjen.

– Vi kan si at «råstoffet» eller materialet bak utviklingen av livet på Jorden er de stadige *variasjonene* mellom individer innen en og samme art, og altså *de store kullene* som gjør at bare en liten brøkdel klarer å leve opp. Selve «mekanismen» eller drivkraften bak utviklingen er så *det naturlige utvalg* i kampen for tilværelsen. Dette utvalget gjør at det alltid vil være de sterkeste eller «best tilpassete» som overlever.

– Jeg synes det høres like logisk ut som et regnestykke. Hvordan ble boken om «artenes opprinnelse» tatt imot?

– Det ble noen skikkelige bikkjeslagsmål. Kirken protesterte på det skarpeste, og det vitenskapelige miljøet i England delte seg på midten. Egentlig var det ikke så rart. Darwin hadde jo trukket Gud et godt stykke vekk fra selve skaperakten. Enkelte pekte riktignok på at det måtte være større å skape noe som hadde egne iboende utviklingsmuligheter enn så å si å detaljskape alle ting en gang for alle.

Plutselig spratt Sofie opp fra stolen hun satt på.

– Se der! utbrøt hun.

Hun pekte ut gjennom vinduet. Nede ved vannet spaserte en mann og en kvinne hånd i hånd. De var helt nakne.

– Det er Adam og Eva, sa Alberto. – De måtte etter hvert finne seg i å dele skjebne med Rødhette og Alice i Drømmeland. Det er derfor de dukker opp her.

Sofie gikk til vinduet og så etter dem, snart gled de inn mellom trærne.

– For Darwin mente at også menneskene hadde utviklet seg fra dyrene?

– I 1871 gav han ut boken «Descent of man» – eller «Menneskets avstamning». Her peker han på alle de store likhetene mellom mennesker og dyr, og at mennesker og menneskeaper en gang må ha utviklet seg fra en felles stamfar. Nå hadde man også funnet de første fossile hodeskallene av en utdødd mennesketype, først i et steinbrudd i Gibraltarklippen og noen år senere i Neanderthal i Tyskland. Pussig nok var protestene mindre i 1871 enn i 1859 da Darwin utgav «Artenes opprinnelse». Men menneskets avstamning fra dyrene hadde jo ligget implisitt også i den første boken. Og som sagt: Da Darwin døde i 1882, ble han høytidelig begravet som en pioner innen vitenskapen.

– Så han kom til slutt til heder og verdighet?

– Til slutt ja. Men først ble han omtalt som «den farligste mann i England».

– Du verden!

– «La oss håpe at det ikke er sant,» sa en fornem dame, «men hvis det er sant, la oss håpe det ikke vil bli alminnelig kjent.» En anerkjent vitenskapsmann uttrykte noe lignende: «En ydmykende oppdagelse, og jo mindre den blir omtalt, desto bedre.»

– Da leverte de nærmest et bevis for at mennesket slekter på strutsen!

DARWIN

– Ja, det kan du si. Men det er lett for oss å være etterpåkloke. Ganske plutselig følte mange seg tvunget til å revidere sitt syn på Bibelens skapelsesberetning. Den unge forfatteren *John Ruskin* sa det slik: «Om bare geologene kunne la meg være i fred. I slutten av hvert vers i Bibelen hører jeg slagene fra hamrene deres.»

– Og hammerslagene var tvilen på Guds ord?

– Det var vel det han mente. For det var ikke bare den bokstavelige fortolkningen av Bibelens skapelsesberetning som falt. Essensen av Darwins teori var at det var komplett *tilfeldige* variasjoner som til syvende og sist hadde frembrakt mennesket. Og mer enn det: Darwin hadde gjort mennesket til et produkt av noe så usentimentalt som «kampen for tilværelsen».

– Sa Darwin noe om hvordan slike «tilfeldige variasjoner» oppstår?

– Nå berører du det svakeste punktet i hans teori. Darwin hadde bare svært vage forestillinger om arv. Noe gir seg jo ved krysning. En far og en mor får aldri to helt like barn. Allerede der oppstår det en viss variasjon. På den annen side kan det vanskelig komme noe virkelig nytt til på denne måten. Det finnes dessuten planter og dyr som formerer seg ved knoppskyting eller ved simpel celledeling. Når det gjelder spørsmålet om hvordan variasjonene oppstår, har den såkalte *nydarwinismen* komplettert Darwins teori.

– Fortell!

– Alt liv og all formering dreier seg til syvende og sist om celledeling. Når en celle deler seg i to, oppstår to helt like celler med nøyaktig samme arvestoff. Med celledeling mener vi altså at en celle kopierer seg selv.

– Ja?

– Men noen ganger skjer det ørsmå feil i denne prosessen – slik at den kopierte cellen likevel ikke blir helt lik modercellen. Dette kaller den moderne biologien for en *mutasjon*. Slike mutasjoner kan være komplett uvesentlige, men de kan også føre til markerte forandringer i individets egenskaper. De kan være direkte skadelige, og slike «mutanter» blir stadig sortert vekk i de store kullene. Også mange sykdommer skyldes i virkeligheten en mutasjon. Men noen ganger kan en mutasjon gi et individ nettopp den positive egenskapen som dette individet trenger for å hevde seg litt bedre i kampen for tilværelsen.

– For eksempel lengre hals?

– Lamarcks forklaring på hvorfor giraffen har så lang hals, var jo at giraffene stadig hadde strukket seg. Men ifølge darwinismen vil ingen slike ervervete egenskaper gå i arv. Darwin mente at det var en naturlig variasjon når det gjaldt lengden på halsen til giraffens stamfedre. Nydarwinismen kompletterer dette ved å peke på en klar *årsak* til at det oppstår slike variasjoner.

– Og det var mutasjonene.

– Ja, ganske tilfeldige forandringer i arvestoffet gav noen av giraffenes stamfedre litt lengre hals enn gjennomsnittet. Når det var begrenset med mat, kunne dette være viktig nok. Den som rakk høyest opp i trærne, klarte seg best. Vi kan dessuten tenke oss at noen slike «urgiraffer» utviklet evnen til å grave i jorda etter mat. Etter lang tid kan altså en utdødd dyreart dele seg i to forskjellige dyrearter.

– Jeg skjønner.

– Vi tar noen litt ferskere eksempler på hvordan det naturlige utvalg fungerer. Det er jo et veldig enkelt prinsipp.

– Kom igjen!

– I England lever en bestemt sommerfuglart, som kalles *bjørkemåleren.* Som navnet antyder, lever de på de lyse bjørkestammene. Hvis vi går tilbake til 1700-tallet, hadde også de aller fleste bjørkemålerne en lysegrå farge. Hvorfor hadde de det, Sofie?

– Da var de ikke så lette å oppdage for sultne fugler.

– Men fra tid til annen skjedde det også at det ble født noen mørke eksemplarer. Dette skyldtes helt tilfeldige mutasjoner. Hvordan tror du det gikk med disse mørke variantene?

– De var lettere å oppdage, derfor var de også lettere å snappe opp for sultne fugler.

– For i dette miljøet – altså på de lyse trestammene – var den mørke fargen en ugunstig egenskap. Derfor var det hele tiden de hvite bjørkemålerne som økte i antall. Men så skjedde det noe med miljøet. På grunn av industrialiseringen ble de hvite stammene flere steder aldeles mørke av sot. Hva tror du skjedde med bjørkemålerne nå?

– Nå var det vel de mørke eksamplarene som klarte seg best?

– Ja, nå gikk det ikke lange stunden før de økte i antall. Fra 1848 til 1948 økte andelen av svarte bjørkemålere fra 1 til 99 % enkelte steder. Miljøet var endret, og det var ikke lenger noen fordel i kampen for tilværelsen å være lys. Snarere tvert imot! De hvite «taperne» ble med fuglenes hjelp luket vekk straks de viste seg på trærne. Men igjen skjedde det en viktig forandring. Mindre bruk av kull og bedre renseutstyr i fabrikkene har de siste årene gjort miljøet renere.

– Så nå er trestammene hvite igjen?

– Derfor er også bjørkemålerne i ferd med å vende tilbake til den hvite fargen.Det er det som kalles *tilpasning*. Vi snakker om en naturlov.

– Jeg skjønner.

– Men det finnes flere eksempler på hvordan menneskene griper inn i miljøet.

– Hva tenker du på?

– Man har for eksempel forsøkt å bekjempe skadedyr med forskjellige giftstoffer. I første omgang kan dette gi et vellykket resultat. Men når man sprøyter en åker eller en frukthage med insektgifter, da forårsaker man i virkeligheten en liten økokatastrofe for de skadedyrene man vil bekjempe. På grunn av stadige mutasjoner kan det derfor ales opp en gruppe skadedyr som er mer motstandsdyktige – eller *resistente* – mot den giften som blir brukt. Nå får disse «vinnerne» friere spillerom, og slik kan forskjellige skadedyr bli vanskeligere og vanskeligere å bekjempe nettopp på grunn av menneskenes forsøk på å utrydde dem. Det er jo de mest motstandsdyktige variantene som overlever.

– Det var nifst.

– Det er iallfall noe å tenke på. Men også i vår egen kropp forsøker vi å bekjempe skadelige snyltere. Jeg tenker på bakterier.

– Vi bruker penicillin eller annen antibiotika.

– Og en penicillinkur er nettopp en «økokatastrofe» for de små djevlene. Men etter hvert som vi har pøst på med penicillin, har vi også gjort visse bakterier resistente. Slik har vi alet opp en gruppe bakterier som er mye vanskeligere å bekjempe enn før. Vi må bruke sterkere og sterkere antibiotika, men til slutt . . .

– Til slutt krabber bakteriene ut av munnen vår? Kanskje må vi begynne å skyte på dem?

– Det var kanskje å gå litt langt. Men det er klart at moderne medisin har skapt et alvorlig dilemma. Det gjelder ikke bare at enkelte bakterier er blitt hissigere enn før. Tidligere var det mange barn som ikke vokste opp fordi de bukket under for forskjellige sykdommer. Ja, ofte var det bare de færreste som levde opp. Men moderne medisin har på en måte satt det naturlige utvalget ut av funksjon. Det som hjelper et individ over en «kneik», kan i det lange løp komme til å svekke menneskeslektens motstandskraft mot forskjellige sykdommer. Hvis vi overhodet ikke tar hensyn til det vi kaller «arvehygiene», kan det føre til en «degenerering» av menneskeslekten. Med det menes at menneskets arvelige forutsetninger for å unngå alvorlige sykdommer blir svekket.

– Dette var litt uhyggelige perspektiver.

– Men en ekte filosof skal ikke la være å peke på det «uhyggelige» hvis han eller hun tror at det er sant. Vi prøver oss på en ny oppsummering.

– Værsågod!

– Du kan si at livet er som et stort lotteri der bare vinnerloddene er synlige.

– Hva mener du med det?

– De som har tapt i kampen for tilværelsen, er jo borte. Det ligger mange millioner av år med utvelgelse av «vinnerlodd» bak hver eneste plante- og dyreart på Jorden. Og «taperloddene» – ja, de viser seg bare én gang. Det finnes altså ingen plante- eller dyrearter i dag som ikke kan kalles vinnerlodd i livets store lotteri.

– For bare det beste blir bevart.

– Sånn kan du si det. Og nå kan du rekke meg plansjen som denne . . . nåja, som denne dyrepasseren kom med.

Sofie rakte ham plansjen. Det var bare på den ene siden det var bilde av Noahs ark. På den andre siden var det tegnet inn et stamtre over alle de forskjellige dyreartene. Det var denne siden Alberto ville vise henne nå.

– Skissen viser fordelingen av de forskjellige plante- og dyreartene. Du ser hvordan de enkelte artene hører hjemme i forskjellige grupper, klasser og rekker.

– Ja.

– Sammen med apekattene tilhører mennesket de såkalte primatene. Primatene er pattedyr, og alle pattedyr tilhører virveldyrene, som igjen hører til de flercellete dyrene.

– Det minner nesten om Aristoteles.

– Det er sant. Men skissen viser ikke bare hvordan fordelingen av de forskjellige artene er i dag. Den sier også noe om livets utviklingshistorie. Du ser for eksempel at fuglene en gang skilte seg ut fra krypdyrene, at krypdyrene en gang skilte seg ut fra amfibiene og at amfibiene skilte seg ut fra fiskene.

– Ja, det er tydelig.

– Hver eneste gang en av linjene deler seg i to, har det skjedd mutasjoner som har ført til nye arter. Slik oppstod i årenes løp også de forskjellige dyreklassene og dyrerekkene. Men dette er en svært forenklet skisse. I virkeligheten lever det over en million dyrearter i verden i dag, og denne millionen er bare en brøkdel av de dyreartene som har levd på Jorden. Du ser for eksempel at en dyregruppe som trilobitter er helt utdødd.

– Og nederst er de encellete dyrene.

– Noen av disse har kanskje ikke forandret seg på et par milliarder år. Du ser kanskje også at det går en linje fra disse encellete organismene til planteriket. For også plantene stammer sannsynligvis fra den samme urcellen som alle dyrene.

– Dette ser jeg. Men nå er det noe jeg lurer på.

– Ja?

– Hvor kom denne første «urcellen» fra? Hadde Darwin noe svar på det?

– Jeg sa jo at han var en forsiktig mann. Men på dette punktet tillot han seg likevel å komme med en ren gjetning. Han skrev:

«. . . hvis (og å! for et hvis!) vi kunne forestille oss en eller annen varm liten dam, hvor alle slags ammoniakk- og fosforholdige salter, lys, varme, elektrisitet og så videre var til stede, og at en proteinforbindelse ble kjemisk dannet i den, klar til å gjennomgå enda mer innviklete forandringer . . .»

– Ja, hva da?

– Det Darwin filosoferte over her, var hvordan den første levende cellen kunne tenkes å ha oppstått av uorganisk materie. Og igjen traff han spikeren på hodet. Dagens vitenskap tenker seg nettopp at den første primitive formen for liv oppstod i en slik «varm liten dam» som Darwin skisserte.

– Fortell!

– Det får holde med en overflatisk skisse, og husk at vi nå forlater Darwin. Vi hopper fram til den aller siste forskningen omkring livets opprinnelse på Jorden.

– Jeg blir nesten litt nervøs. Det er vel ingen som vet svaret på hvordan livet har oppstått?

– Kanskje ikke, men flere og flere brikker har falt på plass i et bilde av hvordan livet kan ha oppstått.

– Fortsett!

– La oss aller først slå fast at alt liv på Jorden – både planter og dyr – er bygget opp omkring nøyaktig de samme stoffene. Den enkleste definisjonen på liv er at liv er et stoff som i en næringsoppløsning har evnen til å dele seg selv i to helt like deler. Denne prosessen styres av et stoff som vi kaller DNA. Med DNA menes kromosomer eller arvestoff, som finnes i alle levende celler. Vi snakker også om *DNA-molekylet*, for DNA er i virkeligheten et komplisert molekyl – eller makromolekyl. Spørsmålet er altså hvordan det første DNA-molckylet oppstod.

– Ja?

– Jorden ble dannet da solsystemet oppstod for 4,6 miliarder år siden. Opprinnelig var den en glødende masse, men etter hvert kjølnet jordskorpen. Her mener moderne vitenskap at livet oppstod for ca. 3–4 milliarder år siden.

– Det høres komplett usannsynlig ut.

– Det har du ikke lov til å si før du har hørt resten. For det første må du merke deg at kloden så ganske annerledes ut enn den gjør i dag. Fordi det ikke fantes noe liv, var det heller ikke oksygen i atmosfæren. Fritt oksygen ble nemlig først dannet ved plantenes fotosyntese. Og dette at det ikke fantes oksygen er viktig. Det er utenkelig at livets byggesteiner – som igjen kan danne DNA – ville ha kunnet oppstå i en oksygenholdig atmosfære.

– Hvorfor det?

– Det er fordi oksygen er et svært reaktivt stoff. Lenge før det kunne dannes kompliserte molekyler som DNA, ville DNA-molekylets byggesteiner ha «oksydert».

– Javel.

– Derfor vet vi også med sikkerhet at det ikke oppstår nytt liv i dag, ja ikke så mye som en bakterie eller et virus. *Alt* liv på Jorden må altså være nøyaktig like gammelt. En elefant har en like lang slektstavle som den enkleste bakterie. Du kan nesten si at en elefant – eller et menneske – i virkeligheten er en sammenhengende koloni av encellete dyr. For i hver eneste celle av kroppen har vi akkurat det samme arvestoffet. Hele oppskriften på hvem vi er, ligger altså gjemt i hver minste lille celle i kroppen.

– Det er rart å tenke på.

– En av livets store gåter er at cellene i et flercellet dyr likevel har en evne til å spesialisere sin funksjon. For alle de forskjellige arveegenskapene er ikke virksomme i alle cellene. Noen slike egenskaper – eller gener – er «slått av» og andre er «slått på». En levercelle produserer andre proteiner enn en nervecelle eller en hudcelle. Men både i levercellen, nervecellen og hudcellen finnes det samme DNA-molekylet, som altså inneholder hele oppskriften på den organismen vi snakker om.

– Fortsett!

– Når det ikke var oksygen i atmosfæren, var det heller ikke noe beskyttende ozonlag rundt kloden. Det vil si at det ikke var noe som stengte for strålingen fra verdensrommet. Også dette er viktig. For nettopp denne strålingen har sannsynligvis spilt en viktig rolle når de første kompliserte molekylene ble dannet. En slik kosmisk stråling var selve energien som gjorde at de forskjellige kjemiske substansene på jorden begynte å føye seg sammen til kompliserte makromolekyler.

– OK.

– Jeg presiserer: For at det kan dannes slike kompliserte molekyler som alt liv består av, må iallfall to betingelser være oppfylt: Det må *ikke være oksygen* i atmosfæren, og det må være tilgang på *stråling fra verdensrommet*.

– Jeg forstår.

– I den «lille varme dammen» – eller «ursuppen» som vitenskapen gjerne kaller den i dag – ble det så en gang dannet et uhyre komplisert makromolekyl, som hadde den forunderlige egenskapen at det kunne dele seg selv i to helt like deler. Og dermed er den lange utviklingen i gang, Sofie. Hvis vi forenkler litt, kan vi si at vi allerede nå snakker om det første arvestoffet, det første DNA eller den første levende cellen. Den delte seg og delte seg – men fra første stund av skjedde også stadige mutasjoner. Etter uhyre lang tid skjedde det så at slike encellete organismer sluttet seg sammen til mer kompliserte flercellete organismer. Slik kom også plantenes fotosyntese i gang, og på den måten ble det dannet en oksygenholdig atmosfære. Den fikk en dobbelt betydning: For det første gjorde atmosfæren at det kunne utvikles dyr som kunne puste med lunger. Atmosfæren beskyttet dessuten livet mot skadelig stråling fra verdensrommet. For nettopp denne strålingen – som kanskje var en viktig «gnist» for at den første cellen kunne dannes – den er også skadelig for alt levende liv.

– Men atmosfæren ble vel ikke dannet over natten. Hvordan klarte de første formene for liv seg?

– Livet oppstod først i det opprinnelige «havet» – som vi altså kaller for «ursuppen». Der kunne de leve beskyttet mot den farlige strålingen. Først meget senere – og altså etter at livet i havet hadde dannet en atmosfære – krabbet de første amfibiene opp på landjorda. Og resten har vi snakket om. Her sitter vi i en hytte i skogen og ser tilbake på en prosess som har tatt tre eller fire milliarder år. Nettopp i oss har den lange prosessen kommet til bevissthet om seg selv.

– Men du tror likevel at alt sammen har skjedd på slump?

– Nei, det har jeg ikke sagt. Plansjen viser jo også at utviklingen har hatt en *retning*. Gjennom årmillionene har det dannet seg dyr med et stadig mer komplisert nervesystem – og etter hvert en stadig større hjerne også. Selv tror jeg ikke at dette er tilfeldig. Hva tror du?

– Det kan ikke være ren og skjær tilfeldighet som har skapt menneskets øye. Tror du ikke det ligger en mening bak dette at vi kan *se* verden omkring oss?

– Dette med utviklingen av øyet forundret Darwin også. Han fikk det liksom ikke til å stemme at noe så fint som et øye kunne oppstå bare på grunn av det naturlige utvalg.

Sofie ble sittende og se opp på Alberto. Hun kom til å tenke på hvor rart det var at hun levde akkurat nå, at hun levde bare denne ene gangen og at hun aldri mer skulle komme tilbake til livet. Plutselig utbrøt hun:

– «Hva tjener evig skapen i det blinde, når alt det skapte bare skal forsvinne!»

Nå så Alberto strengt på henne:

– Sånn skal du ikke snakke, barnet mitt. Det er djevelens ord.

– Djevelen?

– Eller Mefistofeles – i Goethes «Faust». «Was soll uns denn das ew'ge Schaffen! Geschaffenes zu nichts hinwegzuraffen!»

– Men hva er meningen med akkurat de ordene?

– Idet Faust dør – og ser tilbake på sin lange livsgjerning – sier han i triumf:

Du skjønne stund, forbliv, forbliv!
Æoners gang vil ikke kunne slette
de spor, jeg satte i mitt liv. –
Jeg ser på forhånd alt i herlig skikk
og nyter nå det største øyeblikk.

– Det var vakkert sagt.

– Men så er det djevelens tur. Straks det er forbi med Faust, utbryter han:

Forbi! et tosset ord.
Hvorfor forbi?
Forbi og ingenting har like stor verdi!
Hva tjener evig skapen i det blinde,
når alt det skapte bare skal forsvinne!
«Det er forbi!» Hva er så fasit blevet?
Det er, som om det aldri hadde levet
og spøker dog, som var dets liv ei omme.
Så foretrekker jeg det evig tomme.

– Det var pessimistisk. Da likte jeg det første sitatet best. Selv om livet hans var slutt, så Faust en mening i de sporene han hadde satt etter seg.

– For er det ikke også en konsekvens av Darwins utviklingslære at vi er med på noe stort der hver minste lille livsform har betydning i den store sammenhengen? Vi er den levende planeten, Sofie! Vi er den store båten som seiler rundt en brennende sol i universet. Men hver og en av oss er også en båt som seiler gjennom livet med en last av gener. Når vi har brakt denne lasten videre til neste havn – da har vi ikke levd forgjeves. *Bjørnstjerne Bjørnson* uttrykte samme tanke i diktet «Salme II»:

> Ære det evige forår i livet
>   som alting har skapt!
> Opstandelsens morgen det mindste er givet,
>   kun former går tabt.
>   Slægt føder slægt,
> stigende ævne den når;
>   art føder art
> i millioner af år.
> Verd'ner forgår og opstår.
>
> Bland dig i livs-fryden, du som fik være
>   blomst i dens vår,
> nyde et døgn til det eviges ære
>   i menneske-kår;
>   yde din skærv
> in til det eviges hværv,
>   liden og svag
> ånde et eneste drag
> in af den evige dag!

– Det var nydelig.
    – Men da sier vi ikke mer nå. Jeg sier bare «avsnitt»!
    – Nå må du slutte med denne ironien din.
    – «Avsnitt!» sa jeg. Du skal lystre mine ord.

FREUD

. . . det stygge, egoistiske ønsket som var dukket opp i henne . . .

Hilde Møller Knag spratt opp fra sengen med den tunge ringpermen i armene. Hun la permen på skrivebordet, rev med seg klærne inn på badet, stilte seg under dusjen i to minutter og kledde på seg i en fart. Så sprang hun ned i første etasje.

– Nå er det frokost, Hilde?

– Jeg må bare ut å ro litt først.

– Neimen Hilde, da!

Hun sprang ut av huset og ned gjennom hagen. Hun løste båten fra bryggen og hoppet opp i den. Så begynte hun å ro. Hilde rodde og rodde rundt i bukta, først med hissige tak, så begynte roen å falle over henne.

«Vi er den levende planeten, Sofie! Vi er den store båten som seiler rundt en brennende sol i universet. Men hver og en av oss er også en båt som seiler gjennom livet med en last av gener. Når vi har brakt denne lasten videre til neste havn – da har vi ikke levd forgjeves . . . »

Hun husket det utenat. Det var jo også til henne det var skrevet. Ikke til Sofie, men til henne. Alt som stod i ringpermen var et brev fra pappa til Hilde.

Hun løste årene fra åregaflene og la dem inn. Slik lot hun båten ligge og vippe på vannet. Det klasket bløtt mot bunnen.

Slik den vesle båten fløt på overflaten av en liten bukt i Lillesand, var hun selv bare et nøtteskall på livets overflate.

Hvor var Sofie og Alberto i dette bildet? Ja, hvor var Alberto og Sofie?

Hun kunne ikke få det til å stemme at de bare var noen «elektromagnetiske impulser» i farens hjerne. Hun fikk det ikke til å gå opp at de bare var papir og trykksverte fra et fargebånd på farens reiseskrivemaskin. Da kunne hun like gjerne si at hun selv bare var en opphopning av protein-

417

forbindelser som en gang var rasket sammen i «en varm liten dam». Men hun var noe mer enn det. Hun var Hilde Møller Knag.

Visst var den store ringpermen en fantastisk femtenårs-presang. Og visst hadde faren truffet en kjerne av noe *evig* i henne. Men hun likte ikke helt den kjekke tonen han hadde lagt seg til i omtalen av Sofie og Alberto.

Han skulle få noe å tenke på allerede mens han var på vei hjem. Det skyldte hun de to hun leste om. Hilde syntes hun kunne se faren for seg på Kastrup flyplass. Kanskje ble han gående og vimse omkring som en annen nisse.

Snart hadde Hilde falt helt til ro. Hun rodde båten tilbake til bryggen og fortøyde den. Siden satt hun lenge ved frokostbordet sammen med moren. Det var så godt å kunne si at egget var deilig, men at det kanskje var *litt* for bløtt.

Først sent på kvelden tok hun igjen fram den store ringpermen. Nå var det ikke så mange sidene igjen.

Igjen banket det på døren.

– Skal vi ikke bare holde oss for ørene? spurte Alberto. – Så går det kanskje over.

– Nei, jeg vil se hvem det er.

Alberto fulgte etter.

På trammen utenfor stod en naken mann. Han hadde stilt seg opp i en meget høytidelig positur, men det eneste han hadde på seg, var en krone på hodet.

– Nå? spurte han. – Hva synes herskapet om keiserens nye klær?

Alberto og Sofie var aldeles stumme av forundring. Dette gjorde også den nakne mannen en smule befippet.

– Dere gjør jo ikke reverens! utbrøt han.

Alberto tok mot til seg:

– Sant nok, men keiseren er jo splitter naken.

Den nakne mannen ble stående i den samme høytidelige stillingen. Alberto bøyde seg mot Sofie og hvisket i ørene hennes:

– Han tror han er et anstendig menneske.

Nå fikk den nakne mannen et morskt drag over ansiktet.

– Bedriver huset en slags sensur? spurte han.

– Dessverre, sa Alberto. – Her inne er vi både helt våkne og på alle måter ved våre fulle fem. I keiserens skamløse tilstand kan han derfor ikke slippe over terskelen til dette hus.

Sofie syntes at den høytidelige, men nakne mannen var så komisk at hun plutselig begynte å le. Som om nettopp dette skulle vært et hemmelig signal, oppdaget omsider mannen med krone på hode at han ikke hadde noen klær på seg. Han dekket seg til med begge hendene, sprang mot et skogholt – og var borte. Der inne traff han kanskje Adam og Eva, Noah, Rødhette og Ole Brumm.

Alberto og Sofie ble stående på trammen og le. Til slutt sa Alberto:

– Da passer det kanskje at vi setter oss inn igjen. Jeg skal fortelle om Freud og hans lære om det ubevisste.

De satte seg foran vinduet igjen. Sofie så på klokken og sa:

– Den er allerede halv tre, og jeg har masse å ordne til hageselskapet.

– Det har jeg også. Vi skal bare si noen ord om *Sigmund Freud.*

– Var han filosof?

– Vi kan iallfall kalle ham kulturfilosof. Freud var født i 1856 og studerte medisin ved Universitetet i Wien. Her bodde han også det meste av livet sitt, nettopp i en periode da Wien opplevde et blomstrende kulturliv. Tidlig spesialiserte han seg innenfor den grenen av medisinen som vi kaller *nevrologi.* Mot slutten av forrige århundre – og langt inn i vårt eget århundre – utarbeidet han så sin «dybdepsykologi» eller «psykoanalyse».

– Jeg tenker du forklarer deg nærmere.

– Med «psykoanalysen» menes både en beskrivelse av menneskesinnet i sin alminnelighet og en behandlingsmetode ved nervøse og psykiske lidelser. Jeg skal ikke gi noe fullstendig bilde verken av Freud selv eller av hans virksomhet. Men hans lære om det ubevisste er helt nødvendig for forståelsen av hva et menneske er.

– Du har allerede vekket min interesse. Sett i gang!

– Freud mente at det alltid er en spenning mellom et menneske og dette menneskets omgivelser. Nærmere bestemt er det en spenning – eller konflikt – mellom et menneskes drifter og behov og omverdenens krav. Det er neppe noen overdrivelse å si at det var Freud som oppdaget menneskenes driftsliv. Dette gjør ham til en viktig eksponent for de naturalistiske strømningene som var så fremtredende mot slutten av forrige århundre.

– Hva mener du med menneskenes «driftsliv»?

– Det er ikke alltid «fornuften» som styrer våre handlinger. Mennesket er altså ikke et så rasjonelt vesen som 1700-tallets rasjonalister gjerne hadde tenkt seg. Ofte er det irrasjonelle impulser som bestemmer hva vi tenker, hva vi drømmer om og hva vi gjør. Slike irrasjonelle impulser kan være uttrykk for dype drifter eller behov. Like grunnleggende som spedbarnets sugebehov er for eksempel menneskets seksualdrift.

– Jeg skjønner.

– I seg selv var dette kanskje ingen ny oppdagelse. Men Freud viste at slike grunnleggende behov kan «forkles» eller «omformes» og på den måten styre våre handlinger uten at vi er det bevisst. Han viste dessuten at også små barn har en slags seksualitet. Denne påvisningen av «barneseksualiteten» fikk det dannete borgerskap i Wien til å reagere med avsky og gjorde ham mektig upopulær.

– Det forundrer meg ikke.

– Vi snakker jo nå om den såkalte «viktoriatiden», da alt som hadde med seksualitet å gjøre, var tabubelagt. Freud hadde kommet på sporet av barns seksualitet gjennom sin praksis som psykoterapeut. Han hadde altså et empirisk grunnlag for sine påstander. Han hadde også opplevd at mange former for nevroser eller psykiske lidelser kunne føres tilbake til konflikter i barndommen. Etter hvert utarbeidet han så en behandlingsmetode som vi kan kalle en slags «sjelelig arkeologi».

– Hva mener du med det?

– En arkeolog prøver jo å finne spor etter en fjern fortid ved å hakke seg gjennom de forskjellige kulturlag. Kanskje finner han en kniv fra 1700-tallet. Litt dypere ned i jorda finner han en kam fra 1300-tallet – og enda lenger ned en krukke fra 400-tallet.

– Ja?

– Slik kan psykoanalytikeren ved pasientens hjelp grave seg tilbake i pasientens bevissthet for å hente fram de opplevelsene som en gang skapte pasientens psykiske lidelser. For ifølge Freud bevarer vi alle minner fra fortiden dypt inne i oss.

– Nå forstår jeg.

– Da finner han kanskje fram til en vond opplevelse som pasienten i alle år har forsøkt å glemme, men som likevel har ligget nede i dypet og tæret på pasientens ressurser. Ved å bringe en slik «traumatisk opplevelse» fram i bevisstheten – og så å si holde det fram for pasienten – kan han eller hun bli «ferdig med det» og altså bli frisk igjen.

– Det høres logisk ut.

– Men jeg går altfor fort fram. La oss først se hvilken beskrivelse Freud gir av menneskesinnet. Har du sett et spedbarn noen gang?

– Jeg har en fetter på fire år.

– Når vi kommer til verden, lever vi ganske direkte og usjenert ut våre fysiske og psykiske behov. Får vi ikke melk, skriker vi. Det gjør vi kanskje hvis vi har våt bleie også. Vi kommer dessuten med ganske direkte uttrykk for at vi ønsker fysisk nærhet og kroppsvarme. Dette «driftsprinsippet» eller «lystprinsippet» i oss, kalte Freud for *det'et*. Som spedbarn er vi jo nærmest bare et «det».

– Fortsett!

– «Det'et» eller driftsprinsippet har vi med oss opp i voksen alder og hele livet igjennom. Men etter hvert lærer vi å regulere våre lyster og sånn sett tilpasse oss våre omgivelser. Vi lærer å avpasse driftsprinsippet i forhold til «realitetsprinsippet». Freud sier at vi bygger opp et *jeg* som har denne regulerende funksjonen. Selv om vi har lyst på noe, kan vi ikke bare sette oss ned og skrike til vi får tilfredsstilt våre ønsker eller behov.

– Selvsagt ikke.

– Det er nå det kan skje at vi ønsker noe sterkt samtidig som omverdenen ikke vil akseptere det. Det hender da at vi *fortrenger* våre ønsker. Med det menes at vi prøver å skyve dem vekk og glemme dem.

– Jeg skjønner.

– Men enda regnet Freud med en tredje «instans» i menneskesinnet. Fra vi er små blir vi møtt med foreldrenes og omverdenens moralske krav. Når vi gjør noe galt, sier foreldrene «nei, ikke sånn!» eller «fy, så stygg du er!». Selv etter at vi er blitt voksne, har vi med oss en etterklang av slike moralske krav og fordømmelser. Det er som om omverdenens moralske forventninger har gått inn i oss og blitt en del av oss selv. Dette kalte Freud for *overjeg'et*.

– Mente han samvittigheten?

– I det han kalte «overjeg'et» ligger også selve samvittigheten. Men Freud mente at «overjeg'et» gir oss beskjed også når vi har ønsker som er «skitne» eller «upassende». Ikke minst gjelder dette erotiske eller seksuelle ønsker. Og som sagt – Freud pekte på at slike upassende eller «utekkelige» lyster setter inn allerede på et tidlig stadium i barndommen.

– Forklar!

– I dag både vet vi og ser vi at små barn liker å fingre med kjønnsorganene sine. Det er noe vi kan observere på enhver badestrand. Sånt kunne på Freuds tid avstedkomme en liten dask over fingeren til toåringen eller treåringen. Kanskje sa mamma: «fy!», «ikke sånn!» eller «nei, du skal ha hendene oppå dynen!»

– Det er jo helt sykt.

– Slik oppstår en skyldfølelse knyttet til alt som har med kjønnsorganer og seksualitet å gjøre. Fordi denne skyldfølelsen blir sittende i «overjeg'et», vil mange mennesker – ifølge Freud de aller fleste – livet igjennom bære på en skyldfølelse knyttet til sex. Samtidig pekte han på at seksuelle ønsker og behov er en naturlig og viktig del av menneskets utrustning. Og da, min gode Sofie, da er det faktisk duket for en livslang konflikt mellom lyst og skyld.

– Tror du ikke at denne konflikten har dempet seg noe siden Freuds tid?

– Ganske sikkert. Men mange av Freuds pasienter opplevde konflikten så sterkt at de utviklet det som Freud kalte *nevroser*. En av hans mange kvinnelige pasienter var for eksempel hemmelig forelsket i sin svoger. Da søsteren døde etter en sykdom, tenkte hun: «Nå er han fri og kan gifte seg med meg!» Denne tanken var samtidig på kollisjonskurs med hennes «over-jeg». Den var så uhyrlig at hun straks *fortrengte* den, sier Freud. Det vil si at hun dyttet den ned i det ubevisste. Freud skriver: «Den unge piken ble syk og la alvorlige hysteriske symptomer for dagen, og da jeg fikk henne til behandling, viste det seg at hun grundig hadde glemt denne scenen ved søsterens seng og det stygge, egoistiske ønsket som var dukket opp i henne.

Men under behandlingen husket hun det, reproduserte i sterkeste sinnsopprør det patogene øyeblikket og ble frisk igjen ved denne behandlingen.»

– Nå skjønner jeg bedre hva du mener med «sjelelig arkeologi».

– Vi kan da gi en generell beskrivelse av menneskets psyke. Etter lang erfaring med behandling av pasienter, kom Freud til at menneskets *bevissthet* bare utgjør en liten del av menneskesinnet. Det som er bevisst, er som den lille delen av et isfjell som er over vannflaten. Under vannflaten – eller under bevissthetens terskel – er «underbevisstheten» eller *det ubevisste*.

– Det ubevisste er altså alt det som er inni oss, men som vi har glemt og ikke husker?

– Vi har jo ikke alle våre erfaringer framme i bevisstheten bestandig. Men slike ting som vi har tenkt eller opplevd, og som vi kan komme på hvis vi bare «tenker oss om», kalte Freud for det «førbevisste». Uttrykket «det ubevisste» brukte han om slike ting som vi har «fortrengt». Det vil si slike ting som vi en gang har anstrengt oss for å glemme fordi de er enten «ubehagelige», «utekkelige» eller «ekle». Hvis vi har ønsker og lyster som er utålelige for bevisstheten – eller for «overjeg'et» – da dytter vi det ned i underetasjen. Vekk med det!

– Jeg skjønner.

– Denne mekanismen er i funksjon hos alle friske mennesker. Men for noen kan det koste så mye anstrengelse å holde ubehagelige eller forbudte tanker vekk fra bevisstheten at det fører til nervøse lidelser. Det som blir fortrengt på denne måten, prøver nemlig av seg selv å dukke opp i bevisstheten igjen. Noen mennesker må derfor bruke stadig mer energi på å holde slike impulser unna bevissthetens kritikk. Da Freud var i Amerika i 1909 for å forelese over psykoanalysen, kom han med et eksempel på hvordan denne fortrengningsmekanismen fungerer.

– Kom igjen!

– Han sa: «La oss anta at det her i denne salen . . . befant seg et individ som oppførte seg forstyrrende og avledet min oppmerksomhet fra min oppgave ved å le uoppdragent, prate og skrape med føttene. Jeg sier at jeg ikke kan fortsette under slike forhold, og så reiser det seg noen kraftige karer og kaster ut fredsforstyrreren etter en kort kamp. Han er er altså 'fortrengt', og jeg kan fortsette mitt foredrag. For at forstyrrelsen ikke skal gjenta seg dersom fyren prøver å komme inn i salen igjen, flytter de herrene som utførte min vilje, sine stoler bort til døren og etablerer seg der som 'motstand' etter den fullbyrdete fortrengningen. Hvis dere så oppfatter de to lokalitetene her som det 'bevisste' og 'det ubevisste', har dere et ganske godt bilde på fortrengningsprosessen.»

– Jeg er enig i at det var et godt bilde.

– Men «fredsforstyrreren» vil inn igjen, Sofie. Slik er det iallfall med fortrengte tanker og impulser. Vi lever med et konstant «trykk» fra fortrengte tanker som prøver å kjempe seg opp fra det ubevisste. Ofte hender det derfor at vi sier eller gjør ting uten at det var «meningen». Slik kan ubevisste reaksjoner styre våre følelser og handlinger.

– Har du noe eksempel?

– Freud opererer med flere slike mekanismer. Ett eksempel er det han kalte *feilreaksjoner*. Det vil si at vi ganske av oss selv sier eller gjør ting som vi en gang har prøvd å fortrenge. Selv nevner han et eksempel der en arbeidsformann skulle utbringe en skål for sjefen. Det var bare det at denne sjefen var fryktelig upopulær. Han var det vi på godt norsk kaller en «drittsekk».

– Ja?

– Arbeidsformannen reiste seg og hevet glasset høytidelig. Så sa han: «Da driter vi for sjefen!»

– Jeg er målløs.

– Det var nok arbeidsformannen også. Han hadde forsåvidt bare sagt det han mente. Men det var ikke meningen å si det. Vil du høre et eksempel til?

– Gjerne.

– I en prestefamilie med mange søte og snille døtre skulle de en gang få besøk av en biskop. Nå var det slik at denne biskopen hadde en ganske usannsynlig stor nese. Døtrene fikk derfor streng beskjed om ikke å kommentere den lange nesen. Det er jo ofte slik at små barn ofte plumper ut med spontane karakteristikker nettopp fordi fortrengningsmekanismen ikke er så sterk.

– Ja?

– Biskopen kom til prestegården, og de fortryllende døtrene anstrengte seg til det ytterste for ikke å kommentere den lange nesen. Og mer enn det: De måtte prøve å ikke se på nesen i det hele tatt, de måtte prøve å glemme den. Dette var noe de tenkte på hele tiden. Men så var det at en av småpikene skulle servere sukkerbiter til kaffen. Hun stilte seg opp foran den høytidelige biskopen og sa: Skal det være litt sukker i nesen?

– Pinlig.

– Noen ganger hender det også at vi *rasjonaliserer*. Det vil si at vi både overfor andre og overfor oss selv oppgir andre grunner til det vi gjør enn det som er den egentlige årsaken. Det er nettopp fordi den egentlige årsaken er for pinlig.

– Et eksempel, takk.

– Jeg kan hypnotisere deg til å åpne et vindu. Under hypnosen sier jeg at når jeg begynner å tromme i bordet med fingrene, da skal du reise deg og åpne opp vinduet. Jeg trommer i bordet – og du åpner vinduet. Så spør jeg hvorfor du åpnet vinduet. Kanskje svarer du at du gjorde det fordi du syntes det var varmt. Men det er ikke den egentlige grunnen. Du vil ikke innrømme for deg selv at du har utført noe på min hypnotiske ordre. Da «rasjonaliserer» du, Sofie.

– Jeg skjønner.

– Slik skjer det nesten daglig at vi «dobbeltkommuniserer».

– Jeg nevnte fetteren min på fire år. Jeg tror ikke han har så mange å leke med, han er iallfall veldig glad når jeg kommer på besøk. En gang sa jeg at jeg måtte skynde meg hjem til mamma. Vet du hva han svarte?

– Få høre!

– «Hun er dum,» sa han.

– Ja, det var riktig nok et eksempel på hva vi mener med rasjonalisering. Gutten mente jo ikke det han sa. Det han mente var at han syntes det var dumt at du skulle gå, men det var liksom litt flaut å innrømme. Noen ganger hender det også at vi *projiserer*.

– Du må oversette.

– Med projeksjon mener vi at vi overfører på andre forskjellige egenskaper som vi prøver å fortrenge at vi har selv. En som er svært gjerrig, er for eksempel rask til å karakterisere andre som gjerrige. En som ikke vil innrømme for seg selv at han eller hun er opptatt av sex, vil kanskje være den første til å hisse seg opp over at andre er sexfikserte.

– Jeg skjønner.

– Freud mente at det yngler av eksempler på slike ubevisste handlinger i vårt daglige liv. Det hender stadig at vi glemmer navnet på en bestemt person, kanskje blir vi stående og fingre med klærne mens vi snakker eller vi flytter på tilsynelatende helt tilfeldige ting i rommet. Ikke minst kan vi snuble i ordene og komme med forskjellige forsnakkelser som kan virke aldeles uskyldige. Freuds poeng er at slike forsnakkelser ikke alltid er verken så tilfeldige eller så uskyldige som vi tror. Han mente at de må vurderes som «symptomer». Slike «feilhandlinger» og «tilfeldige handlinger» kan nemlig røpe de mest intime hemmeligheter.

– Heretter skal jeg tenke nøye igjennom hvert eneste ord jeg sier.

– Men du vil likevel ikke klare å flykte fra dine ubevisste impulser. Kunsten er nettopp å ikke bruke for mye anstrengelse på å dytte ubehagelige ting ned i det ubevisste. Det er som når man forsøker å tette igjen hullet til en jordrotte. Du kan være sikker på at jordrotten dukker opp et annet sted i hagen. Det er bare sunt å ha en halvåpen dør mellom bevisstheten og det ubevisste.

– Og hvis man låser den døren, kan man få psykiske lidelser?

– Ja, en nevrotiker er nettopp en som bruker for mye energi på å holde «det ubehagelige» borte fra bevisstheten. Ofte er det spesielle opplevelser som det blir maktpåliggende for denne personen å fortrenge. Freud kalte slike spesielle opplevelser for *traumer*. Ordet «traume» er gresk og betyr «sår».

– Jeg skjønner.

– I pasientbehandlingen ble det viktig for Freud å prøve å lirke i den låste døren – eller kanskje åpne en ny dør. Ved å samarbeide med pasienten forsøkte han å hente fram igjen de fortrengte opplevelsene. Pasienten er jo ikke bevisst hva han fortrenger. Likevel kan han være oppsatt på at legen skal hjelpe ham å finne tilbake til de skjulte traumene.

– Hvordan går legen fram?

– Freud utviklet det han kalte *de frie assosiasjoners teknikk*. Det vil si at han lot pasienten ligge i en avslappet stilling og så bare snakke om det som han eller hun kom på – uansett hvor uvesentlig, tilfeldig, ubehagelig eller pinlig det måtte fortone seg. Kunsten er nettopp å bryte ned det «lokket» eller den «kontrollen» som har lagt seg over traumene. For det er nettopp traumene pasienten er opptatt av. De er i virksomhet hele tiden, men de er ikke bevisste.

– Jo mer man anstrenger seg for å glemme noe, jo mer tenker man på det i det ubevisste?

– Nettopp. Derfor er det viktig å lytte til signalene fra det ubevisste. Selve «kongeveien» til det ubevisste var ifølge Freud *drømmene* våre. Hans viktigste bok var også den store boken «Drømmetydningen» som kom ut i år 1900. Her viste han at det ikke er tilfeldig hva vi drømmer om. Gjennom drømmene prøver våre ubevisste tanker å meddele seg til bevisstheten.

– Fortsett!

– Etter å ha samlet mange års erfaringer blant pasienter – og ikke minst etter å ha analysert sine egne drømmer – slår Freud fast at alle drømmer er *ønskeoppfyllende*. Dette er noe man tydelig kan observere hos barn, sier han. De drømmer om is og kirsebær. Men for voksne gjelder det ofte at disse ønskene – som altså drømmen vil oppfylle – er forkledde. For også når vi sover, hersker en streng *sensur* med hva vi synes at vi kan tillate oss. Under søvnen er riktignok denne sensuren eller fortrengningsmekanismen svekket i forhold til den våkne tilstand. Men den er tilstrekkelig sterk til at vi i drømmen forvrenger ønsker vi ikke vil vedkjenne oss.

– Derfor må drømmen tydes?

– Freud viser at vi må skille mellom selve drømmen slik vi husker den om morgenen og det som er drømmens egentlige mening. Selve drømmebildene – altså den «filmen» eller «videoen» vi drømmer – kalte han *det manifeste drømmeinnhold*. Dette «åpenbare» drømmeinnholdet henter alltid sitt materiale – eller sine rekvisitter – fra dagen i forveien. Men drømmen har også en dypere mening som er skjult for bevisstheten. Dette kalte Freud *de latente drømmetankene*, og disse skjulte tankene som drømmen egentlig handler om, kan gjerne skrive seg fra langt tilbake i tiden – for eksempel helt tilbake til den tidligste barndom.

– Vi må altså analysere drømmen før vi forstår hva den handler om.

– Ja, og når det gjelder syke mennesker, må dette gjøres sammen med terapeuten. Men det er ikke legen som tyder drømmen. Det kan han bare gjøre ved pasientens hjelp. I denne situasjonen opptrer legen bare som en sokratisk «jordmor» som er til stede og hjelper til under tydingen.

– Jeg skjønner.

– Selve omformingen fra «de latente drømmetankene» til «det manifeste drømmeinnhold» kalte Freud for *drømmearbeidet*. Vi kan snakke om en «maskering» eller «koding» av det som drømmen egentlig handler om. Ved drømmetydningen må man så gå igjennom en motsatt prosess. Man må «demaskere» eller «rekode» drømmens «motiv» for å finne fram til det som er drømmens «tema».

– Har du noe eksempel?

– Freuds bok myldrer av slike eksempler. Men vi kan jo lage oss et enkelt og svært freudiansk eksempel selv. Hvis en ung mann drøm-mer at han får to ballonger av sin kusine . . .

– Ja?

– Nei, du får prøve deg som drømmetyder selv.

– Hmm . . . Da er altså det «manifeste drømmeinnhold» nøyaktig som du sa: Han får to ballonger av sin kusine.

– Fortsett!

– Så sa du også at alle rekvisittene i drømmen er hentet fra dagen i forveien. Altså var han på tivoli dagen i forveien – eller han så et bilde av ballonger i avisen.

– Ja, det er mulig, men han behøvde bare å ha sett selve ordet «bal-long» – eller noe som kunne minne om ballonger.

– Men hva er «de latente drømmetankene» – altså det som drøm-men egentlig handler om?

– Det er du som er drømmetyderen.

– Kanskje han rett og slett ønsket seg et par ballonger.

– Nei, det holder ikke. Du har rett i at drømmen også skulle være ønskeoppfyllende. Men en voksen mann vil neppe ha noe inderlig ønske om å få et par ballonger. Og om han hadde hatt det, var ikke det noe han behøvde å drømme om.

– Da tror jeg at jeg har det: Han ville i virkeligheten ha kusinen – og de to ballongene var brystene hennes.

– Ja, det var en mer sannsynlig forklaring. Forutsetningen er at han opplevde dette ønsket som litt pinlig.

– For også drømmene våre går veien om ballonger og slikt?

– Ja, Freud mente at drømmen var en «forkledd oppfyllelse av fortrengte ønsker». Men nøyaktig *hva* vi fortrenger, kan ha forandret seg ganske betraktelig siden Freud var lege i Wien. Selve mekanismen med forkledningen av drømmeinnholdet kan likevel være intakt.

– Jeg skjønner.

– Freuds psykoanalyse fikk svært stor betydning i 1920-årene – først og fremst for behandlingen av psykiatriske pasienter. Hans lære om det ubevisste fikk dessuten stor betydning for kunst og litteratur.

– Du mener at kunstnerne ble mer opptatt av menneskenes ubevisste sjeleliv?

– Akkurat. Skjønt dette var noe som blomstret innen litteraturen allerede i de siste tiårene av forrige århundre – og altså før Freuds psykoanalyse var kjent. Det betyr bare at det ikke er tilfeldig at Freuds psykoanalyse ble til nettopp i 1890-årene.

– Du mener at det lå i tiden?

– Freud mente jo heller ikke at det var han som hadde «funnet på» fenomener som fortrengning, feilreaksjoner eller rasjonalisering. Han var bare den første som trakk slike menneskelige erfaringer inn i psykiatrien. Han er også litt av en kløpper til å bruke litterære eksempler for å illustrere sin egen teori. Men som sagt – fra 1920-årene øvde Freuds psykoanalyse en mer direkte innflytelse på kunst og litteratur.

– Hvordan?

– Diktere og malere forsøkte nå å bruke de ubevisste kreftene i sitt skapende arbeid. Dette gjaldt særlig de såkalte *surrealistene*.

– Hva betyr det?

– «Surrealisme» er et fransk ord som kan oversettes med «overvirkelighet». I 1924 gav *André Breton* ut et «surrealistisk manifest». Her pekte han på at kunsten skulle drives fram av det ubevisste. Slik skulle kunstneren i en mest mulig fri inspirasjon hente fram sine drømmebilder og strekke seg mot en «overvirkelighet» der skillet mellom drøm og virkelighet er opphevet. Også for en kunstner kan det nemlig være viktig å bryte ned bevissthetens sensur så ordene og bildene får strømme fritt.

– Jeg skjønner.

– Freud hadde på en måte levert et bevis på at alle mennesker er kunstnere. En drøm er jo et lite kunstverk, og hver natt kommer det en drøm. For å tolke pasientenes drømmer, hadde Freud ofte måttet trenge igjennom en fortettet bruk av symboler – omtrent som når vi tolker et bilde eller en litterær tekst.

– Og vi drømmer hver eneste natt?

– Nyere forskning viser at vi drømmer ca. 20 prosent av den tiden vi sover, det vil si 2–3 timer hver natt. Hvis vi blir forstyrret i søvnfasene, blir vi nervøse og irritable. Det betyr intet mindre enn at alle mennesker har et medfødt behov for å gi et kunstnerisk uttrykk for sin eksistensielle situasjon. Det er jo oss drømmen handler om. Det er vi som har regien, det er vi som henter fram alle rekvisittene, det er vi som spiller alle rollene. En som sier at han eller hun ikke forstår seg på kunst, kjenner seg selv ganske dårlig.

– Jeg forstår.

– Freud hadde dessuten levert et imponerende bevis på hvor fantastisk menneskets bevissthet er. Hans arbeid med pasienter overbeviste ham om at vi oppbevarer alt vi har sett og opplevd et sted dypt inne i bevisstheten. Alle slike inntrykk kan også hentes fram igjen. Når vi har «jernteppe», og litt senere «har det på tunga» og enda litt senere «plutselig kommer på det» – da snakker vi nettopp om noe som har ligget i det ubevisste og så plutselig smetter igjennom en halvåpen dør til bevisstheten.

– Men noen ganger går det treigt.

– Det er noe alle kunstnere er klar over. Men så er det plutselig som om alle dører og alle arkivskuffer er åpne. Det strømmer på av seg selv – og vi kan hente fram akkurat de ordene og de bildene vi trenger. Det skjer når vi har «lettet litt på lokket» til det ubevisste. Det er dette vi kan kalle *inspirasjon*, Sofie. Det kjennes som om det vi tegner eller skriver ikke kommer fra oss selv.

– Det må være en vidunderlig følelse.

– Men du har helt sikkert opplevd dette selv. En sånn inspirert tilstand er for eksempel lett å studere hos overtrøtte barn. Det hender jo at barn blir så trøtte at de virker spill våkne. Plutselig begynner de å fortelle – det er som om de henter fram ord de ennå ikke har lært. Men de har jo det, ordene og tankene har ligget «latent» i bevisstheten, men først nå – når all forsiktighet og all sensur slipper taket – kommer det fram. Også for en kunstner kan det være viktig at fornuften og ettertanken ikke får lov til å kontrollere en mer eller mindre ubevisst utfoldelse. Skal jeg fortelle deg et lite eventyr som illustrerer dette?

– Gjerne!

– Det er både et svært alvorlig og et svært trist eventyr.

– Bare begynn, du.

– Det var en gang et tusenbein som var så fantastisk flink til å danse med alle de tusen beina. Når det danset, samlet alle dyrene seg i skogen for å se på. Og alle var meget imponert over den utsøkte dansen. Men det var også ett dyr som ikke likte at tusenbeinet danset. Det var en padde . . .

– Den var vel bare misunnelig.

– Hvordan skal jeg få tusenbeinet til å slutte å danse? tenkte padden. Han kunne jo ikke bare si at han ikke likte dansen. Han kunne ikke si at han danset bedre selv heller, det ville falle på sin egen urimelighet. Men så unnfanget han en djevelsk plan.

– Få høre!

– Han satte seg ned og skrev et brev til tusenbeinet. «O du uforlignelige tusenbein!» skrev han. «Jeg er en hengiven beundrer av din utsøkte dansekunst. Nå vil jeg gjerne vite hvordan du går fram når du danser. Er det slik at du først løfter venstre bein nummer 228 og så høyre bein nummer 59? Eller begynner du dansen med å løfte høyre bein nummer 26 før du løfter høyre bein nummer 499? Jeg venter spent på svar. Hilsen padden.»

– Fy søren!

– Da tusenbeinet mottok brevet, begynte hun straks å tenke etter hva hun egentlig gjorde når hun danset. Hvilket bein flyttet hun først? Og hvilket bein var det neste? Hva tror du skjedde så?

– Jeg tror at tusenbeinet aldri danset mer.

– Ja, sånn endte det. Og sånn går det når fantasien blir kvalt av fornuftens ettertanke.

– Jeg er enig i at det var en trist historie.

– For en kunstner kan det altså være viktig å «slippe seg løs». Surrealistene prøvde å utnytte dette ved å sette seg i en tilstand hvor tingene bare kom av seg selv. De hadde et hvitt ark foran seg, så bare begynte de å skrive uten å tenke på hva de skrev. Dette kalte de *automatisk skrift*. Uttrykket er egentlig hentet fra spiritismen, der et «medium» trodde at det var en avdød ånd som førte pennen. Men denslags tenkte jeg vi skulle snakke mer om i morgen.

– Gjerne!

– Også den surrealistiske kunstneren er på en måte et «medium», det vil si et middel eller mellomledd. Han er et medium for sin egen underbevissthet. Men kanskje er det et element av noe ubevisst i enhver kreativ prosess. For hva er egentlig det vi kaller «kreativitet»?

– Nei, jeg aner ikke. Er det ikke at man skaper noe nytt?

– Javel. Og det skjer nettopp i et fint samspill mellom fantasi og fornuft. Altfor ofte er det slik at fornuften kveler fantasien. Og det er alvorlig, for uten fantasi oppstår aldri noe virkelig nytt. Jeg mener at fantasien er som et darwinistisk system.

– Jeg må bare beklage, men *den* tok jeg ikke.

– Darwinismen peker jo på at den ene mutanten i naturen oppstår etter den andre. Men bare noen få av disse mutantene kan naturen bruke. Bare noen ganske få har livets rett.

– Ja?

– Sånn er det når vi tenker også, når vi er inspirerte og får masse nye ideer. Den ene «tankemutanten» etter den andre dukker opp i bevisstheten. Iallfall hvis vi ikke pålegger oss selv en altfor streng sensur. Men bare noen av disse tankene kan brukes. Her kommer fornuften til sin rett. For også den har en viktig funksjon. Når dagens fangst ligger på bordet, må vi ikke glemme å sortere.

– Det var en ganske glup sammenligning.

– Tenk om alt som «slo oss» – altså alle «innskytelser» – fikk passere over leppene! Enn si komme opp fra notatblokken – eller fram fra skrivebordskuffen. Da hadde verden druknet i tilfeldige innfall. Da hadde det ikke vært noen «utvelgelse», Sofie.

– Og det er fornuften som gjør utvalget blant alle innskytelsene?

– Ja, tror du ikke det? Kanskje er det fantasien som skaper noe nytt, men det er ikke fantasien som gjør selve utvalget. Det er ikke fantasien som «komponerer». En komposisjon – som ethvert kunstverk er – oppstår i et forunderlig samspill mellom fantasi og fornuft, eller mellom sinn og ettertanke. For det er alltid et element av noe tilfeldig i en skapende prosess. I en fase kan det være viktig å ikke stenge for slike tilfeldige innfall. Sauene må jo slippes løs før man kan begynne å gjete dem.

Nå ble Alberto sittende og stirre ut gjennom vinduet. Mens han satt slik, fikk også Sofie øye på et yrende mylder nede ved bredden av det vesle vannet. Det var en hel orgie av Disney-figurer i alle farger.

– Det er Langbein, sa hun. – Der er Donald og guttene . . . og Dolly . . . og onkel Skrue. Ser du Snipp og Snapp? Hører du ikke hva jeg sier, Alberto? Der nede er både Mikke Mus og Petter Smart!

Han snudde seg mot henne:

– Ja, det er trist, barnet mitt.

– Hva mener du med det?

– Her vi sitter, blir vi gjort til forsvarsløse ofre for majorens saueslepp. Men det er naturligvis min egen feil. Det var jeg som begynte å snakke om frie innfall.

– Du skal iallfall ikke klandre deg selv.

– Jeg ville sagt noe om at fantasien er viktig også for oss filosofer. For å tenke noe nytt, må også vi våge å slippe oss løs. Men nå ble det litt vel løst.

– Ikke ta det så tungt.

– Jeg ville sagt noe om den stille ettertankens betydning. Så blir vi møtt med dette kulørte fjolleriet. Han skulle skamme seg!

– Er du ironisk nå?

– Det er *han* som er ironisk, ikke jeg. Men jeg har en trøst – og den utgjør selve hjørnesteinen i min plan.

– Nå skjønner jeg ingenting.

– Vi har snakket om drømmer. Også det har jo en liten snert av ironi. For hva er vi annet enn majorens drømmebilder?

– Å . . .

– Det er likevel noe han ikke har tatt med i betraktning.

– Hva skulle det være?

– Kanskje er han pinlig klar over sin egen drøm. Han er orientert om alt vi sier og alt vi gjør – slik drømmeren husker drømmens manifeste drømmeinnhold. Det er jo han som fører det i pennen. Men selv om han husker alt vi sier til hverandre, er han fortsatt ikke riktig våken.

– Hva mener du med det?

– Han kjenner ikke de latente drømmetankene, Sofie. Han glemmer at også dette er en forkledt drøm.

– Du snakker så rart.

– Det synes majoren også. Det er fordi han ikke forstår sitt eget drømmespråk. Og det skal vi være glade for. Det gir oss nemlig et minimum av fritt spillerom. Med denne friheten skal vi snart kjempe oss ut av hans gjørmete bevissthet som viltre jordrotter spretter ut i solen en varm sommerdag.

– Tror du at vi klarer det?

– Vi må klare det. Innen et par dager skal jeg gi deg en ny himmel. Da skal majoren ikke lenger vite hvor jordrottene er eller hvor de viser seg igjen.

– Men om vi er aldri så mye drømmebilder, er jeg en datter også. Klokken er fem. Nå må jeg hjem til Kapteinsvingen for å forberede hagefesten.

– Mmm . . . Kan du gjøre meg en liten tjeneste på veien hjem?

– Hva skulle det være?

– Prøv å vekke litt ekstra oppmerksomhet. Du skal prøve å få majoren til å følge deg med blikket hele veien hjem. Prøv å tenke på ham når du kommer hjem – så tenker han på deg også.

– Hva skulle det være godt for?

– Da kan jeg ganske uforstyrret arbeide videre på den hemmelige planen. Jeg stuper ned i dypet av majorens underbevissthet, Sofie. Der blir jeg til vi sees igjen.

. . . mennesket er dømt til å være fritt . . .

Vekkerklokken viste 23.55. Hilde ble liggende og stirre opp i taket. Hun forsøkte å la assosiasjonene flyte helt fritt. Hver gang hun stoppet midt i en tankerekke, prøvde hun å spørre seg selv hvorfor hun ikke tenkte videre.

Det var vel aldri noe hun forsøkte å fortrenge?

Hvis hun bare hadde klart å kople ut all sensur, ville hun kanskje ha begynt å drømme i våken tilstand. Det var litt skummelt å tenke på.

Jo mer hun klarte å slappe av og åpne seg for det som kom av tanker og bilder, syntes hun at hun var i Majorstua, ved vannet der, i skogen omkring.

Hva var det Alberto pønsket på? Nåja – det var naturligvis faren som pønsket på at Alberto prøvde å pønske ut noe. Visste han selv hva Alberto kom til å finne på? Kanskje prøvde han å gi seg selv så frie tøyler at det til slutt kunne skje noe som overrasket ham selv også?

Det var ikke mange sidene igjen. Skulle hun kikke på den siste siden? Nei, det ville være juks. Men det var noe annet også: Hilde kjente seg ikke helt overbevist om at det så langt var bestemt hva som ville skje på den siste siden.

Var ikke det en merkelig tanke? Ringpermen var jo her, faren kunne umulig klare å føye noe til. Hvis ikke Alberto fikk til noe på egen hånd. En overraskelse . . .

Hilde skulle iallfall sørge for et par overraskelser selv. Henne hadde han ikke noen kontroll over. Men hadde hun helt kontroll over seg selv?

Hva var bevissthet? Var ikke det en av universets aller største gåter? Hva var hukommelse? Hva var det som gjorde at vi «husket» alt vi hadde sett og opplevd?

Hva var det for en mekanisme som gjorde at vi tryllet fram eventyrlige drømmer hver eneste natt?

Mens hun lå slik og tenkte, hendte det av og til at hun lukket øynene.

Så åpnet hun dem igjen og fortsatte å kikke opp i taket. Til slutt glemte hun å åpne øynene igjen.

Hun sov.

Da hun våknet av iltre måkeskrik, viste klokken 6.66. Var ikke det et pussig tall? Hilde reiste seg og gikk ut på gulvet. Som vanlig stilte hun seg i vinduet og så ned over bukta. Det hadde blitt en vane, sommer som vinter.

Mens hun stod slik, var det plutselig som om et fargeskrin eksploderte inni hodet hennes. Hun kom på hva hun hadde drømt. Men det var liksom noe mer enn en vanlig drøm. Den var så levende både i farger og konturer . . .

Hun hadde drømt at faren kom hjem fra Libanon, og hele drømmen hadde vært som en utvidelse av Sofies drøm da hun hadde funnet gullkorset hennes på bryggen.

Hilde hadde sittet på bryggekanten – akkurat som i drømmen til Sofie. Så hadde hun hørt en uhyre svak stemme som hvisket til henne: «Jeg heter Sofie!» sa stemmen. Hilde hadde blitt sittende helt stille for å se om hun kunne høre hvor stemmen kom fra. Så fortsatte det – som en uhyre svak knitring. Det var som om et insekt snakket til henne: «Du er visst både døv og blind, du.» I neste øyeblikk hadde faren kommet inn i hagen i FN-uniform. «Hildemor!» ropte han. Hilde sprang mot ham og kastet seg om halsen på ham. Og der sluttet drømmen.

Hun kom på noen linjer fra et dikt av *Arnulf Øverland*:

Jeg våknet en natt av en underlig drøm,
det var som en stemme talte til mig,
fjern som en underjordisk strøm –
og jeg reiste mig op: Hvad er det du vil mig?

Mens hun stod foran vinduet, kom moren opp på rommet.

– Heisann! Du er våken alt?

– Jeg vet ikke . . .

– Jeg kommer hjem ved fire-tiden som vanlig.

– Greit.

– Du får ha en fin feriedag da, Hilde.

– Ha det!

Da Hilde hørte at moren gikk i ytterdøren nede, smatt hun tilbake til sengen og slo opp i ringpermen.

«. . . Jeg stuper ned i dypet av majorens underbevissthet, Sofie. Der blir jeg til vi sees igjen.»

. Der ja! Hilde begynte å lese videre. Hun kjente med høyre pekefinger at det bare var en smal stripe av sider igjen.

Da Sofie gikk ut av Majorstua, så hun fortsatt noen Donald-figurer nede ved vannet, men det var som om de løste seg opp etter hvert som hun nærmet seg. Før hun var nede ved båten, var de iallfall borte vekk.

Både mens hun rodde og etter at hun hadde trukket båten opp i sivet på den andre siden, prøvde hun å gjøre grimaser og veive med armene. Det var om å gjøre å fange majorens oppmerksomhet så Alberto fikk sitte upåaktet i Majorstua.

Mens hun sprang inn på stien, gjorde hun noen kåte hopp. Litt senere prøvde hun å gå som en trekkopp-dokke. For at majoren ikke skulle bli lei av dette, begynte hun snart å synge også.

En gang ble hun stående og fundere på hva planen til Alberto kunne gå ut på. Hun grep seg selv i det, og nå fikk hun så dårlig samvittighet at hun begynte å klatre opp i et tre.

Sofie klatret så høyt hun kom. Da hun var nesten helt på toppen, måtte hun til slutt erkjenne at hun ikke klarte å klatre ned igjen. Hun fikk prøve på nytt litt senere, men inntil videre kunne hun ikke bare forholde seg rolig heller. Da ville sikkert majoren bli lei av å se på henne, og dermed ville han isteden begynne å kikke etter Alberto og hva han drev med.

Sofie viftet med begge armene, et par ganger prøvde hun å gale som en hane, til slutt begynte hun å jodle. Det var første gang i hele sitt 15-årige liv at Sofie hadde jodlet. På denne bakgrunn var hun ganske fornøyd med resultatet.

Igjen forsøkte hun å klatre ned, men hun satt bom fast. Da med ett var det at en svær gås kom og satte seg på en av grenene Sofie holdt seg fast i. Etter å ha sett en hel sverm av Disney-figurer, var ikke Sofie det minste forundret over at gåsa begynte å snakke.

– Jeg heter Morten, sa gåsa. – Egentlig er jeg en tamgås, men for an-
ledningen kommer jeg fra Libanon med villgjessene. Det ser ut som
om du trenger hjelp til å komme ned fra treet.

– Du er altfor liten til å hjelpe meg, sa Sofie.

– En forhastet konklusjon, unge dame. Det er du som er for stor.

– Men det kommer vel ut på ett?

– Du skal ellers vite at jeg har fraktet en bondegutt på din alder
gjennom hele Sverige. Han het Nils Holgersson.

– Jeg er femten år.

– Og Nils var fjorten. Et år fra eller til spiller liten rolle for frak-
ten.

– Hvordan klarte du å løfte ham?

– Han fikk seg en liten kilevink så han svimte av. Da han våknet
igjen, var han ikke større enn en tommeltott.

– Da kan du kanskje prøve å gi meg en liten kilevink også, for jeg
kan ikke bli sittende her oppe til evig tid. På lørdag skal jeg dessuten
være vertinne for et filosofisk hageselskap.

– Det var interessant. Da antar jeg at dette er en filosofibok. Da jeg
fløy over Sverige med Nils Holgersson, mellomlandet vi på Mårbacka
i Värmland. Der traff Nils en gammel kone som hadde gått med pla-
ner om å skrive en bok om Sverige som kunne passe for skolebarn.
Den måtte være både lærerik og aldeles sann, sa hun. Da hun fikk
høre hva Nils hadde opplevd, besluttet hun seg til å skrive en bok om
det han hadde sett på gåseryggen.

– Det var meget underlig.

– Sant å si var det også en smule ironisk. For vi var jo i den boken
allerede.

Med ett kjente Sofie at det var noe som dasket henne på kinnet. I
neste øyeblikk var hun bitteliten. Treet var som en hel skog for seg,
og gåsa var på størrelse med en hest.

– Så, nå får du komme, da, sa gåsa.

Sofie spaserte bortover grenen og klatret opp på gåseryggen. Fjær-
ene var myke, men nå som hun var så liten, stakk de mer enn de kilte.

Straks hun hadde satt seg til rette, begynte gåsa å fly. Den fløy høyt
over alle trærne. Sofie så ned på vannet og Majorstua. Der inne satt
Alberto og la noen innviklete planer.

– Det får holde med en liten sightseeing, sa gåsa mens den flakset og flakset med vingene.

Dermed gikk den inn for landing ved foten av treet som Sofie bare for en kort stund siden hadde begynte å klatre opp i. Da den tok bakken, trillet Sofie ned på jorda. Etter å ha tumlet rundt i lyngen et par ganger, satte hun seg opp. Forundret konstaterte hun at hun med ett var fullt utvokst igjen.

Gåsa vraltet rundt henne et par ganger.

– Tusen takk for hjelpen, sa Sofie.

– Det var jo bare en bagatell. Sa du at dette var en filosofibok?

– Nei, det var det du som sa.

– Nåja, det går jo ut på det samme. Stod det til meg, skulle jeg gjerne ha fløyet deg gjennom hele filosofihistorien slik jeg fløy Nils Holgersson gjennom Sverige. Vi kunne ha kretset over Milet og Athen, Jerusalem og Alexandria, Roma og Firenze, London og Paris, Jena og Heidelberg, Berlin og København . . .

– Takk, det holder.

– Men selv for en svært ironisk gås, ville det ha vært i drøyeste laget å fly på tvers av århundrene. Da er det mye lettere å krysse svenske len.

Dermed tok gåsa løpefart – og flakset opp i luften.

Sofie var aldeles utslått, men da hun krabbet gjennom Smuget litt senere, tenkte hun at Alberto ville ha vært fornøyd med denne avledningsmanøvren. Majoren kunne umulig ha rukket å tenke noe særlig på Alberto den siste timen. Da måtte han eventuelt lide av en svært alvorlig personlighetsspaltning.

Sofie hadde akkurat rukket å komme seg innenfor før moren kom hjem fra arbeid. Det reddet henne fra å måtte stå til rette for at hun var hjulpet ned fra et høyt tre av en tam gås.

Etter å ha spist middag, begynte de å stelle i stand til hageselskapet. De hentet en tre–fire meter lang bordplate ned fra loftet og bar den ut i hagen. Så var det opp på loftet igjen for å hente bukker til å sette under platen.

De skulle pynte et langbord under frukttrærne. Siste gang den store platen ble brukt, var på foreldrenes ti års bryllupsdag. Da var

Sofie bare åtte år, men hun husket godt det store uteselskapet der alt
som kunne krype og gå av slekt og venner hadde vært til stede.

Værmeldingen var den aller beste. Det hadde ikke kommet så mye
som en regndråpe etter det stygge tordenværet dagen før Sofies burs-
dag. Selve pyntingen og oppdekkingen fikk likevel vente til lørdag
formiddag. Men moren syntes det var greit å iallfall ha plassert
bordet i hagen.

Senere på kvelden bakte de rundstykker og fletteloff med to for-
skjellige deiger. De skulle ha kylling og salat. Og brus. Sofie var liv-
redd for at noen av guttene i klassen skulle ha med seg øl. Var det noe
hun var redd for, så var det bråk.

Idet Sofie skulle legge seg, måtte moren enda en gang forsikre seg
om at Alberto kom på festen.

– Visst kommer han. Han har til og med lovet å gjøre et filosofisk
kunststykke.

– Et filosofisk kunststykke? Hva skulle det være?

– Nei . . . hvis han var tryllekunstner, hadde han sikkert gjort en
tryllekunst. Kanskje hadde han trukket en hvit kanin opp av en svart
flosshatt . . .

– Nå igjen?

– . . . men siden han er filosof, gjør han isteden et filosofisk kunst-
stykke. Det er jo også et filosofisk hageselskap.

– Din rappkjeftete vimse.

– Har du tenkt på at du kanskje kunne bidra med noe selv?

– Joda, Sofie. Et eller annet blir det vel.

– Tale?

– Nei, jeg røper ingenting. God natt!

Tidlig neste morgen ble Sofie vekket av at moren kom opp for å si «ha
det» før hun gikk på jobb. Sofie fikk også en liten liste over noe hun
måtte reise til byen og kjøpe til hageselskapet.

Straks hun var ute av huset, ringte telefonen. Det var Alberto. Han
hadde vel lært seg akkurat når hun var alene hjemme.

– Hvordan går det med hemmelighetene dine?

– Hysj! Ikke et ord. La ham ikke engang få sjansen til å spekulere
på det.

– Jeg tror jeg var flink til å holde på oppmerksomhet i går.

– Det er bra.

– Er det mer filosofikurs igjen?

– Det var derfor jeg ringte. Vi har jo allerede kommet til vårt eget århundre. Fra nå av burde du derfor klare å orientere deg på egen hånd. Det viktigste har vært selve grunnlaget. Vi skal likevel treffes for en liten samtale også om vår egen tid.

– Men jeg må til byen . . .

– Det passer utmerket. Jeg sa jo at det var vår egen tid vi skulle snakke om.

– Ja?

– Da kan det være greit å være der, mener jeg.

– Skal jeg komme hjem til deg?

– Nei, nei, ikke det. Her ser ikke ut. Jeg har lett etter skjulte mikrofoner overalt.

– Å . . .

– Det er kommet en ny kafé rett ovenfor Stortorget. «Café Pierre». Vet du hvor det er?

– Jada. Når skal jeg komme?

– Kan vi møtes klokken tolv?

– Klokken tolv i kafeen.

– Da sier vi ikke mer nå.

– Ha det!

Et par minutter etter klokken tolv stakk Sofie hodet inn i «Café Pierre». Det var en av disse nymotens kafeene med runde bord og svarte stoler, snudde vermuthflasker med skjenkemekanisme, baguetter og porsjonerte salatboller.

Det var ikke noe stort lokale, og det første Sofie la merke til, var at Alberto ikke var der. Sant å si var dette det eneste hun la merke til. Det satt mange andre mennesker rundt bordene, men i hvert eneste ansikt så Sofie bare at det ikke var Alberto.

Hun var ikke vant med å gå på kafeer alene. Skulle hun bare snu og så komme tilbake litt senere for å se om Alberto hadde kommet da?

Hun gikk til marmordisken og bestilte en kopp te med sitron. Så tok hun med seg tekoppen og satte seg ved et av de ledige bordene. Hun stirret mot inngangsdøren. Mange mennesker gikk ut og inn, men det eneste Sofie registrerte, var at Alberto ikke kom.

Hadde hun bare hatt en avis!

Etter hvert kunne hun ikke unngå å kikke litt rundt seg. Det avstedkom et par besvarte blikk også. I et øyeblikk følte Sofie seg som en ung dame. Hun var bare femten år, men hun kunne sikkert gå for å være sytten – eller iallfall seksten og et halvt.

Hvordan tenkte alle menneskene på kafeen om at de var til? Det kunne se ut som om de bare var her, som om de bare hadde satt seg ned på liksom. De pratet i vei og gestikulerte iherdig, men det så ikke ut som om de snakket om noe viktig.

I et øyeblikk kom hun til å tenke på Kierkegaard som hadde sagt at mengdens fremste kjennetegn var det uforpliktende «snakket». Levde disse menneskene på det estetiske stadium alle sammen? Eller var det likevel noe som var eksistensielt viktig for dem?

I et av de første brevene hadde Alberto skrevet at det var et slektskap mellom barn og filosofer. Igjen tenkte Sofie at hun var redd for å bli voksen. Tenk om hun også kom til å krype dypt ned i pelsen på den hvite kaninen som blir trukket opp av universets svarte flosshatt?

Hele tiden mens hun satt og tenkte, stirret hun mot inngangsdøren. Så med ett kom Alberto loffende inn gjennom døren fra gaten utenfor. Selv om det var midt på sommeren, hadde han en svart alpelue på seg. Ellers hadde han en halvlang frakk med grått fiskebensmønster. Han fikk øye på henne med én gang og kom strenende mot henne. Sofie tenkte at det var noe helt nytt å ha stevnemøte med ham sånn i all offentlighet.

– Klokken er kvart over tolv, din fjompenisse.

– Det kalles et akademisk kvarter. Kan jeg by den unge damen noe å spise?

Han satte seg ned og så henne inn i øynene. Sofie trakk på skuldrene.

– Samme for meg. Et rundstykke kanskje.

Alberto gikk til disken. Snart var han tilbake med en kopp kaffe og to svære baguetter med ost og skinke.

– Var det dyrt?

– En bagatell, Sofie.

– Har du ikke iallfall en unnskyldning for at du kommer for sent?

– Nei, det har jeg ikke, for det var med hensikt. Jeg skal straks forklare meg nærmere.

Han tok noen store biter av baguetten, så sa han:

– Vi skal snakke om vårt eget århundre.

– Har det skjedd noe av filosofisk betydning?

– Masse, så mye at det spriker i alle retninger. Vi skal først og fremst si noe om én viktig strømning, og det er *eksistensialismen*. Det er en samlebetegnelse på flere filosofiske strømninger som tar utgangspunkt i menneskets eksistensielle situasjon. Vi snakker gjerne om det 20. århundres eksistensfilosofi. Flere slike eksistensfilosofer – eller eksistensialister – tok utgangspunkt i Kierkegaard, men også i Hegel og Marx.

– Jeg skjønner.

– En annen viktig filosof som fikk stor betydning for det 20. århundre, er tyskeren *Friedrich Nietzsche*, som levde fra 1844 til 1900. Også Nietzsche hadde reagert på Hegels filosofi og den tyske «historismen». Opp mot en blodfattig interesse for historien og det han kalte en kristen «slavemoral», satte han livet selv. Han ville foreta en «omvurdering av alle verdier» så de sterkes livsutfoldelse ikke skulle hemmes av de svake. Ifølge Nietzsche hadde både kristendommen og den filosofiske tradisjonen vendt seg vekk fra den virkelige verden og pekt mot «himmelen» eller «ideenes verden». Men nettopp dette som hadde vært regnet som den «egentlige» verden, er i virkeligheten en skinnverden. «Vær Jorden tro», sa han. «Lytt ikke til dem som byr dere overjordiske forhåpninger.»

– Vel . . .

– En som var preget både av Kierkegaard og Nietzsche, var den tyske eksistensfilosofen *Martin Heidegger*. Men vi skal konsentrere oss om den franske eksistensialisten *Jean Paul Sartre*, som levde fra 1905 til 1980. Det er han som har vært den mest toneangivende blant eksistensialistene – iallfall for det brede publikum. Hans eksistensialisme ble særlig utviklet på førti-tallet rett etter krigen. Senere sluttet han seg til den marxistiske bevegelsen i Frankrike, men han ble aldri medlem av noe parti.

– Var det derfor vi skulle møtes på en fransk kafé?

– Det er ikke helt tilfeldig, nei. Sartre var selv en ivrig kafégjest. På kafeer som denne møtte han for eksempel sin livsledsager *Simone de Beauvoir*. Også hun var eksistensfilosof.

– En kvinnelig filosof?

– Det stemmer.

– Jeg synes det er befriende at menneskeheten endelig har begynt å bli sivilisert.

– Skjønt vår egen tid er også en tid med mange nye bekymringer.

– Du skulle fortelle om eksistensialismen.

– Sartre sa at «eksistensialisme er humanisme». Med det mente han at eksistensialistene ikke tar utgangspunkt i noe annet enn mennesket selv. Vi får kanskje legge til at det dreier seg om en humanisme med et langt dystrere perspektiv på menneskets situasjon enn den humanismen vi møtte i renessansen.

– Hvorfor det?

– Både Kierkegaard og enkelte av eksistensfilosofene i vårt århundre var kristne. Men Sartre tilhører det vi kan kalle en ateistisk eksistensialisme. Hans filosofi kan betraktes som en nådeløs analyse av menneskets situasjon når «Gud er død». Uttrykket «Gud er død» stammer fra Nietzsche.

– Fortsett!

– Selve nøkkelordet i Sartres filosofi er som for Kierkegaard ordet «eksistens». Men med eksistens menes ikke det samme som å være til. Planter og dyr er også til, også de finnes altså, men de slipper å være brydd med hva det innebærer. Mennesket er det eneste levende vesen som er seg bevisst sin egen eksistens. Sartre sier at fysiske ting bare er «i seg selv», men mennesket er også «for seg selv». Å være menneske er altså noe annet enn å være en ting.

– Det kan jeg slutte meg til.

– Sartre hevder videre at menneskets eksistens går forut for enhver mening med den. Det at jeg er til, går altså forut for *hva* jeg er. «Eksistensen går forut for essensen,» sa han.

– Det var en innviklet setning.

– Med «essens» mener vi det som noe består av – en tings «natur» eller «vesen». Men ifølge Sartre har ikke mennesket noen slik medfødt «natur». Mennesket må derfor skape seg selv. Det må skape sin egen natur eller «essens» fordi dette ikke er gitt på forhånd.

– Jeg tror jeg forstår hva du mener.

– Gjennom hele filosofihistorien har jo filosofene prøvd å svare på hva et menneske er– eller hva som er menneskets natur. Men Sartre mente at mennesket ikke har noen slik evig «natur» å falle tilbake på. Derfor nytter det heller ikke å spørre etter «meningen» med livet sånn i all alminnelighet. Vi er med andre ord dømt til å improvisere. Vi er som skuespillere som slippes inn på en scene uten å ha noen innstudert rolle, noe rollehefte eller noen sufflør som kan hviske oss i øret hva vi skal gjøre. Vi må selv velge hvordan vi vil leve.

– Det er på en måte sant. Hvis det går an å slå opp i Bibelen – eller i en filosofisk lærebok – for å finne ut hvordan vi skal leve, ville det jo være veldig greit.

– Du har tatt poenget. Men når mennesket opplever at det er til, og at det en gang skal dø – og det ikke finnes noen mening å gripe fatt i – da skaper det *angst*, sa Sartre. Du husker kanskje at angsten var karakteristisk også for Kierkegaards beskrivelse av et menneske som er i en eksistensiell situasjon.

– Ja.

– Sartre sier dessuten at mennesket føler seg *fremmed* i en verden uten mening. Når han beskriver menneskets «fremmedgjøring», griper han samtidig fatt i sentrale tanker hos Hegel og Marx. Menneskets følelse av å være en fremmed i verden, skaper en følelse av fortvilelse, kjedsomhet, vemmelse og absurditet.

– Det er fortsatt ganske utbredt å føle seg «deppa» eller å synes at alt er «kjipt».

– Ja, Sartre beskriver det urbane mennesket i det 20. århundre. Nå husker du kanskje at renessansehumanistene nærmest i triumf hadde pekt på menneskets frihet og uavhengighet. Selv opplevde Sartre menneskets frihet som en forbannelse. «Mennesket er dømt til å være fritt,» sa han. «Dømt fordi det ikke har skapt seg selv – og likevel fritt. For når det en gang er kastet inn i verden, er det ansvarlig for alt det gjør.»

– Vi har jo ikke bedt noen om å skape oss til frie individer.

– Det er dette som er Sartres poeng. Men vi *er* frie individer, og vår frihet gjør at vi hele livet igjennom er dømt til å velge. Det eksisterer ingen evige verdier eller normer som vi kan rette oss etter. Desto viktigere er det hvilke *valg* vi gjør. For vi er helt ut *ansvarlige* for alt vi gjør. Sartre fremhever nettopp dette at mennesket aldri må fraskrive seg ansvaret for sine handlinger. Derfor kan vi heller ikke avfeie vårt ansvar for å gjøre våre egne valg ved å vise til at vi «må» på jobben eller «må» rette oss etter visse borgerlige forventninger om hvordan vi skal leve. En som på denne måten glir inn i den anonyme massen, blir bare et upersonlig massemenneske. Han eller hun har flyktet fra seg selv og inn i livsløgnen. Men menneskets frihet pålegger oss å gjøre oss selv til noe, til å eksistere «autentisk» eller ekte.

– Jeg skjønner.

– Ikke minst gjelder dette våre etiske valg. Vi kan aldri skylde på «den menneskelige natur», «menneskets skrøpelighet» eller lignende. Det hender av og til at litt tilårskomne menn oppfører seg som noen svin og så til syvende og sist skylder på «gamle Adam». Men noen slik «gamle Adam» finnes ikke. Han er bare en figur vi griper til for å fraskrive oss ansvaret for våre egne handlinger.

– Det får nesten være grenser for hva den mannen skal få skylden for.

– Selv om Sartre fremholder at tilværelsen ikke har noen innebygget mening, betyr nemlig ikke det at han vil at det skal være slik. Han er ikke det vi kaller en «nihilist».

– Hva er det?

– Det er en som mener at ingenting betyr noe og at alt er tillatt. Sartre mener at livet *skal* ha en betydning. Det er et imperativ. Men det er vi som må skape denne meningen for våre egne liv. Å eksistere er å skape sin egen tilværelse.

– Kan du utdype det litt?

– Sartre prøver å vise at bevisstheten ikke er noe i seg selv før den sanser noe. For bevissthet er alltid bevissthet *om* noe. Og dette «noe» er like mye vårt eget bidrag som det er omgivelsenes bidrag. Vi er selv med på å bestemme hva vi sanser ved at vi velger ut det som har betydning for oss.

– Har du ikke et eksempel?

– To mennesker kan være til stede i det samme lokalet og likevel oppleve det helt forskjellig. Det er fordi vi bidrar med vår egen mening – eller våre egne interesser – når vi sanser omgivelsene. Det kan for eksempel være at en gravid kvinne synes hun ser andre gravide kvinner overalt. Det betyr ikke at de ikke har vært der før, men dette med graviditet har fått en ny betydning for henne. En som er syk, ser kanskje sykebiler overalt . . .

– Jeg skjønner.

– Vår egen tilværelse er altså med på å prege hvordan vi sanser tingene i rommet. Hvis noe er uvesentlig for meg, ja da ser jeg det ikke. Og nå kan jeg kanskje forklare hvorfor jeg kom for sent til kafeen.

– Du sa det var bevisst?

– La meg først få høre hva du så da du kom inn i kafeen.

– Det første jeg så, var at du ikke var her.

– Er ikke det litt rart at det første du så i dette lokalet, var noe som *ikke* var her?

– Kanskje, men det var jo deg jeg skulle møte.

– Sartre bruker nettopp et slikt kafébesøk for å vise hvordan vi «tilintetgjør» det som ikke har betydning for oss.

– Var det bare for å demonstrere dette at du kom for sent?

– Det var for at du skulle skjønne dette viktige poenget i Sartres filosofi, ja. Du kan kalle det en elevøvelse.

– Fy søren!

– Hvis du er forelsket og venter på at han du er forelsket i skal ringe, da «hører du» kanskje hele kvelden at han ikke ringer. Nettopp det at han ikke ringer, er noe du registrerer hele kvelden. Hvis du skal møte ham på toget – og det tyter ut et mylder av mennesker på perrongen uten at du oppdager kjæresten – da ser du ikke alle disse menneskene. De er bare i veien, de er uvesentlige for deg. Kanskje synes du de er direkte ekle eller vemmelige. De tar jo opp fryktelig mye plass. Det eneste du registrerer, er at *han* ikke er der.

– Jeg skjønner.

– Simone de Beauvoir prøvde å anvende eksistensialismen også på kjønnsrollene. Sartre hadde jo pekt på at mennesket ikke har noen evig «natur» å falle tilbake på. Det er vi selv som skaper hvem vi er.

– Ja?

– Det gjelder også vår oppfatning av kjønnene. Simone de Beauvoir pekte på at det ikke finnes noen evig «kvinnenatur» eller «mannsnatur». Men det er dette som er den tradisjonelle oppfatningen. Det har for eksempel vært vanlig å hevde at mannen har en «transcendent» eller grenseoverskridende natur. Derfor vil han søke en mening og en bestemmelse utenfor hjemmet. Om kvinnen har det vært sagt at hun har en motsatt livsorientering. Hun er «immanent», det vil si at hun vil være der hun er. Slik vil hun hegne om familien, naturen og de nære ting. I dag sier vi kanskje at kvinnen er mer opptatt av «myke verdier» enn menn.

– Mente hun virkelig det?

– Nei, nå hørte du dårlig etter. Simone de Beauvoir mente nettopp at det *ikke* finnes noen slik «kvinnenatur» eller «mannsnatur». Tvert imot: Hun mente at kvinner og menn må fri seg fra sånne inngrodde fordommer eller idealer.

– Det er jeg faktisk enig i.

– Hennes viktigste bok kom ut i 1949 og hadde tittelen «Det andre kjønn».

– Hva mente hun med det?

– Hun tenkte på kvinnen. Det er hun som i vår kultur blir gjort til «det andre kjønn». Bare mannen fremtrer som subjekt. Selv blir kvinnen gjort til mannens objekt. Slik er hun også fratatt ansvaret for sitt eget liv.

– Ja?

– Dette ansvaret må hun gjenerobre. Hun må ta seg selv tilbake og ikke bare knytte sin identitet til mannen. Det er nemlig ikke bare mannen som undertrykker kvinnen. Kvinnen undertrykker seg selv ved ikke å ta ansvar for sitt eget liv.

– Vi er akkurat så frie og selvstendige som vi bestemmer oss for selv?

– Du kan gjerne si det sånn. Eksistensialismen kom også til å prege litteraturen fra førtiårene og helt opp til i dag. Ikke minst gjaldt dette innenfor teateret. Sartre selv skrev både romaner og skuespill. Noen andre viktige navn er franskmannen *Camus*, irlenderen *Beckett*, rumeneren *Ionesco* og polakken *Gombrowich*. Karakteristisk for disse

– og mange andre moderne forfattere – er det vi gjerne kaller *absur-disme*. Ordet brukes særlig om det «absurde teater».

– Javel.

– Du forstår hva vi mener med ordet «absurd»?

– Betyr det ikke noe som er meningsløst eller fornuftstridig?

– Nettopp. Det «absurde teateret» fremstod som en motsetning til det «realistiske teateret». Poenget var å vise tilværelsens meningsløshet på scenen for å få publikum til å reagere. Poenget var altså ikke å dyrke det meningsløse. Tvert imot: Ved å holde fram og blottstille det absurde – for eksempel i helt hverdagslige hendelser – skulle publikum tvinges til å søke en mer ekte og egentlig tilværelse selv.

– Fortsett.

– Ofte fremstiller det absurde teater helt trivielle situasjoner. Det kan derfor kalles en slags «hyperrealisme». Mennesket fremstilles akkurat slik det er. Men hvis du viser på en teaterscene nøyaktig hva som foregår på et badeværelse en ganske alminnelig morgen i et ganske alminnelig hjem – ja, da begynner publikum å le. Denne latteren kan tolkes som et forsvar mot å se seg selv blottstilt på scenen.

– Jeg skjønner.

– Det absurde teater kan også ha surrealistiske trekk. Ofte vikles menneskene på scenen inn i de mest usannsynlige og drømmeaktige situasjoner. Når de så aksepterer dette uten noen form for forbauselse, da er det publikum som blir nødt til å reagere med forbauselse nettopp over denne mangelen på forbauselse. Dette gjaldt også for *Chaplins* stumfilmer. Det komiske i disse stumfilmene er ofte Chaplins manglende forbauselse over alle de absurde tildragelsene han kommer opp i. Slik kan publikum bli tvunget til å gå i seg selv for å søke noe som er ektere og sannere.

– Det kan iallfall være rart å se hva folk kan finne seg i uten å reagere.

– Noen ganger kan det være riktig å tenke at dette er noe jeg må komme *bort* fra – selv om jeg ennå ikke vet hvor jeg skal.

– Hvis huset brenner, må man jo bare komme seg ut selv om man ikke har noe annet hus å bo i.

– Ja, ikke sant? Vil du ha en kopp te til?

– En cola kanskje?

– Javel, da. Jeg synes fortsatt at du var en fjompenisse fordi du kom for sent.

– Det kan jeg leve med.

Alberto var snart tilbake med en kopp espresso-kaffe og en cola. I mellomtiden kom Sofie til at hun allerede hadde begynt å like kafélivet. Hun var ikke lenger så overbevist om at alle samtalene ved de andre bordene var så uvesentlige heller.

Alberto satte colaflasken i bordet med et smell. Flere av dem som satt i kafeen så opp.

– Og dermed er vi ved veis ende, sa han.

– Du mener at filosofiens historie slutter med Sartre og eksistensialismen.

– Nei, det ville være å overdrive. Eksistensfilosofien fikk en gjennomgripende betydning for mange mennesker over hele verden. Som vi har sett, hadde den røtter tilbake i historien gjennom Kierkegaard og helt til Sokrates. Slik har det 20. århundre også sett en oppblomstring – og fornyelse – av andre filosofiske strømninger som vi har omtalt tidligere.

– Har du noen eksempler?

– En slik strømning er *nythomismen*, altså tanker som hører hjemme i tradisjonen fra Thomas Aquinas. En annen er den såkalte *analytiske filosofien* eller *den logiske empirismen* med røtter tilbake til Hume og den britiske empirismen, men også til Aristoteles' logikk. Ellers har naturligvis det 20. århundre vært preget av det vi kan kalle *nymarxismen* i en rik forgrening av forskjellige retninger. *Nydarwinismen* har vi allerede omtalt. Vi har dessuten pekt på *psykoanalysens* betydning.

– Jeg skjønner.

– En siste strømning som bør nevnes, er *materialismen*, som også har røtter ned gjennom historien. Mye moderne vitenskap har linjer tilbake til førsokratikernes bestrebelser. Fortsatt pågår for eksempel jakten på den udelelige «elementærpartikkelen» som alt stoff er bygget opp av. Ennå kan ingen gi noe entydig svar på hva «materie» er. Den moderne naturvitenskapen – for eksempel kjernefysikk eller biokjemi – er så fascinerende at den for mange mennesker utgjør en viktig del av deres livssyn.

– Nytt og gammelt om hverandre altså?

– Det kan du si. For de samme spørsmålene som vi begynte dette kurset med, står fortsatt ubesvart. Her hadde Sartre et viktig poeng når han pekte på at de eksistensielle spørsmålene ikke kan besvares en gang for alle. Et filosofisk spørsmål er per definisjon noe som hver eneste generasjon – ja, hvert eneste menneske – må stille seg igjen og igjen.

– Det er nesten litt trøsteløst å tenke på.

– Jeg vet ikke om jeg er helt enig i det. Er det ikke nettopp ved å stille slike spørsmål at vi opplever at vi lever? Dessuten har det alltid vært slik at når mennesker har strebet etter å finne svar på de ytterste spørsmål, da har de samtidig funnet fram til klare og endelige svar på en del andre spørsmål. Både vitenskap, forskning og teknikk har en gang sprunget ut av menneskers filosofiske refleksjon. Var det ikke menneskets undring over tilværelsen som til syvende og siste brakte menneskene til månen?

– Jo, det er sant.

– Da *Armstrong* satte sin fot på månen, sa han: «Et lite skritt for et menneske, men et stort sprang for menneskeheten.» Slik trakk han med seg alle mennesker som hadde levd før ham da han skulle opp-summere hvordan det føltes å sette sin fot på månen. Det var jo ikke bare hans fortjeneste.

– Selvfølgelig ikke.

– Vår egen tid har også måttet møte helt nye problemer. I første rekke gjelder dette de store miljøproblemene. En viktig filosofisk strømning i det 20. århundre har derfor vært *økofilosofien*. Mange vestlige økofilosofer har pekt på at hele den vestlige sivilisasjonen er på et fundamentalt galt spor – ja, på kollisjonskurs med hva denne planeten tåler. De har forsøkt å lodde dypere enn bare til konkrete ut-slag av forurensning og miljøødeleggelser. Det er noe galt med selve den vestlige måten å tenke på, heter det.

– Jeg tror de har rett.

– Økofilosofene har for eksempel problematisert selve utviklings-tanken. Den baserer seg jo på at det er mennesket som er «øverst» – ja, at det er vi som er herre over naturen. Selve denne tankegangen kan vise seg å være livsfarlig for hele den levende planeten.

– Jeg blir sint når jeg tenker på det.

– I sin kritikk av denne tankegangen har mange økofilosofer grepet til tanker og ideer i andre kulturer – for eksempel den indiske. De har også studert tanker og skikker hos såkalte «naturfolk» – eller blant «urbefolkninger» som indianere – for å finne tilbake til noe som vi har mistet.

– Jeg skjønner.

– Også innenfor de vitenskapelige miljøene har det i de senere årene stått fram mennesker som har pekt på at hele vår vitenskapelige tenkemåte står foran et «paradigmeskifte». Det vil si et grunnleggende skifte i selve den vitenskapelige tenkemåten. Innenfor flere enkeltområder har dette allerede båret frukt. Vi har sett mange eksempler på såkalte «alternativbevegelser» som legger vekt på helhetstenkning og arbeider for en ny livsstil.

– Det er bra.

– Men samtidig er det alltid slik at der mennesker ferdes, må det også skilles mellom skitt og kanel. Noen har pekt på at vi går inn i en helt ny tid – eller «New Age». Men alt nytt er jo ikke like bra, og alt det gamle skal ikke forkastes. Det er blant annet derfor jeg har gitt deg dette filosofikurset. Nå har du en historisk bakgrunn når du selv skal orientere deg i tilværelsen.

– Du skal ha takk for oppmerksomheten.

– Jeg tror du vil finne at mye av det som seiler under vimpelen «New Age», er humbug. For også det vi kaller «nyreligiøsitet», «nyokkultisme» eller «moderne overtro» har preget den vestlige verden de siste tiårene. Det har blitt en hel industri. I kjølvannet av at kristendommen har mistet oppslutning, har nye tilbud på livssynsmarkedet dukket opp som paddehatter.

– Har du noen eksempler?

– Listen er så lang at jeg ikke våger å begynne på den. Det er dessuten ikke så lett å beskrive sin egen tid. Men nå foreslår jeg at vi går en tur gjennom byen. Det er noe jeg skal vise deg.

Sofie trakk på skuldrene.

– Jeg kan ikke bli for lenge. Du har vel ikke glemt hageselskapet i morgen?

– På ingen måte. For da skal det vidunderlige skje. Vi må bare gjøre oss ferdige med Hildes filosofikurs. Lenger har nemlig ikke majoren tenkt. Dermed mister han også noe av overtaket.

Igjen løftet han colaflasken, som nå var tom, og satte den hardt ned igjen.

De gikk ut på gaten. Travle mennesker spratt fram og tilbake som energiske maur i en maurtue. Sofie lurte på hva Alberto skulle vise henne.

Snart passerte de en stor elektrisk forretning. De solgte alt fra TV, video og parabolantenner til mobiltelefoner, datamaskiner og telefax.

Alberto pekte på det store utstillingsvinduet og sa:

– Der ser du det 20. århundre, Sofie. Fra renessansen av kan vi si at verden eksploderte. Med de store oppdagelsene begynte europe-erne å reise over hele verden. I dag skjer det motsatte. Vi kan kalle det en omvendt eksplosjon.

– Hva mener du med det?

– Jeg mener at hele verden blir sugd sammen til et eneste kommu-nikasjonsnett. Det er ikke lenge siden filosofene måtte reise med hest og vogn i mange dager for å orientere seg i tilværelsen – eller for å møte andre tenkere. I dag kan vi sitte hvor som helst på denne plane-ten og hente inn all menneskelig erfaring på en dataskjerm.

– Det er fantastisk å tenke på, nesten litt skummelt.

– Spørsmålet er om historien nærmer seg en slutt – eller om vi tvert imot står på terskelen til en helt ny tid. Vi er ikke lenger bare borgere av en by – eller av en enkelt stat. Vi lever i en planetarisk sivi-lisasjon.

– Det er sant.

– Den tekniske utviklingen – ikke minst når det gjelder kommuni-kasjon – har kanskje vært mer dramatisk de siste 30–40 årene enn i hele historien for øvrig. Og fortsatt har vi kanskje bare sett begynn-elsen . . .

– Var det dette du skulle vise meg?

– Nei, det er på den andre siden av kirken der.

Akkurat idet de skulle til å gå, dukket det opp et bilde av noen FN-soldater på en TV-skjerm.

– Se der! sa Sofie.

En av FN-soldatene ble nå fokusert. Han hadde nesten akkurat det

samme svarte skjegget som Alberto. Plutselig holdt han opp et papp-
stykke. Her stod det: «Kommer snart, Hilde!» Han vinket med den
ene hånden, så var han borte.

– For en type! utbrøt Alberto.

– Var det majoren?

– Det vil jeg ikke engang svare på.

De gikk gjennom parken foran kirken og kom ut i en ny hovedgate.
Alberto var litt amper, men nå pekte han på en stor bokhandel. Den
het «LIBRIS» og var den største bokhandelen i byen.

– Er det her du skal vise meg noe?

– Vi går inn.

Inne i bokhandelen pekte Alberto opp på den største veggen.
Den hadde tre avdelinger: NEW AGE, ALTERNATIV LIVSSTIL og
MYSTIKK.

I hyllene stod bøker med mange spennende titler: «Liv etter
døden?», «Spiritismens hemmeligheter», «Tarot», «UFO-fenome-
net», «Healing», «Gudene kommer tilbake», «Du har vært her før»,
«Hva er astrologi?» – og så videre. Det var mange hundre forskjellige
titler. På en hylle under alle reolene lå lignende bøker i store stabler.

– Dette er også det 20. århundre, Sofie. Dette er vår tids tempel.

– Du tror ikke noe på denslags?

– Her er iallfall mye humbug. Men det selger like bra som porno-
grafi. Mye av det kan saktens også kalles en slags pornografi. Her får
den oppvoksende slekt kjøpt akkurat de tankene som de er mest kåte
på. Men forholdet mellom virkelig filosofi og sånne bøker er omtrent
som forholdet mellom virkelig kjærlighet og pornografi.

– Nå er du vel litt stygg?

– Vi setter oss i parken.

Dermed travet de ut av bokhandelen igjen. Foran kirken fant de en
tom benk. Under trærne spankulerte duene, mellom dem var en og
annen overivrig spurv også.

– Det kalles ESP eller parapsykologi, begynte han. – Det kalles
telepati, clairvoyance, fremsynthet og psykokinese. Det kalles spiri-
tisme, astrologi og ufologi. Kjært barn har mange navn.

– Men svar nå – mener du at alt sammen er humbug?

– Det ville naturligvis ikke være særlig passende for en ekte filosof å skjære alt over én kam. Men jeg vil ikke utelukke at disse ordene jeg nevnte, tegner et til dels detaljert kart over et landskap som ikke finnes. Her er iallfall mye av slikt «fantasifoster» som Hume ville overlate til flammene. I mange slike bøker finnes ikke så mye som én ekte erfaring.

– Hvordan kan det da skrives så utrolig mange bøker om denslags?

– Det dreier seg om verdens mest kommersielle forretning. Det er dette mange mennesker vil ha.

– Og hvorfor tror du de vil ha det?

– Det er naturligvis et uttrykk for en lengsel etter noe «mystisk», etter noe som er «annerledes» og altså bryter med hverdagens seige materie. Men det er å gå over bekken etter vann.

– Hva mener du med det?

– Her spretter vi omkring i et forunderlig eventyr. Foran føttene våre reiser det seg et skaperverk. I fullt dagslys, Sofie! Er ikke det utrolig?

– Jo.

– Hvorfor skulle vi så oppsøke sigøynertelt eller akademiske bakgårder for å oppleve noe «spennende» eller «grensesprengende»?

– Tror du at de som skriver sånne bøker, bare jukser og ljuger?

– Nei, det har jeg ikke sagt. Men også her snakker vi om et «darwinistisk system».

– Forklar!

– Tenk på alt som skjer i løpet av en eneste dag. Du kan til og med begrense deg til en dag i ditt eget liv. Tenk på alt du ser og opplever.

– Ja?

– Noen ganger opplever du også merkelige sammentreff. Du går for eksempel i butikken og kjøper noe som koster 28 kroner. Litt senere kommer Jorunn og gir deg 28 kroner som hun en gang har lånt av deg. Så går dere på kino – og du får plass nummer 28.

– Ja, det ville vært et mystisk sammentreff.

– Det ville iallfall vært et sammentreff. Poenget er at folk *samler* på slike sammentreff. De samler på mystiske – eller uforklarlige – opplevelser. Når så slike opplevelser – fra noen milliarder menneskers liv – samles i bøker, da kan det etter hvert gi inntrykk av å være et overbevisende materiale. Og det bare fortsetter å øke i omfang. Men også her står vi overfor et lotteri der bare vinnerloddene er synlige.

– Finnes det ikke synske personer eller «medier» som opplever sånt stadig vekk?

– Joda, og hvis vi nå ser bort fra de rene svindlerne, finner vi også en annen viktig forklaring på slike «mystiske opplevelser».

– Fortell!

– Du husker at vi snakket om Freuds lære om det ubevisste.

– Hvor mange ganger skal jeg si at jeg ikke er glemsk?

– Allerede Freud pekte på at vi ofte kan opptre som en slags «medier» for vår egen underbevissthet. Vi kan plutselig gripe oss i å tenke eller gjøre noe uten at vi helt forstår hvorfor vi gjør det. Grunnen er at vi har så uendelig mange flere erfaringer, tanker og opplevelser inni oss enn vi er bevisst.

– Ja?

– Det hender jo også at mennesker både går og snakker i søvne. Dette kan vi kalle en slags «sjelelig automatisme». Også under hypnose kan mennesker si og gjøre ting «av seg selv». Og du husker surrealistene som forsøkte å skrive med «automatisk skrift». Slik prøvde de å opptre som «medier» for sin egen underbevissthet.

– Også dette husker jeg.

– Med jevne mellomrom har det vært såkalte «spiritistiske vekkelser» i dette århundre. Tanken her har vært at et «medium» kan komme i kontakt med en avdød. Enten ved å snakke med den avdødes stemme – eller for eksempel ved hjelp av automatisk skrift – har «mediet» så mottatt et budskap for eksempel fra et menneske som levde for mange hundre år siden. Dette har enten blitt tatt til inntekt for at det er et liv etter døden, eller også at et menneske lever mange liv.

– Jeg skjønner.

– Jeg sier ikke at alle slike medier har vært svindlere. Noen har opplagt vært i god tro. De har riktignok vært «medier», men de har bare vært medier for sin egen underbevissthet. Det har vært flere eksempler på nitide granskninger av medier som i en trancetilstand har blottlagt kunnskaper og evner som verken de selv eller andre forstår hvordan de kan ha skaffet seg. En som ikke hadde noe kjennskap til hebraisk, begynte for eksempel å komme med budskap på dette språket. Altså måtte hun ha levd før, Sofie. Eller hun måtte ha vært i kontakt med en avdød ånd.

– Hva tror du?

– Det viste seg at hun hadde hatt en jødisk dagmamma da hun var liten.

– Åh . . .

– Ble du skuffet nå? Men det er i seg selv fantastisk hvilken evne enkelte mennesker kan ha til å lagre tidligere erfaringer i underbevisstheten.

– Jeg forstår hva du mener.

– Også mange helt hverdagslige pussigheter kan forklares utfra Freuds lære om det ubevisste. Hvis jeg plutselig får en telefon fra en venn som jeg ikke har sett på mange år, og jeg selv akkurat hadde begynt å lete etter hans telefonnummer . . .

– Jeg fryser på ryggen.

– Men forklaringen kan for eksempel være at vi begge to har hørt en gammel melodi på radio, en melodi som vi hørte sammen sist vi så hverandre. Poenget er bare at denne skjulte sammenhengen ikke er bevisst.

– Enten humbug . . . eller vinnerlodd-effekten . . . eller også «det ubevisste»?

– Det er iallfall sunt å nærme seg slike bokhyller med en viss skepsis. Det er ikke minst viktig for en filosof. I England finnes en egen forening for skeptikere. For mange år siden utlovet de en stor pengepremie til den første som kunne vise dem et aldri så lite eksempel på noe overnaturlig. Det behøvde ikke være noe stort mirakel, bare et bitte lite eksempel på tankeoverføring var nok. Men så langt har ingen meldt seg.

– Jeg skjønner.

– Noe helt annet er at det er mye vi mennesker ikke forstår. Kanskje kjenner vi ikke alle naturlover heller. I forrige århundre var det mange som opplevde fenomener som magnetisme og elektrisitet som en slags trolldom. Jeg tipper at min egen oldemor ville fått store øyne hvis jeg fortalte henne om fjernsynet eller om datamaskiner.

– Men noe overnaturlig tror du altså ikke på?

– Dette har vi snakket om før. Selve uttrykket «overnaturlig» er jo også litt pussig. Nei, jeg tror vel at det bare finnes én natur. Den er til gjengjeld svært forunderlig.

– Men sånne mystiske ting som det står om i disse bøkene du viste meg?

– Alle ekte filosofer må ha øynene åpne. Selv om vi ikke har sett noen hvit kråke, skal vi aldri slutte å lete etter den. Og en dag kan selv en skeptiker som jeg bli nødt til å akseptere et fenomen som jeg tidligere ikke har trodd på. Hvis jeg ikke hadde holdt denne muligheten åpen, ville jeg vært en dogmatiker. Da ville jeg ikke være en ekte filosof.

Nå ble Alberto og Sofie sittende på benken uten å si noe. Duene strakte hals og kurret, av og til ble de skremt opp av en sykkel eller av en brå bevegelse.

– Da må jeg hjem og forberede festen, sa Sofie til slutt.

– Men før vi går fra hverandre, skal jeg vise deg en sånn hvit kråke. Den er nemlig nærmere enn vi tror.

Han reiste seg fra benken og gav tegn til at de skulle inn i bokhandelen igjen.

Denne gangen gikk de forbi alle bøkene om overnaturlige fenomener. Alberto stanset foran en ganske spinkel hylle aller innerst i bokhandelen. Over hyllen hang en bitte liten plakat. «FILOSOFI» stod det.

Alberto pekte ned på en bestemt bok, og Sofie kvapp da hun leste tittelen: «SOFIES VERDEN».

– Skal jeg kjøpe den til deg?

– Jeg vet ikke om jeg tør.

Men litt senere var hun på vei hjem med boken i den ene hånden og en liten pose med det hun hadde kjøpt til hageselskapet i den andre.

HAGESELSKAPET

. . . en hvit kråke . . .

Hilde satt som fjetret til sengen. Hun kjente at armene var stive og at hendene som holdt i den store ringpermen, skalv.

Klokken var nesten elleve. Hun hadde ligget og lest i over to timer. Av og til hadde hun kikket opp fra permen og ledd høyt, men hun hadde også snudd seg til siden og stønnet. Det var bra det ikke var noen andre hjemme.

Hva hadde hun ikke lest på de to timene! Det begynte med at Sofie måtte prøve å vekke majorens oppmerksomhet på vei hjem fra Majorstua. Til slutt hadde hun klatret opp i et tre, men da hadde Morten gås kommet som en reddende engel fra Libanon.

Selv om det var lenge, lenge siden, hadde Hilde aldri glemt at faren leste «Nils Holgerssons forunderlige reise» for henne. I mange år siden hadde de hatt et hemmelig språk sammen som var knyttet til den boken. Nå trakk han altså den gamle gåsa fram igjen.

Så hadde Sofie debutert som ensom kafégjest. Hilde hadde festet seg spesielt ved det Alberto fortalte om Sartre og eksistensialismen. Han hadde nesten klart å omvende henne – men det hadde han gjort mange ganger tidligere i ringpermen også.

En gang for et års tid siden hadde Hilde kjøpt en bok om astrologi. En annen gang hadde hun kommet hjem med TAROT-kort. Og en tredje gang med en liten bok om spiritisme. Hver eneste gang hadde faren sagt noen formanende ord om «kritisk sans» og «overtro», men først nå var hevnens time kommet. Han hadde slått omhyggelig tilbake. Det var tydelig at hans datter ikke skulle vokse opp uten å være grundig advart mot den slags. For sikkerhets skyld hadde han vinket til henne gjennom et TV-apparat i en elektrisk forretning. Akkurat det kunne han godt ha spart seg . . .

Det hun undret seg aller mest over, var den mørkhårete piken.

Sofie, Sofie – hvem er du? Hvor kommer du fra? Hvorfor har du grepet inn i livet mitt?

Til slutt hadde hun fått en bok om seg selv. Var det den samme boken som Hilde satt med i hendene nå? Det var jo bare en ringperm. Men uansett: Hvordan gikk det an å finne en bok om seg selv i en bok om seg selv? Hva ville skje hvis Sofie begynte å lese i denne boken?

Hva kom til å skje nå? Hva *kunne* komme til å skje nå?

Hilde kjente med fingrene at det bare var noen få løse ark igjen.

Sofie møtte moren på bussen da hun reiste hjem fra byen. Fillern! Hva kom hun til å si når hun fikk se boken hun holdt i hånden?

Sofie prøvde å legge den ned i posen sammen med serpentinene og ballongene hun hadde kjøpt til festen, men hun rakk det ikke.

– Hei, Sofie! Vi kommer med samme buss? Det var hyggelig.

– Hei . . .

– Har du kjøpt en bok?

– Nei, ikke akkurat det.

– «Sofies verden». Det var da pussig.

Sofie forstod at hun ikke engang hadde en rimelig sjanse til å lyve.

– Jeg har fått den av Alberto.

– Ja, det har du vel. Som sagt – jeg gleder meg til å treffe den mannen. Får jeg se?

– Kan du ikke være så snill å vente til vi kommer hjem iallfall? Det er *min* bok, mamma.

– Jada, det er din bok. Jeg skal bare titte på første side, skjønner du. Næmen . . . «Sofie Amundsen var på vei hjem fra skolen. Det første stykket hadde hun gått sammen med Jorunn. De hadde snakket om roboter . . .»

– Står det virkelig det?

– Ja, *det* står det, Sofie. Det er skrevet av en som heter Albert Knag. Det må være en debutant. Hva var det denne Alberto'en din het forresten?

– Knox.

– Da skal du se at dette forunderlige mennesket har skrevet en hel bok om deg, Sofie. Det kalles å bruke et psevdonym.

– Det er ikke ham, mamma. Du kan bare gi opp. Du skjønner ingenting allikevel.

– Nei, så gjør jeg vel ikke det, da. I morgen er det hageselskap. Da skal nok alt bli bra igjen, skjønner du.

– Albert Knag lever i en helt annen virkelighet. Derfor er denne boken en hvit kråke.

– Nei, nå *må* du gi deg. Var det ikke en hvit kanin?

– Hold opp!

Stort lenger rakk ikke samtalen mellom mor og datter før de måtte gå av bussen ved begynnelsen av Kløverveien. Der ble de møtt av et demonstrasjonstog.

– Æsjamei, utbrøt Helene Amundsen. – Jeg trodde virkelig at vi skulle være spart for gatens parlament i dette strøket.

Det var ikke mer enn 10–12 mennesker. På plakatene stod det: «MAJOREN KOMMER SNART», «JA TIL GOD SANKTHANSMAT» og «MER MAKT TIL FN».

Sofie fikk nesten vondt av moren.

– Ikke bry deg om dem, sa hun.

– Men det var da et underlig demonstrasjonstog, Sofie. Nesten litt absurd.

– Det er bare en bagatell.

– Verden forandrer seg fortere og fortere. Egentlig er jeg ikke det minste forundret.

– Du burde iallfall være forundret over at du ikke er forundret.

– På ingen måte. De var jo ikke voldelige. Bare de nå ikke har trampet på rosebuskene våre. Det kan umulig være nødvendig å ha demonstrasjonstog i en hage. Vi får skynde oss hjem og se.

– Det var et filosofisk demonstrasjonstog, mamma. Ekte filosofer tramper ikke på rosebusker.

– Vet du hva, Sofie? Jeg vet ikke om jeg tror på ekte filosofer lenger, jeg. I våre dager er jo nesten alt syntetisk.

Ettermiddagen og kvelden gikk med til forberedelser. De fortsatte med oppdekking og pynting i hagen neste formiddag. Da kom Jorunn også.

– Gurimalla, sa hun. – Mamma og pappa kommer sammen med de andre. Det er din skyld, Sofie.

En halv time før gjestene kom, var alt klappet og klart. Trærne i hagen var pyntet med serpentiner og japanske lykter. Det var strukket lange skjøteledninger gjennom et kjellervindu. Både hageporten, trærne i hagegangen og fasadene på huset var pyntet med ballonger. Sofie og Jorunn hadde blåst og blåst hele ettermiddagen.

Bordet var dekket med kylling og salatboller, rundstykker og fletteloff. Inne på kjøkkenet stod det boller og bløtkake, kringle og sjokoladekake, men allerede nå hadde de plassert en stor kransekake med 24 ringer midt på bordet. På toppen av kransekaken var det satt en konfirmasjonspike. Sofies mor hadde forsikret at det like gjerne kunne være en ukonfirmert femtenårs-pike, men Sofie selv var overbevist om at moren hadde satt den der bare fordi Sofie hadde sagt at hun ennå ikke hadde bestemt seg for om hun ville konfirmeres. For moren var det som om konfirmasjonen satt i selve kransekaken.

– Nei, her har vi ikke spart på noe, gjentok hun både én og to ganger i løpet av den siste halvtimen før gjestene kom.

Så kom gjestene. Først kom tre av jentene i klassen – i sommerbluser og lette strikkejakker, med lange skjørt og en dæsj øyensminke. Litt senere kom Jørgen og Lasse slentrende inn gjennom porten med en blanding av lett sjenanse og en mer gutteaktig arroganse.

– Gratulerer!

– Så ble du voksen du også.

Sofie noterte seg at Jorunn og Jørgen allerede hadde begynt å smugtitte på hverandre. Det var noe som lå i luften. Det var jo sankthans.

Alle hadde med seg gaver, og siden det var et filosofisk hageselskap, hadde flere av gjestene prøvd å undersøke hva filosofi var før de kom. Selv om ikke alle hadde klart å finne noen filosofiske gaver, hadde de fleste lagt hodene i bløt for å skrive noe filosofisk på kortet. Men Sofie fikk både en filosofisk ordbok og en minnebok med lås som det var skrevet «MINE PERSONLIGE FILOSOFISKE NEDTEGNELSER» på.

Etter hvert som gjestene kom, ble det servert eplesider i høye hvitvinsglass. Det var moren til Sofie som serverte.

– Velkommen . . . Og hva heter den unge mannen? . . . Deg har jeg visst ikke truffet før . . . Så hyggelig at du kunne komme, Cecilie.

Først da alle de unge hadde innfunnet seg – og spaserte under frukttrærne med hvitvinsglassene – parkerte den hvite Mercedes'en til Jorunns foreldre foran hageporten. Finansrådgiveren hadde en korrekt grå dress med fint snitt. Fruen hadde en rød buksedrakt med mørkerøde paljetter. Sofie kunne sverget på at hun hadde gått inn i en leketøysbutikk og kjøpt en Barbie-dokke med den samme buksedrakten. Så hadde hun levert den til en skredder med beskjed om at han skulle sy en maken drakt til henne. Hun var klar over at det også var en annen mulighet. Det kunne naturligvis være finansrådgiveren som hadde kjøpt dokken og så levert den til en trollmann for å få den omgjort til en levende kvinne av kjøtt og blod. Men denne muligheten var så usannsynlig at Sofie forkastet den.

De steg ut av Mercedes'en og gikk inn i hagen der de unge gjestene sperret øynene opp av forundring. Det var finansrådgiveren personlig som overrakte en lang og smal gave fra familien Ingebrigtsen. Sofie prøvde å ta det med fatning da det viste seg å være en – ja, nettopp: en Barbie-dokke. Jorunn gav seg over:

– Er dere blitt helt teite eller? Sofie leker da vel ikke med dokker!

Fru Ingebrigtsen kom styrtende til, det klirret i paljettene på buksedrakten:

– Hun skal ha den til *pynt*, må du skjønne.

– Jeg sier iallfall tusen takk, forsøkte Sofie å glatte over. – Nå kan jeg jo begynne å spare.

Man begynte å sirkle rundt bordet.

– Da venter vi bare på Alberto, sa moren til Sofie i en lett oppspilt tone som forsøkte å skjule en smule bekymring. Ryktene om den spesielle gjesten hadde allerede spredt seg blant gjestene.

– Han har lovet at han skal komme, og da kommer han.

– Men vi kan vel ikke sette oss før han kommer?

– Joda, vi setter oss.

Helene Amundsen begynte å plassere gjestene rundt det lange bordet. Hun sørget for at den ledige stolen kom mellom Sofies og hennes egen plass. Hun sa noen ord om serveringen, om at det var et vakkert vær, og om at Sofie nå var blitt en voksen kvinne.

De hadde sittet ved bordet i en halv time da en middelaldrende mann med svart fippskjegg og alpelue kom gående opp Kløverveien og inn gjennom hageporten. Han hadde en stor bukett med femten røde roser i hendene.

– Alberto!

Sofie reiste seg fra bordet og gikk ham i møte. Hun kastet seg rundt halsen hans og tok imot buketten. Han besvarte velkomsten med å rote i lommene på jakken sin. Derfra trakk han opp et par feite kina-putter som han tente på og kastet rundt seg. Idet han gikk mot bord-et, tente han dessuten et stjerneskudd som han satte på toppen av kransekaken før han stilte seg på den ledige plassen mellom Sofie og moren.

– Hjertelig til stede! sa han.

Forsamlingen var himmelfallen. Fru Ingebrigsten sendte sin mann et megetsigende øyekast. Moren til Sofie var derimot så lettet over at mannen endelig hadde innfunnet seg at hun hadde vært villig til å til-gi ham hva det måtte være. Jubilanten selv måtte kjempe for å holde tilbake en boblende latter som hadde begynt å romstere helt nederst i mageregionen.

Helene Amundsen slo i glasset sitt og sa:

– Da ønsker vi også Alberto Knox velkommen til dette filosofiske hageselskapet. Han er ikke min nye kjæreste, for selv om min egen mann er svært meget ute og reiser, har jeg for tiden ingen ny kjær-este. Derimot er dette forunderlige mennesket Sofies nye filosofi-lærer. Han kan altså mer enn å tenne på kinaputter. Denne mannen er for eksempel i stand til å trekke en levende kanin opp av en svart flosshatt. Eller var det en kråke, Sofie?

– Takk, takk, sa Alberto og satte seg.

– Skål! sa Sofie, og nå hevet forsamlingen rødvinsglassene med cola.

Slik ble de sittende en lang stund og spise kylling og salat. Plutse-lig reiste Jorunn seg fra bordet, gikk med bestemte skritt bort til Jør-gen og gav ham et ettertrykkelig kyss på munnen. Han svarte på denne tilnærmelsen med et forsøk på å velte overkroppen hennes over bordet så han fikk bedre tak når han skulle besvare kysset.

– Jeg tror jeg dåner, utbrøt fru Ingebrigtsen.

– Ikke over bordet, da barn, var fru Amundsens eneste kommentar.

– Hvorfor ikke det? spurte Alberto idet han snudde seg mot henne.

– Det var et merkelig spørsmål.

– Men for en ekte filosof er det aldri galt å spørre.

Nå begynte et par av guttene, som ikke hadde fått noe kyss, å kaste kyllingbein på taket. Også dette avstedkom en kommentar fra moren til Sofie:

– Ikke gjør sånn da, er dere snille. Det er så kjedelig med kyllingbein i takrennene.

– Vi beklager, sa en av guttene. Dermed begynte de å kaste kyllingbeina over hagegjerdet i stedet.

– Da tror jeg tiden er inne til å samle sammen tallerkenene og servere litt kaker, sa fru Amundsen til slutt. – Hvor mange vil ha kaffe.

Ekteparet Ingebrigtsen, Alberto og et par av de andre gjestene rakte opp hånden.

– Sofie og Jorunn hjelper meg kanskje . . .

På veien til kjøkkenet ble det tid til en liten venninneprat.

– Hvorfor kysset du ham?

– Jeg satt og så på munnen hans, og da fikk jeg så fryktelig lyst. Han er jo helt uimotståelig.

– Hvordan smakte det?

– Litt annerledes enn jeg hadde tenkt meg, men . . .

– Så det var første gang?

– Men det blir ikke den siste.

Snart var kaffen og alle kakene kommet på bordet. Alberto hadde begynt å dele ut kinaputter til guttene, men nå slo moren til Sofie på kaffekoppen.

– Jeg skal ikke holde noen stor tale, begynte hun. – Men jeg har jo bare én datter, og det er bare denne ene gangen det har gått nøyaktig én uke og én dag siden hun fylte femten år. Som dere ser, har vi ikke spart på noe. Det er 24 ringer i kransekaken, og da blir det jo minst én ring til hver. De som forsyner seg aller først, kan derfor ta to ringer. For vi begynner fra toppen, og da blir ringene større og større etter hvert som tiden går. Slik er det med livene våre også. Da Sofie var en liten tulle, trippet hun rundt og rundt i ganske små og beskjedne ringer. Men etter hvert som årene har gått, har ringene blitt større og større. Nå strekker de seg helt til gamlebyen og hjem igjen. Med en far som er mye ute og reiser, ringer hun dessuten over hele verden. Vi gratulerer med femtenårs-dagen, Sofie!

– Bedårende! utbrøt fru Ingebrigtsen.

Sofie var ikke sikker på om hun mente moren, selve talen, kranse-kaken eller Sofie selv.

Forsamlingen klappet i hendene og en av guttene kastet en kina-putt opp i pæretreet. Nå reiste også Jorunn seg fra bordet og prøvde å hale Jørgen opp fra stolen. Han lot seg trekke med, og dermed la de seg ned i gresset og fortsatte å kysse på hverandre der. Etter en stund rullet de inn under noen ripsbusker.

– I våre dager er det jentene som tar initiativet, sa finansråd-giveren.

Med de ordene reiste han seg, gikk mot ripsbuskene og ble stående og studere fenomenet på nært hold. Dette gjorde at hele resten av selskapet fulgte etter. Bare Sofie og Alberto ble sittende på plassen sin. Snart stod gjestene i halvsirkel rundt Jorunn og Jørgen, som allerede hadde lagt den første uskyldige kyssingen bak seg til fordel for en noe råere form for klining.

– De er visst ikke til å stoppe, sa fru Ingebrigtsen – ikke helt blottet for stolthet.

– Nei, slekt følger slekters gang, sa mannen hennes.

Han så seg rundt for om mulig å høste inn en slags honnør for de velvalgte ordene. Da han bare ble møtt med tause nikk, la han til:

– Det er ingenting å gjøre med det.

På lang avstand registrerte Sofie at Jørgen prøvde å kneppe opp Jorunns hvite bluse, som allerede var ganske inngrodd med grønske. Hun fingret med hans belte.

– Nå må dere endelig ikke bli forkjølet, sa fru Ingebrigtsen.

Sofie så oppgitt opp på Alberto.

– Dette går raskere enn jeg hadde trodd, sa han. – Vi må fortest mulig komme oss vekk herfra. Jeg skal bare holde en kort tale.

Dermed klappet Sofie i hendene.

– Kan dere komme og sette dere igjen? Alberto skal holde en tale.

Alle unntatt Jorunn og Jørgen kom sigende og satte seg ved bordet.

– Nei, tenk skal De virkelig holde en hel tale? spurte Helene Amundsen. – Det var elskverdig.

– Jeg takker for oppmerksomheten.

– Og så er De glad i å gå tur, må vite! Det skal jo være så viktig å holde seg i form. Ekstra sympatisk er det etter min mening å ha med seg en hund på tur. Het den ikke Hermes?

Alberto reiste seg og slo på kaffekoppen.

– Kjære Sofie, begynte han. – Jeg minner om at dette er et filosofisk hageselskap. Jeg vil derfor holde en filosofisk tale.

Allerede nå ble han avbrutt av applaus.

– I dette løsslupne selskapet kan det uansett være på sin plass med en dose fornuft. Men la oss endelig ikke glemme å gratulere jubilanten med 15-årsdagen.

Han hadde ikke snakket ferdig før de hørte duren fra et fly som nærmet seg. Snart kom det i lav høyde rett over hagen. Etter flyet hang et langt banner der det stod «Gratulerer med 15-årsdagen!»

Dette førte til en ny og enda kraftigere applaus.

– Der kan dere se, utbrøt fru Amundsen. – Den mannen kan mer enn å tenne kinaputter.

– Takk, det var bare en bagatell. Sofie og jeg har i løpet av de siste ukene gjennomført en større filosofisk undersøkelse. Her og nå vil vi også forkynne hva vi har kommet fram til. Vi vil røpe vår tilværelses aller innerste hemmelighet.

Nå ble det så stille i den lille forsamlingen at de kunne høre fuglenes sang. De hørte noe smasking fra ripsbuskene også.

– Fortsett! sa Sofie.

– Etter nitide filosofiske undersøkelser – som har strukket seg fra de første greske filosofene og helt fram til i dag – har vi funnet ut at vi lever våre liv i en majors bevissthet. Han tjenestegjør for tiden som FN-observatør i Libanon, men han har også skrevet en bok om oss til sin datter hjemme i Lillesand. Hun heter Hilde Møller Knag og fylte 15 år samme dag som Sofie. Boken om oss alle sammen lå på nattbordet hennes da hun våknet tidlig på morgenen den 15. juni. Mer nøyaktig dreier det seg om en stor ringperm. I dette øyeblikk kjenner hun at de aller siste sidene i permen kiler mot pekefingeren.

En nervøs stemning hadde begynt å bre seg rundt bordet.

– Vår tilværelse er altså verken mer eller mindre enn en slags bursdagsunderholdning for Hilde Møller Knag. For vi er alle sammen diktet opp som en ramme omkring majorens filosofiske opplæring av datteren. Det betyr for eksempel at den hvite Mercedes'en i porten ikke er verd så mye som fem øre. Sånn sett er den en bagatell. Den er ikke verd mer enn slike hvite Mercedes'er som kjører rundt og rundt inni hodet på en stakkars FN-major som akkurat har satt seg i skyggen av et palmetre for å unngå å få solstikk. Det er varme dager i Libanon, mine venner.

– Sprøyt! utbrøt finansrådgiveren nå. – Det er det rene og skjære vås.

– Ordet er naturligvis fritt, fortsatte Alberto ufortrødent. – Men sannheten er at det er dette hageselskapet som er det rene og skjære vås. Den eneste lille dose fornuft i dette selskapet er denne talen.

Nå reiste finansrådgiveren seg og sa:

– Her forsøker man etter beste evne å styre sine forretninger. Man sørger dessuten for å være forsikret på alle bauger og kanter. Så skal man oppleve at en arbeidssky noksagt prøver å rive ned alt sammen med visse «filosofiske» påstander.

Alberto nikket bekreftende:

– Mot denne typen filosofisk innsikt gjelder riktignok ingen forsikringer. Vi snakker om noe som er verre enn naturkatastrofer, herr finansrådgiver. Som du sikkert er klar over, dekker jo ikke forsikringene den slags heller.

– Dette er ingen naturkatastrofe.

– Nei, det er en eksistensiell katastrofe. Du kan for eksempel kaste et blikk inn i ripsbuskene, så skjønner du hva jeg mener med det. Man kan altså ikke forsikre seg mot at hele ens tilværelse raser sammen. Man kan ikke forsikre seg mot at solen slukner, heller.

– Skal vi finne oss i dette? spurte faren til Jorunn, han så ned på sin kone.

Hun ristet på hodet, det gjorde moren til Sofie også.

– Dette var trist, sa hun. – Og så her som vi ikke hadde spart på noe.

De unge satt likevel med blikket festet til Alberto. Det er jo ofte slik at unge mennesker er mer åpne for nye tanker og ideer enn de som har levd en stund.

– Vi vil gjerne høre mer, sa en gutt med lyst krøllete hår og briller.

– Takk for det, men stort mer er det ikke å si. Når man først er kommet til at man er et drømmebilde i et annet menneskes døsige bevissthet, da er det etter min mening fornuftigst å tie. Men jeg kan slutte med å anbefale de unge et lite kurs i filosofiens historie. Slik vil dere utvikle en kritisk innstilling til den verden dere lever i. Ikke minst gjelder det å være kritisk til foreldregenerasjonens verdier. Er det noe jeg har prøvd å lære Sofie, så er det nettopp å tenke kritisk. Hegel kalte det å tenke negativt.

Finansrådgiveren hadde ennå ikke satt seg. Han var blitt stående og tromme fingrene i bordplaten.

– Denne agitatoren forsøker å bryte ned alle de sunne holdningene som både skolen og kirken og vi selv prøver å innpode i den oppvoksende slekt. Det er jo den som har fremtiden foran seg og som dessuten en dag skal arve våre proprieteter. Hvis han ikke umiddelbart fjernes fra dette selskapet, ringer jeg familiens advokat. Han vil vite å ta affære.

– Det spiller liten rolle hva slags affære du måtte ta, for du er ikke noe annet enn et skyggebilde. For øvrig vil både Sofie og jeg ganske snart forlate selskapet. Filosofikurset har nemlig ikke vært et rent teoretisk prosjekt. Det har også hatt en praktisk side. Når tiden er moden, vil vi gjøre det kunststykke at vi fordufter. Slik vil vi også lure oss ut av majorens bevissthet.

Helene Amundsen tok datterens arm.

– Du skal vel ikke reise fra meg, Sofie?

Sofie la en arm rundt henne nå. Hun kikket opp på Alberto.

– Mamma blir så lei seg . . .

– Nei, det der er tøys. Nå må du endelig ikke glemme hva du har lært. Det er jo dette sludderet vi skal fri oss fra. Din mor er en like søt og hyggelig kvinne som Rødhettes kurv var full av mat til bestemor. Men hun er ikke mer lei seg enn dette flyet som akkurat passerte trengte bensin for sin gratulasjonsmanøver.

– Jeg tror jeg skjønner hva du mener, innrømte Sofie, og nå snudde hun seg mot moren. – Derfor må jeg gjøre som han sier, mamma. En dag måtte jeg jo forlate deg.

– Jeg kommer til å savne deg, sa moren. – Men hvis det er en himmel over denne, får du vel bare fly. Jeg lover å stelle pent med Govinda. Skal den ha ett eller to salatblad per dag?

Alberto la en hånd på skulderen hennes:

– Verken du eller noen andre her vil komme til å savne oss, og grunnen er simpelthen at dere ikke finnes. Da har dere ikke noe apparat å savne oss med heller.

– Det er virkelig den aller groveste fornærmelse man kan bli utsatt for! utbrøt fru Ingebrigtsen.

Finansrådgiveren nikket.

– Uansett kan vi ta ham for injurier. Men du skal se han er en kommunist. Han vil jo ta fra oss alt vi er glad i. En slyngel er den mannen. Han er en forvorpen tølper . . .

Dermed satte både Alberto og finansrådgiveren seg ned. Den siste var rød i ansiktet av raseri. Nå kom også Jorunn og Jørgen og satte seg ved bordet. De var både skitne og krøllete i klærne. Det lyse håret til Jorunn var inngrodd med jord og leire.

– Mamma, jeg skal ha barn, forkynte hun.

– Javel, men du får iallfall vente til vi kommer hjem.

Hun fikk straks støtte av sin mann:

– Hun må bare holde seg, ja. Og hvis det blir barnedåp i kveld, får hun ordne alt selv.

Alberto så alvorlig ned på Sofie.

– Tiden er inne.

– Kan du ikke iallfall hente litt kaffe til oss før du reiser? spurte moren.

– Joda, mamma, jeg skal gjøre det med én gang.

Hun tok med seg termokannen som stod på bordet. På kjøkkenet måtte hun sette på trakteren. Mens hun ventet på kaffen, gav hun fuglene og gullfiskene mat. Hun var innom badet og la fram et salatblad til Govinda også. Hun så ikke katten, men hun åpnet en stor boks med kattemat som hun helte over i en dyp tallerken og satte ut på trammen. Hun kjente at hun var fuktig i øynene.

Da hun var tilbake med kaffen, lignet hageselskapet mer på et barneselskap enn på en 15-årsdag. Flere av brusflaskene på bordet var veltet, et sjokoladekakestykke var smurt ut over bordet, fatet med boller lå veltet på bakken. Akkurat da Sofie kom, var det en av guttene som satte en kinaputt i bløtkaken. Den eksploderte så all kremen la seg ut over bordet og festdeltakerne. Aller verst gikk det ut over den røde buksedrakten til fru Ingebrigtsen.

Det selsomme var at både hun og alle de andre tok det som skjedde med den største sinnsro. Nå tok også Jorunn et stort sjokoladekakestykke og smurte inn i ansiktet på Jørgen. Umiddelbart etterpå begynte hun å slikke ham ren igjen.

Moren og Alberto hadde satt seg i hagegyngen et stykke unna de andre. De vinket på Sofie.

– Omsider fikk dere en samtale under fire øyne, sa Sofie.

– Og du hadde aldeles rett, sa moren opprømt. – Alberto er et storsinnet menneske. Jeg overlater deg til hans sterke armer.

Sofie satte seg imellom dem.

To av guttene hadde klart å komme seg opp på taket. En av jentene gikk rundt og stakk hull på alle ballongene med en hårnål. Nå kom det også en ubuden gjest på moped. På bagasjebrettet hadde han en kasse med øl og brennevin. Han ble tatt imot av noen hjelpsomme sjeler.

Dermed reiste også finansrådgiveren seg fra bordet. Han klappet i hendene og sa:

– Skal vi leke, barn?

Han sikret seg en av ølflaskene, drakk den tom for øl og stilte den midt ute på gresset. Deretter gikk han til bordet og hentet de fem nederste kransekakeringene. Han viste gjestene hvordan de skulle kaste ringene over flasken.

– Krampetrekninger, sa Alberto. – Nå må vi endelig komme oss vekk før majoren setter punktum og Hilde slår den store ringpermen sammen.

– Da blir du alene igjen med all oppryddingen, mamma.

– Det spiller ingen rolle, barnet mitt. Dette er likevel ikke noe liv for deg. Hvis Alberto kan gi deg en bedre tilværelse, er det ingen som blir mer lykkelig enn meg. Sa du at han hadde en hvit hest?

Sofie speidet ut over haven. Den var ikke til å kjenne igjen. Flasker og kyllingbein, boller og ballonger var trampet ned i gresset.

– Dette var en gang mitt lille paradis, sa hun.

– Og nå skal du drives ut av paradiset, svarte Alberto.

En av guttene hadde satt seg i den hvite Mercedes'en. Nå startet den, den braste gjennom den lukkete hageporten, kjørte inn på singelgangen og ned i hagen.

Sofie kjente et hardt tak i armen. Det var noe som drog henne inn i Smuget. Så hørte hun Albertos stemme:

– Nå!

Samtidig smadret den hvite Mercedes'en et epletre. Eplekartene trillet nedover panseret.

– Dette går for vidt! ropte finansrådgiveren. – Jeg forlanger en klekkelig erstatning.

Han fikk full støtte fra sin bedårende kone:

– Det er denne tølperens skyld. Hvor er han?

– De er som sunket i jorden, sa Helene Amundsen, og hun sa det ikke uten en viss stolthet.

Hun rettet seg opp, gikk mot det tilsølte langbordet og begynte å rydde etter det filosofiske hageselskapet.

– Skal det være mer kaffe?

KONTRAPUNKT

... *to eller flere melodier som klinger samtidig*...

Hilde reiste seg opp i sengen. Der sluttet historien om Sofie og Alberto. Men hva var det egentlig som skjedde?

Hvorfor hadde faren skrevet dette siste kapitlet? Var det bare for å demonstrere sin makt over Sofies verden?

I dyp ettertanke gikk hun på badet og kledde på seg. Etter en rask frokost, ruslet hun ned i hagen og satte seg i hagegyngen.

Hun var enig med Alberto i at det eneste fornuftige som hadde skjedd i hele hageselskapet, var Albertos tale. Faren mente vel aldri at Hildes verden var like kaotisk som Sofies hageselskap? Eller at også hennes verden til slutt ville gå i oppløsning?

Så var det Sofie og Alberto, da. Hva hadde skjedd med den hemmelige planen?

Var det opp til Hilde selv å dikte videre? Eller hadde de virkelig klart å lure seg ut av fortellingen?

Men hvor var de da?

Det var noe som slo henne nå: Hvis Alberto og Sofie hadde klart å lure seg ut av fortellingen, da ville det ikke kunnet stå noe om dette på arkene i ringpermen. Alt som stod der, var jo faren sørgerlig klar over.

Kunne det stå noe mellom linjene? Noe sånt var antydet med rene ord. Her hun satt i hagegyngen forstod Hilde at hun ble nødt til å lese hele fortellingen både én og to ganger til.

Idet den hvite Mercedes'en kjørte inn i hagen, hadde Alberto revet Sofie med seg inn i Smuget. Så hadde de løpt inn i skogen mot Majorstua.

— Fort! ropte Alberto. — Det må skje før han begynner å se etter oss.

— Er vi utenfor majorens oppmerksomhet nå?

– Vi er i grenselandet.

De rodde over vannet og styrtet inn i Majorstua. Her åpnet Alberto en kjellerlem. Han dyttet Sofie ned i kjelleren. Så ble alt svart.

I dagene som fulgte, arbeidet Hilde videre med sin egen plan. Hun sendte flere brev til Anne Kvamsdal i København, et par ganger ringte hun. Også i Lillesand vervet hun hjelp fra venner og kjente, nesten halve klassen ble engasjert.

Innimellom leste hun i «Sofies verden». Det var ikke en historie man ble ferdig med etter første gangs gjennomlesning. Stadig dukket det opp nye tanker om hva som kunne ha skjedd med Sofie og Alberto etter at de ble borte fra hagefesten.

Lørdag 23. juni våknet hun brått ved ni-tiden. Hun visste at faren allerede hadde reist fra leiren i Libanon. Nå var det bare å vente. Den siste delen av dagen hans var planlagt ned til hver minste detalj.

Utover formiddagen begynte hun å forberede sankthanskvelden sammen med moren. Hilde kunne ikke unngå å tenke på hvordan Sofie og moren hadde stelt i stand til sin sankthansfest.

Men det var vel noe de *hadde* gjort? Det var vel ikke nå de gikk rundt og pyntet?

Sofie og Alberto satte seg opp på en gressplen foran to store bygninger med stygge ventiler og lufterør på utsiden. En ung kvinne og en ung mann kom gående ut av den ene bygningen, han hadde en brun veske, hun hadde en rød skulderveske. På en liten vei i bakgrunnen passerte en bil.

– Hva skjedde? spurte Sofie.

– Vi klarte det!

– Men hvor er vi da?

– Majorstua heter det her.

– Men – Majorstua?

– Det er i Oslo.

– Er du helt sikker?

– Helt sikker. Den ene bygningen heter «Chateau Neuf», det betyr «det nye slottet». Der studerer de musikk. Den andre heter «Menighetsfakultetet». Der studerer de teologi. Lenger oppe i åsen studerer de naturvitenskap, og aller øverst oppe studerer de litteratur og filosofi.

– Er vi ute av Hildes bok og helt utenfor majorens kontroll?

– Begge deler, ja. Han vil aldri finne oss her.

– Men hvor var vi da vi løp gjennom skogen?

– Mens majoren var opptatt av å kollidere finansrådgiverens bil mot et epletre, så vi vårt snitt til å gjemme oss i Smuget. Da var vi på fosterstadiet, Sofie. Vi tilhørte både den gamle og den nye verden. Men at vi skulle gjemme oss der kan majoren ikke ha hatt i tankene.

– Hvorfor ikke?

– Da ville han ikke ha sluppet oss så lett. Det gikk jo som en drøm. Nåja – det kan selvfølgelig også tenkes at han var med på leken selv.

– Hva mener du med det?

– Det var han som startet den hvite Mercedes'en. Kanskje anstrengte han seg til det ytterste for å miste oss av syne. Han var vel helt utslått etter alt som hadde skjedd . . .

Nå var det unge paret bare noen få meter fra dem. Sofie syntes det var litt flaut at hun satt i gresset sammen med en mann som var mye eldre enn henne selv. Hun ville dessuten at noen skulle bekrefte det Alberto hadde sagt.

Hun reiste seg opp og sprang mot dem.

– Kan dere være snille å si hva det heter akkurat her?

Men de verken svarte eller enset henne.

Sofie ble så provosert at hun sprang på dem igjen.

– Det er vel ikke uvanlig at man svarer på et spørsmål?

Den unge mannen var tydeligvis opptatt av å forklare kvinnen noe:

– Den kontrapunktiske komposisjonsformen arbeider i to dimensjoner, både horisontalt – eller melodisk – og vertikalt – eller harmonisk. Det dreier seg altså om to eller flere melodier som klinger sammen . . .

– Unnskyld at jeg avbryter, men . . .

– Melodiene kombineres slik at de utfolder seg mest mulig uavhengig av hvordan de klinger sammen. Men det må jo også være harmoni. Dette kaller vi kontrapunkt. Egentlig betyr det note mot note.

Noe så frekt! For de var jo verken døve eller blinde. Sofie forsøkte seg for tredje gang, og nå stilte hun seg opp på stien og stengte veien for dem.

Hun ble bare vippet til side.

– Det begynner visst å blåse, sa kvinnen.

Sofie styrtet tilbake til Alberto.

– De hører ikke! sa hun – og nøyaktig idet hun sa det, kom hun på drømmen om Hilde og gullkorset.

– Det er prisen vi må betale, ja. Når vi har lurt oss ut av en bok, kan vi ikke vente å oppnå nøyaktig samme status som bokens forfatter. Men vi er jo her. Fra nå av blir vi ikke en dag eldre enn vi var da vi forlot det filosofiske hageselskapet.

– Vil vi aldri oppnå ordentlig kontakt med mennesker omkring oss heller?

– En ekte filosof sier aldri «aldri». Har du klokke?

– Den er åtte.

– Som da vi forlot Kapteinsvingen, ja.

– Det er i dag faren til Hilde kommer hjem fra Libanon.

– Derfor må vi skynde oss.

– Næh – hva mener du med det?

– Er du ikke spent på hvordan det går når majoren kommer hjem til Bjerkely?

– Selvfølgelig, men . . .

– Kom da!

De begynte å gå nedover mot byen. Flere ganger møtte de mennesker, men alle gikk rett forbi dem som om de var luft.

Langs veien stod det parkert biler på rekke og rad. Plutselig stanset Alberto foran en rød sportsbil med nedbrettet kalesjetak.

– Denne tror jeg vi kan bruke, sa han. Vi må bare forsikre oss om at det er *vår* bil.

– Jeg skjønner ingenting.

– Så får jeg forklare: Vi kan jo ikke bare ta en vanlig bil som tilhører et av menneskene i byen. Hvordan tror du det ville gå når folk oppdaget at bilen kjørte uten sjåfør? Noe helt annet er at vi neppe ville klare å starte den.

– Hva med sportsbilen?

– Jeg tror jeg kjenner den igjen fra en gammel film.

– Unnskyld meg, men jeg begynner faktisk å ergre meg over alle disse mystiske antydningene.

– Det er en fantasibil, Sofie. Den er presis som oss. Menneskene i byen ser bare en ledig plass. Det er nettopp dette vi må bekrefte før vi setter av gårde.

De stilte seg opp og ventet. Etter en liten stund kom en gutt syklende på fortauet. Med ett syklet han tvers igjennom den røde bilen og ut på veien.

– Der ser du. Den er vår!

Alberto åpnet døren til det høyre forsetet.

– Vær min gjest! sa han – og Sofie satte seg inn.

Selv satte han seg bak rattet, tenningsnøkkelen stod i, han vridde den rundt – og bilen startet.

Etter å ha kommet seg ned gjennom Kirkeveien, var de snart ute på Drammensveien. De passerte Lysaker og Sandvika. Etter hvert så de flere svære sankthansbål, spesielt etter at de hadde passert Drammen.

– Det er midtsommer, Sofie. Er det ikke vidunderlig?

– Også blåser det så friskt med åpen bil. Er det virkelig ingen som kan se oss?

– Bare de som er av vår egen slekt. Vi treffer kanskje noen av dem også. Hvor mye er klokken?

– Den er halv ni.

– Da må vi ta noen snarveier. Vi kan iallfall ikke ligge bak den traileren lenger.

Dermed kjørte han ut på en stor kornåker. Sofie snudde seg og så at de hadde etterlatt seg et bredt belte av veltete kornstrå.

– I morgen vil de si at det var vinden som strøk over åkeren, sa Alberto.

Major Albert Knag hadde landet på Kastrup. Klokken var halv fem lørdag 23. juni. Det hadde allerede vært en lang dag. Denne nest siste etappen hadde gått med fly fra Roma.

Han passerte passkontrollen i FN-uniformen som han alltid hadde vært så stolt av å bære. Han representerte ikke bare seg selv, han representerte ikke bare sitt eget land heller. Albert Knag representerte en internasjonal rettsorden – og altså en århundrelang tradisjon som nå omfattet hele planeten.

Han bar en liten veske på skulderen, resten av bagasjen var sjekket inn i Roma. Han behøvde bare å vifte med det røde passet.

«Nothing to declare.»

Major Albert Knag hadde nesten tre timer på Kastrup før flyet gikk til Kristiansand. Han fikk kjøpe noen gaver til familien. Sitt livs største gave hadde han sendt til Hilde for nesten to uker siden. Marit hadde lagt den på nattbordet hennes så den lå der når hun våknet på fødselsdagen. Han hadde ikke snakket med Hilde etter den sene telefonen på fødselsdagen.

Albert kjøpte noen norske aviser, satte seg i baren og bestilte en kopp kaffe. Han hadde ikke rukket mer enn å kaste et blikk på overskriftene før han hørte noe over høyttaleren:

«Personlig meddelelse til Albert Knag. Det var Albert Knag, som bes kontakte SAS-skranken.»

Hva var det? Albert kjente at det gikk noen kalde bølger nedover ryggen. Han ble vel ikke beordret tilbake til Libanon? Kunne det være noe galt hjemme?

Snart stod han foran informasjonsskranken:

– Det er Albert Knag.

– Værsågod! Det var noe som hastet.

Han åpnet konvolutten med det samme. Inni konvolutten lå en mindre konvolutt. På denne konvolutten stod det: «Major Albert Knag, c/o SAS-informasjonen på Kastrup flyplass, København.»

Albert kjente at han var nervøs. Han åpnet den vesle konvolutten. Her lå det en liten lapp:

Kjære pappa. Jeg ønsker deg hjertelig velkommen hjem fra Libanon. Som du skjønner, kan jeg ikke vente til du kommer hjem. Tilgi meg at jeg måtte få deg ropt opp over høyttaleren. Det var lettest slik. PS. Det har dessverre kommet et erstatningskrav fra finansrådgiver Ingebrigtsen angående en kollisjon med en stjålet Mercedes. PS. PS. Kanskje sitter jeg i hagen når du kommer hjem. Men det kan også tenkes at du hører fra meg før. PS. PS. PS. Jeg er litt redd for å oppholde meg for lenge av gangen i hagen. På slike steder er det jo så lett å synke i jorden. Kjærlig hilsen Hilde, som har hatt god tid til å forberede hjemkomsten.

Major Albert Knag måtte først trekke på smilebåndet. Men han satte ikke pris på å bli manipulert med på denne måten. Han hadde alltid likt å ha oversikt over sin egen tilværelse. Så satt den røverjenta hjemme i Lillesand og dirigerte hans bevegelser på Kastrup flyplass! Men hvordan hadde hun klart det?

Han puttet konvolutten i en brystlomme og begynte å spasere i den store handlegaten. Akkurat idet han skulle svinge inn i butikken med dansk mat, fikk han øye på en liten konvolutt som var klistret opp på den store glassruten. *MAJOR KNAG* stod det på konvolutten med fet tusj. Albert løsnet konvolutten og åpnet den:

Personlig beskjed til major Albert Knag, c/o dansk mat, Kastrup flyplass. Kjære pappa. Jeg vil gjerne at du kjøper en stor dansk salami, gjerne to kilo. Mamma blir sikkert glad for en cognac-pølse. PS. Limfjord kaviar er heller ikke å forakte. Hilsen Hilde.

Albert så seg rundt. Hun *var* vel ikke i nærheten? Hun hadde vel ikke fått en København-tur av Marit bare for å møte ham her? Det var Hildes skrift . . .

Med ett begynte FN-observatøren å føle seg observert selv. Det var som om noen fjernstyrte alt han foretok seg. Han følte seg som en dokke i et barns hender.

Han gikk inn i forretningen og kjøpte en to kilos salami, en cognac-pølse og tre glass med Limfjord kaviar. Så slentret han videre langs handlegaten. Han hadde bestemt seg for å kjøpe en ordentlig fødselsdags-gave til Hilde også. Skulle han kjøpe en kalkulator kanskje? Eller en liten reiseradio – ja, det var tingen.

Da han kom til forretningen som solgte elektriske artikler, konstaterte han at det hang en konvolutt på vinduet her også. «Major Albert Knag, c/o den mest interessante butikken på Kastrup» stod det. På en lapp inni den hvite konvolutten leste han følgende beskjed:

Kjære pappa. Jeg skal hilse fra Sofie og takke for en kombinert mini-TV med FM-radio som hun fikk til bursdagen av sin meget generøse pappa. Det var jo råflott, men på den andre siden var det bare en bagatell. Jeg må imidlertid tilstå at jeg deler Sofies interesse for slike bagateller. PS. Hvis du

*ikke allerede har vært der, henger det nærmere instrukser også på matbu-
tikken og på den store tax-free-butikken der de selger vin og sigaretter. PS.
PS. Jeg fikk noen penger til bursdagen min og kan sponse mini-TV'en med
350 kroner. Hilsen Hilde, som allerede har fylt kalkunen og laget Waldorf-
salaten.*

Mini-TV'en kostet 985 danske kroner. Det kunne saktens kalles en baga-
tell mot hvordan Albert Knag følte det inni seg å bli dirigert hit og dit av
datterens snedige påfunn. Var hun her – eller var hun her ikke?

Fra nå av så han seg til alle kanter overalt hvor han gikk. Han følte seg
som en spion og en trekkoppdokke i én og samme person. Var han ikke
frarøvet selve sin menneskelige frihet?

Han måtte jo gå til den store tax-free-butikken også. Her hang en ny
hvit konvolutt med navnet hans på. Det var som om hele flyplassen var
omgjort til et dataspill der han var markøren. På lappen stod det:

*Major Knag, c/o den store tax-free-butikken på Kastrup. Alt jeg forlanger
her, er en pose med wine-gums og noen esker med Anthon Berg-marsipan.
Husk at alt sånt er mye dyrere i Norge! Så vidt jeg husker, er mamma glad
i Campari. PS. Du må ha alle sanser åpne hele veien hjem. For du vil vel
ikke gå glipp av noen viktige beskjeder? Hilsen din meget lærenemme dat-
ter, Hilde.*

Albert sukket oppgitt, men han gikk inn i butikken og holdt seg til bestil-
lingslisten. Med tre plastposer og en skulderveske gikk han nå til utgang
28 for å vente på flyavgangen der. Hvis det var flere lapper, fikk de heller
henge der de hang.

Men også på en søyle ved utgang 28 hang en hvit konvolutt: «Til major
Knag, c/o utgang 28, Kastrup flyplass.» Også dette var Hildes skrift, men
var ikke selve nummeret på utgangen føyd til med en annen håndskrift?
Det var ikke så lett å bedømme, for det var ingen bokstaver å sammen-
ligne, bare tall mot bokstaver.

Han satte seg i en stol med ryggen tett klistret til en bred vegg. Posene
holdt han i fanget. Slik ble en stolt major sittende og stirre stivt fremfor seg
som om han var et lite barn som reiste alene for aller første gang. Hvis hun
var her, skulle hun iallfall ikke få gleden av å oppdage ham først.

Han tittet fryktsomt opp på alle passasjerene etter hvert som de innfant seg. En liten stund følte han seg som en strengt overvåket fiende av rikets sikkerhet. Da de begynte å slippe inn i flyet, pustet han lettet ut. Han var den siste som steg om bord.

Idet han leverte boarding-kortet, rev han med seg enda en konvolutt som var klistret til innsjekkings-skranken.

Sofie og Alberto hadde passert Breviksbroen – og litt senere avkjøringen til Kragerø.

– Du kjører i 180, sa Sofie.

– Klokken er snart ni. Det er ikke så lenge til han lander på Kjevik flyplass. Men vi blir ikke stanset i noen fartskontroll.

– Hva om vi kolliderer?

– Det har ingen betydning hvis det bare er mot en vanlig bil. Men hvis det er en av våre . . .

– Ja?

– Da må vi passe oss. Så du ikke at vi passerte Il Tempo Gigante?

– Nei?

– Den stod parkert et sted oppe i Vestfold.

– Den turistbussen blir det ikke så lett å kjøre forbi. Her er det jo tett skog på alle kanter.

– Det spiller ingen rolle, Sofie. Nå må du snart lære.

Dermed svingte han ut i skogen og kjørte tvers igjennom de tette trærne.

Sofie pustet lettet ut.

– Du skremte meg.

– Vi ville ikke merke det om vi kjørte igjennom en vegg av stål.

– Det betyr at vi bare er noen luftige ånder i forhold til omgivelsene.

– Nei, nå snur du det på hodet. Det er virkeligheten omkring oss som er som et luftig eventyr for oss.

– Det må du forklare nærmere.

– Du får høre godt etter, da. Det er en utbredt misforståelse at ånd er noe som er «luftigere» enn vanndamp. Men det er motsatt. Ånd er fastere enn is.

– Det har jeg aldri tenkt på.

– Da skal jeg fortelle en historie. Det var en gang en mann som ikke trodde på engler. En dag ble han likevel oppsøkt av en engel mens han var ute og arbeidet i skogen.

– Ja?

– De spaserte sammen et lite stykke. Til slutt snudde mannen seg mot engelen og sa: «Ja, nå må jeg innrømme at det finnes engler. Men dere er ikke ordentlig til som oss.» «Hva mener du med det?» spurte engelen. Og mannen svarte: «Da vi kom til en stor stein, måtte jeg gå utenom steinen, men jeg la merke til at du gled rett igjennom den. Og da vi kom til en stor tømmerstokk som hadde lagt seg over stien, måtte jeg krabbe over stokken, men du gikk tvers igjennom.» Dette svaret gjorde engelen forbauset. Engelen sa: «La du ikke også merke til at vi gikk over en myr. Da kunne vi gli igjennom tåken begge to. Det var fordi vi hadde en mye fastere konsistens enn tåken.»

– Åh . . .

– Slik er det med oss også, Sofie. Ånd kan trenge igjennom dører av stål. Ingen tanks eller bombefly kan knuse noe som er av ånd.

– Det er rart å tenke på.

– Snart passerer vi Risør, og det er ikke mer enn en time siden vi kjørte fra Majorstua. Men nå begynner jeg å bli kaffetørst.

Da de kom til Fiane, rett før Søndeled, passerte de en veikro på venstre hånd. Den het «Cinderella». Alberto svingte inn og parkerte bilen på en gressmatte.

I kafeen forsøkte Sofie å løfte opp en cola-flaske fra kjøledisken, men den var ikke til å rikke. Det var som om den var limt fast. Litt lenger framme forsøkte Alberto å tappe kaffe i et pappkrus han hadde funnet i bilen. Han skulle bare skyve ned en tapp, men selv om han satte alle krefter til, klarte han ikke å presse den ned.

Dette gjorde ham så sint at han snudde seg mot kafégjestene med en bønn om hjelp. Da ingen reagerte, ropte han så høyt at Sofie måtte holde seg for ørene:

– Jeg vil ha kaffe!

Sinnet stakk ikke så dypt, for snart bare knakk han sammen i latter.

– De kan jo ikke høre oss. Vi kan selvfølgelig ikke betjene oss av kafeene deres heller.

De skulle til å snu for å gå ut, men nå var det likevel en gammel kone som reiste seg fra en av stolene og kom mot dem. Hun hadde et stikkende rødt skjørt, en iskald blå strikkejakke og et hvitt skaut på hodet. Både fargene og selve skikkelsen var liksom skarpere enn noe annet i den vesle kafeen.

Hun gikk bort til Alberto og sa:

– Det er fælt som du skriker, da, gutten min.

– Unnskyld.

– Ville du ha kaffe, sa du?

– Joda, men . . .

– Vi har et lite etablissement rett her borte.

De fulgte konen ut av kafeen og inn på en liten sti bak kafeteriaen. Mens de gikk, sa hun:

– Dere er kanskje nye her, dere?

– Vi må vel innrømme det, svarte Alberto.

– Ja, ja. Velkommen til evigheten da, barn.

– Og du selv?

– Jeg kommer fra et eventyr i samlingen til brødrene Grimm. Det er nesten to hundre år siden, det. Og hvor stammer nykomlingene fra?

– Vi kommer fra en filosofibok. Jeg er filosofilæreren, Sofie er eleven min.

– Ti . . . tihi . . . Ja, det var noe nytt.

Snart kom de ut mellom trærne til en åpen plass. Her lå flere koselige, brune bygninger. På et tun mellom bygningene var det tent et stort sankthansbål, og rundt bålet myldret det av fargerike skikkelser. Mange av dem drog Sofie kjensel på. Det var Snehvit og noen av dvergene, Askeladden og Sherlock Holmes, Peter Pan og Pippi Langstrømpe. Der var både Rødhette og Askepott også. Rundt det store bålet hadde det dessuten samlet seg mange kjente skikkelser som ikke hadde noe navn: Det var nisser og alver, fauner og trollkjerringer, engler og smådjevler. Sofie fikk dessuten øye på et vaskekte troll.

– Det var da voldsomt til styr, utbrøt Alberto.

– Men så er det jo sankthans, svarte den gamle konen. – Et slikt stevne har vi ikke hatt siden Valborgsnatten. Da var vi i Tyskland. Selv er jeg her bare på en liten gjenvisitt. Var det kaffe du sa?

– Ja, takk.

Først nå noterte Sofie seg at alle bygningene var laget av pepper-kaker, knekk og melisglasur. Flere av figurene forsynte seg direkte fra husene. Men en bakstekone gikk rundt og reparerte skadene etter hvert som de dukket opp. Sofie tok en liten bit av et møne. Det smak-te søtere og bedre enn noe hun hadde smakt før.

Snart var konen tilbake med en kopp kaffe.

– Tusen takk, sa Alberto.

– Og hva betaler gjestene for kaffekoppen?

– Nei, betale?

– Vi bruker å betale med en historie. For kaffen holder det med en liten stubb.

– Vi kunne fortelle hele den utrolige historien om menneskeheten, sa Alberto. – Men det kinkige er at vi har fryktelig dårlig tid. Kan vi komme tilbake og betale en annen gang?

– Naturligvis. Og hvorfor har man så dårlig tid?

Alberto forklarte sitt ærend, og nå sa konen til slutt:

– Ja, dere var sannelig noen ferske fjes. Men dere må snart kutte navlestrengen til det kjødelige opphavet. Vi er ikke lenger avhengige av kjøtt og kristenmannsblod. Vi tilhører «det usynlige folket».

Litt senere var Alberto og Sofie tilbake ved «Cinderella» kafeteria og den røde sportsbilen. Rett ved siden av bilen hjalp en oppskjørtet mamma gutten sin med å tisse.

Med noen spontane snarveier over stokk og stein varte det ikke lenge før de var framme i Lillesand.

SK 876 fra København landet på Kjevik på rutetiden klokken 21.35. Mens flyet taxet ut på rullebanen i København, hadde majoren åpnet konvolut-ten som hadde hengt på innsjekkings-skranken. På en lapp inni konvolut-ten stod det:

Major Knag idet han leverer boarding-passet på Kastrup sankthansaften 1990.

Kjære pappa. Du trodde kanskje at jeg skulle dukke opp i København. Men min kontroll over dine bevegelser er mer intrikat enn som så. Jeg ser deg overalt, pappa. Jeg har nemlig oppsøkt en tradisjonsrik sigøynerfami-lie, som en gang for mange, mange år siden solgte et magisk messingspeil

til oldemor. Nå har jeg dessuten skaffet meg en krystallkule. For øye-
blikket ser jeg at du akkurat har satt deg ned i flysetet. Så minner jeg
bare om at du fester sikkerhetsbeltet og beholder stolen oppreist til «fasten
seatbelt»-skiltet er slukket. Straks flyet er på vingene, kan du legge stolen
ned og unne deg en liten hvil. Du bør nemlig være uthvilt til du kommer
hjem. Været i Lillesand er upåklagelig, men temperaturen er noen grader
lavere enn i Libanon. Jeg ønsker deg en behagelig reise. Hilsen din egen
trollkjerring av en datter, Speilets Dronning og den høyeste beskytter av
Ironi.

Albert hadde ikke riktig klart å finne ut av om han var sint eller bare trett
og oppgitt. Men plutselig begynte han å le. Han lo så høyt at passasjerene
rundt ham måtte snu seg og se på ham. Så tok flyet av.

Han hadde jo bare fått smake sin egen medisin. Men var det ikke en
viktig forskjell også? Hans medisin hadde først og fremst gått ut over Sofie
og Alberto. Og de – ja, de var bare fantasi.

Nå gjorde han som Hilde hadde antydet. Han la setet tilbake og duppet
av. Riktig våken ble han ikke igjen før han hadde passert passkontrollen
og stod i ankomsthallen på Kjevik lufthavn. Her ble han møtt av et de-
monstrasjonstog.

Det var 8–10 stykker, de fleste på alder med Hilde. På plakatene stod
det: «VELKOMMEN HJEM, PAPPA», «HILDE VENTER I HAGEN» og
«IRONI PÅGÅR».

Det verste var at han ikke bare kunne sette seg inn i en drosje. Han
måtte vente på bagasjen. Imens virret Hildes skolevenner forbi ham så han
måtte lese alle plakatene mange, mange ganger. Først da en av jentene
kom mot ham med en rosebukett, smeltet han. Han gravde ned i posene
og gav hver og en av demonstrantene et marsipan-brød. Da var det bare to
igjen til Hilde. Etter at bagasjen hadde kommet på båndet, trådte en ung
mann fram og forklarte at han var under kommando av Speilets Dronning
og hadde ordre om å kjøre ham til Bjerkely. De andre demonstrantene ble
borte i mengden.

De svingte ut på E18. På alt som fantes av broer og tunnelinnganger
hang forskjellige plakater og bannere: «Velkommen hjem!», «Kalkun ven-
ter», «Jeg ser deg, pappa».

Albert Knag pustet lettet ut og takket sjåføren med en hundrelapp og tre bokser Carlsberg Elephant-øl da han ble sluppet av utenfor porten til Bjerkely.

Han ble møtt av kone Marit foran huset. Etter en lang omfavnelse, spurte han:

– Hvor er hun?

– Hun sitter på bryggen, Albert.

Alberto og Sofie parkerte den røde sportsbilen på torget i Lillesand foran Hotel Norge. Klokken var kvart på ti. De så et stort bål ute i skjærgården.

– Hvordan skal vi finne Bjerkely? spurte Sofie.

– Det er bare å lete. Du husker vel maleriet i Majorstua.

– Men vi må skynde oss. Jeg vil være der før han kommer.

De begynte å kjøre rundt på småveier, men også over knauser og svaberg. Et viktig holdepunkt var at Bjerkely lå ved sjøen.

Med ett ropte Sofie opp:

– Der! Vi har funnet det.

– Jeg tror du har rett, men du må ikke rope sånn.

– Æsj, det er jo ingen som hører oss.

– Kjære Sofie – etter det lange filosofikurset skuffer det meg at du fortsatt er så rask til å trekke konklusjoner.

– Men . . .

– Du tror da vel ikke at dette stedet er fullstendig blottet for nisser og troll, skogånder og gode feer?

– Å, unnskyld!

Nå kjørte de gjennom porten og opp singelgangen foran huset. Alberto parkerte bilen på plenen ved siden av en hagegynge. Et stykke nedenfor var det dekket et bord for tre personer.

– Jeg ser henne! hvisket Sofie. – Hun sitter nede på bryggen akkurat som i drømmen.

– Ser du at hagen ligner på din egen hage i Kløverveien?

– Ja, det er sant. Med hagegynge og alt. Kan jeg gå ned til henne?

– Selvfølgelig. Jeg blir sittende her . . .

Nå sprang Sofie ned til bryggen. Det var like før hun snublet over Hilde. Men så satte hun seg pent ved siden av henne.

Hun satt og fingret med noe tauverk fra robåten som var fortøyd til

bryggen. I den venstre hånden holdt hun en liten papirlapp. Det var tydelig at hun ventet. Flere ganger kikket hun på klokken.

Sofie syntes hun var så vakker. Hun hadde lyst blondt hår med krøller – og helt knall grønne øyne. Så hadde hun en gul sommerkjole på seg. Hun kunne minne litt om Jorunn.

Sofie prøvde å snakke til henne, skjønt hun visste jo at det ikke nyttet.

– Hilde! Det er Sofie!

Hun gav ikke tegn til å reagere.

Sofie reiste seg opp på knærne og prøvde å rope inn i øret hennes:

– Hører du meg, Hilde? Eller er du både døv og blind?

Sperret hun ikke opp øynene nå? Var det ikke et lite tegn til at hun hørte noe – om aldri så svakt?

Så snudde hun seg. Hun dreide hodet brått til høyre og stirret like inn i øynene på Sofie. Hun fikserte liksom ikke blikket ordentlig, det var som om hun så tvers igjennom henne.

– Ikke så høyt, Sofie.

Det var Alberto oppe fra den røde sportsbilen.

– Jeg vil ikke ha hele hagen full av havfruer.

Sofie ble sittende stille nå. Det var godt bare å være så nær Hilde.

Snart hørte hun en dyp mannsrøst: – Hildemor!

Det var majoren – med uniform og blå alpelue. Han stod øverst i hagen.

Hilde reiste seg brått og løp ham i møte. Mellom hagegyngen og den røde sportsbilen møttes de. Han løftet henne opp i luften og svingte henne rundt.

Hilde hadde satt seg på bryggen for å vente på faren. For hvert kvarter som hadde gått siden han landet på Kastrup, hadde hun prøvd å forestille seg hvor han var, hva han opplevde og hvordan han tok det. Hun hadde skrevet ned alle tidene på en liten papirlapp som hun hadde hatt med seg hele dagen.

Kunne han finne på å bli sint? Men han trodde vel ikke at han bare kunne skrive en mystisk bok til henne – og så var alt som før?

Hun så på klokken igjen. Nå var den kvart over ti. Da kunne han være her når som helst.

Men hva var det? Hørte hun ikke et svakt pust av noe, akkurat som i drømmen om Sofie?

Hun snudde seg brått. Det *var* noe der, det var hun helt sikker på. Men hva?

Kunne det være selve sommerkvelden?

I noen sekunder tenkte hun at hun var redd for å bli synsk.

– Hildemor!

Nå måtte hun snu seg den andre veien. Det var pappa! Han stod oppe i hagen.

Hilde reiste seg og sprang mot ham. De møttes ved hagegyngen, han heiste henne opp og svingte henne rundt.

Hilde begynte å gråte, majoren måtte svelge noen tårer han også.

– Du er jo blitt en voksen kvinne, Hilde.

– Og du har blitt en ordentlig dikter.

Hilde tørket tårene med ermet på den gule kjolen.

– Skal vi si at vi er skuls? spurte hun.

– Vi er skuls.

De satte seg ved bordet. Aller først måtte Hilde få en nøyaktig beskrivelse av hva som hadde skjedd på Kastrup og på veien hjem. Det ene latterutbruddet avløste det andre.

– Så du ikke konvolutten i kafeteriaen?

– Jeg fikk jo ikke engang satt meg ned og spist noe, din skurk. Nå er jeg kjempesulten.

– Stakkars pappa.

– Det med kalkunen var vel bare en bløff?

– Neida! Jeg har gjort alt i stand, skjønner du. Mamma serverer.

Så måtte de snakke igjennom ringpermen og fortellingen om Sofie og Alberto på kryss og tvers. Snart kom kalkunen og Waldorf-salaten, rosévin og Hildes fletteloff på bordet.

Mens faren sa noe om Platon, ble han plutselig avbrudt av Hilde:

– Hysj!

– Hva er det?

– Hørte du det ikke? Var det ikke noe som pep?

– Nei?

– Men jeg er sikker på at det var noe. Æsj, det var vel bare en mus.

Det siste faren sa mens moren hentet vinen, var:

– Men filosofikurset er ikke helt slutt.

– Hva mener du med det?

– I natt skal jeg fortelle deg om verdensrommet.

Før de begynte familiemåltidet, sa han:

– Hilde er er blitt for stor til å sitte på fanget. Men det er ikke du!

Dermed fanget han Marit og drog henne ned på fanget sitt. Der måtte hun sitte en lang stund før hun fikk lov til å spise noe.

– Tenk at du snart er førti år . . .

Etter at Hilde hadde sprunget for å møte faren sin, kjente Sofie at tårene presset på.

Hun kunne aldri nå henne!

Sofie kjente hvordan hun misunte Hilde som fikk være et ordentlig menneske av kjøtt og blod.

Da Hilde og majoren hadde satt seg ved det oppdekkete bordet, tutet Alberto i hornet på bilen.

Sofie så opp. Gjorde ikke Hilde akkurat det samme?

Hun sprang opp til Alberto og hoppet inn i forsetet ved siden av ham.

– Vi sitter en stund og ser hva som skjer, sa han.

Sofie nikket.

– Har du grått?

Hun nikket igjen.

– Hva er det, da?

– Hun er så heldig som får være et ordentlig mennneske . . . Nå skal hun vokse opp og bli en ordentlig kvinne. Hun får sikkert ordentlige barn også . . .

– Og barnebarn, Sofie. Men alt har to sider. Det var noe jeg prøvde å lære deg helt til å begynne med i filosofikurset.

– Hva tenker du på?

– Jeg mener som deg at hun er heldig. Men den som vinner livets lodd, må også trekke dødens lodd. For livets lodd er døden.

– Er det ikke likevel bedre å ha levd enn aldri å skulle leve ordentlig.

– Vi får ikke leve et liv som Hilde . . . nåja – eller som majoren. Til gjengjeld vil vi aldri dø. Husker du ikke hva den gamle konen sa der inne i skogen. Vi tilhører «det usynlige folket». Hun sa også at hun var nesten to hundre år gammel. Men på den sankthansfesten så jeg noen figurer som var mer enn tre tusen år gamle . . .

– Kanskje misunner jeg Hilde aller mest for dette . . . familielivet.

– Du har da en familie selv. Har du ikke også en katt, et par fugler og en skilpadde . . .

– Den virkeligheten har vi jo forlatt.

– På ingen måte. Den er det bare majoren som har forlatt. Han har satt punktum, barnet mitt. Og han vil aldri finne oss igjen.

– Mener du at vi kan dra tilbake?

– Så mye vi vil. Men vi skal også treffe nye venner i skogen bak «Cinderella» kaféteria på Fiane.

Nå satte familien Møller Knag seg til for å spise. I et øyeblikk var Sofie redd for at måltidet skulle ta samme vending som den filosofiske hagefesten i Kløverveien. Det så iallfall ut som om majoren hadde tenkt å velte Marit over bordet. Men nå deiset hun ned på fanget hans.

Bilen stod et godt stykke fra familien som satt og spiste. Bare av og til kunne de høre hva de sa. Sofie og Alberto ble sittende og stirre ned over hagen. De fikk tid til en lang oppsummering av den ulykksalige hagefesten.

Først omkring midnatt reiste familien seg fra bordet. Nå kom Hilde og majoren gående mot hagegyngen. De vinket etter moren som var på vei opp mot det hvite huset.

– Bare legg deg du, mamma. Vi har så mye å snakke om.

DET STORE SMELLET

. . . også vi er stjernestøv . . .

Hilde satte seg godt til rette i hagegyngen tett ved siden av faren. Klokken var nesten tolv. De ble sittende og se ut over bukta mens en og annen blek stjerne tegnet seg på himmelen. Svake dønninger slo inn over steinene under bryggen.

Det var faren som brøt stillheten:

– Det er rart å tenke på at vi lever på en liten klode i universet.

– Ja . . .

– Jorden er en av mange planeter som går i bane rundt solen. Men bare vår egen klode er en levende planet.

– Og kanskje den eneste i hele verdensrommet?

– Ja, det er mulig. Men det kan også tenkes at universet syder av liv. For universet er ufattelig stort. Avstandene er så store at vi måler dem i «lysminutter» og «lysår».

– Hva menes egentlig med det?

– Et lysminutt er den avstanden lyset tilbakelegger i løpet av ett minutt. Og det er langt, for lyset farer 300.000 kilometer gjennom verdensrommet bare i løpet av et eneste sekund. Et lysminutt blir med andre ord 300.000 ganger 60 – eller 18 millioner kilometer. Et lysår er nesten ti billioner kilometer.

– Hvor langt er det til solen?

– Det er litt over åtte lysminutter. Solstrålene som varmer oss i kinnene en varm junidag, har altså reist åtte minutter gjennom universet før de når oss.

– Fortsett!

– Avstanden til Pluto – som er den fjerneste planeten i vårt solsystem – er drøye fem lystimer fra vår egen klode. Når en astronom kikker opp på Pluto i stjernekikkerten sin, da ser han i virkeligheten fem timer tilbake i tiden. Vi kan også si at bildet av Pluto bruker fem timer på å flytte seg hit.

– Det er litt vanskelig å forestille seg, men jeg tror faktisk jeg skjønner hva du mener.

– Det er fint, Hilde. Men vi har bare så vidt begynt å orientere oss, skjønner du. Vår egen sol er én blant 400 milliarder andre stjerner i en «galakse» som vi kaller *Melkeveien*. Denne galaksen ser ut som en stor diskos der vår egen sol hører hjemme i en av flere spiralarmer. Når vi kikker opp på stjernehimmelen en klar vinternatt, ser vi et bredt belte av stjerner. Det er fordi vi ser inn mot Melkeveiens sentrum.

– Det er vel derfor Melkeveien heter «Vintergatan» på svensk.

– Avstanden til vår nærmeste nabostjerne i Melkeveien er fire lysår.
– Kanskje er det den vi ser over holmen der. Hvis du tenker deg at det i dette øyeblikk sitter en stjernekikker der oppe med en skarp kikkert rettet mot Bjerkely – da ville han se Bjerkely slik det så ut her for fire år siden. Kanskje ville han se en elleve år gammel pike sitte i denne hagegyngen og vippe med beina.

– Jeg er målløs.

– Men det var bare den aller nærmeste nabostjernen. Hele galaksen – eller «stjernetåken», som vi også sier – er 90.000 lysår bred. Det betyr at lyset bruker så mange år på å nå fra den ene enden av galaksen til den andre. Når vi retter blikket mot en stjerne i Melkeveien som ligger 50.000 lysår fra vår egen sol, da ser vi 50.000 år tilbake i tiden.

– Tanken er altfor stor for et lite hode som mitt.

– Den eneste måten vi kan se ut i verdensrommet på, er altså å se tilbake i tiden. Vi vet aldri hvordan det *er* der ute i universet. Vi vet bare hvordan det *var*. Når vi kikker opp på en stjerne som ligger tusener av lysår borte, da reiser vi i virkeligheten tusener av år tilbake i verdensrommets historie.

– Det er komplett ufattelig.

– Men alt vi ser, treffer øyet vårt som lysbølger. Og disse bølgene bruker tid på å fare gjennom rommet. Vi kan sammenligne med tordenen. Vi hører jo alltid tordenskrallet en stund etter at vi har sett lynglimtet. Det er fordi lydbølgene beveger seg saktere enn lysbølgene. Når jeg hører et tordenskrall, hører jeg smellet fra noe som skjedde for en liten stund siden. Slik er det med stjernene også. Når jeg ser opp på en stjerne som befinner seg tusener av lysår fra oss, da ser jeg «tordenskrallet» fra en begivenhet som ligger tusener av år tilbake i tiden.

– Jeg skjønner.

– Men til nå har vi bare snakket om vår egen galakse. Astronomene mener at det finnes ca hundre milliarder slike galakser i universet, og hver og en av disse galaksene består av ca hundre milliarder stjerner. Melkeveiens nærmeste nabogalakse kaller vi Andromedatåken. Den ligger to millioner lysår fra vår egen galakse. Som vi har sett, betyr det at lyset fra denne galaksen bruker to millioner år på å nå oss. Det vil igjen si at vi ser to millioner år tilbake i tiden når vi ser Andromedatåken høyt oppe på himmelen. Hvis det satt en smart stjernekikker i denne stjernetåken – jeg ser for meg en liten luring som retter teleskopet sitt mot jordkloden akkurat nå – da ville han ikke se oss. I beste fall ville han få øye på noen flatpannete førmennesker.

– Jeg er sjokkert.

– De aller fjerneste galaksene vi vet om i dag, befinner seg ca ti *milliarder* lysår fra oss. Når vi oppfatter signaler fra disse galaksene, skuer vi altså ti milliarder år tilbake i universets historie. Det er omtrent dobbelt så lang tid som vårt eget solsystem har eksistert.

– Du gjør meg svimmel.

– Nå kan det være vanskelig nok å fatte hva det vil si å se så langt tilbake i tiden. Men astronomene har funnet ut noe som har enda større betydning for vårt verdensbilde.

– Fortell!

– Det viser seg at ingen galakse i verdensrommet står stille. Alle galaksene i universet beveger seg bort fra hverandre med en uhyre stor hastighet. Jo fjernere de er fra oss, jo fortere synes de også å bevege seg. Det betyr at avstanden mellom galaksene gradvis blir større og større.

– Jeg prøver å se det for meg.

– Hvis du har en ballong og tegner noen svarte prikker på den, vil prikkene gli langsomt bort fra hverandre etter hvert som du blåser opp ballongen. Slik er det med galaksene i universet også. Vi sier at universet utvider seg.

– Hva kan det komme av?

– De fleste astronomer er enige om at universets utvidelse bare kan ha én forklaring: En gang for omkring 15 milliarder år siden var alt stoff i universet samlet på et ganske lite område. Materien var da så sammenpakket at tyngdekraften gjorde stoffet uhyre varmt. Til slutt ble det så varmt og så sammenpakket at stoffet eksploderte. Denne eksplosjonen kaller vi *det store smellet* – eller på engelsk «the big bang».

– Bare tanken på det gjør at jeg skvetter.

– «Det store smellet» gjorde at alt stoffet i universet ble slynget til alle kanter, og etter hvert som stoffet ble nedkjølt, dannet det seg stjerner og galakser, måner og planeter . . .

– Men så sa du at universet fortsatt utvider seg?

– Og det skyldes nettopp denne eksplosjonen som skjedde for milliarder av år siden. For universet har ingen tidløs geografi. Universet er en begivenhet. Universet er en eksplosjon. Fortsatt farer galaksene i verdensrommet fra hverandre med enorm hastighet.

– Og slik vil det fortsette i all evighet?

– Det er én mulighet. Men det finnes en annen mulighet også. Du husker kanskje at Alberto fortalte Sofie om de to kreftene som gjør at planetene holder seg i konstante baner rundt solen?

– Var det ikke tyngdekraften og tregheten?

– Slik er forholdet mellom galaksene også. For selv om universet fortsatt utvider seg, virker tyngdekraften den andre veien. Og en dag – om noen milliarder år – vil kanskje tyngdekraften gjøre at himmellegemene pakkes sammen igjen etter hvert som kreftene fra den store eksplosjonen begynner å avta. Vi vil da få en omvendt eksplosjon, en såkalt «implosjon». Men avstandene er så store at det vil skje i sakte film. Du kan sammenligne med hva som skjer når vi slipper luften ut av en ballong.

– Vil alle galaksene suges sammen til et tett sentrum igjen?

– Ja, du har forstått det. Men hva vil skje i neste omgang?

– Da må det bli et nytt «smell» som gjør at universet utvider seg på nytt. For de samme naturlovene gjelder jo fortsatt. På den måten vil det dannes nye stjerner og galakser.

– Det er riktig tenkt. Når det gjelder universets fremtid, ser astronomene for seg to muligheter: Enten vil universet fortsette å utvide seg i all fremtid så det gradvis blir tynnere og tynnere mellom galaksene – eller også vil universet begynne å trekke seg sammen igjen. Avgjørende for hva som vil skje, er hvor tungt eller massivt universet er. Og dette har astronomene ennå ingen sikker oversikt over.

– Men *hvis* universet er så tungt at det en dag begynner å trekke seg sammen, da har kanskje universet foldet seg ut og trukket seg sammen igjen mange, mange ganger allerede?

– Det er en nærliggende konklusjon. Men her deler altså tanken seg i to. Det kan også tenkes at universets utvidelse er noe som skjer bare denne ene gangen. Men hvis universet fortsetter å utvide seg i all evighet, da blir det et desto mer presserende spørsmål hvordan det hele begynte.

– For hvordan oppstod alt stoffet som plutselig eksploderte?

– Her kan det for en kristen være nærliggende å se «det store smellet» som selve skaperøyeblikket. I Bibelen står det jo at Gud sa «Det bli lys!» Du husker kanskje også at Alberto pekte på at kristendommen har et «lineært» syn på historien. Ut fra en kristen skapelsestro passer det derfor best å tenke seg at universet vil fortsette å utvide seg.

– Ja?

– I Østen har de gjerne hatt et «syklisk» syn på historien. Det vil si at historien gjentar seg i all evighet. I India finnes for eksempel en gammel lære om at verden stadig foldes ut – for så å pakkes sammen igjen. Slik veksles det mellom det som inderne har kalt «Brahmans dag» og «Brahmans natt». Denne tanken harmonerer selvfølgelig best med at universet utvider seg og trekker seg sammen – for så å utvide seg igjen – i en evig «syklisk» prosess. Jeg kan se for meg et stort kosmisk hjerte som slår og slår og slår . . .

– Jeg synes at begge de to teoriene er både like ufattelige og like spennende.

– Og de kan sammenlignes med det store evighetsparadokset som Sofie en gang satt og tenkte over i hagen sin: Enten har universet vært bestandig – eller det har en gang plutselig blitt til av null og niks . . .

– Au!

Sofie tok seg til pannen.

– Hva var det?

– Jeg tror jeg ble bitt av en klegg.

– Du skal se det var Sokrates som prøvde å vekke deg fra dvalen . . .

Sofie og Alberto hadde sittet i den røde sportsbilen og lyttet til majoren som fortalte Hilde om verdensrommet.

– Har du tenkt på at rollene er fullstendig byttet om? spurte Alberto etter en stund.

– Hva mener du med det?

– Før var det de som lyttet til oss, og vi kunne ikke se dem. Nå er det vi som lytter til dem, men nå kan ikke de se oss.

– Og enda er det noe mer.

– Hva tenker du på?

– Til å begynne med visste vi jo ikke at det fantes en annen virkelighet som Hilde og majoren levde i. Nå er det de som ikke vet om vår virkelighet.

– Hevnen er søt.

– Men majoren kunne gripe inn i vår verden . . .

– Vår verden var jo ikke noe annet enn hans grep.

– Jeg vil ikke gi opp håpet om at vi kan gripe inn i deres verden også.

– Men det vet du er helt umulig. Husker du ikke hvordan det gikk på «Cinderella» kafé? Jeg så hvordan du ble stående og dra i den colaflasken.

Sofie ble sittende en stund og speide ut over hagen mens majoren fortalte om «det store smellet». Det var noe med selve uttrykket som satte henne på noe.

Hun begynte å romstere i bilen.

– Hva er det? spurte Alberto.

– Ingenting.

Hun åpnet hanskerommet, der lå en skiftenøkkel. Dermed bykste hun ut av bilen. Hun gikk bort til hagegyngen og stilte seg like foran Hilde og faren. Først forsøkte hun å fange Hildes blikk, men det var helt umulig. Til slutt løftet hun skiftenøkkelen høyt over hodet og slo den mot pannen hennes.

– Au! sa Hilde.

Nå knakket Sofie skiftenøkkelen mot majorens panne også, men han reagerte ikke i det hele tatt.

– Hva var det? spurte han.

Hilde så opp på ham:

– Jeg tror jeg ble bitt av en klegg.

– Du skal se det var Sokrates som prøvde å vekke deg fra dvalen.

Sofie la seg ned i gresset og forsøkte å dytte i hagegyngen. Men den stod bom fast. Eller fikk hun den så vidt til å rikke på seg, en millimeter iallfall?

– Det blåser så kjølig langs bakken, sa Hilde.

– Nei, det er da vel mildt.

– Men det er ikke bare det. Det *er* noe her.

– Det er bare vi to og den svale sommernatten.

– Nei, det er noe i luften.

– Hva skulle det være?

– Du husker den hemmelige planen til Alberto?

– Ja, skulle ikke jeg huske den?

– Så ble de bare borte fra hageselskapet. De var som sunket i jorden . . .

– Men . . .

– «som sunket i jorden . . .»

– Et sted måtte jo historien slutte. Og det var bare noe jeg skrev.

– *Det* ja, men ikke det som skjedde etterpå. Tenk om de er her . . .

– Tror du det?

– Jeg føler det, pappa.

Sofie spratt tilbake til bilen.

– Imponerende, måtte Alberto innrømme idet hun klatret om bord med skiftenøkkelen. – Du skal se at den jenta har spesielle evner.

Majoren hadde lagt armen rundt Hilde.

– Hører du hvor forunderlig det spiller i bølgeslagene.

– Ja.

– I morgen må vi få snekken på vannet.

– Men hører du hvor rart det hvisker i vinden? Se hvordan ospebladene skjelver.

– Det er den levende planeten . . .

– Du skrev noe om det som stod «mellom linjene».

– Ja?

– Kanskje står det noe «mellom linjene» her i hagen også.

– Naturen er iallfall full av gåter. Og nå snakker vi om stjernene på himmelen.

– Snart kommer det stjerner i vannet også.

– Ja, det kalte du morilden da du var liten. Og på en måte hadde du rett. For både morild og alle andre organismer er laget av grunnstoffer som en gang ble kokt sammen i en stjerne.

– Vi også?

– Ja, også vi er stjernestøv.

– Det var vakkert sagt.

– Når radioteleskopene kan fange opp lys fra fjerne galakser milliarder av lysår borte, kartlegger de verdensrommet slik det så ut en gang i urtiden rett etter «det store smellet». Alt et menneske kan se på himmelen, er altså kosmiske fossiler fra tusener og millioner av år tilbake. Det eneste en stjernetyder kan utrette, er å spå i fortiden.

– Fordi stjernene i stjernebildet har fjernet seg fra hverandre før lyset fra stjernene når oss?

– Bare for et par tusen år siden så stjernebildene markert annerledes ut enn de gjør i dag.

– Det visste jeg ikke.

– Hvis natten er klar, ser vi millioner – ja, milliarder av år tilbake i universets historie. Da vender vi nesen hjemover på en måte.

– Det må du forklare nærmere.

– Også du og jeg begynte med «det store smellet». For alt stoff i universet er en organisk enhet. En gang i urtiden var all materie samlet i en klump som var så uhyre massiv at et knappenålshode veide mange milliarder tonn. Dette «uratomet» eksploderte på grunn av den enorme gravitasjonen. Da var det som om noe gikk i stykker. Men når vi løfter blikket mot himmelen, prøver vi å finne en vei tilbake til oss selv.

– Det er en rar måte å si det på.

– Alle stjernene og galaksene i himmelrommet er laget av det samme stoffet. Noe av det har klumpet seg sammen her og noe der. Det kan være milliarder av lysår fra den ene galaksen til den andre. Men alle har det samme opphav. Alle stjerner og planeter er av samme ætt . . .

– Jeg skjønner.

– Hva er dette verdensstoffet? Hva var dette som eksploderte en gang for milliarder av år siden? Hvor kommer det fra?

– Det er den store gåten.

– Men det er noe som angår oss på det dypeste. For vi er av dette stoffet selv. Vi er en gnist fra det store bålet som ble tent for mange milliarder år siden.

– Også det var vakkert sagt.

– Men vi skal ikke overdrive betydningen av de store tallene. Det er nok å holde en stein i hånden. Universet ville ha vært like ufattelig om det bare bestod av denne ene steinen på størrelse med en appelsin. Spørsmålet ville ha vært der like forbasket: Hvor kommer denne steinen fra?

Sofie reiste seg plutselig i den røde sportsbilen og pekte ned over bukta.

– Jeg fikk lyst til å prøve robåten, utbrøt hun.

– Den er fortøyd. Vi ville dessuten ikke klare å løfte på årene.

– Skal vi forsøke? Det er jo sankthans . . .

– Vi kan iallfall gå ned til sjøen.

De hoppet ut av bilen og sprang ned gjennom hagen.

På bryggen forsøkte de å løse på tauet som var bundet fast til en stålring. Men de klarte ikke så mye som å løfte på enden av tauet.

– Som spikret fast, sa Alberto.

– Men vi har god tid.

– En ekte filosof skal jo aldri gi seg. Hvis vi bare . . . fikk denne løs . . .

– Det er kommet enda flere stjerner på himmelen, sa Hilde.

– Ja, nå er sommernatten på det mørkeste.

– Men om vinteren gnistrer det. Husker du natten før du reiste til Libanon? Det var første nyttårsdag.

– Det var da jeg bestemte meg for å skrive en filosofibok til deg. Jeg hadde vært i en stor bokhandel i Kristiansand, på biblioteket også. Men det fantes ikke noe som passet for ungdom.

– Det er som om vi sitter aller ytterst ute på et av de tynne hårene i den hvite kaninpelsen.

– Mon tro om det finnes noen der ute i lysårsnatten?

– Robåten har slitt seg!

– Ja, sannelig . . .

– Det er ubegripelig. Jeg var nede og kontrollerte fortøyningen rett før du kom.

– Sier du det?

– Det minner meg om Sofie som lånte båten til Alberto. Husker du at den ble liggende og drive ute i vannet?

– Du skal se at det er hun som har vært på ferde igjen.

– Du bare spøker, du. Jeg har kjent at det har *vært* noe her i hele kveld.

– En av oss må svømme ut.

– Vi gjør det begge to, pappa.

REGISTER

NOEN NYTTIGE BØKER

Alf Ahlberg: «FILOSOFINS HISTORIA från den äldsta grekiska Antiken til våra Dagar», Bokförlaget Natur och Kultur, St.h.

Trond Berg Eriksen: «GRESK FILOSOFI fra Thales til Aristoteles», Gyldendal Norsk Forlag.

Trond Berg Eriksen, Knut Erik Tranøy og Guttorm Fløistad: «FILOSOFI OG VITENSKAP fra antikken til vår egen tid», Universitetsforlaget.

Erik Lund, Mogens Pihl og Johannes Sløk: «DE EUROPEISKE IDEERS HISTORIE», dansk Gyldendal.

Arne Næss: «FILOSOFIENS HISTORIE», bind I og II, Universitetsforlaget.

Harald Ranheimsæter: «EUROPAS IDÉHISTORIE. Grunnlinjene», Aschehoug forlag.

Eiliv Skard: «FILOSOFIEN I OLDTIDEN». Aschehoug forlag.

Gunnar Skirbekk: «FILOSOFIHISTORIE», bind I og II, Universitetsforlaget.

Anfinn Stigen: «TENKNINGENS HISTORIE», bind I og II, Gyldendal Norsk Forlag.